信息化学习能力开发导论

XINXIHUAXUEXINENGLI
KAIFADAOLUN

徐文怀 孔凡德 汝 斌 ◎编著

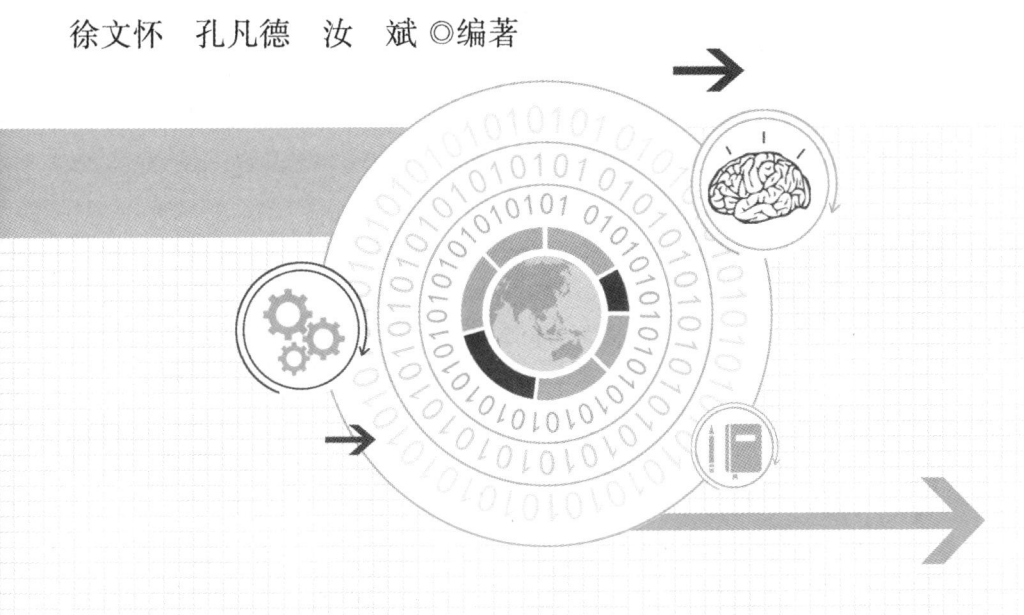

东北师范大学出版社
NORTHEAST NORMAL UNIVERSITY PRESS
WWW.NENUP.COM

图书在版编目（CIP）数据

信息化学习能力开发导论/徐文怀, 孔凡德, 汝斌编著. -- 长春 : 东北师范大学出版社, 2020.5
ISBN 978-7-5681-6869-4

Ⅰ.①信… Ⅱ.①徐… ②孔… ③汝… Ⅲ.①学习方法—研究 Ⅳ.① G791

中国版本图书馆 CIP 数据核字 (2020) 第 077849 号

□责任编辑：包瑞峰　□封面设计：陈丽维
□责任校对：张巨凤　□责任印制：许　冰

东北师范大学出版社出版发行
长春净月经济开发区金宝街 118 号（邮政编码：130117）
电话：0431—84568073
网址：http://www.nenup.com
东北师范大学出版社激光照排中心制版
天津雅泽印刷有限公司
2020 年 5 月第 1 版　2020 年 5 月第 1 版第 1 次印刷
幅面尺寸：170mm×240mm　印张：27　字数：520 千字

定价：88.00 元

序

　　人类经过漫长的农耕时代、工业时代，现在正迈进信息化时代。这是一个人类有史以来变化最为激烈、最激荡人心的伟大而神奇的时代。

　　信息技术的巨大作用，正快速地、大规模地改变着经济、科学、文化、教育、社会、政治等所有领域，深刻影响着人类的生活。

　　同样，随着信息技术的普及，人类的学习方式正经历一场历史性的巨大变革，引发一场学习的革命。

　　在信息化时代，提高广大儿童少年的学习能力是教育改革的一项重大举措，事关培养新时代高质量人才、建设现代化强国，具有重大的现实意义。

　　如何提高儿童少年的学习能力？该书在儿童少年学习能力的构成和怎样培养学习能力两个方面做了深入的研究与阐述。

　　首先，构建全新的学习体系。这个体系是在学习目标、学习模式、学习环境、学习网络上进行的学习革命，是对传统的学习方法的巨大挑战。

　　该书运用学习科学、脑科学、信息科学三大学科理论的研究成果，集合和比较国内外的研究资料，为信息化学习能力建模。在建模过程中，经过分析论证，提出信息化学习能力的概念，即根据脑科学、学习科学、信息科学的基本原理，运用现代信息技术，开发人们的学习潜能，是信息化时代的一种综合学习能力。

　　其次，从建模内化成应用，也就是说，是怎样培养信息化学习能力的问题。

　　该书从理论引领、服务路径、技术支撑三个维度，论述培养信息化学习能力的核心问题，为读者提供了理论、方法及技术，操作性、实用性强。

　　该书属于科普读物，主要面向基础教育，可以作为儿童少年学习能力开发指导师的培训教材。它有以下特色：

　　1. 视角独特。该书站在信息化时代的高度，审视学习能力培养的重大课题，分析了在信息化的背景下教育面临的重大挑战，提出信息化学习能力的建模及其内化应用，并从理论研究和实践操作两个维度进行探索和概括。

　　2. 理论联系实际。该书上篇是理论篇，下篇是应用篇，不少研究成果既有一定的理论深度，又能结合实际，有较强的针对性和可操作性。

　　3. 内容翔实，类型多样，表达方式丰富多彩。该书既有理论的阐述，又有史料的介绍；既有原理的说明，也有课程的案例，为广大读者提供了一个既有科学性又有可操作性的教学范式。

  4. 引进最新的内容项目，跟上时代潮流。该书不仅论述传统的学能开发基础理论，还重点论述人工智能教育理论，特别是在当前 5G 迅速发展的时代，特增加"5G＋"与教育一节，分析了"5G＋"与教育的内涵，并列举了多种学习方式，使读者增加了新知识，跟上时代步伐。

  徐文怀同志是该书的主要编著者。据我所知，他数十年来从事基础教育工作，先后当过教师、编辑、研究员，对基础教育深有研究。近年来，他在国家工信部有关部门指导下，又悉心研究信息化教育，并和有关同志一起对儿童学习能力开发课题进行实验，取得了一定的成果。

  当前，研究信息时代的教育以研究教师的教法居多，研究学生的学法较少。我相信，通过职业培训，将有更多的儿童少年得益。徐文怀同志及其研究团队的此项研究难能可贵，值得推广。

  南京邮电大学教授、博士生导师，现任南京邮电大学党委常委、组织部长

2019 年 11 月

前　言

　　学习能力是人类最基本的，也是最重要的社会生存能力。随着社会的发展和科学技术的进步，人们对学习的重要性愈加重视。特别是对儿童少年来说，学习能力就是认知周围世界的能力。这种能力将伴随儿童少年的一生，成为今后工作、学习、生活的基本能力。

　　然而，在信息时代，传统的学习方式受到了巨大的挑战。如何在信息化条件下提高儿童少年的学习能力，成了当前理论界、教育界要研究的重大理论与实践问题。

　　随着人类社会逐步从工业社会进入信息社会，以多媒体技术和网络技术为代表的信息技术改变了人类的生活方式、工作方式、学习方式和思维方式。教育从封闭性转为开放性；从单向性转为双向性；从继承性转为创新性；从职前性转为终身性；从统一性转为个性化；从专门性转变为综合性。因而，人类的学习方式发生了很大变化，提高人们的信息化学习能力成了当前信息社会的迫切需要。

　　所谓信息化学习能力，是指在信息化的环境下，根据脑科学、学习科学、信息科学的基本原理，运用现代信息技术，开发人们的学习潜能，提高人们的综合学习能力。

　　长期以来，我国对"如何教"非常关注，而对"如何学"则重视不够，导致对有关"学习"的最新前沿成果了解不多，有关学习的研究开展也较少。为了帮助读者了解信息化学习能力的内涵及其概念，探讨如何开发儿童少年的信息化学习能力，我们特编写《信息化学习能力开发导论》这本培训教材。

　　基于这样的考虑，本书由上、下两篇组成。

　　上篇——建模：信息化学习能力的构成。

　　在国际视野下，我们检视了当代信息技术发展给教育和学习者带来的机遇和挑战，研究了世界有关国家和一些国际组织的研究成果，特别是联合国教科文组织提出的未来教育的四大支柱"学会认知、学会做事、学会共同生活、学会生存"有着深刻内涵和重大意义。我们分析了信息化学习能力的内涵，在此基础上，参照了世界各国的研究资料，并进行比照分析，从而建构了信息化学习能力的内容框架，这框架内容是由思维能力、信息素养、团队协作、交流沟通、学习能力、操作能力、创新能力、问题求解八大能力要素构成的，并进一步分析上述八大能力要素内涵。

研究证明，信息化学习能力的研究离不开学习科学、脑科学、信息科学三大学科理论的支撑，也可以说，这是信息化学习能力的三大支柱理论：学习科学是学习能力开发的核心，脑科学是信息化学习能力的内在机理，信息科学是信息化学习能力开发的工具和手段。我们在这些基础上分析了信息化学习能力核心内容之间的关系，即学习能力与学习科学的关系，学习能力与脑科学的关系，学习能力与信息科学的关系，以及信息科学与脑科学的关系，从而更深入认识信息化学习能力的本质。

下篇——转化：信息化学习能力开发。

如果说本书上篇是理论部分，那么本书下篇是实践应用部分。

针对信息化学习能力的八大能力要素，本书下篇从理念引领、服务路径、技术支撑三个维度去引导如何开发儿童少年的信息化学习能力。

理念引领分为两个部分：一是传统的教育基础理论，分别阐述儿童发展理论、儿童认知发展阶段理论、多元智能理论、建构主义学习理论、教学模式理论等基本原理。二是人工智能教育理论。随着新一代人工智能的兴起，产业结构、经济增长动力以及社会分工体系都在发生深刻变化，工业革命以来所建立的教育体系正在面临巨大挑战：由"工业化教育"向"信息化教育"转变。这就要求，我们必须构建与人工智能时代相适应的信息化教育理论体系，利用智能技术对学习环境、学习内容、教学方式、管理模式进行系统化改造，为学生提供富有选择、更有个性、更加精准的信息化教育。为此，我们在介绍人工智能的概念及基本的技术原理后，分别介绍人工智能在视觉、语音和自然语言处理中的应用。

吸收传统的教育基础理论精华，应用科学的人工智能教育理论是指导我们开发儿童少年的信息化学习能力的重要基础理论。

服务路径部分分别介绍线下实体服务平台和线上虚拟服务平台两种类型。研究成果转化为应用项目才有使用价值，而研究成果转化就必须借助服务平台才能向外辐射。本书从理论到实例分别介绍了这两种类型的功能和作用。

技术支撑部分先简要介绍信息技术的一些必备的学习工具，后着重介绍信息技术和学习能力开发课程的整合，分析其三个基本属性：营造信息化教学环境、实现新型教与学方式、变革传统教学结构。这是提高信息化学习能力的关键技术。最后介绍学习能力评价技术。

为了建立一支能胜任开发儿童信息化学习能力的指导师队伍，需要对学习能力指导师（简称）"学能指导师"进行职业培训。本书最后一章介绍了学能指导师的培训课程体系和职业培训体系，这是培训信息化学能指导师的重要举措。

综上所述，本书上、下两篇既阐述了儿童少年信息化学习能力及其要义，又介绍了儿童少年信息化学习能力开发的内容和方法，为学习者提供了方向、内容、方法和路径，这是本书编写的核心内容。

这里要指出的是，儿童信息化学习能力开发训练与目前传统的基础教育是两个不同的教育体系，有共同之处，但也存在较大差异，它们各自也有着不同的特点，但它们都是我国教育事业的组成部分，具有同等重要的地位。两者之间可以互为借鉴、互为补充，目标就是一个：为中华崛起培养新时代的优秀人才。

本书作为国家工信部教育与考试中心批准的全国专业技术人员职业素质能力测评项目之一的培训教材，也可作为广大中小学、幼儿教师在职培训和继续教育的教材，还可以作为从事现代教育技术工作的各类教师和专业人员的参考书。

为了让广大学习者学习和掌握信息技术在学习能力开发中的应用，我们将编写"学能通"信息化学习能力开发系列培训教材：《信息化学习能力开发导论》是理论性教材；在这一基础上，我们还将编写《信息化学习能力开发技术应用》应用性教材，按年龄段将有婴儿版、幼儿版、少儿版、特教版四个版本的系列应用教材；每个年龄段的应用教材还有若干配套的操作手册。

因本人学识不多，水平有限，加上成书仓促，本书难免有疏漏与欠妥之处，敬请专家、读者提出宝贵的意见。本书在编写过程中参考了大量专家、学者的著作、论文以及网上下载的有关资料，因考虑到教材使用的方便性，没有在书中一一注明，而是作为参考文献在书中的每章末列出，可能也有遗漏，在此向作者致以谢意，并敬请谅解。

编著者

2019 年 4 月 20 日

目 录

上 篇 建模：信息化学习能力的构成

第一章 信息时代的学习革命 ·················· 003
- 第一节 信息技术的发展 ·················· 004
- 第二节 5G时代的到来 ·················· 014
- 第三节 信息时代的主要特征 ·················· 024
- 第四节 信息时代学习体系的建构 ·················· 031

第二章 信息化学习能力 ·················· 035
- 第一节 信息化学习能力概述 ·················· 036
- 第二节 信息化学习能力的构成 ·················· 042
- 第三节 信息化学习能力的定义 ·················· 050

第三章 学习科学与学习能力 ·················· 056
- 第一节 学习科学概述 ·················· 057
- 第二节 学习的生理因素 ·················· 069
- 第三节 学习的认知因素 ·················· 081
- 第四节 学习的智力因素 ·················· 099
- 第五节 学习的非智力因素 ·················· 125
- 第六节 学习的社会因素 ·················· 136

第四章 脑科学与学习能力 ·················· 143
- 第一节 脑科学概述 ·················· 144

第二节　脑的学习功能 …………………………………………… 153

　　　第三节　认知活动的脑机理 …………………………………… 160

　　　第四节　学科学习的脑机制 …………………………………… 166

第五章　信息科学与学习能力 ………………………………………… 179

　　　第一节　信息科学概述 ………………………………………… 180

　　　第二节　信息化的学习环境 …………………………………… 187

　　　第三节　信息化的学习资源 …………………………………… 196

　　　第四节　信息化的学习技术 …………………………………… 201

第六章　信息科学与脑科学 …………………………………………… 208

　　　第一节　人脑及计算机 ………………………………………… 209

　　　第二节　人工神经网络 ………………………………………… 216

　　　第三节　神经科学与智能机器人 ……………………………… 222

下　篇　转化：信息化学习能力开发

第七章　理念引领之一：学习能力开发基础理论 …………………… 237

　　　第一节　儿童发展理论 ………………………………………… 238

　　　第二节　儿童认知发展阶段理论 ……………………………… 244

　　　第三节　多元智能理论 ………………………………………… 247

　　　第四节　建构主义学习理论 …………………………………… 251

　　　第五节　教学模式理论 ………………………………………… 255

第八章　理念引领之二：人工智能教育理论 ………………………… 260

　　　第一节　什么是人工智能 ……………………………………… 261

　　　第二节　人工智能的发展过程 ………………………………… 266

　　　第三节　人工智能的影响及其应用 …………………………… 281

　　　第四节　人工智能时代的学习 ………………………………… 295

　　　第五节　人工智能产品设计与开发 …………………………… 328

　　　第六节　"5G＋"与教育 ……………………………………… 337

第九章　服务路径 ……………………………………………………… 346

　　　第一节　线下实体服务平台 …………………………………… 347

第二节　线上信息化学能服务平台 …………………………… 364

第十章　技术支撑 …………………………………………… 369
　　第一节　技术作为学习工具 …………………………………… 371
　　第二节　信息技术与学习课程的整合 ………………………… 377
　　第三节　学习能力评价技术 …………………………………… 382

第十一章　职业培训 ………………………………………… 400
　　第一节　信息时代对教师职业的挑战 ………………………… 401
　　第二节　信息化学习能力指导师的职业 ……………………… 404
　　第三节　信息化学习能力指导师的职业培训 ………………… 414

后　记 ………………………………………………………… 419

上 篇

建模：信息化学习能力的构成

学习能力是我们人类最基本的，也是最重要的社会生存能力。随着社会的发展和科学技术的进步，人们对学习愈加重视。特别对儿童少年来说，学习能力就是认知周围世界的能力。这种能力将伴随每一个儿童少年的一生，成为今后生活、学习、工作的基本能力。

然而，在信息时代，传统的学习方式受到了巨大的挑战。当代信息技术在人们的学习观念、学习内容、学习方式、学习技术等方面引发了一场深刻而巨大的变革。

如何构建信息化学习能力体系是信息时代提高儿童少年学习能力的一个重大课题。

现代学习科学是一门主要由生物科学和教育科学交叉而形成的前沿学科，旨在建立心智、脑与教育之间的桥梁；它包含将生物科学的最新成果（如认知神经科学、情感神经科学、基因科学和生物分子学等）；它整合了心理学关于认知心理过程的研究成果（建立动态系统以支持学习的研究）；综合了其他相关学科（如社会学、文化人类学、知识论等的视角），从而给学习者提供了科学依据。

对儿童来说，学习能力是一个由低到高的基本能力发展的动态过程。从儿童个体学习能力发展的过程来看，他要有发展的外部环境，还要有内部发展的潜能，表现为基因、遗传、营养、发育等因素。儿童发展的显能，表现为从最初的生理发展因素（视、听、触、动觉及其统合）开始，到动作（大动作及精细动作）与言语（口头语言及书面语言）的发展，再到心理因素（情绪、行为、个性）和认知因素（注意、记忆、观察、时空、思维）的发展，到智力（智能）因素和非智力因素的发展，直至由智力因素和非智力因素综合发展的结果——创造力的发展。在每个发展阶段，各个因素不是孤立存在，而是相互依存、相互促进的。

信息化学习能力离不开学习科学、脑科学、信息科学三大学科的理论支撑。学习科学是学习能力开发的核心；脑科学是揭示信息化学习能力的内在机理；信息科学是信息化学习能力开发的工具和手段。它们相互交织、相互影响、相互促进，构成一个比较完整的信息化学习能力开发体系。

第一章　信息时代的学习革命

美国著名未来学家阿尔温·托夫勒认为，人类迄今已经历了两次浪潮文明：第一次是"农业革命"，即人类从原始野蛮的渔猎时代进入以农业为基础的社会，历时几千年；第二次是"工业革命"，历时300年，它摧毁了古老的文明社会。技术突飞猛进。目前人类社会正进入新的"浪潮文明"，即信息时代的到来，同时也开启了"信息化学习能力开发"的时期。

本章基本概念要点：

● 信息和物质、能量一样，是一种客观存在，广泛存在于自然与社会之中。信息是人类生存发展的资源。信息资源正成为推动社会发展的第一资源。

● 获得信息的能力，是改变人类的根本力量。人类社会经历了六次信息革命。

● 信息技术在学生学习中的应用，极大地丰富了学习资源，改善了学习环境，变革了学生的学习方式。

● 5G 是第七次信息革命的基础。5G 被誉为"数字经济新引擎"，既是人工智能、物联网、云计算、区块链、视频社交等新技术新产业的基础，也将为"中国制造 2025"和"工业 4.0"提供关键支撑。

● 信息化社会对人类提出了学习革命，这就要求建构一个全新的学习体系。

本章内容网络结构图

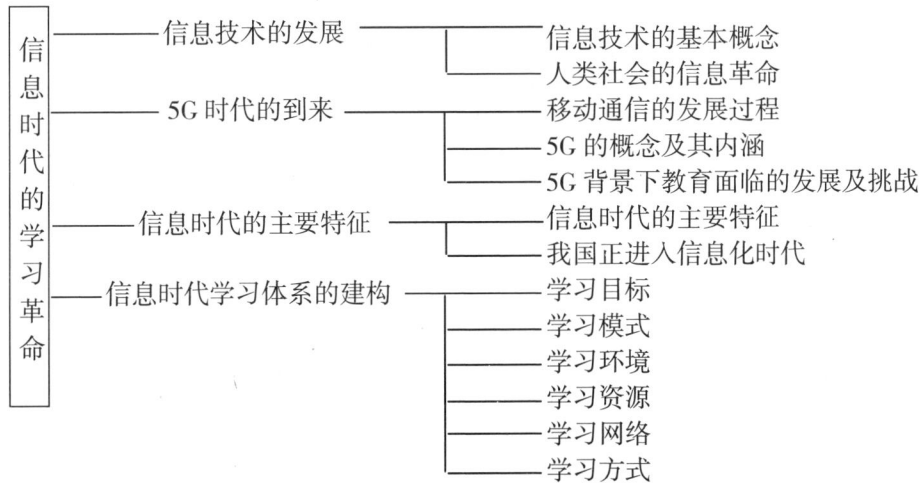

第一节　信息技术的发展

一、信息技术的基本概念

1. 什么是信息

信息和物质、能量一样，是一种客观存在，广泛存在于自然与社会之中。我们生活的这个宇宙是全息的，宇宙中一切事物，包括任何物体、运动和关系，都记录有它所触及过的物质运动关系的痕迹，并能为人所知。人们可以通过观察物体的色泽、质地、结构、痕迹、时空关系、音质等，发现其中这样那样的信息，并因此识别、认识事物。

信息是人类生存发展的资源。信息对人类来说，是一种资源。信息和物质、能源同等重要，信息是人类生存发展的资源，和人类的生存发展密不可分。所不同的是，物质、能源在地球上都有一定的限度，而信息资源不仅没有限度，而且其发展只会越来越快。人们从发现物质到发现能源到发现信息，其作用是不断递增的。信息通过运载、存储、传播、再生，可以为全人类共享。并且，社会的信息化程度越高，人们的综合能力和系统能力也就越强，人类活动的有序度就越高。

信息是人类认识的基础。人类的一切活动都是对事物表面信息的收集，并通过这种收集形成感性认识。根据感性认识对事物进行分析处理，便可形成概念。它将概念进行归纳、比较、综合，就能对事物的本质和规律形成理性认识。理性认识的系统化和优化即成为知识。通过知识的综合升华为智慧，形成超越该知识范围的基本理论。人类正是通过把信息转化为知识和智慧，进而转化为能量和生产力。人们通过对信息的分析、综合、交融、嫁接，可以产生无穷新的信息，形成无穷新的知识，创造无穷新的智慧。

信息、能量、物质三者之间的关系。信息与能量和物质互成"三位一体"。物质提供的是材料，能量提供的是动力，信息所表征的是事物存在的状态和运动特征的普遍形式。比如说做饭，一要有米、水、餐具（物质），二要有火或电（能量），三要有人或机器观察火候（信息），并用来控制整个炊事过程。所以物质、能量和信息，构成了事物的三个基本方面。

信息的基本特征：

（1）量度。和物质、能量一样，信息也具有可量度性。一般来说，任何信息都可采用基本的二进制度量单位（比特）进行度量，并以此进行信息编码。

（2）识别。信息还具有可识性。对自然信息，可采取直观识别、比较识别和间接识别等多种方式来把握。对于社会信息,由于其信息量大,形式多样,一般采用综合识别法进行处理。

(3)可转换。信息可以从一种形态转换为另一种形态。如自然信息可转换为语言、文字、图表和图像等社会信息形态。同样,社会信息和自然信息都可转换为以电磁波为载体的电报、电话、电视信息或计算机代码。

(4)可存储。信息可以通过系统的物质或能量状态的某种变化来进行存储。动物的大脑就是一个天然信息存储器,人脑利用其100亿至150亿个神经元,可存储100亿至1000万亿比特的信息。除大脑的自然信息存储外,人类早期一般用文字进行信息存储,而后又发展了录音、录像、缩微以及计算机存储等多种信息存储方式,不但能存储静态信息,而且可存储动态信息。

(5)可处理。人脑就是一个最佳的信息处理器。虽然人脑的信息处理活动(思维活动)只有其5%~7%(5亿至10亿个)神经元参与,它却具有例行型信息处理、非再现型信息处理(如决策、设计、研究、写作等)以及发现型信息处理(如研究、改进、发明创造)等多种信息处理功能。其他像计算机信息处理只不过是人脑的信息处理功能的一种外化而已。

(6)可传递。自然界系统之间的相互作用有三种基本方式,即物质、能量和信息。一般我们称之为物质的传递、能量的传递和信息的传递。信息的传递是与物质和能量传递同时进行的,离开了物质和能量做载体,信息的传递就不可能实现。语言、表情、动作、报刊、书籍、广播、电视、电话等是人类常用的信息传递方式。

(7)可再生。信息经过处理后,可以其他形式再生。如自然信息经过人工处理后,可用语言或图形等方式再生成信息,输入计算机的各种数据文字等信息,可用显示、打印、绘图等方式再生成信息。

(8)可压缩。信息可按照一定规则或方法进行压缩,以用最少的信息量来描述事物。压缩的信息可处理后还原。

(9)可利用。任何信息都具有一定的实效性,一方面可消除人们对某一事物的不确定度,另一方面能对人们的行为产生影响。一般来说,信息的实效性或可利用性只对特定的接收者才能显示出来,如有关农作物生长的信息,只对农民有效,对工人则效用甚微,而且,对于不同的接收者,信息的可利用度也不同。

(10)可共享。与物质和能量不同,信息具有不守恒性,即它具有扩散性。在信息的传递中,对信息的持有者来说,并没有任何损失,这就导致了信息的一个重要特性——可共享性。正是由于这种共享性,使信息区别于物质和能量,成为驾驭当今社会的一种基本要素。

2.什么是信息技术

在信息时代，信息技术正在改变一切，它的发展对社会的方方面面产生极为深远的影响。那么究竟什么是信息技术呢？

信息技术是指能够扩展人的信息器官功能的一类技术。那么，人类有哪些信息器官？它们各有什么重要的功能？信息又是如何得到加工利用的呢？要弄清这些问题，还要先从分析人的信息器官入手。人的信息器官主要包括感觉器官、传导神经网络、思维器官、效应器官这四类。

（1）感觉器官。主要包括视觉器官、听觉器官、嗅觉器官、味觉器官、触觉器官和平衡感觉器官等。

感觉器官的主要功能是：获取信息——通过视觉、听觉、嗅觉、味觉和触觉来感知（获取）外部世界各种事物运动的状态和方式；平衡感觉器官则可以根据运动主体与客体之间的关系来获取平衡信息。

（2）传导神经网络。传导神经网络可以分为导入神经网络和导出神经网络等。

传导神经网络的主要功能是：传递信息——通过导入神经网络，把感觉器官获得的信息传送给思维器官；通过导出神经网络把思维器官加工出来的信息传送给各种效应器官或内部某些器官。

（3）思维器官。思维器官主要包括记忆系统、联想系统、分析推理和决策系统等。

思维器官的主要功能是：加工和再生信息——实际上它担负着存储信息、检索信息、加工信息和再生信息的复杂任务。通过存储、检索、加工信息得到对于外部事物运动规律的认识，通过再生信息（第二类认识论意义的信息）来表示主体对于外部事物进行改造的策略和意图。

（4）效应器官。效应器官主要包括操作器官（手）、行走器官（脚）和语言器官（口）等。效应器官的主要功能是施用信息——通过操作器官和行走器官来执行大脑发出的第二类认识论意义的信息，或者通过语言器官来表达第二类认识论意义的信息，使这些信息产生实际的效果。

人类的这四类信息器官和它们的信息功能是有机地联系在一起的，这种有机的联系使它们能够执行一种整体性的高级功能——认识世界和改造世界过程所需要的智力功能。这种高级的整体性功能不是每个个体器官功能的简单相加，它体现了系统学原理：整体大于部分之和。下图显示这四种信息器官互相联系形成智力功能的情形。

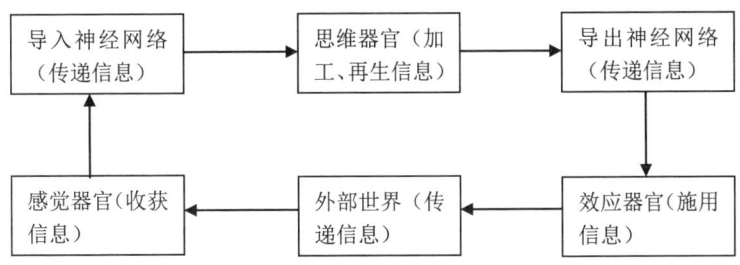

图 1-1　信息器官及其功能系统

从图 1-1 可以看出，人们同外部世界打交道的过程首先是通过自己的感觉器官从外部世界获得有关的信息，导入神经网络，再把这些信息由感觉器官传送到思维器官；思维器官对外来信息进行加工处理，并在此基础上再生出主体与外部世界打交道的策略信息，即第二类认识论意义的信息；然后，再经由导出神经网络把策略信息传递给效应器官，后者把策略信息转化为行动，作用于外部世界，使外部世界的事物按照策略信息所规定的方式来改变自己的状态。这就是人们认识世界和改造世界的一个基本过程。

信息技术的体系：信息技术的体系包括四个基本层次：主体技术层次、应用技术层次、支撑技术层次、基础技术层次。这四个层次之间的关系如图 1-2 所示。

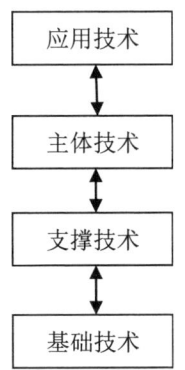

图 1-2　信息技术体系的层次关系

若把信息技术的整个体系比喻为一棵参天大树，那么它的基础技术层次便是大树扎根的土壤，它的支撑技术便是大树发达旺盛的根系，它的主体技术层次是大树强劲的躯干，而它的应用技术层次则是大树的枝叶和花果。肥沃的土壤、发达的根系、粗壮的躯干，这一切都是造就繁茂枝叶和丰硕花果的必要条件。信息技术这四个层次的关系与此极为相似。

3. 什么是信息化

这个概念最早起源于 20 世纪 60 年代的日本，称为"情报化"。信息化的概念是在 20 世纪 90 年代伴随着信息高速公路的兴建而提出来的。美国克林顿政府于 1993 年 9 月正式提出建设"国家信息基础设施"（简称 NII），俗称"信息高速公路"计划，其核心是发展以 Internet 为核心的综合化信息服务体系和推进信息技术在社会各领域的广泛应用，特别是把信息技术在教育中的应用作为实施面向 21 世纪教育改革的重要途径。

使用"信息化教育""教育信息化""信息化学习（E-Learning）""信息化学习方式"更能有效反映信息社会的特征，体现信息时代人类物质和精神文明的发展，因此更为恰当准确。"信息化"的特征主要表现在：

（1）数字化。所谓数字化就是将我们使用的文本、音频、视频、管理等信息转变为由"1"和"0"两个数字表达的计算机能够处理的信息。反之，又可以将计算机处理的语言转变为我们能看懂的文本、多媒体等信息。

（2）网络化。信息化是将个体存在的计算机连在一起，实现信息的互联互通。因此，只是使用了计算机还不能算是完全信息化，必须实现计算机的网络化。

（3）信息资源化。有了计算机和网络技术，还必须有丰富的信息资源。数字化就是将信息的资源数字化。网络化如果没有信息资源，建立再庞大的计算机网络也是没有价值的。

（4）虚拟实在。人们在认识世界的时候是感觉物质世界在认识中的映像，映像被数字化后就与人们感觉真实的映像一样，融文字、声音、图片、动画、影像于一体。

二、人类社会的信息革命

获得信息的能力，是人类独创的奇迹，也是改变人类的根本力量。

当猿猴还是猿猴的时候，它与一只羊羔并无本质区别。但猿猴最后却进化成了人类，很大程度上在于猿猴与其他动物获取信息的能力不同。

低级动物之间的信息交流，基本依靠简单的音节和肢体语言，因此，传达出的信息量非常少，无法进行复杂信息的传输。然而，猿猴却走上了一条截然不同的道路：从最初的爬行到直立行走；制造了工具，形成了语言这套更复杂的声音传输系统，语言的产生让信息更加丰富。随着语言体系的逐渐完善，人类社会的信息技术发展开始了阶段性的革命历程。

人类社会经历了六次信息革命。

第一次信息革命：语言的发明，让信息可以分享，帮助猿进化成为人类。

语言是如何产生的？直到现在这仍是一个未解之谜。有学者认为，最早的声音并不是来自生物的发声器官，而是通过生物的身体部位与流体作用偶然发出的。动物们听到以后，产生了类似"练习"的行为来模仿、控制它们所发出的声响。而发声器官的进化也随着动物对声音掌控的优化而优化，控制一切活动的器官则是动物的大脑，其中，人类的大脑尤为发达。比起低级动物，人类的大脑可以将视觉记忆储存为图像，形成自己的数据库，需要输出的时候，再将脑中的数据库调出来，在大脑里将这些具象信息变成信息流，最后通过语言传递给其他人，完成语言信息的传递。正是语言的产生为人们带来了信息构建的基础，从而让人们可以借此进行复杂的社交生活，也让人类大脑不断随之进化，优化自己的思维能力，进一步完善其行为能力。

在文字出现以前，语言作为唯一的信息传递方式主要就是依靠听觉，而传播语言的载体就是人类的发音器官，由发音器官发出的声波通过空气传播变成了声音，接收终端则是人类的听觉器官。

以语言为开端，人类正式与低级动物区别开来，成为真正的"智慧生物"。语言的产生开启了第一次信息革命，人类社会也由此构建。

第二次信息革命：文字的发明，让信息可以记录，是人类文明出现的标志。

在文字发明以前，人们如果需要记事，就采用结绳等方法。"上古无文字，结绳以记事"，上古时代的中国人和秘鲁印第安人都有结绳记事的习惯，并且各自有一套十分系统甚至复杂的记录方法。单靠语言传输会造成误传，这是由语言信息的不稳定性引发的。如果我们需要将某些信息一代一代地传承下去，就必须有可以承担这个任务的新载体。文字的出现解决了这个问题，让信息不仅能够分享，还能记录。

世界上最早的文字可追溯到大约公元前3000年，古埃及的圣书字和两河流域的楔形文字记录了古埃及帝国、古巴比伦王国和古波斯王朝的历史故事。这两种文字在公元前后已经绝迹，但在近代考古学家的探索下，它们重见天日，如今已进入博物馆，作为文字史上的重要见证而存在，堪称文字的化石。

中国最早的文字起源于何时，已难以考证。商代出现了刻在龟甲和兽骨上的文字，也就是甲骨文。

在中国漫长的历史进程中，经过无数先辈的努力，文字历经了甲骨文、金文、大篆、小篆、隶书、草书、楷书、行书等阶段。在春秋战国时期，由于经济文化的繁荣昌盛，大篆和六国古文作为中国文字得以广泛应用；秦始皇统一中国后，小篆统领全国文字，并在之前的基础上做了简化处理。文字作为一种远程信息传输工具，让我们对世界的理解有了传承的力量，让古代的老百姓能够了解到文艺界和政治界的大事：无论是春秋战国时期的孔孟韩非那深刻的哲学思想，还是一国之主发布的诏令，哪怕是大字不识的平民百姓，也能通过文字和语言的传播知晓一二。与此同时，民间的言论和百姓的生活则通过语言相传逐渐编成歌谣，这些歌谣后来也被整理成了文字，传到统治阶级耳边，进而也促进了官民之间的相互了解。

这些歌谣先在民间口耳相传，后来逐渐以文字记载的形式传播。比起单靠语言的面对面同步传输，文字的应用打破了时间和空间限制，引发了第二次信息革命。

中国汉字字体，于东汉末年正式宣告以行书收尾，完成了其发展之路。

文字的成熟和广泛应用，为人们的信息记录和远程通信带来了重要突破。古时的人类社会主要将文字用于信件、历史记载等重要事宜上，配合语言传播，让第二次信息革命得以蓬勃发展。早期人类以各种石器、金属工具作为书写用笔，后来西方有羽毛笔，中国有毛笔。在造纸术尚未出现和不成熟之时，西方人将文字写在羊皮卷和纸莎草上，中国则用简牍和丝帛作为文字载体。丝帛虽轻巧，但不易得到，价格也十分昂贵，因此古人多用简牍，其中以竹牍、木牍居多。借助简牍上的文字，加上古人的勤奋，许多历史信息和文学作品虽然在落后的传播技术下缓慢流传，但也幸而得以保存。依靠文字记载，人类文明不断开疆拓土，留下许多珍贵文献，流传至今。其中令人顶礼膜拜之作，当属《史记》。民歌等流传下来，形成了我国最早的诗歌总集《诗经》。

第三次信息革命：纸和印刷术的发明，让信息可以较低成本进行远距离传输。

信息的远距离传输，即便在需求并不太多的古代，人类的这个愿望也一直存在。为此，智慧的古代人民绞尽脑汁开创了很多远程传输的方法，比如狼烟、烽火、驿站快马和信鸽。

西周时期，用烽火台传递信息的方法已经成熟：从国都到边境，沿途建立烽火台，用于军事信息传递。当有敌人入侵时，哨兵会点燃烽火，让周围城池的守卫军队看到，他们再依次点燃烽火，将信息进行远程传输，援军便及时奔赴前线支援。毫无疑问，它是当时国家军事要塞，事关生死存亡。这是古代远程信息传输最经典的故事。

到了印刷术时代，人类社会实现的不仅是远程传输，还有信息的大量传输。印刷术的产生，离不开造纸术的发明。在使用笨重的简牍过程中，人们不断探索新的文字载体以进行更为便利的信息传递。最早的纸以破布、旧渔网和麻绳头为原料做成，这种纤维纸由于做工粗糙，无法用于记录书写。到了东汉中期（公元105年），蔡伦用树皮对原有的纸进行了改良，制作了著名的"蔡侯纸"，并予以传授，使之从河南向各地流传。

东汉末年，三国两晋，历史在变革的同时，也为文化发展带来一个又一个黄金时代。春秋战国，哲学思想百家争鸣；两晋时期，书画名家层出不穷。以东晋书法家王羲之为代表，作品不断，也由此推动了书画用纸的大力发展。这时的造纸原料加入了麻和楮皮，提升了书写纸的质量。

唐宋时期，诗词鼎盛，竹纸兴起，在文人墨客中大受欢迎，纸张种类也走向了多样化：除了竹纸，还有麻纸、皮纸、藤纸，且制作技艺不再单一。原料的选择也扩大到了竹浆、稻秆和麦草。

由于造纸术的发明，信息记录的成本大大降低，《史记》等作品的传播速度终于得以提高，人们可以手抄图书将其流传下去。

清代中期，我国手工造纸技术已经非常发达，纸张质量上乘、品种繁多，加上人们希望信息可以传得更远，为第三次信息革命提供了坚实的后盾。

历史在不断演进，随着时间的推移，人们对信息传递提出了更高的要求，印刷术呼之欲出。

我国最早使用雕版印刷术，以坚硬的木头为原料雕刻出反字，再着墨、刷抹。这种印刷术所成之书样式精美，现留存下来的《金刚般若波罗蜜经》雕版印刷品依然能被现代人所看到。

北宋庆历年间（1041—1048），平民发明家毕昇用胶泥首创活字，发明了活字印刷术。作为我国四大发明之一，活字印刷术克服了雕版印刷术的弊端，并且可以反复使用，排版比之前更为灵活。基于活字印刷术的技术思路，元代王桢以木活字替代胶泥活字，又发明出轮转排字架，之后又陆续有了锡活字、铅活字，等等。活字印刷术的产生，让信息革命再次发生重大转折。得益于宋元时期的中欧文化交流，活字印刷术逐渐流传到了欧洲，进而引发全世界信息传递技术的变革，古代文明盛况空前，传统出版体系也正式形成。

印刷术起源于中国，量化使用却在西方。1455年，德国人谷登堡发明铅活字，之后成功实现机器印刷技术，信息传递效率取得了质的突破。所谓时势造英雄，印刷机器的大量使用，恰逢欧洲文艺复兴。自此，欧洲经济、科技、宗教、文学、艺术等方面的发展呈爆炸之势，迅速席卷整个西方资本主义社会，为丰富人类世界文明宝库做出了巨大贡献。

印刷术的发达，将信息进行大量远距离传输，使承载着知识内容的书籍得以批量生产，快速流入社会。成本的下降，使平民百姓得以从书籍中获取知识和思想。在没有电视，甚至连电都没有的西方社会，人们对于信息的获取主要来自书本、报纸和信件，并通过书籍里承载的信息内容影响自己的日常生活。

第三次信息革命毫无疑问是信息革命史上浓重的一笔，人们通过文字和纸张实现远距离通信，通过阅读书籍了解社会事件，有了多样的娱乐，也有了偶像崇拜的现象。时至今日，在英国人深深的怀旧情结中，18世纪前后是他们最向往的时代。在信息传递爆发期，人们日益增长的需求不断催生出更快捷的传播方式，当人们迫不及待地等待回信，又百般焦急地担心信件在递送途中是否遗失的时候，无线电登场了。

作为第一次信息革命的传承，用书籍和纸张传递信息的方式直到现在仍在广泛使用。然而，无论是信件邮寄，还是书籍出版，都存在延时的问题：信件从发出到接收需要好些天，甚至长达几个月，书籍从写作、修改、定稿到出版，需要的周期更长，而这种延时的问题日渐难以满足人们对于信息的迫切需求。无线电的出现实现了信息远距离实时传输，让人类社会告别了以往传统的生活方式，登上近代历史的阶梯。

第四次信息革命：无线电的发明，让信息可以进行远距离实时传输，是近代历史上影响政治、军事、文化的重要标志。

在讲无线电通信之前，首先得说说电的产生。1831年，法拉第发现电磁感应现象，并通过实验得到产生交流电的方法，这一突破性发现，可以说对人类文明做出了巨大贡献。随后，法拉第很快发明了圆盘发电机，这是世界上第一台发电机。

关于无线电的开创和发明者，学界存在许多争议，而大国之间的科技竞争，从无线电开始就初见端倪。

无线电的出现，是世界科技进步的必然产物，不是某个人的独创，而是科学家们共同努力的成果，它的应用推动了人类社会近代文明的发展。

1901年，马可尼成功完成横跨大西洋上3600公里的无线电通信，而在此之前，他的无线电报已经投入商用；与此同时，波波夫把无线电投入军用，并建立起40多公里的无线通信网。

第四次信息革命宣告来临。

谁才是真正的无线电之父？时至今日，争论从未停止，但科学家们为人类社会进步做出的卓越贡献将永远被世人所崇敬和铭记。

在电报的基础上，后来又诞生了电话和广播。

20世纪初，有声广播问世，最早是航海无线电报，采用莫尔斯电码。该电码是一种信号代码，用于早期的无线电通信，其编码清晰简单，因此在战争中也常用于地下情报工作。

第四次信息革命实现了语音的同步远程传输，突破了文字、距离和延时的限制，使人们通过声音直接获取即时的信息内容。战争年代的英国，乔治六世通过无线电技术进行鼓舞人心的演讲，震撼人心。无线电所带来的大众传播优势，于此可见一斑。

印刷术让文字借由书籍得以传输；无线电成就了广播；电话和电台让语音突破了时空，可以进行实时传输。信息通信历经变革，在实现文字和语音的传输之后，将走向图像和视频传输的道路。

接下来，大众传媒开始登场，将信息传播推向新的高度。

第五次信息革命：电视的发明，让信息可以进行远距离实时多媒体传输，从此信息带上温度、富有感情。

电视是近百年来影响人类社会的重要信息平台，它的发明是人类文化、娱乐业发展的一个重要里程碑。

电视最早出现在1925年的英国，一位叫贝尔德的人制造出一台机械式电视机。1936年11月2日，这一天是世界电视事业诞生日，英国BBC公司正式播出电视节目。在 1939 年纽约世界博览会上，电视机大出风头，并在战争结束后开始普及，为人类社会的现代文明添光加彩。贝尔德致力于用机械扫描技术来研制电视机，并在 1928 年研发出第一台彩色电视机。受无线电的启发，他大胆假设：电既然可以用来传输语音，那么也能用来传输图像。然而，就在贝尔德吸引了投资商的目光时，美国发明家法恩斯沃斯以电子技术制造出的电视机一举击溃机械技术，并很快占领市场。1954 年，美国无线电公司推出第一台彩色电视机。

电视的普及，标志着多媒体的诞生，它集声音、文字、图像和影像于一身，让信息传输实现了实时、大规模和远距离。更重要的是，大众有了直观感受，信息这个载体从此开始有了感情色彩。

电视机作为多媒体的重要载体，让信息传递的方式更加丰富、更有感情和冲击力。它成为现代文明的代表之一，随着电视在中国的普及，它也成为平常百姓家的标配。

与传统纸媒、无线电广播最大的不同是，电视机所带动的节目开发，为人们带来了多种娱乐，也带来了寓教于乐的知识，人们对于信息的获取不再局限于政治演讲、战况播报、新闻时事。随着电视机的普及，各大电视台纷纷成立，并积极开设自己的电视节目，发展以电视为载体的信息文化产业。

作为第五次信息革命的载体，电视所传递的信息已不再局限于新闻时事，还包括多种具有娱乐性质的电视节目，电视剧产业也应运而生。

电视的兴起和普及推进了人类社会的现代文明，但随着时间推移，已无法满足人们不断增长的个性化需求。当社会的物质条件相对富足，和平与发展成为时代主题时，普通民众的精神需求和信息互通的愿望便日益增长。世界文明的大融合以及经济全球化的最新趋势，对信息革命又一次提出了更高的要求。这一次，功能更强大的互联网登上历史舞台。

迄今为止，恐怕没有比互联网时代的到来更令人激动的了。

第六次信息革命：互联网的发明，让信息可以进行远距离实时多媒体双向交互传输，开启了人类信息传输的伟大革命。

电视让多媒体强势崛起，但它的信息传输是单向的，我们只能接受给定的信息，却不能把自己的信息传输出去，双向互通无法依靠电视来实现。互联网的出现，让信息传输达到了信息革命史上的最高水平，它有效集合了之前信息载体的所有特征：实时、远距离和多媒体，还兼具信息双向互通的优势。

1957 年 10 月，苏联发射第一颗人造地球卫星 Sputnik，美国政府惊慌不已，连忙让国防部组建高级研究计划署。1969 年 12 月，ARPA 将加州大学洛杉矶分校与圣塔芭芭拉分校、斯坦福大学研究学院以及犹他大学的四台主机连接起来，建立起用于军事的网络 Arpanet，也就是阿帕网。这是最早的网络，采用包交换技术，运行速度只有 50Kbps。一年后，网络工作小组制定出主机之间的通信协议，用来控制网络信号传输。又过了一年，通信软件研发成功，实现主机之间的通信，这就是电子邮件。电子邮件的诞生使网络通信立刻变得高效快捷。至此，阿帕网的规模开始不断扩大，于是又有了广为人知的 TCP/IP 协议。

时间来到 20 世纪 80 年代初，计算机网络变得十分多样化，包括 USFNF.rF、CSNET 等。由美国国家科学基金会资助建设的广域网 NSF 的出现，对互联网的发展起到了较大的推动作用。早期的互联网用于高校科研，随着主机数量急剧增加，越来越多的人把互联网当作信息交流的工具。到了 90 年代，随着浏览器和网页技术的出现，互联网迎来高速发展，1995 年，NSF 网正式投入商用，互联网开始席卷全球。

第六次信息革命随时准备引爆市场，为人类社会带来一场盛大洗礼。

信息爆炸带来不少社会问题：网瘾、网络犯罪、虚假新闻等；这也是美好的时代，各种信息高效互通，社会效益大大提升，透明度大大提升……

历史总是在不断进步，四大门户网站在移动互联时代都不可避免地面临转型，而腾讯公司突出重围研发出微信，再次成为领头羊。

当互联网从 PC 端转向移动端，手机的作用开始大于电脑时，又一个崭新的时代呼之欲出。

这一次，功能更强大的智能互联网不再是电影里的科幻场景，而是逐渐进入人们的生活，并将继续改变这个世界。

思考题：

1. 简述信息技术的几个基本概念。
2. 分析人类 6 次信息革命的主要技术。

第二节　5G 时代的到来

在之前的六次重大信息革命的历史中，我们看到了信息传递和发展的脉络，在互联网助推信息革命跨越式发展之时，也提出了一个很重要的问题：第七次信息革命将会是什么？这就是——智能互联网。5G 是第七次信息革命的基础。

5G 被誉为"数字经济新引擎"，既是人工智能、物联网、云计算、区块链、视频社交等新技术新产业的基础，也将为"中国制造 2025"和"工业 4.0"提供关键支撑。

一、移动通信的发展过程

1G：人类进入移动通信时代

第一代移动通信主要用的技术是模拟通信。所谓模拟通信，就是把我们的声音变成电波，通过电波传输，再将电波还原成声音。所以第一代移动通信存在着品质差、安全性差、受干扰、频谱利用率不高等缺点，但它建立了移动通信最基本的能力，比如说蜂窝通信、频谱复用等核心技术手段。当时，移动手机功能仅限于语音通话，身躯厚实笨重，因此也俗称"砖头手机"。

1G时代解决了最基本的通信移动性问题，在以后的岁月里，移动通信产业还要经受一系列变革。模拟蜂窝技术和砖头手机在带给人们惊喜的同时，也暴露出严重的弊端：模拟技术存在容量小的问题，手机盗号现象猖狂，在实现移动通信的基础上，人们对于价格、通话质量、异地或跨国漫游的期望也随之而来……然而这些都是1G无法满足的。1999年，A网和B网正式关闭，数字通信应运而生。

2G：数字时代到来

与第一代移动通信相比，第二代移动通信的技术更进一步，其中的关键差异在于，它是先将声音的信息变成数字编码，通过数字编码传输，然后再用对方的调制解调器解开编码，把编码解调成声音，所以第二代移动通信具有稳定、抗干扰、安全的特点。因为采用数字编码的技术，所以也实现了一些1G时代下不能实现的东西，比如：来电显示、呼叫追踪、短信等。

更为重要的是，从第二代移动通信开始，全世界就出现了移动通信标准的竞争，在这一过程中，国际电信联盟（ITU）扮演了非常重要的角色。

通信产业表面上是各大通信运营商和手机商的集体厮杀，实为国家之间战略软实力的激烈角逐，一旦抢占先机，便可打个漂亮的翻身仗，长期占有主动权，在产业中居于主导地位。第一代移动通信由摩托罗拉垄断，美国人独占鳌头，而第二代移动通信则出现了百家争鸣的局面，全世界几大有实力的经济体都在制定自己的标准。后来，在中国加入WTO的谈判中，作为与美国进行利益攻防的砝码，中国联通又建立了一个CDMA网络。

2G时代，通信技术从模拟向数字发展，不仅对传输的语音进行了数字编码，保证了语音的高品质、抗干扰能力，同时也增加了数字通信的能力（比如短信），还可以提供来电显示等数字通信服务，网速达到9.6Kbps，采用GPRS技术可以达到更高。随着用户量的高速增长，2G的容量与速度遭遇瓶颈，加上多媒体的兴盛，2G技术已无法满足移动多媒体发展的需要。

3G：数据时代到来

2000年5月，国际电信联盟正式发布第三代移动通信标准，中国的TD-SCDMA、欧洲的WCDMA和美国的CD-MA2000一起成为3G时代三大主流技术。

随着 3G 时代到来，人类也迎来了智能手机的时代。

3G 时代，数字通信向数据通信发展，数据通信不再是语音通信的附属。通信速度大大加快，最低速度 384Kbps，通过多种技术，可以达到 7.2Mbps，比 2G 提高 30 多倍。移动互联网开始发展，加上带宽飙升，资费也越来越低。2G 时代，1GB 的流量费高达万元；到了 3G 时代，1GB 流量价格降至 500 元左右。3G 手机除了高品质的通话以外，还能进行多媒体通信，也能实现与电脑互通传输。3G 网络在中国全面开花，抢占先机的苹果与三星手机在手机市场呈压倒式优势，不过由此而来的用户量的暴增为之后中国推出国产智能手机品牌奠定了坚实的基础，中国将迎来更加高速的 4G 时代。

4G：数据全面爆发

4G 集 3G 和 WLAN 于一体，标志着数据时代的全面爆发：速度之快前所未有，使音频、视频和图像可以快速传输，并且能以 100Mbps 以上的速度下载，满足几乎所有用户对无线网络服务的需求，部署范围也大幅度扩张，比起过去的移动通信有着压倒性的优势。

随着 4G 网络的蓬勃发展，基础电信企业加快了移动网络建设，目前中国三大电信运营商的网络基站总和超过 640 万个，4G 的基站超过 350 万个，远超世界其他国家 4G 基站数的总和。就在这个急速扩大的网络上，中国的手机产业也迎来了大翻身。

4G 到来后，随着上网速度的提升，网络覆盖能力的加强，人类开始真正进入移动互联网时代。大量基于视频的业务开始爆发，视频播放业务从传统的电视开始转向网络，点播业务成为众多互联网视频的主要业务，收费也成为主流，用户习惯了会员服务的模式。

4G 到来之后，其大带宽、强覆盖的特征显露无遗，中国极好的网络覆盖能力和越来越低的上网费用，推动了中国移动互联网的发展。通过 3G 的积累与学习，4G 时代的中国移动互联网全面超越了美国，成为这一领域全世界表现最活跃、最完善的国家。

中国移动互联网最大的特点是通过社交整合一切服务，其中最有代表性的是微信。如今，微信已经成为一个强大的服务平台，该平台整合了手机游戏、移动支付、交通服务等各种各样的服务。通过社交的能力，这些业务得到迅速推广，相关运营商获取了很好的经济回报。

中国移动互联网的另一大特点，是电子支付能力渗透到社会生活的每一个角落，支付宝和微信支付这两大平台把支付变得极为简单。正是因为在每一个角落我们都默认会有高品质的 4G 网络存在，所以人们出门才可以不带现金。今天，从普通生活到公共服务，所有需要进行支付的地方，都可以由电子支付来完成。

因为智能手机提供了定位能力，移动电子支付提供了强大的支付能力，所以中国的共享服务发展迅速，共享单车、共享汽车服务增长迅猛，而外卖这样的服务渗透到日常生活中。每天上亿单的服务让社会生活变得极为方便。4G 让数据业务全面爆发，中国真正进入了移动互联网时代。这个时代，不仅提供高速度的信息传输，还能通过定位、移动终端、移动电子支付，把生活中的很多服务都变得移动化、智能化。在此过程中，人们享受到了社会生活的便利和高效。今天从飞机值机到火车票订票，再到坐公交车、坐地铁，在中国，人们都可以通过一部智能手机来完成这些操作。那种为了一张车票整夜排队的现象，已逐渐消失。

移动电子商务、移动支付、共享服务之所以发展迅速，最为底层的基础是高速度、全覆盖的 4G 网络，以及相对便宜的通信资费，这才是移动互联网业务爆发的基石。

5G：人类将迎来智能互联网

如果说 4G 改变了人们的生活的话，那么 5G 的到来将改变我们的社会，也就是说，这种新的改变无论广度还是深度，都要深刻得多。

5G 时代，人类将进入一个把移动互联、智能感应、大数据、智能学习整合起来的智能互联网时代。在 5G 时代，移动互联的能力突破了传统带宽的限制，同时延时和大量终端的接入能力低下得到根本解决，从根本上突破了信息传输的能力瓶颈，能够把智能感应、大数据和智能学习的能力充分发挥出来，并整合这些能力形成强大的服务体系。

这个服务体系不仅能改变社会，也将渗透到社会管理领域，改变生活的方方面面。

5G 改变社会最重要的一个能力，是以低成本去构建高效率的社会运作体系。例如，空气质量是如今人们非常关心的热点话题，依靠传统技术建立起来的监测体系成本高、效率低，无法做到真正意义上的全面监测。在北京也仅有 35 个空气质量监测点，难以对污染源进行有效监测。通过 5G 的低功耗网络，打造大量的监测设备，把路灯、电线杆都变成监测点，这不仅可以精确了解空气质量状况，而且控制企业排污、了解污染的成因会有更加科学的依据。

可能有人会问，很多能力是不是通过 4G 甚至 2G 网络照样可以实现？答案是肯定的，但依靠传统网络不仅成本高，而且无法支持大量的设备接入。5G 的万物互联能力才能真正支持这种大规模接入。

5G 作为一张公共的网络，会被切分成多个切片，在智能交通、智能家居、智能健康管理、工业互联网、智慧农业、智慧物流、社会服务多个领域广泛开展服务，不仅能提升社会生活水平，让人们生活更加方便，更能提升社会管理能力，让社会管理更加高效，社会公共服务得到全面改善。

5G 的价值，不仅是更快的速度，还有低功耗、低时延、万物互联等，这些能力让网络的功能大大延伸。随着 5G 时代的到来，这个世界将不再是过去的那个世界了。

二、5G 的概念及其内涵

关于 5G 概念的理解，从狭义上说，是指 5G 网络（5G Network）技术，即第五代移动通信网络，其峰值理论传输速度可达每 8 秒 1GB，比 4G 网络的传输速度快 10 倍以上。举例来说，一部 1G 的电影可在 8 秒之内下载完成。随着 5G 技术的诞生，用智能终端分享 3D 电影、游戏以及超高画质（UHD）节目的时代正向我们走来。

从广义上说，5G 网络实质是智能互联网，是第七次信息革命的基础。它已经不仅仅是互联网，而是在传统互联网的基础上发展起新的信息传递体系，由移动互联、智能感应、大数据和智能学习等共同构建，其功能更为全面和强大，智能化特征更为明显。

1. 移动互联是智能化的基础

互联网作为当下信息革命的重要载体，将进化成智能互联网，引发新一轮的信息革命，走向全面智能化。

在如今这个信息大爆炸的时代，智能手机从问世到普及，为移动通信产业带来井喷式发展，也为今后的智能时代奠定了坚实基础。手机已不再单纯是一部用来通话和发短信的移动电话，而成为具备多种功能的智能终端机：打电话只是最基本的功能，而进行万物信息传递、移动支付，并且兼具各种多媒体应用，成为人们工作与生活必不可少的万用机，才是它的真正用途。

移动互联对于构建智能互联网起着强大支撑作用，很早以前，就有了移动支付的概念，但是这种功能在 2G 和 3G 时代都无法发展，主要原因就是网络通信能力还不强大，支付功能延时较长，反应迟缓。到了 4G 时代，中国的移动支付全面爆发，就是因为移动网络信号变得空前强大，4G 网络得以大面积覆盖。而 5G 必须为智能互联网的业务提供强有力的支撑，如果没有 5G，智能互联网的作用将无法发挥，人工智能的应用也无法实现。

随着智能手机的普及，智能互联网初见端倪，各种移动智能产品开始影响着各个行业，并且将逐步实现人—物互联和万物互联。在当下，物联网已经初见端倪，之所以还未全面开花，是因为 5G 网络还未真正建立，一旦 5G 时代来临，移动互联必将掀起新一轮信息革命风暴。

这场风暴的最直观感受就是万物互联，而万物互联则依靠智能感应落地生根。因此，5G 是移动互联的基础保障。

2. 智能感应延伸了人类的器官

智能感应是物联网成功的基石，随着信息传播技术的发展和 4G 网络的发达，未来5G时代将以智能感应的蓬勃发展来为用户提供直观体验。而这把火如今正在强势燎原，但是现在市面上众多感应器已经被人们接受。这些感应器正对世界进行记录，呈细胞分裂之势，形成新的体系。

单从"感应"这一点来说，其能力就已经无所不在，光是一款智能手机就带有重力感应、压力感应、触摸感应、辐射感应、影像感应、人脸识别等诸多功能，并且还能通过各种智能识别，对外界进行感知。

其中最具代表的就是地理位置感应。现在的打车软件和一些娱乐应用上都可以自动识别地理位置，方便该应用针对定位向距离最近的出租车发送订单，或者为客户推荐相应的美食和娱乐活动。一些智能家居也可以根据客户的身体感应来开启和调节最适宜的温度。这种智能感应的产品不仅让用户的信息得以传输，还可以通过感应来获取更多的信息，甚至依靠客户的五官、皮肤和四肢来获取，使人类器官得以延伸。

可以确定的是，随着第七次信息革命的到来，更多的智能产品将不断涌现；而有的产品，还没等到物联网的辉煌时期到来，就已经在一轮轮残酷的厮杀中被淘汰，最显著的是非常残酷的手环竞争。

智能手环的原理其实并不复杂，核心是通过感应用户相关器官的工作情况来获取健康信息。记录和存储这些信息，能为用户提供直观的健康数据。人类对世界的最初认知就是依靠感官来获得的。智能产品的出现，帮助人类的感官有了更多的延伸，人类对世界的了解也通过这些感应器获取了更深入、更广泛的信息。这些感应器在不断的感应中获得了大量数据，它们将这些数据保存、分析，形成不间断的记录和再分析，最终形成大数据。

智能感应设备不仅仅是手环，手环只是众多类型的产品中的一个代表。智能感应就是要把对世界的认知，从人的器官通过机器模拟出来，并且延伸得更远、更强。人类的五官眼、耳、鼻、舌、口，都可以通过智能感应来进行模拟，我们可以看不到甲醛、闻不到TVOC（影响室内空气品质三种污染中影响较为严重的一种），但是可以通过智能感应感知到。除了日常生活外，大气质量如何、水体质量如何、山体是否要滑坡、井盖是否有位移……这些也都可以通过智能感应器进行感应。通过这些感应器，人类对于世界的认知会超越距离、体积等的限制，甚至会超越我们的五官能力，它们将成为人类智能化能力的重要保证。

3. 大数据重建了认知世界的基础

首先，需要指出的一个误区是：数据不是数字。比起数字，数据的范围要大很多。前腾讯副总裁吴军在《智能时代》一书中曾对大数据进行了这样的描述：互联网上的任何内容，比如文字、图片和视频都是数据；医院里包括医学影像在内的所有档案也是数据；公司和工厂里的各种设计图纸也是数据；出土文物上的文字、图示，甚至它们的尺寸、材料，也都是数据；甚至宇宙在形成过程中也留下了许多数据，比如宇宙中的基本粒子数量。

不难看出，5G时代，在高速度和低时延的信息传递下，人类对于大数据的使用将有助于加深我们对世界的认知，在这个认知的基础上，走在时代前沿的机构和个人会研发出更多的应用，以满足人们的各种需求和服务。随着5G的到来，大量的物联网应用被使用，这些物联网感应设备每天都会产生巨量的数据，这些数据远远超出了今天我们日常进行统计、管理的数据。

《智能时代》一书指出：大数据具有海量、多维和全面（或者说完备）三个主要特征。我们通过搜索引擎对关键词的搜索就可以充分感受到这些特征。当这些特征在不同领域得到充分发挥时，就一定会有意想不到的效果。思维引领发展方向，英国工业革命之所以会发生，是因为人们的思维方式发生了改变，于是才有了各种量产的机器。当前已经是大数据时代，在数据组成的信息流大环境下，人们的思维方式受到巨大冲击，甚至颠覆了对世界的认知，这种冲击和颠覆也快速推动我们去重新认知这个世界。

大数据为我们对传统购物的认识带来了巨大变化，最深刻的体验就是电子商务，其背后强大的物流技术颠覆了人们对传统购物的认知，在该领域，国内的京东是个中翘楚。

当网购进入人们的日常生活并被广泛接受后，各种购物网站如雨后春笋般冒出来。与众多购物平台不同，京东的成功，一大关键源于它自主研发建立起来的一整套物流技术，这套技术囊括全部购物配送流程和全价值链：从前端交易，到产品供应链，再进入核心的仓储、配送、客服和售后体系，最终细化到每个用户的购物和浏览记录。在这一系列过程中产生的数据积累，是京东大数据应用的基础保证。

大数据的高度承载能力，对于社会发展和人们的工作、学习和生活等方面均具有重要的意义。尤其是大数据的海量性、多维性和全面性，注定会催生出新事物，这个新事物就是凌驾于它之上的智能学习。

4. 智能学习让机器超越人类成为可能

如果说人工智能是智能学习发展的终极产物，那么建立在大数据之上的智能学习就是人工智能的基本能力。记忆是智能学习最基础的功能。驾龄比较久的司机应该都有过这样一种经历：经常去往某个目的地，根据自己多年的经验一般都有一条更加方便的近距离路线。刚开始这样的路线不会显示在智能导航上面，导航给出的路线通常都是大众知道的大路。如果司机每次都不按照导航路线走，而走自己更加熟悉的小路，智能导航仪通过智能学习，在发现该司机每次都选择这样的路线以后，就会进行智能修正，通过记忆和修改优化以往的路线方案。

智能学习是在对大数据进行大量分析的前提下，通过总结进行最优选择，找到高效率、低成本、方便快捷的路径。

作为智能学习的终端，机器人和各种智能产品的出现也将在未来颠覆人类社会。人类创造了语言，发明了造纸术，发现了电磁波，创造了无数奇迹。而这一次，人类创造了机器人却不得不与机器人展开竞争。

最令人激动的、注定被载入史册的、与人类展开智商比拼的一台机器，是大名鼎鼎的"阿尔法狗"（AlphaGo）。2016年，美国谷歌公司旗下DeepMind公司采用"深度学习，两个大脑"的原理，开发出人工智能机器阿尔法狗。

2016年3月，阿尔法狗对战韩国顶级棋手李世石九段，最终以4:1的战绩轻松胜出，引起世界围棋界一片惊呼，最后李世石在达沃斯论坛上无奈说出机器的冷酷令他"有种再也不想跟它比赛的感觉"。第二年，在中国乌镇围棋峰会上，阿尔法狗再次出征，以3:0的辉煌成绩完败世界围棋排名第一的选手柯洁九段，并且直接让柯洁泪洒赛场。由此，围棋界公认阿尔法狗的棋艺已经超过人类围棋大师的最高水平，柯洁甚至说出"它就是围棋上帝，能够打败一切"的言论。

单凭一个阿尔法狗称霸棋坛，似乎不足以证明未来智能机器人超越人类的可能。如今，各个行业都开始钻研人工智能，寻找产业革新的方法。展望未来，人类是否还能掌控越来越聪明的机器人？

比如医疗行业。2012年，谷歌公司举行科学比赛，冠军头衔授予一名高中生，该学生利用一台拥有760万个乳腺癌患者的样本数据的机器，设计出一种给病人活检的算法来确定乳腺癌细胞的位置，准确率高达95%以上，超出了职业医生的水平。

无论是人机对战还是人机合作，其中蕴含的巨大机遇早已为人所知。想在5G时代依靠人工智能进行产业革新，人工智能的研发已经刻不容缓，美国和欧洲已经抢滩布局，中国也在跃跃欲试。

总之，在5G时代，智能互联网将整合移动互联、智能感应、大数据、智能学习的能力，形成一种全新的能力，这种能力能够渗透到社会生活的每一个角落，影响和改变世界的进程。它将发生革命性的、质的改变。

三、5G背景下教育面临的发展及挑战

1. 通信技术的变革对教育的影响

从1986年第一代通信技术（1G）的诞生到现在从4G时代到5G时代的过渡，在这短短的三十多年，教育领域的学习者的学和教师的教随着通信技术的进步，也发生翻天覆地的变化。

1986年，第一代通信系统（1G）在美国芝加哥诞生，采用模拟信号传输。在第一代通信系统技术的推动下，广播电视大学在世界各地兴起。1995年，凭

借时分多址（TDMA）技术世界进入了 2G 时代。在 2G 时代下，多媒体教学开始走进校园，越来越多的电子设备（电子显示屏、投影仪等）进入教室，改变着传统的教学模式。

2007 年，社会随着智能手机的出现开始进入 3G 时代，在教育领域移动学习应运而生，加快了远程教育发展。

2013 年，随着移动互联网技术的成熟，在 4G 时代下教育领域最显著的变化就是各大网络学习站点的兴起，使得学习者学习知识变得触手可及。

2. 5G 通信技术的特点

相比于 4G 的兼容性强、网络频道宽以及容量更大等特点，5G 通信技术主要具有以下五个特点：

（1）高速度。相对于 4G 来说，5G 最显著的一个特点就是速度有着巨大的提升。对于 5G 的基站峰值要求不低于 20Gb/s，这个速度意味着每秒就可以下载一部高清电影。

（2）泛在网。在 5G 时代下，泛在网是指广度和深度两个方面。广度是指网络覆盖的范围要广，网络不仅要覆盖有人的地方，无人的地方也要有网络覆盖；深度就是指网络的覆盖纵深，不仅地上要有网络覆盖，地下也同样有高速网络覆盖。

（3）低功耗。5G 通信技术通过技术改造，极大地降低设备的功耗，使电子设备带电服务时间更长，增强了用户体验。

（4）低时延。人与人之间的交互时延在 140 毫秒属于可以接受的范围，但是对于 5G 通信技术是不可接受的，比如无人驾驶技术，如果时延在 140 毫秒，那么汽车就冲出几十米，很可能发生危险，所以 5G 对于时延的要求在 1 毫秒之内。

（5）万物互联。在 5G 时代的理想状态下，每平方公里可以达到 100 万个移动终端接入网络。在 5G 技术达到成熟以后，生活中的每一个物体都可以通过 5G 技术连接入网，比如耳机、书本、桌椅等。

3. 5G 背景下教育面临的发展

随着 5G 通信技术的不断进步以及凭借 5G 通信技术的优点，教育领域将会在以下三个方面取得长足的进步与发展：

（1）VR+教育。在 5G 时代下，基于移动宽带增强、超高可靠、超低时延通信、大规模物联网三大应用场景的拓宽，许多以往难以实现的课堂场景问题将会得到有效解决，凭借 5G 的先进技术，VR 技术将会在教育领域的以下三个方面得到广泛应用：一是可以创造出许多此前难以实现的场景教学，比如地震、消防等灾害场景的模拟演习；二是可以模拟诸多高成本、高风险的教学培训，比如车辆拆装、飞机驾驶、手术模拟等；三是能够还原历史或其他三维场景，如博物馆展览、史前时代、深海、太空等科普教学。

（2）智慧教育。随着5G技术的不断进步与普及，智慧教育在教育领域将会取得长足的发展。凭借5G技术的优势，人工智能将与物联网、大数据等技术一起广泛应用到教育当中，比如智慧教室、智能助教机器人以及智能笔记本等产品将会大量在学习活动中得到应用。

（3）教育设备。目前许多学校教室的大多数电子设备只是为教学活动提供简单的PPT放映、视频播放以及资料查询等功能，没有实现互联功能。5G时代的到来，不仅解决人与人的通信问题，同时还要解决人与物以及物与物的互联问题。教育设备面临的巨大变革就是互联，教室的教育设备与学校图书馆学习资源互联、与学生移动学习设备互联以及与教师教学移动设备互联，增强学习的互动性。

4. 5G背景下教育面临的挑战

在先进技术带来便利的同时，同样也将会面临巨大的挑战，其中5G通信技术给教育领域带来的挑战主要体现在以下两个方面：

（1）巨额的资金预算。随着5G时代的到来，学校对于先进技术设备的引进将会占用巨额的资金预算。小至一个学校，大到一个国家，教育经费都将会有极大的增加，同时也会增加财政压力。

（2）技术人才的短缺。随着5G时代的到来，一些先进的教学设备开始出现，但并不是每个学校都拥有足够多的技术人员可以正确使用设备以及做好设备在日常使用中的维护。学校拥有先进的教学设备，却得不到相应的使用，是对资源的极大浪费。

总之，即将到来的5G时代，对于每个领域都会带来巨大的变革，同样在教育领域将会使学习者的学与教师的教产生翻天覆地的变化。目前5G技术已经具备一定的规模，这一技术的不断进步，将会给教育领域带来更多的变革。

思考题：

1. 移动通信经历了什么样的发展过程？
2. 什么是5G？分析其功能及特征。
3. 分析在5G背景下教育面临怎样的发展与挑战。

第三节 信息时代的主要特征

人类社会经历了原始社会、农业社会、工业社会之后,在 21 世纪迎来了信息社会。随着通信技术及计算机技术的飞速发展和广泛应用,信息以前所未有的速度充斥着我们的生活,信息资源已成为与材料和能源同等重要的战略资源;信息技术正以其广泛的渗透性、无形价值和无与伦比的先进性与传统产业结合;信息产业已发展为世界范围内的朝阳产业和新的经济增长点;信息化已成为推进社会经济发展的助力器;信息化水平则成为衡量一个国家现代化水平和综合国力的重要标志。

当今时代,信息及其运行和覆盖的规模、广度、深度、层次、迅猛程度均远远地超过了前几次信息交流传播的大变革。其产生的巨大作用如洪流,正快速、大规模地改变着人类经济、政治、社会、文化、教育、科学等领域,最终会在一切领域带来根本的、彻底的革命性变化,使这个时代成为人类有史以来变化最为剧烈、最为激荡人心、最为伟大而神奇的时代。

从全球层面看,在信息革命的强力推动下,人类已进入充满活力的信息社会。在信息时代,信息资源正成为推动社会发展的第一资源,信息技术正成为促进社会进步的第一技术,信息产业正成为支撑社会成长的第一产业。

一、信息时代的主要特征

信息化时代有哪些主要特征?北京林业大学李世东教授等一批学者对此做了许多分析研究,并有全面的论述。他认为信息时代主要有以下六大特征:

1. 信息资源正成为推动社会发展的战略资源

随着科学技术和经济的发展,尤其是计算机科学的飞跃,信息成为人类和人类社会所必需的一种资源,同物质、能源并列当今世界三大资源。

信息资源广泛存在于经济、社会各个领域和部门,是各种事物形态、内在规律和其他事物联系等各种条件、关系的反映。随着社会的不断发展,信息资源对国家和民族的发展,对人们工作、生活至关重要,成为国民经济和社会发展的重要战略资源。

首先,信息资源广泛应用于各领域各行业。随着信息化的快速发展,信息资源的作用日益重要,地位也不断提高,并且由于其不受时间、空间、语言、地域和行业制约的特点,而广泛应用于经济、社会各个领域和部门。信息资源已成为国民经济和社会发展的重要战略资源,其应用范围已广泛涉及农业、生物、化学、数学、天文学、航天、气象、地理、计算机、医疗和保险、历史、大学、法律、政治、环境保护、文学、商贸、旅游、音乐和电影等几乎所有的专业领域，它的开发和利用将随着社会的发展更加深入，从而更好服务于各行各业。

其次，信息资源是人类活动的最高级财富。信息资源作为人类活动的最高级财富，它的价值主要体现在经济和社会两个方面。信息资源在经济方面衍生出了现代社会信息商品、信息市场、信息产业和知识产业，已逐步形成了以信息产业为先导、以信息资源为基础资源、以信息产品的生产和消费为基本内容的信息经济。信息资源已成为实现现代市场化、社会化生产方式的重要推动力量；同时，信息资源具有特殊的人文社会功能，信息资源极大开阔了人类视野，提升了人们的科学意识和科学精神，增强了人们对客观世界的认识及改造客观世界的能力，让人们站在更高的视点上认识和改造世界。

最后，信息资源是经济社会发展的决定力量和核心要素。在信息时代，自然资源和一般劳动力资源的作用相对下降，而知识、信息等无形资源作为最重要的战略资源被嵌入了经济结构的核心。据预测，到21世纪中叶，知识、信息对经济增长的贡献率将由20世纪末的30%~60%上升到90%以上。信息资源不仅增加速度快、数量多，而且可以迅速传播和共享。现在衡量一个国家的综合实力和竞争力，不仅要看其物质和能源的拥有量，更要看其信息资源拥有量以及信息资源价值转化的水平。从一定意义上说，谁掌握了信息技术的优势，谁在信息资源价值转化方面掌握主动权，谁就能在信息化进程中走在世界前列，在国际经济竞争中占领主动地位。

2. 信息技术是推动经济社会发展的关键性技术

在信息社会发展的过程中，信息技术成为推动经济发展的第一技术。信息技术是指对信息进行采集、交换、传输、存储、显示、识取、提取、加工、控制和利用等各种技术之和，主要包括传感技术、计算机技术和通信技术等。新一代信息技术，主要包括云计算、物联网、移动互联和大数据技术等。

信息技术作为发展最快、影响力最大、渗透力最强的一门高新技术，是推动经济发展和社会进步的关键性技术。它正以空前的影响力和渗透力，不可阻挡地改变着社会的经济结构、生产方式和生活方式。信息技术的发展异常迅速，正如一些经济学家所断言，信息技术在全社会范围的扩张和渗透，无异于一场"信息革命"，它比"工业革命"的影响更加深远。

信息技术是社会创新的核心技术。社会创新涉及面很广，如社会管理、商业、教育、医疗等。在社会管理创新过程中，政府通过利用信息技术对民众需求进行深层次挖掘、分析，快速反馈，政府管理转向治理模式；在商业方面，信息技术将社会分散的财富聚合放大，使资本为更多人服务；在教育方面，信息技术使教育不受时间、地点限制，教育资源被整合放大；在医疗方面，信息技术的广泛应用，使老百姓看病难的问题得到改善。信息技术已成为改变社会现状，创新社会的关键技术。通过信息技术对专业领域进行改造和整合，不断进行各个领域的创新，能够使人们的生活得到极大改善。

3. 信息产业成为社会成长的重要新兴产业

信息产业是指利用现代微电子技术、通信技术、计算机技术等手段，通过信息采集、存贮、传递、加工、利用等环节，所进行的以信息服务、技术开发以及信息产品的制造为主要目的的产业，是近几十年发展起来的一项新兴产业。它一旦形成就会以无可比拟的速度迅猛发展，并且能够很快地成为经济的先导，成为信息社会的支柱产业。

20多年来，我国信息产业年产值平均增长率均在25%以上。尤其在我国加入WTO后，与国际市场的全面接轨使得信息产业的发展更加迅速，信息产业已成为我国国民经济的支柱产业和先导产业。2000年，我国信息产业产值突破1万亿元，实现销售收入5800亿元，其规模已跃居国内工业部门首位。2007年，信息产业创造产值5.6万亿元，占GDP的23.8%。2013年，我国仅电子信息产业销售收入就达12.4万亿元，占全国GDP的1/5以上，成为国民经济的重要支柱产业。

信息产业拉动相关产业发展。信息产业具有带动性强、影响力大、渗透性广的特点，对整个产业链都有着直接或间接的影响。在信息的获取和利用方面，互联网已成为不可缺少的有力工具；在信息的传输方面，互联网、移动通信等扩大了人们交往的范围和视野；在金融商业领域，信息技术改变了人们的理财、消费模式；在娱乐方面，网络游戏、数码影像和数码音乐，拓宽了人们的娱乐空间。软件与硬件、终端与网络之间的边界不断交融，带来了新的技术和应用。在融合模式下，价值链拓宽延伸，新技术、新应用、新模式不断涌现，拉动了整个产业的长期旺盛需求，云计算、物联网、移动互联网、大数据等新兴领域蓬勃发展；"三网融合"、IPTV、手机电视及互联网视频进入规模化发展；云计算等新型产业形态逐步成熟；4C融合加快，形成了一系列新的终端产品。邮政行业利用信息化技术手段，健全了全国统一的综合信息网和高效的物流配送体系，提高了服务层次；商贸流通和其他服务业，利用信息技术创新推进传统服务业向现代服务业转型。

4. 信息产业成为社会的主流文化

我国信息文化的研究始于20世纪90年代。信息文化是指在现代社会活动中以信息技术的广泛应用为特征，从而形成的一种新的文化形态。信息文化是运用高科技手段对传统文化进行的转型与升级，是在充分认识传统文化的当代价值基础上，通过对传统文化进行扬弃而形成的更加具有特殊性、个性化和无穷创造力的全新文化。

近年来，网络文化产业迅猛发展，网络游戏、网络动漫、网络音乐、网络影视等迅速崛起，大大增强了文化产业的总体实力。

在传统社会，文化结构呈金字塔形，越向上发展，文化水平越高，参与社会的能力越强；越向下发展，文化水平越低，越远离社会管理和文化创造。由此便产生了文化特权现象，广大人民群众则游离于文化享用之外。信息文化的迅速发展打破了文化垄断和文化特权现象。电脑的普及和应用打破了专家垄断，电脑整理、分析、记忆信息的能力在数量和速度以及准确性方面是人力远不能比的。信息文化对任何人都一律平等，从而大大消除了文化的专家性和垄断性。

以数字技术、网络技术等信息技术为主要支撑，以动漫、网络游戏、手机游戏、多媒体产品为代表的新兴文化业态，已逐渐成为继IT产业后最具潜力的产业之一，互联网、手机媒体已经成为具有重要影响的新兴媒体。数字多媒体等高新技术应用领域正在不断扩大，数字影像、声光多媒体、LED显示等诸多高新技术正在被更多的演出、展示场馆和大型文化传播活动广泛采用。正是这些先进技术的应用，使2008年奥运会开幕式的演出，在世界范围内赢得了"美轮美奂"的赞叹。而互联网技术和数字三维虚拟展示技术的应用,则使世界各地通过互联网参观"世博会"成为可能。

5. 信息生产力是一种最具活力的先进生产力形态

人类社会已进入信息阶段，信息生产力将起主导作用，信息生产力是运用信息技术手段创造、采集、处理、使用信息并获得信息资料的水平与力量。信息生产力具有高智能化与网络化、高渗透力、全球范围运行等显著特征，并已经成为一种最具活力的、先进的生产力形态。这就意味着：第一，信息资源进入生产力系统，并成为这一系统中最为重要的因素之一。第二，信息成为生产力增长的主要来源，它的发展为社会生产力提供了一个智能性的环境。

过去，随着工业时代的出现，农业并未停止，变化只在于在农业时代，90%的美国人生产美国所需要的全部粮食，而目前是3%的美国人生产美国所需粮食的120%。信息社会的物质生产也是如此，作为信息社会生产力的内核要素的劳动工具是以智能机为中心的新型生产体系，这一体系的关键是要将传统生产过程中通过劳动者个人的大脑及肢体完成的信息接收、储存、处理、创造和控制等活动，从劳动者身体中解放出来，在新的生产体系中完成，并使之更为精细化、准确化、高速化。虽然在生产过程中用手直接接触产品的人少了，但产量却提高了。

与传统工业生产力相比，信息生产力具有更优的技术基础，能更好地满足人的现实需求，更符合人类文明的发展进步。信息革命的到来，使劳动者站在生产过程甚至生产部门之外,通过信息网络调节动力系统和生产工具,作用于劳动对象,形成信息社会的生产力。信息生产力发展的一个重要表现,不单单表现在生产效率提高,生产出更多的产品,而是整个社会在一种信息共享的大前提下,实现整个社会效益的提高。与此相应的是,衡量社会财富的标准也由原来的产品变成服务,生产效率的提高与整个社会生产力发展不再呈一种简单的线性关系。信息与信息网络在新的时代成为一种新的动力机制,也成为一种新的表现方式。

通过对经济增长模型的修正可以测算资本、劳动和信息对经济增长的贡献,通过计算表明,资本投入量（全社会固定资产投资）增长1%,将使GDP增长0.725%；劳动投入（就业人员）增长1%,将使GDP增长0.253%；信息化投入（信息化发展指数）增长1%,将使GDP增长1.139%。三种要素中,信息化投入对经济增长的贡献率最大,是资本投入贡献率的1.6倍,劳动投入的4.5倍。发展信息生产力对社会发展的影响十分深远,发展信息生产力将带来农业生产集约化、工业生产柔性化、城市去中心化、运输智能化、商业电子化、货币虚拟化、教育远程化、医疗网络化、公务透明化以及劳动高级化,大力发展信息生产力,有利于转变我国经济发展方式,减少物资、能源消耗,改善民生；有利于提高普通劳动者的科学文化素质,化解社会矛盾；有利于建立符合时代精神的社会核心价值体系,对社会生产和人民生活各领域都将产生极其深刻的影响。

6. 信息社会使信息劳动队伍不断壮大

随着信息化的发展和信息技术的推广应用,信息产业等技术密集型产业不断发展壮大,吸引了大量的就业人员,通过培训教育和实践锻炼,造就了一代拥有新型知识的信息劳动者。

随着人类迈向信息社会,新的就业方式开始形成,就业结构发生新的变化。从波拉特统计体系来看,社会经济活动可以划分为四大产业部门,即农业、工业、服务业和信息业。随着社会经济形态的演进,劳动力人口依次从农业部门流动到工业部门,在工业化后期,农业人口和工业人口又流向服务业部门,在工业社会向信息社会转型的过程中,信息技术的发展催生了一大批新的就业形态和就业方式,劳动力人口主要向信息部门集中。在信息社会中,信息的制造和生产成为主导产业,传统产业也通过信息化改造而成为现代农业、现代工业、现代服务业,信息型劳动成为主要的从业方式。

目前,社会已进入信息时代,信息工作正在席卷全球,在政务上,信息工作涉及政务管理和公共服务,提高了政府办事效率,建立起了政府与民众双方沟通的桥梁。在医疗上,信息工作涉及病案管理、挂号预约、医学研究、医院管理等方面,提高了医院的管理水平和核心竞争力。在物流方面,信息工作涉及物流的整个过程,包括物流信息采集、分类、传递、汇总、识别、跟踪、查询等一系列活动，提高了物流效率，降低了物流成本。在金融方面，信息工作涉及资金的支付与结算、资金融通与转移、风险管理等方面，改变了金融机构的经营方式，提高了金融业务的自动化程度。信息工作已经覆盖到了社会、经济、生活等各方面，其工作涉及面广、关联度强、覆盖面大、渗透性强，已成为当今社会主要的劳动方式，可以说是无处不在。

首先，信息产业可以直接产生就业岗位。每出现一种新的技术或者业务，都需要相应的专门人才来操作，这样就会创造大量新的就业机会。数据显示，到2015年，信息消费实现了900万个新增就业岗位，这样一个百万级的增量并不是无据可依的。2011年，仅固定宽带和3G发展带动通信设备、工程建设和服务开发等环节，就为社会提供超过170万个就业岗位，4G牌照将再次大规模释放更多的岗位需求。其次，信息消费能够带动相关产业的发展，从而间接增加社会就业人数。数据显示，2011年信息消费提供的间接就业岗位约1600万个，到2015年，这一数字达到2500万个。

随着信息社会的到来，我们的经济才有史以来第一次可以建立在一种不仅可再生且能自生的重要资源上，再也不会发生资源枯竭的问题了。同时，依靠信息技术，通过大力发展"高效益、低消耗型"的新型产业，促进经济规模与布局、产业结构、产品结构与就业结构，甚至社会结构的调整、优化与升级，信息生产力使经济增长方式发生了根本变革，将工业经济、工业社会推进到信息经济、信息社会。

总之，信息化是当今世界经济与社会发展的大趋势，信息化程度的高低，已成为当今世界衡量一个国家或地区现代化水平的重要标志。

二、我国正进入信息化时代

自20世纪90年代以来，由于计算机网络技术的迅猛发展，多媒体技术的广泛运用，推动了面向社会的信息变革。当前，云计算、大数据、物联网、移动计算、3D打印等新技术不断涌现，经济社会各行业信息化步伐不断加快，社会整体信息化程度不断加深。主要表现在以下几个方面：

1. 互联网教育市场需求量急速扩大

国内网民数量的快速增长，给在线教育的快速增长提供了发展空间。从事互联网教育的企业在最近几年急剧增加，它们囊括了中小学教育、学前教育、职业教育、高等教育、企业培训、语言学习、技术服务供应商、平台服务供应商及出国留学等多个领域。据互联网教育研究院统计，2014年从事中国互联网教育的企业达到了2500家。这与2012年相比增加了数倍。这些企业的市场规模达到了182亿元人民币，呈现了快速增长的趋势。

2. 互联网教育的经济增长量不断扩大

据有关数据部门判断，2015年互联网教育的市场规模可能会达到1700亿元。

互联网工作者原来只是研究开发互联网信息产品，现在积极投入有巨大潜力的消费市场。就互联网教育来说，2014年的投资需求相当旺盛，进入这个行业的资金大约有160亿元人民币。这是一笔十分可观的数字，其中风险投资和中小学院校所占据的份额是最高的，大约为50亿元；上市公司和在线教育企业紧随其后，大约为20亿元。可见，社会各界对互联网教育的投资热情很高，这也间接推动了互联网教育市场规模的扩大。

3. 在信息技术环境下接受教育的人越来越多

2015年，我国初步建立优质数字教育资源体系，联网学校的课堂教学对数字资源的使用趋于常态化，50%的教师和30%的大、中学生拥有网络学习空间。相对于传统教育而言，在线教育起步晚、发展快，目前占据的比重可达40%~50%。

4. 我国中小学校园网快速普及

我国从1999年起，先后制定了有关标准并启动了一批教育信息化工程项目，从而大大加快了我国教育信息化的步伐与进程。2000年全国中小学信息技术教育工作会议以来，我国教育信息化有了长足的发展。目前教育信息化的硬件设施与2000年相比，增长了十多倍。不仅中小学校园网的数量有了极大的增长，校园网络的带宽与传输速率也有大幅提升。

信息时代让中华文明复兴迎来前所未有的历史机遇。中国是人类仅存的历史未曾断裂的文明古国、世界大国。中华民族对世界的贡献，不仅在于古代的"四大发明"，更是为人类留下了一部不间断、可考证的编年史，记录了数千年来日月星辰的变化和人类文明活动的演变。在今天这个万事万物数据化的时代，中华先祖留下的历史信息成为子孙们无量的财富。

这是一个文明的再造过程。我们需要借助物联网智能化技术，推动产业形态升级，向"中国智造"迈进。我们需要大力发展电子商务，发展起更多的信息化应用平台，塑造一个新的商业文明体系。现代政党政治进入中国不过百年时间，法治和制度的进步更需要程序和技术的保障，也许以互联网为代表的新技术，能在推动以人民民主、民族共和为特征的政治文明进步中，为我们提供新的思想方法和源泉动力。中国社会处于一个巨大变化的历史转型期，14亿多人口的生老病死、社会保障、流动发展、精神创造，既要有活力，也要有秩序，是个世界性的难题，也许改造一切的现代信息技术能助我们一臂之力，走出一条中国特色的社会治理道路来。随着中华民族的复兴，中国需要为人类文明发展做出更大贡献。面对人类文明发展的深刻转型，面对社会主义与资本主义、东方文化与西方文化、科学技术与人文思想进一步交汇融合的大趋势，我们也许需要借助全球互联这个平台，进一步弘扬中华民族几千年来一直倡导的"天下大同"思想，让中国梦与世界梦交相辉映。

国家主席习近平在给第三届世界智能大会的贺信中指出，当前，由人工智能引领的新一轮科技革命和产业变革方兴未艾。在移动互联网、大数据、超级计算机、传感网、脑科学等新理论新技术驱动下，人工智能呈现深度学习、跨界融合、人机协同、群智开放、自主操控等新特征，正在对经济发展、社会进步、全球治理等方面产生重大而深远影响。中国高度重视创新发展、产业优化升级、生产力整体跃升的驱动力量，努力实现高质量发展。

我们正处在一个改革和创造的时代。需要扩展我们的视野，放大我们的心胸，更好地认识当前所处时代的特征及其发展趋势，从而牢牢把握历史给予我们的机遇。我们当代中国人，一定能够借助互联网技术快速发展的风口，创造出一个全新的未来。

思考题：
1. 信息化时代有哪些主要特征？
2. 我国正步入信息化时代有哪些主要表现？

第四节　信息时代学习体系的建构

信息化社会对人类提出了学习革命，这就要求建构一个全新的学习体系。

一、在学习目标上：信息时代的人才不仅要求掌握符合行业特点的专业知识，而且要具有信息能力、合作能力和学习能力。美国《国家教育技术计划（2010）》以及21世纪学习联盟和国际教育技术协会等制订的相关规划与标准，均强调教育改革要符合信息时代、知识经济发展的方向，需要培养学生的信息素养、全球化视野、批判性思维、解决问题的能力、创新能力、决策能力、数字沟通与协调能力等，使其成为适合21世纪信息社会需要的人才，保证学生从学校到工作场所能顺利过渡。

二、在学习模式上：以学习者为中心，学习者有学习控制权，在技术支持下可以根据自己的学习进度和自己的学习方式灵活地开展学习，可以有更多更灵活的学习形式，可以在校内外都享有参与式的学习体验，可以成为全球性网络社会中积极的、富有创造力的、有知识、有道德的参与者。NETP2010（美国2010年教育技术发展计划）认为"我们的教育系统中很多失败源于不能让学生全身心投入学习中",技术能够支持学生在他们真正关注或者特别感兴趣的领域学习,也有助于激励学生增加学习动力,提升学生的学习能力和知识水准,获得更高的学业成就。并且,随着技术的发展,各种学习终端、学习方式,如正式学习、非正式学习、随时随地在线学习、微型学习、移动学习等应运而生。这种多元化、个性化的数字化学习方式更加有助于激励学生参与,适应不同个体的学习风格。

三、在学习环境上:各种新技术和多样化的学习资源、学习智能终端将营造网络化的学习环境。未来学习环境将发生根本性的变化:从目前的单向传播、接受、提取的学习方式变为基于学习者一人一个终端的互动式学习方式;从一个封闭的现实情境场域扩大到一个远程开放的系统集成学习终端、数字讲台、无线网络的智能互联场域;从学习者找学习资源变为智能场域根据学习者的特点主动推送。

四、在学习资源上:从教师诊断学情变为智能终端根据学习过程留下的电子学习档案给予自动诊断;从一地一室学习变为"全球化课堂"学习。

五、在学习网络上:各种新技术将整合各区域、各层面的学习资源和教育力量,助力实现校校通、班班通、家校互动,从而形成全方位的学习网络和教育合力。例如,借助教育云的集约化服务模式,突破传统信息化系统的区域限制,将所有学习者、教育者、专家、学习工具、学习资源、应用服务,有效、有序地联通起来,突破时空界限,构筑参与者众多、知识链复杂、学习生态协调、具有自适应性的学习服务生态系统。非正式学习将在学习者的活动中占据越来越重要的比例,学习范围将大大扩充,学习方式和学习界面可能会更简化,不需要使用复杂的软件,没有高深的技术门槛。对学习者而言,教育云将成为一个消弭了网址的数字化学习空间,实现真正的按需学习。

六、在学习方式上:关于学习方式的基本结构,学者们从不同的角度对基本结构提出了各自的看法。综合各家学说,学习方式的表现形态主要有六个方面:接受、探究、自主(个体)、合作(社会)、体验、抽象。而这六个方面又可以归纳为三个维度:接受与探究、自主与合作、体验与抽象。学习方式的形态是丰富多样的,面对不同的学习任务会有比较适用的学习方式,并且学习方式的真实表现并不是单一运行,而是有机组合式运行,一种学习方式不能全面解决学习问题、实现学习目标。

1. 信息化自主学习方式

信息化自主式学习是指学生利用信息化环境所提供的手段和资源,主动、积极、探索性地学习,其实质是在教与学的过程中充分发挥学生的主观能动性和创造性,并在主体认知生成过程中融入学生自己的创造性见解,从而提高学生独立解决问题的能力。信息技术的学习利用,为学生的学习提供了新的动力,可以提高学生的主动性和积极性，可以促使学生独立思考，独立发现问题、独立分析问题和独立解决问题。

2. 信息化合作学习方式

所谓信息化合作学习，是指在信息化学习环境中，学习者在教师的指导下，以小组为单位，为达到共同的学习目标，完成共同的学习任务，利用信息技术获取、分析和处理学习资源，得到学习服务支持，进行分工协作，相互交流，以实现学习目标的过程。

3. 信息化探究学习方式

所谓信息化探究学习是指在信息化环境中，学习主体充分利用信息技术，对学习客体进行探究性的学习活动。学习主体主要是指各类学习者，学习客体是指学习主体赋予精力、时间、情感、思维等主体特征于其上的学习对象。具体而言，可以把学校教学中的"信息化探究学习"界定为学生围绕一定的问题、文本或材料，在教师的帮助和支持下，充分利用信息技术，自主寻求或自主建构答案、意义、信息或理解的活动或过程。信息化探究学习是信息技术支持下的研究式、交互式、协商式和合作式的主动行为，有助于学生对科学概念和方法形成更明晰、更深刻的认识。

思考题：

1. 信息时代怎样构建新的学习体系？
2. 分析信息化学习方式的含义、特点，说明它们的功能作用。

本章参考文献

1. 洪鼎芝著《信息时代：正在变革的世界》世界知识出版社
2. 张筱兰主编《信息化教学》高等教育出版社
3. 李 芒著《信息化学习方式》北京师范大学出版社
4. 桑新民主编《学习科学与技术》高等教育出版社
5. 黄荣怀编著《信息技术与教育》北京师范大学出版社
6. 柯清超编著《现代教育技术应用》高等教育出版社
7. 胡志金著《信息时代的终身学习策略》中央广播电视大学出版社
8. 杨剑飞著《"互联网＋教育"新学习革命》知识产权出版社
9. 云亮等编著《智慧教育互联网＋时代的教育大转型》电子工业出版社
10. IDKW 图解中心编著《一本书看懂互联网教育》人民邮电出版社
11. 张雨青、林微编著《学习新发现》中国林业出版社
12. [美]Sam Coldstein 博士著《开发学习潜力》中国轻工业出版社

13. 钟志贤著《终身学习的关键能力与培养》中国广播电视大学出版社
14. 南国农著《信息化教育概论》高等教育出版社
15. 傅钢善主编《现代教育技术》高等教育出版社
16. 云亮、赵龙刚等编著《智慧教育：互联网＋时代的教育大转型》电子工业出版社
17. 项立刚著《5G 时代》中国人民大学出版社
18. 李正茂、王晓云、张同须著《5G+5G 如何改变社会》中信出版集团
19. 中国知网，百度，有关高校学报、网站等下载资料

第二章　信息化学习能力

信息时代的学习环境发生了深刻的变化。技术不再是单独的工具，而是蕴含了许多不同类型的专业资源、人和工具，它们以互补的方式共同运作，建立和维护了一种创新性的生态圈或者学习文化，使学习内容的来源、学习方式发生了根本性变革。

本章基本概念要点：

●深入研究在信息化条件下如何提高儿童少年的学习能力，是信息化学习能力研究的重大课题。

●在探讨"信息化学习能力"的概念之前，有必要明确与之密切相关的其他概念，如学习、能力、学习能力、信息、信息技术等。

●世界各国及有关组织积极倡导新的学习理念，先后研究和发布了许多相关报告和文件，直接或间接地推进了学习能力的研究。

●信息化学习能力实质上是在信息时代人们必备的一种综合学习能力。它有丰富的内涵，是由若干子能力构成的：思维能力、信息素养、团队协作、交流沟通、学习能力、创新能力、问题求解能力等。

●所谓信息化学习能力，是指在信息化的环境下，依据脑科学、学习科学、信息科学的基本原理，运用现代信息技术，开发人们的学习潜能，提高其综合素质及创新能力。

本章内容网络结构图

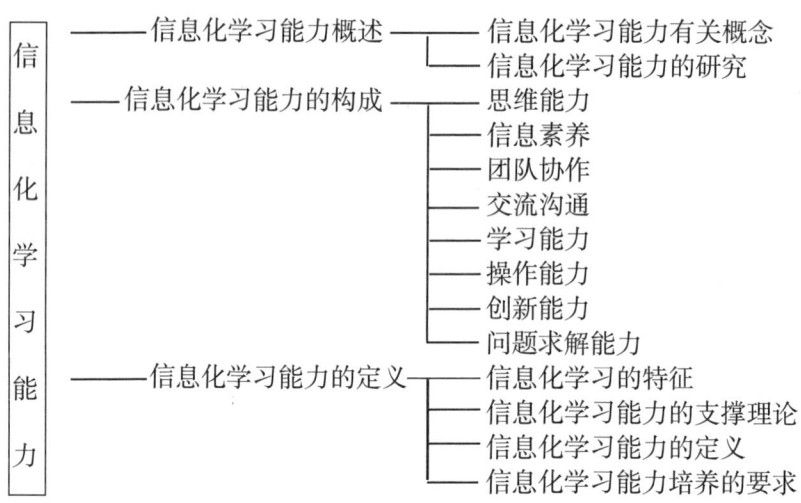

第一节 信息化学习能力概述

自 20 世纪中叶以来，人类社会迅速进入了信息社会。信息技术的飞速发展，对社会的各个领域、人类生活的各个方面都产生了巨大影响。在学习领域，信息技术的发展对人们学习知识、掌握知识、运用知识提出了新的挑战。由于计算机技术和网络技术的应用，人们的学习速度在不断加快，也就是说从数字处理时代到微机时代，到现在的网络化时代，学习速度越来越快，这要求我们对在信息化条件下如何提高儿童少年的学习能力进行深入研究，这是信息化学习能力研究的重大课题。自 20 世纪 90 年代中期以来，以联合国教科文组织为代表的一些国际组织及相关国家地区就已经对信息时代的学习展开了研究。检视国际上有关学习研究成果，对于我们研究信息化学习能力构成具有直接的指导、启示意义。

一、信息化学习能力有关概念

在探讨"信息化学习能力"的概念之前，有必要明确与之密切相关的其他概念，如学习、能力、学习能力等。

（1）什么是学习

在《现代汉语词典》中，对"学习"一词的解释是：从阅读、听讲、研究、实践中获得知识或技能。学习是可以持久保持且不能单纯归因于生长过程的人的倾向或能力的变化。这种被称为学习的变化其表现形式就是行为的变化。从学习活动的构成上看，每个学习活动都包含三个基本要素：学习目标、学习过程和学习结果。而学习过程又可分为学习内容和学习方式两大要素。这是学习活动的核心要素。因此，可以将学习活动的基本要素定义为学习目标、学习方式和学习结果，这样就可以充分突出学习活动的三个基本问题：学什么？怎么学？学得如何？学习方式决定学生的学习行为，也就决定学生的学习结果。

如何从本质上看待学习，学习应该是满足学习者自身发展的需要，引起学习者身心发展的根本转变的过程；是学习者通过自己积极参与教学实践活动主动建构的过程，能动的改造过程；也是一种社会性交往活动。从现代学习观的视角看学习，现代学习是学生在教师指导下通过实践活动，在合作、交往基础上主动构建知识，主动发展自我的过程。现代学习的基本特征可以归纳为选择性、实践性、自主性、社会性和创新性。

综合以上各家学说，学习方式的表现形态主要应该包括六个方面：接受、探究、自主（个体）、合作（社会）、体验、抽象。而这六个方面又可以归纳为三个维度：接受与探究、自主与合作、体验与抽象。学习方式的形态是丰富多样的，面对不同的学习任务会有比较适用的学习方式，并且学习方式的真实表现并不是单一运行，而是有机组合式运行，一种学习方式不能全面解决学习问题、实现学习目标。

（2）什么是能力

能力是完成一项目标或者任务所体现出来的综合素质。人们在完成活动中表现出来的能力有所不同。能力是直接影响活动效率，并使活动顺利完成的个性心理特征。

能力总是和人完成一定的实践相联系在一起的。离开了具体实践既不能表现人的能力，也不能发展人的能力。能力是掌握和运用知识技能所需的心理特征，达成一个目的所具备的条件和水平。

①以活动领域划分：A.一般能力：它是指在进行各种活动中必须具备的基本能力，也称智力。智力包括个体在认识活动中所必须具备的各种能力，如感知能力（观察力）、记忆力、想象力、思维能力、注意力等，其中抽象思维能力是核心，因为抽象思维能力支配着智力的诸多因素，并制约着能力发展的水平。B.特殊能力：又称专门能力，它是顺利完成某种专门活动所必备的能力，如音乐能力、绘画能力、数学能力、运动能力等。

②从个人能力划分：个人能力包括想象力、记忆力、观察能力、联想能力、组织能力、沟通能力、领导能力、创新能力、学习能力、号召能力、适应能力等。在知识经济时代，学习能力是最重要的，因为知识总是在更新，只有不断学习才能跟上时代的步伐。

知识是能力的基础，知识需要转化为能力。能力是知识的目的，是运用知识解决问题的能力。能力的体现既要综合运用知识，又要分析解决具体问题。学生的信息化学习能力，是信息化学习能力知识体系与信息化学习实践的有机统一。儿童信息化学习能力是一种综合能力。

（3）什么是学习能力

人的学习能力是人认识、适应与改造自然、社会的本领，也是人自身发展的能力，是由智力因素、非智力因素和学习策略等方面共同组成的。它具有以下几个性质：

①人的学习能力是人的一种生存、发展能力，是人生命力量的源泉，也是人的多种能力混合的产物。

②人的学习能力不仅包括人的感知、思维、想象等认知能力，也包括人学习的坚韧性、主动性与积极性等情感因素，还包括人在学习时的记忆、整理、加工等学习策略。

③人的学习能力是以学习活动为基础，并通过学习活动得以形成、提高的能力。

（4）什么是关键能力

在国际上，对"关键能力"的称法有多种，中文常见的有"关键能力""核心能力""关键素养""一般（基本）能力"等。

1974年，德国社会教育学家梅腾斯（D.Mertens）提出了"关键能力"的概念。他认为，关键能力是那些与一定的专业实际技能不直接相关的知识、能力和技能，是在各种不同场合和职责情况下做出判断、选择的能力，是适应人生生涯中不可预见的各种变化的能力。关键能力可以理解为跨专业的知识技能和能力，由于其普遍适用性而不易因科学技术进步而过时或淘汰。

二、信息化学习能力的研究

多年来，世界各国及有关国际组织积极倡导新的学习理念，先后研究和发布了许多相关报告和文件，直接或间接地推进了学习能力的研究。

1. 联合国教科文组织的研究

联合国教科文组织自1945年成立以来的70年中发表了很多报告，但具有里程碑意义的只有三个报告——《学会生存——教育世界的今天和明天》《教育——财富蕴藏其中》和《反思教育：向"全球共同利益"的理念转变？》。这三个报告，标志了三个时代。

第一个时代——《学会生存——教育世界的今天和明天》。这个报告于1972年发表，提出了"学习化社会"和"终身教育"两个概念。

第二次世界大战以后，以核子、电子为核心的科学技术高速发展。诞生于1946年的第一台电子计算机，有半个房间那么大，四万个电子管。战后，电子计算机应用于民间，在20世纪五六十年代迅速发展。在发展过程当中，科学技术把人类带入了学习化社会，人类只有不断学习才能适应科学技术革命带来的生产变革与社会变迁。而教育是随着经济的发展而发展的，也是随着生产技术的演变而演变的，所以科学技术使教育有了全新的意义。

该报告鲜明地提出了培养"完人"的目标，认为教育的基本目的是"把一个人在体力、智力、情绪、伦理各方面的因素综合起来，使他成为一个完善的人"。所谓"完人"，除了具备获得知识、掌握研究与表达思想的工具的能力之外，还应具备一个人的观察、试验和对经验与知识进行分类的能力；在讨论过程中表达自己想法和听取别人意见的能力；从事系统怀疑的能力；不断阅读的能力；将科学精神和诗情意境两者结合起来以探索世界的能力。

第二个时代——《教育——财富蕴藏其中》。这个报告于1996年提出。20世纪七八十年代正值资本主义的黄金期，经济飞速发展。人们接受教育以后能够增加生产力和财富，因此大家对教育给予了很大的希望。

该报告提出了学习的四大支柱：（1）学会认知，即掌握认识世界的工具。学会认知更多的是为了掌握认识的手段，而不是获得经过分类的系统化知识。（2）学会做事，即学会在一定的环境中工作。报告强调了"从技能到能力"的转变，包括处理人际关系能力、社会行为、集体合作态度、主观能动性、交际能力、冒险精神，以及管理和解决矛盾等综合能力。（3）学会共同生活，即培养在人类活动中的参与和合作精神。它可能是今日教育中的重大问题之一。（4）学会生存，以适应和改造自己的环境。

第三个时代——《反思教育：向"全球共同利益"的理念转变？》。该报告充满了理想主义、乐观主义。但是刚刚进入21世纪，九一一事件使德洛尔报告的希望完全破灭了，出现了恐怖主义，而且愈演愈烈，环境污染越来越严重。2008年爆发金融危机，一直到现在经济都没有很好地复苏，美国的次贷危机引起的经济危机一直到现在都在影响着世界的经济。在这个情况下，第三个报告提出了反思教育——教育要培养什么样的人？这个报告充满了人文主义的精神——教育要尊重生命，尊重人格、和平、平等，尊重人的权益，而且要为可持续发展承担责任。

以上报告中提及的学习的关键能力可归结为以下几项：信息素养、探索研究的能力、人际交流能力、思维能力（批判性思维）、阅读能力、自我管理能力、创造能力、承担社会义务的能力、学会学习的能力、团队协作的能力、自我完善的能力、承担责任的能力、学会改变的能力。

2005年11月6—9日，联合国教科文组织、国际图书馆协会联合会和美国全国信息素养论坛在埃及的亚历山大图书馆举办了"信息素养和终身学习高层研讨会"，并发布了关于"信息社会在行动：信息素养与终身学习"的《亚历山大宣言》。

《亚历山大宣言》宣称，信息素养和终身学习是信息社会的灯塔，照亮了通向发展、繁荣和自由之路。信息素养是终身学习的核心，它能使人们在一生中有效地寻求、评价、利用和创造信息，以实现个人的、社会的、职业的和教育的目标。它是数字社会的一项基本人权，能促进所有国家的社会内涵建设。

2. 世界经济合作与发展组织的研究

2000年经合组织首次进行"国际学生能力评估计划"，主要是针对32个国家和地区的学生进行阅读能力、数学能力以及科学能力评估。而后在2003年的调查中，为了更加清楚地了解学生跨领域整合的能力，而特别将"解决问题的能力"加入评估项目。

（1）阅读能力的评估主要从以下三个方面进行：①撷取信息的能力；②解读信息的能力；③思考和判断力。

（2）数学能力的评估主要包括：①数学知识的掌握能力；②数学的综合应用能力；③广泛的数学运用能力。

（3）科学能力的评估主要包括：①掌握科学概念的能力；②科学方法的应用能力；③在广泛情境下的科学素养。

（4）解决问题的能力的评估主要包括：①理解问题的能力；②辨别问题的能力；③表达问题的能力；④解决问题的能力；⑤问题求解后的反思能力；⑥问题求解方法的交流能力。

3. 欧洲联盟的研究

自20世纪90年代开始，欧盟组织持续关注终身学习的发展，在理论和实践方面都取得重大成就。

1993年，欧盟发布了《成长、竞争力与就业：迎向21世纪的挑战与途径》。该报告指出，为适应未知的未来，个人要具备获得广泛的知识的能力和就业的能力。1995年，欧盟又发布了《教与学：迈向学习社会》白皮书。在这份报告中，欧盟第一次将教育和培训作为核心内容发布出来。该报告还指出，未来的社会必将是一个学习的社会，知识和技能将扮演重要的角色，并重申为适应未知的未来，个人要具备以下能力：拥有广泛的知识，培养就业能力及竞争力。其具体构成：

（1）拥有广泛的知识：能抓住信息所代表的意义、有渊博的知识及创造力、有判断和决策能力。

（2）培养就业能力及竞争力：基本知识、技术知识、社会技能（交流沟通技巧、工作态度、团队协作）。

以上三大国际组织由于成熟的组织形式，以及对学习的长期关注，聚集了世界上最广泛、最新的研究成果。因此，通过梳理它们发布的相关报告及成果，有助于我们详尽地了解学习的关键能力的发展及构成。

4. 部分国家和地区的研究

从一些国家层面的研究报告及学术成果中,我们选取有代表性的研究,从中可以梳理它们对于学习的关键能力的研究成果。

(1)英国:2007年,英国政府发布了《世界级技能:在英国实施里奇技能报告》。该报告提出了一个新概念——"技能账户",给个人的学习很大的所有权和选择权,激励他们去获得技能资格,获得工作和就业方面的进步。该报告主要从三个层面对技能进行了界定,分别包括:①基本技能,包括读写能力和计算能力。②实用技能,包括英语(母语)能力、数学能力和信息通信能力。这三项技能是年轻人的教育基石。③个人技能,QCA提出了一个针对个人学习和思考技能的框架,包含六组技能:独立探究能力、创造性思维、自我反思能力、团队协作能力、自我管理能力和有效参与能力。④其他能力,如领导力和管理能力等。

(2)美国:2007年,美国"21世纪技能合作伙伴"委员会发布了《21世纪技能报告》,提出了学生应具备的主要能力:

①熟悉核心课程:英语、阅读/语言艺术、世界语言、艺术、数学、经济、科学、地理、政府和公民。

②熟悉21世纪主题:全球意识、金融知识、经济知识、业务知识和创业素养、公民能力、健康素养。

③学习和创新能力:创造力和创新、批判思考、问题求解、沟通与合作。

④信息、媒体和科技能力:信息素养、媒体素养和信息技术能力。

⑤生活和职业能力:灵活性和适应力、首创精神和自我引导、社会和泛文化能力、生产力和绩效性、领导与责任。

(3)德国:1998年6月,德国研究、技术和创新委员会发表了名为《全球竞争中的能力》的报告书,提出了个人应对国际化、全球化和科技进步要具备的关键能力,主要包括语言能力,媒体能力,对其国家社会文化和经济发展现状深入了解的能力,创造和创新能力,机动能力和灵活能力,社会能力(团队工作能力、一体化能力和网络化思维能力)。

5. 中国的研究

1998年,国家人力资源和社会保障部在"国家技能振兴战略"课题的研究报告中,根据我国实际情况和职业技能开发需求,提出了我国公民需要掌握的八大核心技能:交流沟通能力、数字运算能力、革新创新能力、自我提高能力、与人合作能力、解决问题能力、信息处理能力、外语应用能力。《〈国家技能振兴战略〉研究报告》中对各个能力的内涵都有具体的描述,如表2-1-1所示。

表 2-1-1 八大核心技能（1998 年）

能力	具体描述
交流沟通能力	通过口头或书面语言的形式以及其他适当形式，和他人进行双向（或者多向）信息传递，以达到相互了解、沟通和影响的能力
数字运算能力	采集、理解、运用运算数字符号，以解决实际工作中的问题的能力
革新创新能力	在前人发现或者发明的基础上，通过自身努力，提出新的发现、发明或者改进革新方案的能力
自我提高能力	在学习和工作中自我归纳、总结，找出自己的强项和弱势，并加以调整改进的能力
与人合作能力	在实际工作中，理解团队目标、组织关系、个人职责，并且能与他人相互协调配合、相互帮助的能力
解决问题能力	在学习和工作中，把理论、思想、方案、认知转化成为操作或者工作过程和行为，以最终解决实际问题、实现工作目标的能力
信息处理能力	运用计算机技术处理各种形式的信息资源的能力
外语应用能力	在工作和交往活动中运用外国语言的能力

思考题：

1. 解读和分析信息化学习能力有关概念。
2. 世界各国及有关组织有哪些代表性的研究报告？有哪些要点？

第二节　信息化学习能力的构成

国际上有关学习的关键能力的研究持续多年，成果丰富，且不断更新，但是仍有不足，基于以下三方面的原因：其一，由于有关国际组织和各个国家的性质、目标、任务和着重点不同，对于学习的关键能力构成存在共同点及差异；其二，时代的发展对终身学习在目标、内容和技术与方法等方面提出了新要求；其三，为了推进国际相关研究成果本土化和落地的需求。

为此，我们参照钟志贤教授的研究方法，运用文献法和比较法，以我国人力资源和社会保障部提出的《国家技能振兴战略》的八大核心技能为主体，参考世界各国的研究成果，初步建构了学习的关键能力构成框架。我们通过不断的信息集合、筛选、比较、概括、排序和归类，再采用美国著名比较教育学家乔治·贝雷迪(GeorgeZ.F.Bereday)提出的比较教育研究法的四个步骤，即：

（1）描述：对国际上有关终身学习的广泛研究数据进行分析。

（2）解释：对国际组织、重要国家有关终身学习的关键能力构成要素做进一步解释。

（3）并列：找出所搜集资料的异同之处。

（4）比较：根据上述三个步骤所提供的具体资料及假设进行比照分析，构成学习的关键能力框架。学习的关键能力构成要素分别为思维能力、信息素养、团队协作、交流沟通、学习能力、操作能力、创新能力、问题求解能力。

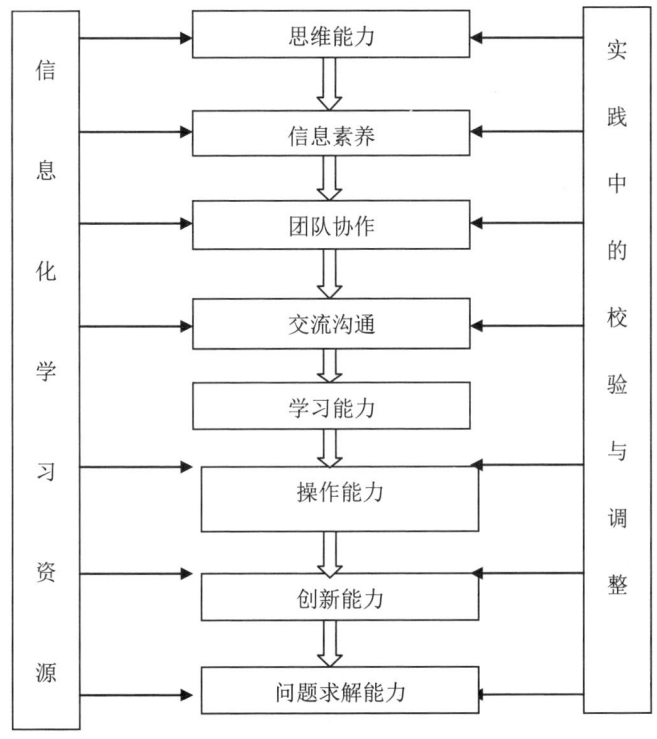

图 2-2-1　信息化学习关键能力的构成框架

一、思维能力

思维一般是指通过分析、综合、概括、抽象比较、具体化和系统化等一系列过程，对感性材料进行加工并转化为理性认识及解决问题的活动。思维能力是指个体采取适合的运作策略或方法，借以发挥其智慧、能力，并付诸行动或执行任务以达目的的思维操作能力。其一般包括理解力、分析力、综合力、比较力、概括力、抽象力、推理力、论证力、判断力等。

在国际上有关终身学习的关键能力的研究中，几乎都把思维能力放在了一个非常重要的地位。诺贝尔物理学奖获得者马克斯·冯·劳厄（Max von Laue）认为，学习重要的不是获取知识，而是发展思维能力。它在学习能力中处于核心地位，是整个智慧的核心，参与、支配着一切智力活动。一个人聪明不聪明，有没有智慧，主要就看他的思维能力强不强。要使自己聪明起来，最根本的办法就是培养思维能力。

根据美国著名教育家马扎诺（Marzano）"思维维度"的思想，可将思维能力进一步划分为四项具体能力：批判性思维、知识的内容领域、创造性思维和元认知，如下表所示：

表 2-2-1 思维能力内涵阐释

思维能力	内涵阐释
批判性思维	多种思维技能的综合运用，泛指对某一现象和事物，评断者有独立的、综合的、建设性的见解
知识的内容领域	能够界定问题，提出明确的方向和目的；能够通过感觉（如观察）渠道获取信息，并形成问题
创造性思维	借经验、洞察力及创造力以解决新问题，产生新观点，将互不相关的事情联结起来
元认知	对个人认知过程的认识和调节这些过程的能力，对思维和学习活动的认识和控制

二、信息素养

在数字化时代，信息素养是开展自主学习或终身学习的基本条件，也是一个人是否学会学习的主要标志。人类天才比尔·盖茨（Bill Gates）曾说，我有一个简单而又强烈的信念，你未来的得失将取决于你聚合、管理和使用信息的能力。

联合国教科文组织认为，信息素养是一种能力，它能够确定、查找、评估、组织和有效地生产、使用和交流信息，并解决面临的问题。我们认为，信息素养，一般是指合理合法地利用各种信息工具，特别是多媒体和网络技术工具，确定、获取、评估、应用、整合和创造信息，以实现某种特定目的的能力。其核心是信息能力，包括识别获取、评价判断、协作交流、加工处理、生成创造信息的能力，即运用信息资源进行问题求解、批判性思维、决策和创新等高阶思维活动。信息素养是一种终身学习或自主学习的态度、方法和能力。

今天，信息素养对于世界任何一个国家和个人都具有教育、文化、经济和政治等多方面的重要意义。信息素养是人们有效参与信息社会的一个先决条件，是数字化生存的关键性基础；信息素养是终身学习的核心，能使人们在整个人生中有效地寻求、评价、利用和创造信息，以实现个人的、社会的、职业的和教育的目标；信息素养是适应学习、工作和生活需求的必要基础，已经成为继"读、写、算"之后的第四种基本能力，是数字化社会的基本学习能力。作为数字化时代的公民，应当能负责任地使用信息技术，把信息技术作为支持终身学习和合作学习的手段，形成良好的信息素养。

一般说来，信息素养主要由信息意识、信息能力和信息伦理等三大要素组成。它是一个整体，信息意识是先导，信息能力既是基础又是核心，信息伦理是保证。在比较分析相关研究的基础上，从信息能力的角度看，我们将信息素养分解为五项具体的内涵：获取信息、处理和使用信息、信息技术能力、理解和生成信息、传递信息，如下表所示：

表 2-2-2　信息素养内涵阐释

信息素养	内涵阐释
获取信息	认识到自己所需要的信息并确定所需信息的性质和范围，且能有效运用各种方法批判性地获取所需信息，排除无关信息的干扰
处理和使用信息	对获取的信息进行归纳、分类、鉴别、关联等处理后，准确地、创造性地使用信息，构造新的概念或创建新的理解
信息技术能力	能运用计算机获取、组织、分析和传递信息
理解和生成信息	对信息进行比较、分析、综合、评价后，形成自己对问题的认知空间，能够简洁明了、通俗流畅并富有个性概述、综合和表述所需要的信息
传递信息	能够选择恰当的工具、方法（如多媒体）传递信息结果

三、团队协作

团队协作是指信息化协作学习能力，是学习活动中师生的信息化互动，是信息化的学习交往实践，体现了学习中学习者与学习者之间的关系。信息化社会中的学习方式体现出了选择化和互动化的特点，相应地，学习方式也走向了合作、对话、交流、探究与实践等。从以上分析和关注的问题可以看出，信息化社会中，学习者要利用集体的智慧，需要利用数字化网络资源与同事、专家合作，打造基于信息和传播技术的集体、多元化的集体学习能力，以支持自身的有效学习和创新能力的发展，同时促进自身的职业发展。

表 2-2-3　团队协作能力内涵阐释

团队协作能力	内涵阐释
承担责任的能力	主动承担起自己在团队合作中应当承担的责任和义务
分享能力	能够无私地与他人分享或贡献自己的见解和信息
领导能力	沟通、鼓励、说服、负责、创新，坚持以理服人并积极提出建议
解决冲突的能力	发生冲突时，能够从团队利益出发，分析冲突根源及各方观点，寻找最优解决方法，实现双方的共赢
组织与决策能力	能够主动参与到团队合作中的任务分配及最终结果确定的过程中

四、交流沟通

交流沟通能力是"软能力",是我们每天都使用的与别人进行沟通和相互影响的生活技能,包括个人和团队。2005年,欧盟提出了终身学习的八大关键能力,其中包括母语交流能力和外语交流能力;英国在1990—2005年强调"交流能力"是青少年的核心能力,在1999年提出的六项关键能力中就包括沟通能力,在2008年提出的终身学习的六项关键能力中就包括交流技能;新西兰、澳大利亚、德国等国家都相继强调了"沟通能力"的重要性。

21世纪是全球化时代。地球村概念的兴起使人们意识到:加强国际互动、增进各国人民交流沟通的能力,是每个地球人应具备的能力。交流沟通能力是终身学习的必要能力。

我们将交流沟通能力分解为五项具体内涵:沟通能力、语言交流能力、与人和谐相处的能力、阅读理解能力、文化素养和全球意识。

表2-2-4 交流沟通能力内涵阐释

交流沟通能力	内涵阐释
沟通能力	能够清晰地、用开放但没有威胁性的方式表达自己的观点;能够认真聆听别人的观点,可以通过适当的提问进一步澄清他人的思想和情感;能够根据非语言沟通感觉到别人的感受
语言交流能力	能用母语或外语以口头和书面的形式(听说读写)来表达、解释思想、情感和事实,并能在不同场所进行适当的语言互动与人和谐相处的能力
与人和谐相处的能力	能够尊重、欣赏他人的价值观、信仰、文化及历史,创造友好、包容和繁荣的社会环境
阅读理解能力	批判性地阅读各种真实的材料,能够识别偏见,评估和理解不同的观点;能够有效地利用各种符号(文本、语言、声音或动作等)和工具(媒体、科技等)进行互动交流
文化素养和全球意识	跨文化理解的能力,能够了解和尊重不同地区、国家之间的风俗和文化差异

五、学习能力

学习能力是学习的方法与技巧,是指以快捷简便、有效的方式获取准确知识信息,加工和利用信息,把新知识融入已有的知识、分析和解决实际问题的能力,学习能力是所有能力的基础。学习能力的核心能力包括:注意力、集中力、观察力、洞察力、阅读力、理解力、记忆力、想象力、思维力、创造力、听/视知觉能力、空间知觉、语言表达、运算能力以及感觉统合能力,只有具备了这些能力才会在听、说、读、写、计算、阅读、梳理分析方面提高学习效率。

所谓信息时代的学习是一种形态。在农业时代,学习形态基于书院、私塾、藏书阁、藏书楼、书房等环境条件,表现为习字、诵读、作文、吟诗、游学等人文社科类学习形式。在工业时代，学习形态基于学校、班级、学科、图书馆、实验室、工场等环境条件，表现为听说读写算、交流、实验、演练、实操等全科性学习形式。而信息时代的学习形态则基于计算机、多媒体、电子信息、互联网、移动设备、知识产品、学习型组织等环境条件。

在信息时代，需要我们不断更新学习理念，不断提升学习能力，表现为以下三个具体学习能力。

表 2-2-5　学习能力内涵阐释

学习能力	内涵阐释
自主学习能力	自主学习是与传统的接受学习相对应的一种现代化学习方式。以学生作为学习的主体，通过学生独立的分析、探索、实践、质疑、创造等方法来实现学习目标
创新学习能力	要求学生在学习知识的过程中，不拘泥书本，不迷信权威，不墨守成规，以已有的知识为基础，结合学习的实践和对未来的设想，独立思考。大胆探索，别出心裁。同时不能拘泥于我们传统的学习观念，我们的创新须学会入乎其内，超脱其外
开放学习能力	开放学习是使得学生可以选择适合他们自己的时间、地点和进度进行学习。克服传统课程不能提供的培训，从而开放所有的机会。开放学习是指开放的学习政策、开放的学习资源、开放的学习组织管理方式，以及有关学习的各要素有更高的自由度，学习者有更多的选择和自由

六、操作能力

对技术的概念、系统和操作的充分理解是信息时代学习者的必备能力。学习者应能够理解与使用技术系统；能够有效选择和高效使用应用软件；能够对技术系统与应用软件进行检修与维护；能够运用已有知识学习新技术。

学习处理信息的技能，将培养起学生进行信息处理的能力，并使他们获得终身学习的方法。信息处理涉及四种普通能力：研究技能、思考技能、决策技能和解决问题技能。

表 2-2-6　操作能力内涵阐释

操作能力	内涵阐释
研究技能	当代学生必须发展因学术需要、工作关系和个人原因所需研究、发现和获取信息的能力。涉及对信息进行鉴别、确定、分类、组合、排列、评估等诸种技能。必须专门教授这些技能
思考技能	在做出决定和解决问题之前，必须对信息进行分析、确定和评估。学生必须搞清楚信息相互间的关系，找出同异之处，然后对信息进行推理，最终得出结论

续表

操作能力	内涵阐释
决策技能	能依据日益增长的信息和资料来源做出可靠的决定。这样,他们就必须能够审慎地查看可以使用的信息,使自己做出有关学术、生活方式、职业、价值等的决定更为恰当。决定过程中的步骤可以包括阐明决定的本质、鉴别潜在的可能选择、收集和组合与选择有关的数据、分析和估量选择的价值、选定最恰当的选择、评估所做出的决定
解决问题技能	解决问题需要一步一步地运用特殊的技能。学生必须学会这些技能,按这些步骤进行实践,直到解决问题的过程成为常规。这些步骤包括解释问题、收集和分析数据,形成和验证假设,得出结论,并对结论给予评估和实施

七、创新能力

创新能力是民族进步的灵魂、经济竞争的核心;当今社会的竞争,与其说是人才的竞争,不如说是人的创造力的竞争。

如果这个世界没有创新能力,便不会有今日人类的文明,可能还同猩猩它们一起过着钻木取火的原始生活;如果爱因斯坦、爱迪生等人没有创新能力,他们何以取得巨大的成就与收获;如果一个人不具备创新能力,可以说是庸才;如果一个民族没有了创新人才,那么它便是一个落后的民族。

培养儿童少年创新能力的重要性:1.随着现代科学技术的发展,文明的真正财富,将越来越表现为人的创造性:知识激增,需要新一代学会学习;科技革命,需要新一代革新创造;振兴中华,需要新一代开拓前进。2.培养儿童少年的创新能力,是由未来社会生产的特点所决定的。3.培养儿童少年的创新能力,对于我国具有更重大的意义,我国要到2050年左右赶上或超过世界发达国家,成为具有高度物质文明和精神文明的社会主义现代化强国,这个宏伟的计划需要这一事业的继承者,必须具有创新精神。4.智力潜能,需要教育者去系统地开发。

创新能力是一种综合性的能力,主要包括学习能力、分析能力、综合能力、想象能力、批判能力、创造能力、解决问题的能力、组织协调能力、整合多种能力的能力。

表 2-2-7 创新能力内涵阐释

创新能力	内涵阐释
学习能力	获取、掌握知识、方法和经验的能力,包括阅读、写作、理解、表达、记忆、搜集资料、使用工具、对话和讨论等能力。学习能力还包括态度和习惯
分析能力	把事物的整体分解为若干部分进行研究的技能和本领。认识事物的有效方式之一就是把它的每个要素、层次、规定性在思维中暂时分割开来进行考察和研究,弄清楚每个局部的性质、局部之间的相互关系以及局部与整体的联系。做到由表及里、由浅入深、由易到难地认识事物和问题

续表

创新能力	内涵阐释
综合能力	强调把研究对象的各个部分结合成一个有机整体进行考察和认识的技能和本领。综合是把事物的各个要素、层次和规定性用一定线索把它们联系起来，从中发现它们之间的本质关系和发展的规律。具体讲，综合能力包括三项内容：一是思维统摄与整合；二是积极吸收新知识；三是与分析能力紧密配合，才能正确认识事物，实现有价值的创新
想象能力	以一定知识和经验为基础，通过直觉、形象思维或组合思维，不受已有结论、观点、框架和理论的限制，提出新设想、新创见的能力
批判能力	在学习、吸收已有知识和经验时，批判能力保证人们不盲从，而是批判性地、选择性地吸收和接受，去粗取精、去伪存真；在研究和创新方面，则质疑和批判是创新的起点，没有质疑和批判就只能跟在权威和定论后面亦步亦趋，不可能做出突破性贡献
创造能力	创造能力是创新能力的核心，它是指首次提出新的概念、方法、理论、工具、解决方案、实施方案等的能力，是创新人才的禀赋、知识、经验、动力和毅力的综合体现
解决问题的能力	包括提出问题和凝练问题，针对问题选择和调动已有的经验、知识和方法，设计和实施解决问题的方案，对于难题，能够创造性地组合已有的方法乃至提出新方法来予以解决。在这种情况下，创新能力就等同于创新性解决问题的能力
实践能力	是特指社会实践能力。提出创造发明成果，只是创新活动的第一阶段，要使成果得到承认、传播、应用，实现其学术价值、经济价值和社会价值，必须和社会打交道，实践能力就是为实现这一目标而进行的各种社会实践活动的能力
组织协调能力	组织协调能力的实质是通过合理调配系统内的各种要素，发挥系统的整体功能，以实现目标
整合多种能力的能力	不仅在于拥有多种才能，更重要的是能够把多种才能有效地整合在一起发挥作用。整合多种能力的能力是能力增长和人格发展的结果

八、问题求解能力

世界上许多国家，如英国、美国、日本等在多份报告和教育培训中都强调问题求解能力的重要性。2003年，经合组织将"解决问题的能力"加入PISA评估项目，并对问题求解能力进行了界定：问题求解能力是一项个人能力，是指个人通过认知过程去面对和解决真实的、跨学科的问题情境的能力，且问题求解路径并不明显，所应用的内容范围或课程领域并不仅仅局限于数学、科学或阅读中的单一主题领域。

我们将问题求解能力分解为五项具体能力：主动探索和研究的精神，反思能力，规划、组织与实践能力，科学技术能力，数学能力。如下表所示。

表 2-2-8 问题求解能力内涵阐释

问题求解能力	内涵阐释
主动探索和研究的精神	充满好奇心，具备敏锐的观察力，能够主动探索和发现问题，并积极运用所学的知识和能力；不局限于既定的思维，寻找解决问题的新方法
反思能力	不断对问题解决过程中自己做出的行为、决策，以及由此产生的结果进行审视、分析和调节
规划、组织与实践能力	具备规划、组织的能力，在日常生活中实践手脑并用、群策群力的做事方法，并能积极服务人群与国家
科学技术能力	使用现有知识和方法论来解释自然界的能力和意愿；综合理解和运用现有知识与方法论以改造自然环境，满足人类需求
数学能力	能够运用加减乘除等基本运算或笔算；能够运用与其相关的逻辑与空间思维

思考题：

1. 信息化学习能力是由哪些子能力构成的？
2. 分别对信息化学习能力的八个子能力的内涵进行分析和阐述。

第三节 信息化学习能力的定义

一、信息化学习的特征

信息化学习既具有"技术"的属性，同时也具有"学习"的属性。从技术属性看，信息化学习的基本特征是数字化、网络化、智能化和多媒化：数字化使得教育信息技术系统的设备简单、性能可靠和标准统一；网络化使得信息资源可共享、活动时空少限制、人际合作易实现；智能化使得系统能够做到教学行为人性化、人机通信自然化、繁杂任务代理化；多媒化使得信媒设备一体化、信息表征多元化、复杂现象虚拟化。

从学习属性看，教育信息化的基本特征是开放性、共享性、交互性与协作性：开放性打破了以学校教育为中心的教育体系，使得学习社会化、终身化、自主化；共享性是信息化的本质特征，它使得大量丰富的教育资源能为全体学习者共享，且取之不尽、用之不竭；交互性能实现人机之间的双向沟通和人人之间的远距离交互学习，促进教师与学生、学生与学生、学生与其他人之间的多向交流；协作性为教育者提供了更多的人人、人机协作完成任务的机会。教学信息化从根本上改变了传统的学习模式。

综合以上分析，信息化学习至少有以下五大特征：

1. *网络依赖性强、交互手段多、技术水平高*

信息时代的学习者很大程度上依赖电子科技来获取信息，进行社交和专业上的交流。维基百科将这些学习者的特征描述为："与其他时代的学习者倾向于从图书或传统图书馆获得知识相比，这些青少年更喜欢借助于互联网或搜索引擎来寻求知识。"电脑游戏、电子邮件、因特网、手机和即时通信（QQ或微信）等已成为他们生活中不可或缺的重要组成部分，并无时无刻不在影响他们。

2. *获取知识多源、涉猎兴趣广泛、阅读与认知方式正在转变*

信息时代的学习者生活在数字化的环境中，教材不再是他们获取知识与信息的单一途径，网络为他们带来了极大的便利，因此他们获取知识的手段更多、涉猎的范围更广。与此同时，他们更习惯于用键盘写作（而不再是传统的练习簿），更愿意阅读电脑屏幕（而不再是纸质材料），信息处理过程、思维模式和学习方式等已经发生了改变。

3. *偏爱并行处理多重任务、快速而非线性地处理信息*

无处不在的网络使得信息时代的学习者能够更加快速地接收信息，而且倾向于并行处理信息和多通道工作，擅长多任务同时处理。他们喜欢以超文本的方式随机获取信息，与网络相连是他们最好的学习（工作）状态。

4. *个性显著、自主性强、好奇善思*

由于互联网的出现，这一代学习者开始进入网络世界里探求并寻找自己感兴趣的信息，他们已然从被动地接受信息变为主动地选择信息。他们具有强烈的自主性与独立性，能够顺应自己的好奇心积极地探求知识，传统的以知识灌输为主的教学方式已经不能满足他们的学习需求。

5. *学习方式多样化*

信息技术的出现使得学习者的学习行为和学习方式发生了变化，学习者不仅可以在课堂中接受教师的讲授、指导，还可以通过现代教育媒体获取更多的教学信息资源。学习者的学习由被动地简单接受和吸收，转变为积极主动的意义建构。在信息技术和现代教育媒体的支持下，学习者的学习方式逐渐由接受式学习转向自主学习、合作学习、探究学习等多元化的学习方式。

二、信息化学习能力的支撑理论

信息化学习能力都离不开学习科学、脑科学、信息科学三大学科的理论支撑，也可以说，这是信息化学习能力的三大支柱理论。

1. 学习科学是学习能力开发的核心

学习科学在20世纪80年代由西方学者提出的一门认知科学，是站在认知科学的肩膀上发展起来的新兴学科，是认知科学的一部分；在20世纪90年代走向成熟，开始作为一个独立的学科领域脱颖而出，到21世纪便日益兴盛。这一新兴学科已经影响着广大儿童少年的发展。

在信息时代，人们对学习理论有了进一步的研究和认识。学习对儿童来说，包含了学习的广泛度和多样性。它是由生理因素、心理因素、智力因素、社会因素等多种因素相互作用与影响下逐步形成的一种认知能力，是一个由低到高的基本能力发展的过程，是动态的发展过程。儿童的学习能力尽管千差万别，但他们的学习能力发展的顺序是相对固定不变的。

2. 脑科学是信息化学习能力的内在机理

人类被誉为"万物之灵"，是因为每个人都拥有一个高度发达的大脑。它具有巨大的潜能和能量，能释放出学习潜能和动力。它包括先天的学习条件和后天的学习知识及经验，前者称为"机能"，后者称为"知能"。

脑科学是20世纪中叶迅速崛起的边缘学科，它涉及神经生理学、认知科学、语言学、人工智能学等，是跨学科的新兴学科。

人脑是人类学习的重要器官。20世纪以后，科学家对大脑的研究有了重大突破，主要在大脑皮层、神经细胞、左右脑、大脑可塑性、大脑发育关键期、环境影响基因的变化、智力的构成、情感大脑、脑电波等方面的研究有了新发现，对形成新的教育理念产生了巨大影响。随着现代生物学、生理学、心理学、脑科学、遗传工程学、人体科学等学科的发展，关于人的身心潜能有了许多惊异的新发现和新的研究成果，说明每一个人都有巨大的发展潜能。

随着脑科学研究的迅速发展，人们日益重视脑科学与学习问题的关系，并运用科学的研究方法来认识人类学习过程中的认知活动及其神经机制，探讨学习、认知与发展的过程与本质。因此，我们了解人脑的结构与功能，了解脑的学习全过程，才能掌握脑功能开发的基本原理与方法。这样，我们在脑科学、认知科学和教育学之间架起桥梁，使各学科融会贯通，形成一个"基于脑、适于脑、促进脑"的高效愉快的学习机理。

近年来，发达国家纷纷发布各自的"脑计划"，而我国也早已对该研究进行布局，并发布了中国版的"脑计划"。到底各国对于人脑的研究进展几何？脑科学研究又对于机器人技术的发展起到了何种关键作用？这是人们普遍关心的问题。

2013年6月，美国白宫公布了"推进创新神经技术脑研究计划"；而在同年初，欧盟委员会也宣布"人脑工程"为欧盟未来10年的"新兴旗舰技术项目"；紧接着，

2014年9月，日本科学省亦宣布了大脑研究计划的首席科学家和组织模式。

美国侧重于绘制脑图并试图弄清人脑结构，欧洲则侧重于使用计算机模拟人脑……发达国家纷纷投入巨资，并将各自的"脑计划"提升至战略高度。

我国也早已对该计划进行布局，并发布了中国版的"中国脑计划"，名为"脑科学与类脑科学研究"，该计划主要有两个研究方向：以探索大脑秘密、攻克大脑疾病为导向的脑科学研究，以及以建立和发展人工智能技术为导向的类脑研究。

3. 信息技术是信息化学习能力开发的工具和手段

信息科学是研究信息运动规律和应用方法的科学，是由信息论、控制论、计算机理论、人工智能理论和系统论相互渗透、相互结合而形成的一门新兴综合性科学。

信息技术就是能够扩展人的信息器官功能的一类技术。随着信息科学及其技术的普及，人类的学习方式正在经历着一场历史性的巨大变革。特别是在全新脑电传感、互联网、3D打印、大数据、云计算等先进技术日新月异发展的今天，信息技术改变了知识获取与利用的方式，改变了教育资源的配置，引发了学习方式变革。

脑科学家认为，智力是人脑的机能，人脑是智力活动的器官；计算机专家则认为，计算机是人脑的延伸，计算机模拟人脑的信息加工机能，使神经网络和神经计算机的产生有可能成为现实，智力是人脑和神经系统的机能。神经计算机从机能和结构两方面都进一步模拟人脑，则是接近人脑的机能。因此，人脑研究与信息技术的结合，便会产生巨大的学习效能，为学习能力开发提供了高效的工具与手段。

三、信息化学习能力的定义

综合上述分析，我们认为，信息化学习能力研究要在信息化的环境下，从脑科学、学习科学、信息科学去研究三者之间的关系，从而找到提高学生学习能力的一种理论和方法。它是跨学科、多学科的综合领域。它涉及三大要素：学习科学、脑科学、信息科学。

由此可见，所谓信息化学习能力，是指在信息化的环境下，根据脑科学、学习科学、信息科学的基本原理，运用现代信息技术，开发人们的学习潜能，提高其综合素质及创新能力。

四、培养信息化学习能力培养的要求

在信息社会，培养儿童的学习能力还需要从学习目标要求、学习内容要求、学习模式要求、学习环境要求诸方面进行全面分析和研究，从而科学确定信息化学习能力的定义。

1. 学习目标要求

"科教兴国"是我国既定的战略方针,"把提高自主创新能力、建设创新型国家作为国家发展战略的核心"。创新,是时代的要求;创新型国家,需要培养创新型人才。

教育部《关于深化教学改革,培养适应21世纪需要的高质量人才的意见》中指出,教育改革的目标是使我国教育适应现代科学技术和社会发展的要求。教育是上层建筑,应该与信息时代的经济基础相适应。信息时代的教育有两个层面的变化:一是为教学营造了信息化的环境;二是要求培养出适应信息时代需求的人才。因此,教育改革也应该在两个层面上进行。

2. 学习内容要求

在学习内容上,以信息化学习能力构成要素为核心内容,根据自身的定位特点和知识经济社会的发展要求,以创新型人才、应用型人才和高素质公民为发展目标,不断进行整合和优化知识、能力和德行,实现学习内容的立体化。只有立体化的学习内容才能成就复合型人才和高素质公民,才能确保学习者在知识、能力、德行三方面均衡发展。

3. 学习模式要求

在学习模式上,知识经济社会需要有创新型、应用型、复合型人才,所有人才或公民还需要具备良好的通用能力,这在客观上要求确立多元复合的学习模式。

信息时代需要学习者采取多元混合的学习模式,一是需要知识学习模式、能力学习模式和德行养成模式的混合;二是需要掌握型学习模式与建构型学习模式的混合;三是从幼儿期到学生期,从学生期到成人期再到老年期,在不同学段上需要不同比例的模式混合。

4. 学习环境要求

在学习环境上,各级各类学校要努力在学习空间、活动平台、学习共同体等方面实现多样化整合。

一般来说,课堂适宜书本学习,学习到的知识主要是显性知识、普适性知识、理性知识;实验室适宜演示操作学习,学到的知识主要是原理性知识、程序性知识、操作性知识和探究性知识;课外、校外场景适宜活动实践学习,学到的知识主要是情境知识、感性知识、隐性知识、境域性知识和情感价值知识;特定虚拟空间适宜海量学习和探究学习,学到的知识主要是专题集成知识和信息化知识。课堂、实验室、课外、校外场景,特定虚拟空间,是各级各类学习者开展学习活动所需要的四类空间,需要探索四类空间如何相互衔接、相互贯通和相互融合。

在当今现实与网络环境交融的社会生活情境中,每个学习者应当努力建构自己的学习共同体,这项工作应当从学生时代就开始,如建立跨班跨级的学习共同体,建立师生交互的学习共同体,建立跨校学习共同体和远程学习共同体,从而为学生步入成人时期建立学习共同体打下良好的基础。

思考题:

1. 信息化学习有哪些特征?
2. 信息化学习能力的基础理论主要是什么?分析它们的功能。
3. 论述信息化学习能力的定义。
4. 信息化学习能力培养的要求是什么?

本章参考文献

1. 洪鼎芝著《信息时代:正在变革的世界》世界知识出版社
2. 张筱兰主编《信息化教学》高等教育出版社
3. 李芒著《信息化学习方式》北京师范大学出版社
4. 桑新民主编《学习科学与技术》高等教育出版社
5. 黄荣怀编著《信息技术与教育》北京师范大学出版社
6. 柯请超编著《现代教育技术应用》高等教育出版社
7. 杨剑飞著《"互联网+教育"新学习革命》知识产权出版社
8. 云亮等编著《智慧教育互联网+时代的教育大转型》电子工业出版社
9. IDKW图解中心编著《一本书看懂互联网教育》人民邮电出版社
10. 张雨青、林微编著《学习新发现》中国林业出版社
11. [美]Sam Coldstein博士著《开发学习潜力》中国轻工业出版社
12. 钟志贤著《终身学习的关键能力与培养》中国广播电视大学出版社
13. 胡志全著《信息时代的终身学习策略》中国广播电视大学出版社
14. 南国农著《信息化教育概论》高等教育出版社
15. 傅钢善主编《现代教育技术》高等教育出版社
16. 中国知网,百度,有关高校学报、网站等下载资料

第三章 学习科学与学习能力

我国是世界第一人口大国,高素质人才的匮乏已经成为制约我国社会发展的瓶颈。如何将人口大国变成人力资源强国,已经成为我国的一项重大战略任务。围绕学习开展多角度研究,通过揭示学习的本质、认知和脑机制基础,探讨如何提高人的学习效率,培养出高素质创新型人才,对于推进我国人才强国战略、建立学习型社会都具有重大意义。

本章基本概念要点:

●学习是人类(个体或团队、组织)在认识与实践过程中获取经验和知识,掌握客观规律,使身心获得发展的社会活动。

●生理因素是指人类机体的生命活动和体内各器官机能的一种潜在生命条件,是学习能力发展的前提。

●认知心理学是研究人的高级心理过程,主要是认识过程,如注意、知觉、表象、记忆、思维和语言等。

●智力是人类特有的学习认识和改造世界的一种综合能力,表现为观察力、想象力、思维力和创造力等。

●非智力因素则是保证人们成功地进行智力活动的心理条件的总称。

本章内容网络结构图

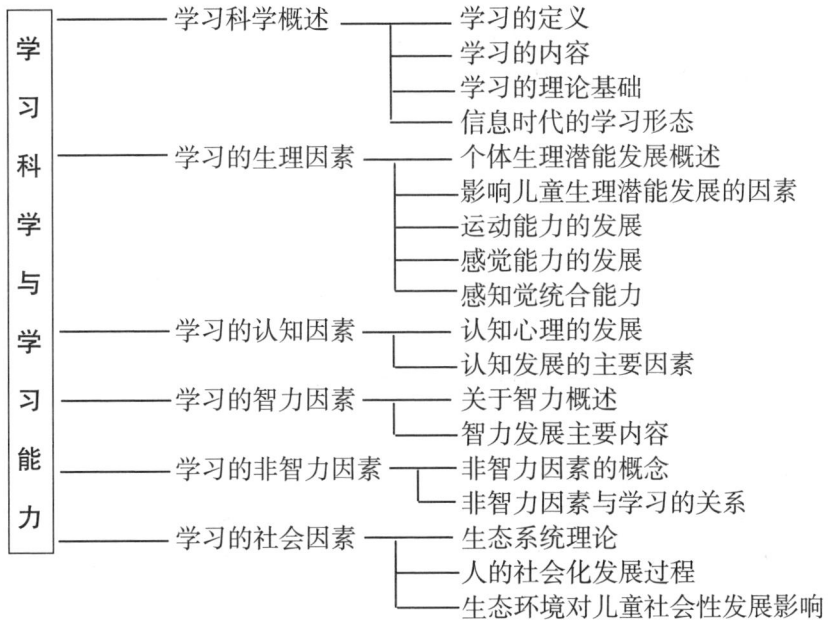

第一节 学习科学概述

学习是人类发展的核心任务,对学习问题的探讨历来是科学研究的关键领域。进入21世纪,科学技术发展日新月异,综合国力竞争日趋激烈,关于学习问题的研究已远远超越学术研究的范畴,成为世界各国提高综合国力和创新能力的重要举措和手段。

一、学习的定义

我国对学习的研究已有悠久的历史。在古代,人们把"学习"看作是包含"学"与"习"两个独立环节的过程。"学"是指人获得直接与间接经验的认识活动,兼有思的含义;"习"是指巩固知识、技能等实践活动,兼有行的意思。最早将"学"与"习"联系起来强调"学"与"习"之间内在联系的是孔子,他说:"学而时习之,不亦说(悦)乎!"(《论语·学而》)又说:"学而不思则罔,思而不学则殆。"(《论语·为政》)说明"学"是"习"的基础与前提,"习"是"学"的巩固与深化,在学习的过程中可以感受到愉悦的情绪体验,揭示了学习、练习、情绪、思维之间的关系。由此可见,我国古代把学习看作是学、思、习、行、情的总称，对学习的这种探讨已经触及了一个重要的科学研究问题，也就是学习过程中认知、情绪、行为三者之间的统一关系问题。

西方心理学对学习的定义：随着人类学习活动的发展，人们从不同角度开始了对学习的研究。就研究的范围和深度而言，当首推心理学。心理学理论流派众多，对学习问题的研究和认识也很不一致。从1879年冯特在莱比锡创建世界上第一个心理学实验室开始，在此后短短100多年的时间里，心理学在对学习的探索中取得了一系列十分重要的成就。多年来，从20世纪初叶直至80年代，行为主义心理学在学习研究中占据着主导地位，在美国尤其如此。但特别是在欧洲，也涌现了其他一些与之争鸣的基本观点，如格式塔心理学、建构主义心理学和文化历史心理学等。在美国的20世纪50年代和60年代，人本主义心理学异军突起，成为一支新的力量，另外还有弗洛伊德主义或精神分析学派，也对学习的理解做出了特殊贡献。在所谓的批判理论或"法兰克福学派"中，后一种精神分析方法和基于马克思主义的社会认知相互结合了起来。

现介绍西方学习心理学流派对学习的定义是怎样阐述的：

◎行为主义的学习定义：学习是在刺激和反应之间形成联结。

◎斯金纳新行为主义的学习定义：学习是在有效的强化程序中不断巩固刺激和反应之间的联结，塑造有机体行为的过程。

◎格式塔学派的学习定义：学习的目的和实质在于形成和发展人的内在认知结构、完形（"格式塔"）。人在学习活动中不是单纯地积累知识，更重要的是不断地促成"格式塔转换"，这是一种学习中的"顿悟"。因此，学习绝不是盲目、消极地接受刺激，而是有目的地探究，是富于想象力的创造性活动。

◎皮亚杰认知学派（建构主义）的学习定义：学习活动本质上是一种主体转变客体的结构性动作，其目的在于取得主体对外部自然与社会环境的适应，从而达到主体与环境之间的平衡，同时将这种动作协调结构内化为主体的认知结构（图式）。这种内化包括同化和顺应两种形式，同化是主体在活动中对环境进行选择、改变，并把它们纳入主体原有图式中，从量上丰富和发展原有图式；顺应是当原有图式容纳或同化不了客体或主体动作经验时，在主体自我调节之下改变原有动作结构产生新的图式，以适应环境变化的过程。在同化和顺应交替进行的过程中，主体的认知图式得到了建构和发展，从而使主体与外界环境之间的关系不断打破原有的平衡，达到新的平衡。

◎维果茨基社会建构主义的学习定义：学习是人所特有的高级心理结构与机能，这种机能不是从内部自发产生的，而只能产生于人们的协同活动和人与人的交往之中；这种高级心理机能最初形成于人的外部活动中，并在活动中逐渐内化，成为人的内部各种复杂心理过程和结构。因此，人的心理发展既是个体的又是社会的，个体的知识建构过程和社会共享的理解过程是不可分离的。

◎大多数心理学派别普遍接受的学习定义：学习是指人和动物园经验而引起的行为、能力或心理倾向相对持久的变化过程，这些变化不是因成熟、疾病或药物引起的，也不一定表现出外显的行为。这显然是广义的学习定义，不仅指人类的学习活动，而且包括动物的学习行为。

◎教育学视野中的学习定义：学习是人类（个体或团队、组织）在认识与实践过程中获取经验和知识，掌握客观规律，使身心获得发展的社会活动，学习的本质是人类个体和人类整体的自我意识与自我超越。

这是从广义的教育角度所下的学习定义，其中强调以下三个要点：

第一，学习不仅是人所特有的活动，而且是个体化、社会性的活动，这正是人的学习与动物行为的本质区别。人的学习既是个体化的活动又是社会性的活动，这里所指的社会性活动，不仅是指在社会中进行的活动，更主要的是与社会经验相互转化、丰富、发展，受社会孕育，又为社会贡献的活动。因此，学习的主体既可以是人类个体，也可以是不同层次的团队、组织乃至作为整体的人类社会。

第二，学习的内容是获取知识和经验，掌握客观规律，并用来指导自身发展。

第三，学习的目的和结果是使个体身心获得发展，不断实现自我意识与自我超越，这不仅是人类学习活动本质的特征，而且是人类创造力的最根本源泉。之所以要把"自我超越"纳入学习定义之中，这是对中国传统文化的理解和继承；不仅强调"学"，更强调"习"，把知行关系的立足点放在"行"，而不是放在"知"，这也是对印刷时代强调书本知识学习的历史与理念的超越。

二、学习的内容

（一）知识的学习

1. 知识的分类

（1）感性知识与理性知识。所谓感性知识，是对事物的外表特征和外部联系的反映；所谓理性知识，是对事物的本质特征与内在联系的反映。

（2）具体知识与抽象知识。根据知识的不同抽象程度，可以将知识分为具体知识与抽象知识。前者指具体而有形的、可通过直接观察而获得的信息。该类知识往往可以用具体的事物加以表示，如有关日期、地点、物品等方面的知识。抽象知识是不能通过直接观察，只能通过间接观察来获取的知识。这类知识往往是从许多具体事例中概括出来的、具有普遍适用性的概念或原理，如有关道德、人性等知识。

（3）陈述性知识与程序性知识。根据知识的不同表述形式，可以将知识分为陈述性知识和程序性知识。陈述性知识主要反映事物的状态、内容及事物变化发展的原因，说明事物是什么、为什么和怎么样，一般可以用口头或书面言语进行清楚明白的陈述。它主要用来描述一个事实（如"北京是中国的首部"）或陈述一种观点（如"生命在于运动"），因此也称描述性知识。程序性知识主要反映活动的具体过程和操作步骤，说明做什么和怎么做，它是一种实践性知识，主要用于实际操作，因此也称操作性知识。

2. 知识的掌握

知识的掌握要通过领会、巩固与应用三个环节来完成。

（1）知识的领会：所谓知识的领会，是指了解传输知识的媒体的含义，懂得词所标志的事物的情形、性质，对事物获得间接认识的过程。知识的领会从整体上来说，主要是通过对教材的直观与概括这样两个认识环节实现的。

（2）知识的巩固：知识的掌握作为占有前人的认知成果并重建认知结构的过程，不仅要求学生能领会教材中的知识，同时也要求学生把领会过程中获得的知识在头脑中巩固下来。只有这样，才能利用它在现实生活中定向，也才算真正地掌握了知识。因此，在实际的教学活动中，除了要重视知识的领会，组织好知识教学过程中的直观和概括活动外，也要注意使学生巩固知识，组织好知识教学过程中的识记和保持活动。

（3）知识的应用：知识的真正掌握不仅体现在领会知识和巩固知识这两方面，还体现在主动而有效地应用知识去解决有关的问题，即体现在知识的应用方面。知识的应用是掌握知识的一个必不可少的阶段。

研究表明，知识的领会是通过对教材的直观和概括来实现的，知识的巩固是通过对教材的识记与保持来实现的，而知识的应用则是通过具体化过程来完成的。知识学习，是一个从积累到贯通、积累与贯通相结合的过程。就是说，知识是一点一滴积累起来的，当积累到一定程度后，便通过积极思考，予以融会贯通。从总体看，知识学习过程是一个积累、贯通、再积累、再贯通，循环往复以至无穷的过程。

（二）技能的学习

所谓技能即动作方式，就是在特定目标指示下的操作顺序。如果说知识学习的本质是获得事实的意义，那么技能学习的本质就是获得方法的步骤。

在日常生活中，人们过去对技能的研究主要集中在相对简单的动作技能方面，如打字、发电报等，现在则更重视对复杂的技能，如阅读技能、写作技能、解题技能等进行研究。

技能学习的类型：

（1）操作技能（operative skill）。又叫运动技能、动作技能，是通过学习而形成的合乎法则的操作活动方式。日常生活中的写字、打字、绘画；音乐方面的吹、拉、弹、唱；体育方面的田径、球类、体操；生产劳动方面的车、铣、刨、磨等活动方式，都属于操作技能的范畴。操作技能的形成是一个由不熟练到熟练、由不准确到准确的转化过程，并受制于多种因素的影响。

（2）心智技能（intellectual skill）。也称智力技能、认知技能，是通过学习而形成的合乎法则的心智活动方式。阅读技能、写作技能、运算技能、解题技能等都是常见的心智技能。个体在学校中所习得的智力技能是非常多的。如朗诵、造句、会话和辩论等。语文教学单元都包括大量必学的这一智力技能。在数学的各分支中需要量化和运算的技能，如处理几何、物理等科目的问题则需要大量的处理时间和空间图形的技能。

（三）社会规范的学习

社会规范是某一社会用来调节人的社会行为、控制社会秩序、维护社会稳定的功能。这一功能是通过个体的社会规范学习来实现的。社会规范学习区别于认知学习与技能学习，它是以情感为核心的知、情、行的整合学习，因而影响社会规范学习的因素也更为复杂。个体通过社会规范学习建构品德结构，获得人际交往经验，实现个体社会性发展。社会规范学习对社会发展与个体成长均具有重要意义。

在教育系统中，社会规范学习（social norm learning）是指个体接受社会规范，内化社会价值，将规范所确定的外在于主体的行为要求转化为主体内在的行为需要，从而建构主体内部的社会行为调节机制的过程，即社会规范的内化过程。这一过程表现在以下三方面。

第一，社会规范学习是逐步积累人们交往经验的过程。教育系统作为一种特殊的经验传递系统，其基本职能是传递社会经验，包括认知经验、动作经验与交往经验，形成个体的知识、技能和品德，使之学会做人。

第二，社会规范学习过程也是个体适应社会生活的过程。人类个体作为自然与社会的结合体，与其所生存的环境构成了一个生态系统。在这一系统中，个体通过适应环境来维持与环境的动态平衡。人类的生存环境有两种：一为自然环境，二为社会环境。自然环境为人类提供了自然现实和法则，社会环境则为人类提供了人与人交往的社会现实和法则。这样，人对其所生存环境的适应也就包括了适应自然现实与法则的生物适应性和适应与人交往的社会现实与法则的社会适应性。

第三，社会规范学习是通过规范的"内化"过程实现的。个体对规范的接受过程，体现为一种内化过程。规范的接受是把外在于主体的行为要求转化为主体内在的行为需要的内化过程。

三、学习的理论基础

从学习的定义以及对学习的广义理解中，我们可以看出人类学习的整体复杂性,就需要全方位、深层次去理解学习的基础。

学习在传统上被理解为一种心理事物。学习心理学是心理学最为经典的分支学科之一。不过我们也同样必须考虑其他心理学分支学科,如发展心理学、认知心理学、人格心理学和社会心理学。

近年来我们对学习的理解已经有了很大的超越,并扩展到了更为宽广的领域。这种情况的产生,一方面是基于脑与身体的生理研究发展,另一方面也是基于社会科学的发展。因此,理解学习的多种基础性内容,包括学习基本的心理、生理、脑与社会性的条件。特别需要强调的是,所有这些领域以及它们之间的交互都必须纳入对学习的综合性理解之中。

1. 对学习理论基础的理解

学习的理论基础主要有生理学、心理学、社会学等与学习相关联的理论基础。下面分别进行简介。

（1）学习与生理学

生理学是生物学的一个主要分支,是研究生物机体的各种生命现象,特别是机体各组成部分的功能及实现其功能的内在机制的一门学科。

当我们把学习作为一种心理现象来研究时,就会很容易把身体当作一种载体,只有当所学之物在性质上全部或部分是身体技能时,身体才会被加以考虑,譬如当我们学习走路、游泳或骑车的时候。学习主要被理解为一种与心智相关的概念,仅在一些特定情况下才会考虑到身体方面。

不过,实际的情况差不多恰恰相反。与其他心智过程一样,学习是建立于身体的基础之上的,而且,我们称之为"心智"的东西是与人类的发展一起出现的,它们的进化历经了数百万年。初等生物也能够学习,不过我们并不认为它们有什么心理或心智的生命特征。对于人类,学习主要是通过脑与中枢神经系统这些身体的特定部分发生的,如果希望理解我们的学习潜能发展到怎样的程度,就必须超越身体与心理之分。

（2）学习与心理学

学习心理学是教育心理学的一个重要分支,是专门研究人们尤其是学生群体学习的一门科学,是通过研究人和动物在后天经验或练习的影响下心理和行为变化的过程和条件的心理学分支学科。

学习心理学立足于学生的学习本质,从人的学习过程、思维方式、行为方式、生理机制、学习类型、认知理论、信息加工、记忆原理、学习策略、学习技巧、学习迁移等领域的研究,总结出一系列的学习理论和学说。

心理学是学习的基础学科。它研究心理学基本原理和心理现象的一般规律,涉及广泛的领域,包括心理的实质和结构,心理学的体系和方法论问题,以及感知觉与注意，学习与记忆，思维与言语，情绪情感与动机意识，个性倾向性与能力、性格、气质等一些基本的心理现象及其有关的生物学基础。

（3）学习与社会学

学习并非仅在单个的个体身上发生。相反，学习总是嵌入在一个社会性的情境之中的，这个情境提供冲动，设定能够以及如何学习什么的框架。例如，发生在学校之中的学习，发生在工作生活之中的学习，以及发生在学校与工作之外的日常生活中的学习，它们在性质上是不同的，因为这些情境赋予了学习在基础性条件上的本质差异。

学习理论在过去几乎都局限于学习的个体水平，不过在最近 15～20 年间，对于学习的社会性情境有了越来越多的强调。在这之中出现了诸如"社会学习""情境学习"之类的概念，在心理学派中最为引人注目的是自称为"社会建构主义"的学派，与传统学习心理学只关注个体学习这一面相对比，社会建构主义宣称学习是发生于人们之间的，因此具有社会性。同样，这个社会性也包含当代信息化的社会环境。

2. 学习过程与维度

所有学习都包含两个过程：个体与环境之间的互动过程，以及内部心智获得与加工的过程，这个过程是通过源自互动的冲动被整合进入先前学习的结果之中而得以进行的。互动的前提条件在本质上是有历史性与社会性的，获得过程发生的基础是人类历经百万年演进的生物发展进程。如图所示：

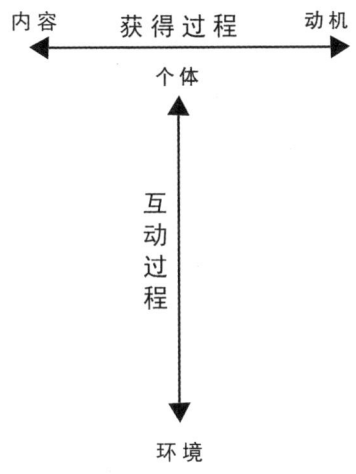

图 3-1-1 学习的基本过程

在图 3-1-1 中，学习的互动过程用一条延伸于双箭头之间的竖线表示，箭头分别表示个体和环境。通过这种方法同时也建立了两种水平：环境水平和个体水平，它们是学习过程的一部分。接着，用另一条双箭头线表示获得过程。由于这个过程完全发生于个体的水平，获得过程的两端表示在这个过程中始终包含着内容和动机两个要素。

内容要素是确关所学之物的，如果没有学习内容，没有所学之物，那么谈论学习也就不可能有什么意义。它在性质上可以是知识、技能、观点、理解、见识、意义、态度、资质或者能力等。此处有决定性意义的是，学习既是客体又是主体：总是某个人在学习某些东西，正是对这"某些东西"的获得，构成了学习的内容要素。

获得过程还有一个动机要素，在相当基础性的意义上，指的是实现一个学习过程所需的心智能量，这一定就是动机。这就是我们在日常用语中称之为诸如动力、情绪、意志等物。

获得过程总是包含着内容与动机，由此产生了学习的三个维度：内容、动机与互动。

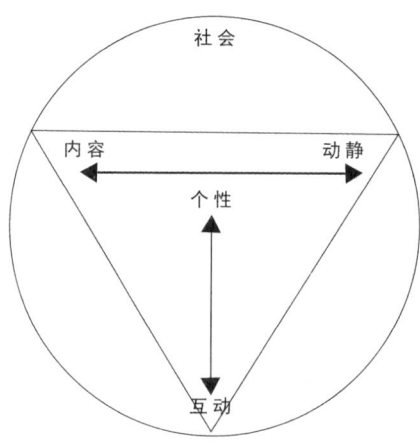

图 3-1-2　学习的三个维度

如图 3-1-2 所表现出来的那样，两条双箭头线条勾画出了一个三角形的领域。如果对这个三角形略加补充，就出现了三个"角"或"极"，表示学习的三个维度，即内容、动机和互动维度，前两者是与个体的获得过程相关的，后者与个体和环境间的互动过程相关。

我们可以看到一个圆周构架了学习三角。这表示学习总是发生在一个外部的社会性情境之中，这个情境在一般情况下，对于学习可能是有决定性意义的。

内容维度通常关注的是知识、理解和技能。通过这一过程，我们一般来说寻求的是构建意义和掌握知识技能等，从而强化我们的功能性，即我们在自己所处环境中恰当地发挥功能的能力。

动机维度包含动力、情绪和意志。通过这一过程，我们一般来说寻求的是维持心智与身体的平衡，与此同时发展我们的敏感性。

互动维度包含活动、对话和合作。通过这一过程，我们一般来说寻求的是实现我们认为可以接受的人际交往与社会的整合,与此同时发展我们的社会性。

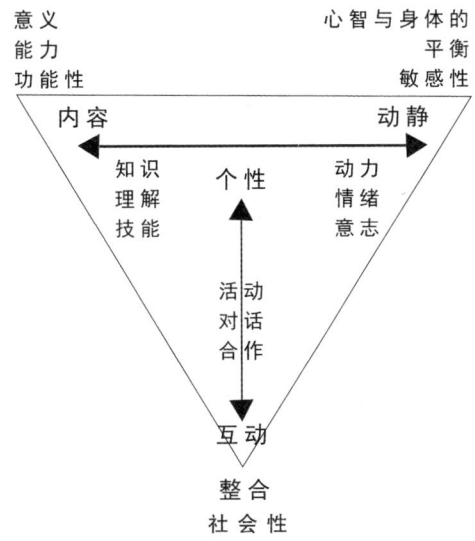

图 3-1-3　学习的三角图

这个学习三角图示了我们学习的广泛度和多样性,这种具有广泛度和多样性特征的学习满足了它在现代社会作为能力发展的需求。

根据学习理论的基础和学习过程与维度的分析,我们将在下一节对从中衍生成的学习因素,如生理因素、心理因素、认知因素、智力因素、非智力因素等分别进一步阐述。

四、信息时代的学习形态

所谓信息时代的学习形态,就是指信息时代所形成的相对独立相对完整的学习形式。在农业时代,学习形态基于书院、私塾、藏书阁、藏书楼、书房等环境条件,表现为习字、诵读、作文、吟诗、游学等人文社科类学习形式。在工业时代,学习形态基于学校、班级、学科、图书馆、实验室、工场等环境条件,表现为听说读写算、交流、实验、实训、演练、实操等全科性学习形式。信息时代的学习形态则基于计算机、多媒体电子信息、互联网、移动设备、知识产品、学习型组织等环境条件,表现为基于技术环境的学习形态,有远程学习、开放学习、网络学习、移动学习、泛在学习、微学习等学习形态。

1. 远程学习

远程学习是与课堂面授学习相对的,它含有"远距离"的概念。

由于远程学习是远程教育系统中学生一方的活动和行为,因此,远程学习是与远程教育相伴而生的。大多数学者认为,远程教育起源于 19 世纪中叶的欧美国家,是工业社会的产物。在远程教育中,教学是高度工业化的,学习也是高度工业化的。因为某个学科领域的专家可以使用同样的学习材料教授成千上万的学生，只要这些学习材料以工业化的方式生产并包装起来，而且它们无须教师进一步投入就可成百上千地被复制。

与远程教育的本质特征一样，远程学习也有五个本质特征：一是与教师处于时空分离状态（以此区别于传统面授学习）；二是利用远程教育组织提供的学习策略和支助服务（以此区别于自主学习）；三是应用各类技术媒体如印刷媒体、视听媒体、计算机、网络、移动媒体（以此区别于工业社会以前的学习）；四是通过双向通信而开展师生之间、生生之间的对话交流（以此区别于应用教育技术的其他学习）；五是通过现代信息技术在虚拟空间里建立学习集体（以此区别于纯个人性质的远程学习）。远程学习在现代信息社会中更充满了生命力，它既可以让那些身处偏远地区和社会底层的学习者获得优质的学习资源，也可以让那些在学生时代错过学习机会或者因工作而无法脱产学习或者因身体原因或其他原因而不能到学校学习的学习者得以继续学习，还可以让学习者在学习的时间、地点、内容、方法、考核等方面获得更多的自主权和选择权，充分体现了现代信息技术给人类学习带来的开放性、便捷性、公平性、民主性和自主性等好处。

2. 开放学习

开放学习是与传统学校的"封闭学习"相对的，它含有"开放性"的概念。我国学者丁兴富认为，开放学习是以学生为中心的学习，努力排除以教师、学校和学科为中心的传统教育所固有的种种学习障碍。换言之，在一个开放学习系统中，学习者应能依据自身的需要和可能来选择专业课程、学习内容、学习环境、学习资源、学习方法、学习进度及考核方式等。

2012年，我国在原中央广播电视大学的基础上成立国家开放大学，在这里，开放学习已经不单是一种便捷的学校学习样式，而是一种可望自由转换学历身份的学习样式，其开放性内涵从追求学习的便捷权利扩展到追求学习的体制跨越权利。也就是说，我国的开放大学不仅将在学习权限上实现全面开放，而且将在学历身份上实现开放，接受全日制教育的学生可选择接受继续教育，接受继续教育的学生可根据学分情况，申请进入全日制学校，从本质上真正破除"学历身份"。

3. 网络学习

网络学习是在以广播、电话、电视、录音、录像等为技术手段的电子远程学习之后出现的一种新的学习形态。它比电子远程学习更具有交互性和自主性，是基于万维网的远程学习形态。

1995年，不列颠哥伦比亚大学的教师高登伯格开发出了一种世界上最成功的称为"Web CT"的网络工具中枢，开启了基于网络的学习项目。网络学习的定义很多，但普遍认为有四点内涵：其一，网络学习是通过网络进行的学习活动；

其二，网络学习是开发和利用网络信息资源的过程；其三，网络学习意味着将网络视为一种学习环境；其四，网络学习是以学习者为中心，具有自主性、探究性、交互性和非线性的一种新的学习方式。当然，无论何人，选择在何时何地利用网络进行的学习活动均可视为网络学习。而且，还可以根据依赖网络的程度把网络学习分为以网络为主的网络学习和以网络为辅的网络学习。这意味着网络学习既可以发生在传统学校环境中，也可以在非学校环境中进行；既包括正式的学习，也包括非正式的学习；既包括在网络教育机构（如远程教育）注册选课后进行的学习活动，也包括传统学校通过网络学习平台进行的学习活动等。

4. 移动学习

移动学习（mobile learning，M-learning），是指学习者在移动情境下利用无线移动通信网络技术和无线移动通信设备，随时随地进行学习的一种学习形态。移动学习具有五个特征：一是移动便捷。借助于便携式移动设备（手机、电子词典、学习机、PDA、UMPC 等），学习者不再被限制在电脑桌前，可以自由自在、随时随地进行不同目的、不同方式的学习。二是互动有效。移动设备能够有效地呈现学习内容并支持学习者的多种互动需求。三是数字化、通信化。移动设备能够利用无线网络传输数字化学习资源和学习信息。四是情境化。能够满足学习者在特定情境下的学习需要，使学习发生在真实的自然、社会情境中，实现真正意义上的"活学活用"。五是灵活化。学习可以因时、因地、随需要而发生，学习者可以灵活地支配学习的时间、空间、内容，在工作、生活或社交等非正式学习时间或地点进行学习。由此可见，移动学习的技术基础是移动计算技术和互联网技术，移动学习的必备工具是小型化的移动计算设备，这种设备具有三个特性：可携带性（portability），即设备体积小、重量轻，便于随身携带；无线性（wireless），即设备无须连线；移动性（mobility），即使用者在移动中也可以很好地使用。

移动学习的出现可以满足现代人对学习的需求，解决工作繁忙与流动性较大等不利于传统学习的问题。从教育的角度看，移动学习比网络学习更具有革命性，它使得生活与教育的界限、社会与学校的界限、通信交流与学习的界限开始逐步消解，为人类步入人人学习、终身学习的学习型社会提供了强有力的支持，人类有可能再次进入一个没有学校的社会。

5. 泛在学习

泛在学习，是通过把具有无线感应技术和无线变换技术功能的数字化设备嵌入环境或日常工具中营造一种信息、社会、物理相融合的智能空间，学习者使用带有电子标签、红外数据通信端口、蓝牙端口或 GPS 卡等通信接口的个人数字助理，以及智能手机、笔记本电脑等移动设备，利用无线通信技术，在任何地点、任何时间学习任何内容的学习形态。泛在学习是以普通计算为技术基础的。泛在学习，意指普遍存在的计算，含有技术的标准化意味；作为学习，泛在学习意指无处不在的学习，含有学习的广泛化意味。

泛在学习具有六个特点：一是永久性，即学习者不会失去学习成果，在不特意删除的情况下，所有学习过程都会被不间断地记录下来；二是可获取性，即学习者可以在任何地方、任何地点获得他们所需要的文档、数据和视频等；三是即时性，即不论学习者在哪里，他们都可以即时地获取信息，因此学习者可以迅速地解决问题，或者可以记录问题并在事后寻找答案；四是交互性，即学习者可以同步或异步地与专家、教师或学习伙伴进行交互；五是教学行为的场景性，即学习可以融入学习者的日常生活中，学习者所遇到的问题或所需的知识可以以自然、有效的方式呈现出来；六是适应性，即学习者可以用适合他们自己的方式获得适合他们需求的信息。

6. 微学习

微学习作为一种新的学习形态，主要由微学习者、微内容、微媒介和微环境四个要素构成。在学习主体上，不分年龄、职业、性别、社会角色任何人都可以成为微学习者。在学习内容上，任何一篇短文、一首歌曲、一张图片、一句广告语、一个英文单词，一段音频或视频小品，甚至一个链接都可以成为微学习的内容。在学习媒介上，可以利用各种通信设备，如电子词典、PDA、手机、平板电脑等移动终端，将短信、微博、微信、教育云以及便携存储内容和应用软件等展开。在学习环境上，包括通信网络和各要素之间的互动关系。

微学习的特征十分鲜明。一是学习内容具有片段化、个性化、模块化、自包含、短小、松散连接、动态重组等特征，它或者是独立、短小的片段化内容，或者是松散连接的、相对独立的模块化内容，或者是多次逐步自我展开的自包含内容，或者是具有隐性联系但以模块化、片段化形式出现的系列内容，或者是即兴创造、交流生成的新内容，等等。二是学习环境条件具有便捷、灵活、自由等特征，它镶嵌于日常生活、工作情境之中，便携式学习工具既支持移动，也支持远程交流互动，无须固定场所、专门时间和特定氛围。三是学习体验具有轻松自在、自由快乐等特征，它一般没有学习任务、学习目标，无须持续强烈的学习动机，也无须长时间的专注投入，学习内容与真实生活息息相关，与社会信息、生活潮流、生活趣味、生活体验等密不可分，且有大众文化的"消费性""娱乐性""快餐性"等特点，其娱乐品格体现出一种"对学习者生命体验与志趣的尊重"。四是学习时空有泛在性，它可以发生在具有网络通信条件的任意空间场所，也可以发生在任意时间段，因而被视为非正式学习的一种实用模式。五是学习对象具有草根性，它适用于具有一定学习能力和信息接受能力的任何个人，并紧紧贴近个人的兴趣、生活和需要，因而可以视为全民学习、终身学习的一种可行模式。

思考题：

1. 阐述学习的有关定义，分析其内涵。
2. 人类的学习是指人类的学习和社会实践活动，有何显著特点？
3. 分析学生学习的过程，即获得知识、形成技能和社会规范的学习过程。
4. 从感知觉方面看，学习者主要有哪三种类型？各自有何表现？
5. 基于技术环境的学习形态有哪几类？

第二节 学习的生理因素

生理潜能（Physiological potential）是指人类机体的生命活动和体内各器官机能的一种潜在生理条件，是提供人类发育生存的物质基础。儿童是生长发育的关键期，也是体格生长和神经发育最为迅速的时期。

一、个体生理潜能发展概述

生理因素是指人类机体的生命活动和体内各器官机能的一种潜在生命条件，是学习能力发展的前提。由于个体的生理调节机能是由一系列生物因素构成的。生物因素包括人类个体的生理结构及其机能，这些生物因素与构成人类个体的特殊的生命物质直接相连，成为个体生命的"硬件"。生理发展是个体固有的生物因素本身的"自我实现"或自然成长的过程。

婴幼儿的发展过程是复杂多样的，但并不是无法把握的。在发展的历程中还是表现出发展的一些基本性质，对这些基本性质的把握可以帮助我们去了解儿童，了解儿童在发展中出现的各种规律，使我们能用客观、科学的态度对待儿童。

1. 发展的连续性和阶段性

儿童的发展是一个连续的过程，每一个阶段的发展都在为下一个阶段的发展积累经验和打下基础。儿童按照其内部的时间表在向前发展，但是又孕育着新的发展趋势，表现出一些新的特点。从辩证唯物主义的心理学观来看，儿童心理的发展是一个从量变到质变的过程，

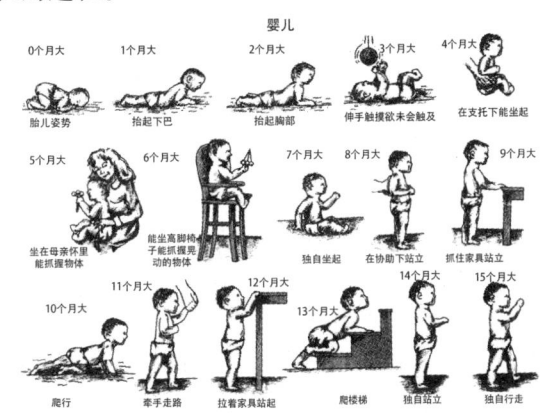

图 3-2-1 婴儿移动能力的发展

心理发展过程中既有连续性又有阶段性。在一定时期内，相对平稳的、细微的变化属于量的积累，体现发展的连续性；当量的积累到达一定程度时即发生质的"飞跃"，表现为发展中的跳跃现象，即阶段性。

从婴儿的动作发展中我们也可以看到量的积累带来的质的变化。婴儿出生半年以后开始了越来越多的主动行动，6个月开始爬行，开始时是腹部着地向前慢慢移动，然后靠手和膝盖爬行，逐渐开始由坐到站，然后摇摇晃晃地站立，最后东倒西歪地前行，其爬行动作逐渐协调，速度加快，方向感增强，这些动作的发展在技能上的变化是逐渐、连续的变化过程，但是从爬行到行走则表现了不同的行为模式，进入了一个全新的状态，即发生了质的变化。但是这个质的变化需要前面动作的协调发展做基础，即有一个量的积累过程。连续性是指一定时期的发展变化总是在前一时期积累的基础上逐渐发生，后一阶段的发展也总是以前一阶段的发展变化为基础。先前的发展为以后的发展打下基础，是以后发展的前提，后一阶段既包含前一阶段的因素，又萌发着下一阶段的新质。用图示之，称为成长曲线或发展曲线，呈单纯的波动型者居多，如图3-2-2所示。

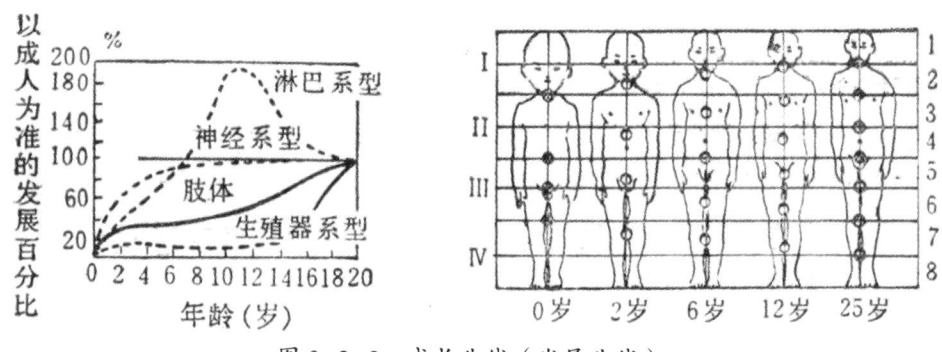

图3-2-2 成长曲线（发展曲线）

2. 发展的定向性与顺序性

婴幼儿身心的发展在正常的条件下总是指向一定的方向，并遵循一定的先后顺序，而且这种顺序是不可逆转也不可逾越的。例如，婴幼儿运动机能的发展遵循"首尾原则""近远原则"等。婴儿身体动作的发展经历了抬头—翻身—坐—爬—站—走到有方向和顺序，即首尾原则。以躯干为中心，动作的发展从身体的中部开始，越接近躯干的部位动作的发展越早，而远离身体中心的肢端动作的发展较晚。如上肢动作、肩头和上臂动作先发展，然后依次是肘、腕、手，最后发展的是手指定位动作，下肢的动作发展也是如此。发展的顺序一般不会改变。

3. 发展的不平衡性

人类自出生以后到成熟期的发展进程中，发展的不同阶段及不同方面，其速度及程度都会有所不同，婴幼儿发展的不平衡表现在：

不同阶段发展的不均衡。儿童年龄越小发展的速度越快，这也是婴幼儿阶段心理发展的规律。新生儿可以说是一周一个样，满月以后是一个月一个样，到了周岁以后，发展速度就缓慢下来，两三岁以后的孩子，短时间内变化不明显，呈波浪式发展。

从发展的不同方面来看，发展也表现出不均衡性。例如，感知觉的发展在出生后即迅速发展，单纯的感知能力已达到较高水平，到了幼儿后期其感知水平接近成人的水平，而思维的发展要经历较长的时间，到了幼儿后期只有抽象逻辑思维的萌芽。

4. 发展的差异性

对于相同年龄的婴幼儿在发展的过程中会表现出许多共同的规律，但是在发展的进程中其发展速度、发展的水平、发展的优势领域、发展的类型及时间的早晚却千差万别。有的儿童在某些方面很早表现出超常、早慧，有的大器晚成；有的孩子有着较强的音乐感受能力，有的孩子对色彩及造型能力表现出众；有的孩子安静，有的孩子活泼；孩子会表现出不同的发展速度和各自的发展方向。所有这些都是正常的表现，儿童按照自己内在的时间表在不断地进步和成长。

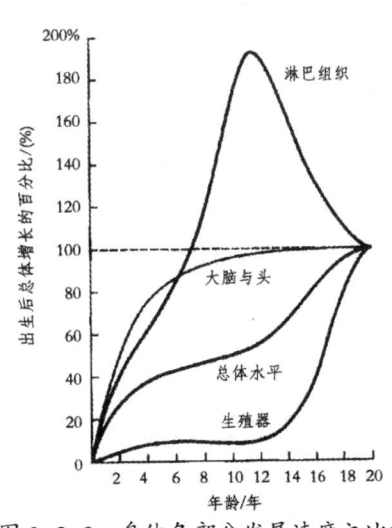

图 3-2-3　身体各部分发展速度之比较

总之，发展是一个时间上延续的动力过程，是在生理上和心理上相互作用的，在已发展基础上新特质性不断发生过程中实现的。

5. 生理成熟过程

生理成熟即身体上各种器官的形态、结构和机能发展到完备状态，生长已停止。对于婴幼儿来说，出生后身体各部分及器官的结构和机能有一个生长和发展的过程，这种生理的成熟，特别是脑的发展，与儿童心理发展有着密切的关系。根据生理解剖学的研究，人出生后脑和神经系统的发育最快，最初 6 年速度最快，以后渐慢。淋巴系统的发展速度显示出很快上升又很快下降的特点。一般发展指包括骨骼肌肉等方面的发展，其发展情形是三岁之前快速，四岁以后趋缓，到青春期又突然加速，到 20 岁左右达到成熟的程度。生殖系统（包括男性睾丸与女性卵巢），直到青春期之前才开始迅速发展。可见儿童的生理发展是有一定次序和规律的，有的先快后慢，有的先慢后快，也有的中段突出，两端缓慢，这都影响到儿童心理发展的次序和规律。

因此，儿童心理发展的水平也在一定程度上受生理发展水平的制约，儿童心理发展的规律也在一定程度上受生理发展的规律制约。由此可见，婴幼儿的心理潜能发展不能忽视遗传因素和生理成熟的作用，它为心理发展提供了自然基础和物质前提，但并不如遗传决定论或成熟势力说所论述的那样极端。有了基础和前提之后，要使这种潜在的可能性变成现实，即儿童心理真正得到发展还需要环境和教育的作用。

二、影响儿童生理潜能发展的因素

中国有一句老话："三岁看大，七岁看老。"事实上，这是用一种朴素的发展观点来看待儿童心理潜能发展过程中的各种影响因素之间的关系。"三岁看大"是指儿童的遗传和生理成熟因素对儿童成长的早期影响，而"七岁看老"则强调了儿童后天的开发教育与环境因素对其发展的作用。

影响婴幼儿生理潜能发展的因素包括个体的遗传基因、合理营养和感觉动作等因素。

1. 遗传因素

遗传是一种生物现象，是指遗传物质从上代传给下代的现象，即将那些与生俱来的机体的形态构造、感官特征和神经系统的结构与机能等解剖生物特点传给下一代。

我们现在对人类遗传的知识大部分来自一位19世纪奥地利的僧侣孟德尔（Goregor Mendel）。孟德尔通过研究普通菜园豌豆显性基因和隐性基因，提出"遗传单位"的概念。之后，德国的魏斯曼（A.Weismann）和丹麦的约翰逊（W.L.Johnnseu）分别通过实验提出"染色体—基因"的概念，他们认为：性细胞的染色体内含有一定数目的占有一定位置的、按有线排列的遗传物质，它决定下一代的不同遗传性质，并把它叫作"基因"。高尔顿（F.Galton，1822—1911）提出一条"遗传定律"，认为人的遗传性1/2来自父母，1/4来自祖父母，1/16来自曾祖父母。在他看来，遗传对儿童智力和品质起决定作用，心理发展只不过是先天遗传的自然展开，环境和教育仅起一个引发的作用，而不能改变它，这就是所谓的"遗传决定论"。

显然，这种观点过分地强调了遗传的生物作用，而忽视了人的生长过程中必不可少的环境的影响。奥地利儿童心理学家彪勒（C.Buhler）认为："儿童心理发展过程是儿童内部素质向着自己的目的有节奏的运动过程，外界环境在这里只起着促进或延续这个过程的作用，而不能改变这个过程。"

我们既反对夸大遗传作用的"遗传决定论"，也反对"环境决定一切论"。儿童发展决不是某一种因素单独影响的结果，而是多种因素综合地、系统地相互作用的结果。有了生物因素为前提，环境因素具备的情况下，儿童的主观能动性对儿童的自身发展尤显得重要。我们不能孤立地、静止地强调遗传、环境和教育的作用，更不能忽视儿童主观能动性对其发展的重要作用。只有这样，才能全面地认识儿童的发展与教育问题。

2. 营养因素

脑的发育需要充足的营养。

人脑的重量虽然只占全身重量的 1/50，但是每日需要的血液量却占到人体总血液量的 1/5 多。血液是供应氧气和营养物质的载体，对于血液的需求反映了脑对于各种营养物质和氧的需求。研究发现，营养与人的智力有密切的关系。营养是脑发育的物质源泉。大脑的正常发育、智力的正常发展是建立在全面充足的营养供给的基础之上的。特别是对于婴幼儿，他们的大脑正处于最需要丰富营养的时期，若出现供给不足，将会产生永久性的障碍。

研究发现，对于孩子的大脑来说，由于早期的成长发育特别快，所以越是在早期，营养越是重要。脑的营养在胎儿时期就要特别重视了，因为人在胚胎期第一个形成的系统就是神经系统，人脑的神经细胞在胎儿时期绝大多数已经基本形成。与身体的其他器官相比，脑的生长发育很快也很早，特别是脑重的迅速增长和神经胶质细胞的大量增殖主要发生在出生后 2~3 年内。另外，虽然说神经纤维的延长、突触数量的增多、髓鞘的形成以及神经网络的组成可以延续较长的时间，但在早期也是发展很快的。因此应该特别注意早期儿童的脑营养，尤其要注重母亲孕期的营养和孩子出生后 2~3 年内的营养。

人类所需的六大营养素：蛋白质、氨基酸、脂肪、糖类、微量元素和维生素，这几类与脑的发育和智力的发展关系最为密切。

3. 感觉动作因素

人类各种感觉过程是脑的神经系统和身体运动相互协调的学习过程，这是儿童个体学习的生理基础和先天学习条件，几乎 80% 的学习能力是在婴幼儿时期打下基础的。人脑对事物的认识有个感性阶段。

感觉是人脑对直接作用于感觉器官的客观事物的个别属性的反映。我们人类生活的环境，充满了各种各样丰富多彩的事物，这些事物以不断变化着的光、声、味、温度以及其他各种物理属性与我们的感觉器官打着交道。我们的感觉器官接受着这些物理信息的刺激，反射到大脑，形成了对于事物的颜色、声音、气味、冷热等各种感受，这些就是感觉。

感觉的开发涉及各个感觉器官的机能发展。

起初，婴儿的主要活动为大肌肉活动，他们通过爬、翻、滚来接触外部世界、了解外部世界。这种大肌肉活动能力，就是他们的基本学习能力。通过身体作用于外部世界，幼儿开始对物理世界形成稳固的表象。与此同时，内部的心理世界也从混乱无序状态向有序状态过渡。

接下来便是感觉动作的学习。当幼儿会坐、会走之后，他们开始在动作的基础上形成了感觉，并通过感觉与运动的配合，形成较为复杂的身体运动。从三四岁开始，幼儿能够接丢物体、会拍球、会骑三轮车、能跳远跑步，身体协调能力有了进一步的发展，并开始凭借触觉、听觉、嗅觉与味觉来认识事物。在感受事物时，形成较为简单的判断。

学习与个体的生理潜能发展有着密切的联系，二者相互制约、相互促进，主要表现在生理潜能发展制约学习，而学习又促进生理潜能发展。

学习对个体心理发展具有依存性，许多事实及实验都表明，学习需要以个体的生理发展为自然前提，个体的生理发展为有效的学习提供物质可能。比如简单的动作学习需要骨骼肌肉、神经系统的正常发育及一定的成熟；较复杂的思维与语言的学习需要有发育正常的大脑皮层。忽视生理因素的制约作用或学习的要求与其相应的生理发展水平相距甚远，则要么徒劳无功，要么得不偿失。

实际教育经验表明，学习并不以教育者的主观意志为转移，教育并非万能。在一定阶段上，学习什么，怎么学，都为学习者的生理潜能发展水平所制约。

但学习对个体的生理潜能发展遵循"用进废退"的自然法则的支配。"用"即意味着后天的学习，学习可以促进个体的生理潜能发展。"废"即不学不用，不学不用则其生理机能将退化。动物与人类的有关研究都证明了这一点。

三、运动能力的发展

神经生理学家 Carla Hannaford 博士（1995）说，前庭（内耳）和小脑系统（运动活动）是最早成熟的感觉系统。我们内耳的半视管和前庭神经核是形成运动的信息收集和反馈机制。随着冲动通过神经束在小脑与脑的其余部分包括视觉系统和感觉皮层之间往返传递，前庭神经核帮助我们使运动完善和谐，激活脑干顶部附近的网状激活系统（RAS）。

网状激活系统接收进来的感觉数据，组成我们的注意系统。这两个系统之间的交互作用帮助我们保持平衡，将思维转化成行动。

1. 运动的概念

运动是指运动器官、神经系统和心理系统，在一定环境要求和条件作用下，协同活动的过程与结果。婴儿运动能力的发展首先与运动器官（包括肌肉、骨骼以及关节等）的发育程度是密切相关的，例如，口腔的咀嚼和吞咽、婴儿的行走、手指捏取细小物品等，这些活动都离不开口腔颊部的咀嚼肌、四肢肌肉以及手指小肌肉等的活动。随着婴儿年龄的增长，运动系统的发育成熟，运动技能会越来越发展，动作更为复杂。

2. 运动与脑力开发的关系

运动为什么能促进儿童的学习呢？原因是运动可以促进儿童脑力的发展。

（1）运动改善了脑的血液循环，可以促进脑的发育和智能的发展。

脑对于血液供应是非常敏感的。脑重虽然只占体重的3%，但其血液消耗量却占到心脏总输出量的20%，而耗氧量为25%。脑在工作时所需的血液是肌肉活动所需要的15～20倍。这些都需要体育活动来保证。

（2）运动可以有效地开发大脑右半球。

速度知觉、距离知觉、深度知觉都是人在运动时必需的几种基本知觉能力，而这几种知觉都与人的大脑右半球密切相关。运动最需要的这些基本素质，正是大脑右半球的开发结果。

（3）运动可以提高人的反应速度和反应强度。

运动生理学测量的结果表明，经常运动的人比不经常运动的人的视觉运动反应时间要快得多。视觉运动反应时指的是从人接受视觉信号，传送至大脑皮层，经大脑皮层的分析判断，再由运动区发出指令，到肢体运动肌群接到指令做出相应的反应这段时间历程。经常运动的人的平均反应时间是0.12～0.15秒，而不经常运动的人则需要0.3～0.15秒。两者相差达两倍多，可见运动对神经系统的开发作用。

3. 婴儿运动发展的类型

运动发展的分类方法有多种，从神经系统的活动来分类，可分为反射运动、情绪反应（因情绪表现出的身体运动反应和内脏运动反应）和随意运动等。根据婴儿发展过程可将运动的形式分为先天条件反射和不自主运动、随意运动。随意运动是一种受意识的调节，并具有一定的目的性和方向性的运动，对婴儿的发展至关重要。随意运动又可分为大运动和精细运动。现将与婴儿运动发展有密切关系的大运动和精细运动予以介绍。

（1）大运动

大运动是一种随意运动。在大脑皮层的支配和控制下，由全身大肌肉群、骨骼和关节体参加的运动，也称为粗大运动。因为大运动的发生主要是依赖于头颈部肌肉群、腰部肌肉群及四肢肌肉群参与的平衡性运动，因而也称为平衡运动。大运动属于自主运动，是在婴儿出生后4个月左右才开始陆续出现。大运动的基本形式：抬头、翻身、坐、站、爬、行走等。

（2）精细运动

通常将用手捏弄细小物品的动作称为精细运动，是利用手和手指的小肌肉或小肌肉群进行活动。精细运动也是一种随意运动，可分为适应性行为和个人社会性行为两种：与适应环境有关的精细运动，例如抓取玩具、搭积木、画画等，称为适应性行为；与自理生活能力有关的精细运动，例如扣纽扣、系鞋带等称为个人社会性行为，精细运动的发展和感知觉、注意力等的发展有密切关系，尤其和感知觉关系极为密切，因此，可以认为精细运动是婴儿最初的智能形式。用手捏弄细小物品是婴儿认识客观事物和较大儿童解决某些问题的一个手段，他的发育既以神经形态生理发育为基础，又与训练的开始时间和训练程度有关。

四、感觉能力的发展

婴儿从出生时就开始了学习，具备了与智力发展有密切关系的反射作用。他们正是带着出生时具有的反射作用，迈出了人生的第一步，并一天天地成长发育起来。婴幼儿时期是感觉器官发展最旺盛的时期，尤其是0～3岁前的这一阶段是婴儿感觉器官发展快速时期，是视觉、听觉、触觉、味觉、嗅觉五种感觉器官发展的敏感期。

1. 视觉能力发展的特点

视觉是人类认识外界事物最重要的信息来源。婴儿的视觉器官在胎儿时期已经基本发育成熟，出生3天的新生儿就可以将视线集中在某个物体上。出生1个月时就能看清距离眼睛20厘米的物体；2个月时能根据物体与眼睛的距离来调节视力；3个月时，视线能从一个物体转移到另外一个物体上。不过婴儿的视觉系统仍然处于发育的过程中，视觉功能还有待于进一步完善。视知觉练习主要包括识别物体的形状、颜色、大小、高低、长短以及不同的几何形体等。

2. 听觉能力发展的特点

婴儿听觉的发展在胚胎时期就已经开始了。生理心理学的研究表明，胎儿听觉感受器在6～7个月的时候就基本成熟了。

婴儿时期是婴儿听觉器官发育最快的时期，并且在很早的时候就表现出视听协同活动，也就是说婴儿在听到声音时会将头转向声源。

婴儿具有十分敏锐的感知人类语声的能力。研究表明。刚刚出生12小时的新生儿对成人的语声产生同步的反应。4个月的婴儿会愉快地倾听成人的"儿语"。及时地进行听力训练活动，会让婴儿的听觉更加灵敏，并为以后学习语言奠定基础。

3. 味觉能力发展的特点

婴儿味觉发展的特点：味觉器官在胎儿时期就已经形成，新生儿的味觉十分敏锐。不同的味觉刺激物可能会引起不同的味觉反应。给新生儿喂一些苦的、酸的或者咸的东西时，他们会皱眉、闭眼甚至呕吐；而喂食甜味的东西，如糖水，他的表情就显得比较愉快。研究表明，新生儿喜欢甜味。随着婴儿年龄的成长，他们的味觉经验更加丰富了。味觉是婴儿认识事物的最初手段。从婴儿呱呱坠地那一刻起，凡是能被放进嘴里的东西，他们都要放到嘴里试一试、尝一尝。因此，嘴巴对于婴儿来说，不仅具有品尝美味的功能，更重要的它是婴儿探索外部世界的工具。

4. 嗅觉能力发展的特点

嗅觉器官早在胎儿 30 天就已经发生。新生儿的嗅觉十分灵敏，他们会本能地躲避那些难闻的气味。灵敏的嗅觉具有生物学的意义。许多动物刚刚出生时眼睛还未睁开，就靠灵敏的嗅觉来寻找母乳。随着婴儿年龄的增长，嗅觉也成为婴儿认识外界事物的重要渠道。通过嗅觉获得的信息和其他信息汇拢在一起，构成婴儿对事物更加完整的认识。

5. 触摸觉能力发展的特点

触觉是皮肤受到机械刺激时产生的感觉。因为对皮肤的触摸力的强度不同而产生不同的触觉和压觉，此外，触觉还包括温度觉和痛觉。

在此基础上婴儿的感觉动作技能也逐渐得以发展。感觉动作技能是感觉系统（如视觉、听觉和触觉）与肌肉活动的联合。随着年龄的增长，婴儿慢慢把感知觉和动作结合起来，这是婴儿智力发展的一大进步。

五、感知觉统合能力

1. 感觉信息的神经加工机制

感觉信息的神经加工包括三个主要环节：对感受器的刺激过程，传入神经的活动、中枢神经系统特别是大脑皮质的活动，从而产生感觉经验。

在感觉信息加工过程中，感觉器官不断进行着探索，并依据先行的感觉效应对感受器进行反馈调节，这样才使我们获得清晰准确的感觉经验。感觉器官的主动探索活动是感觉信息加工的必要条件之一。

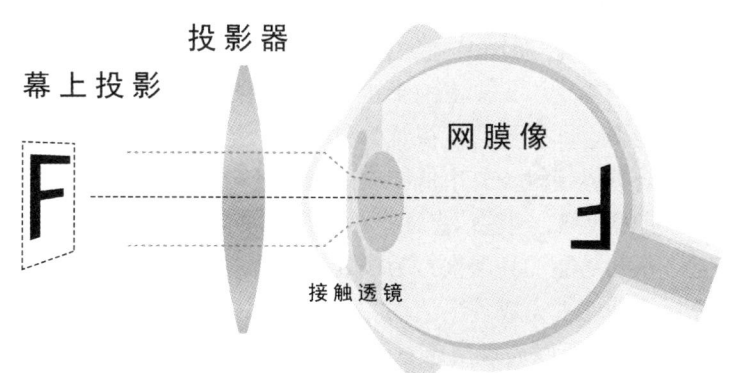

图 3-2-4 视像固定仪器装置示意

感觉信息加工的第二个环节是传入神经的活动，它把神经冲动传递到中枢。

体内外的信息在传入神经通路中是以单个神经元或一群神经元的电位形式呈现的。神经细胞的电事件以某种方式代表或表示作用于机体身上的刺激。这一过程称为编码。编码包含着把一种形式的信息转变为另一种形式的一套法则。感觉信息可用几种方式的全或无的动作电位来编码。

感觉信息加工的最后环节是由大脑皮质的活动,从而产生感觉。从感受器经脑的各部最后到达大脑皮质是由一系列神经元连接起来的。感觉信息在到达大脑皮质之前都要经过皮质下中枢的各个中继核。中继核不是一个简单的接力站,它们都有进一步加工信息的作用。感觉传导系统中较低水平上的简单信息加工为复杂的皮质水平上的信息加工,准备好适当的输入,最后,皮质的感觉代表区接收丘脑传来的信息,然后将信息再输送至联络区进行更高级的加工,这样就产生了感觉经验。

2. 感觉统合基本概念

感觉统合理论首先是美国加利福尼亚大学的爱丽丝(A.Jean Ayres)根据神经生理学的理论于1972年提出的。她认为环境中存在着各种各样刺激人大脑的感觉信息,如视、听、触、前庭、平衡、本体感系统整合起来,形成知觉,进入大脑的感觉刺激信息在中枢神经中形成有效率的组合,这就叫作"感觉统合"。

图为上丘中视觉、听觉和躯体感觉的空间表征。共同坐标系统的重叠可以导致对多感觉空间的表征。

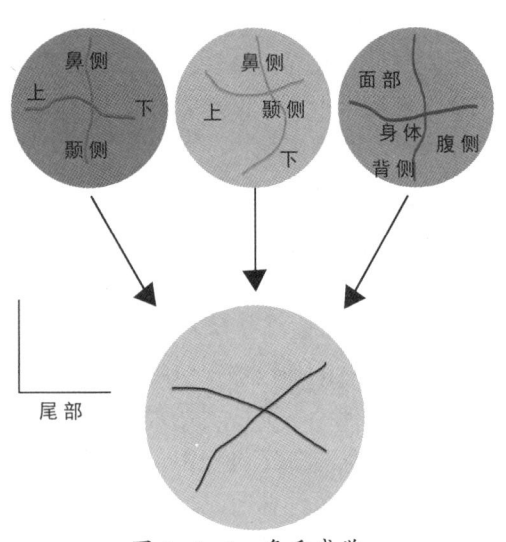

图 3-2-5 多重感觉

这些人体的运动、感觉与认知功能的发展是与脑成熟进程并进的。来自人体内外的刺激,经过感官接受后,先由脑干担任主要统合任务,继而逐渐由大脑皮质统合,发展学习能力。即主要通过视觉、听觉、触觉、本体感觉与前庭感觉等五种最基础的感觉与外界接触,先由低层次的脑干及内耳前庭平衡系统来处理这些感觉信息。随着脑的成熟,这些信息逐渐由高层次的大脑皮质进行有效的统合,形成运动—知觉—认知功能的高层次行为模式,从而对事物产生一个全面的、完整的认识,指挥机体功能去完成各项活动。

爱丽丝认为,儿童之所以表现出感觉统合失调的症状,与其说是大脑皮质(上位脑)的障碍,不如说是脑干(间脑、中脑、脑干、延髓)—脊髓系(下位脑)基本功能的统合障碍。作为生物的基本功能(脑干—脊髓系),正确、充分地发挥其功能才开始有生命,才能有目的地去完成各种行为,即形成人类的行为和学习能力。

从大脑功能来分析感觉器在信息接收、加工、输出等过程的作用,如图3-2-6所示。

(1)感觉输入

感觉输入是指从环境本身和个体接收的能量形式,并将所接收的信息在中枢神经系统加以处理,统合起来。视觉、听觉、运动觉、平衡觉和触觉等在人们日后的行为能力表现上扮演着非常重要的角色,这些感觉系统具有获得信息的功能,并透过感觉神经传递至中枢神经系统。

输入是信息激发了感官而产生神经冲动,输入神经中枢,这种现象有如电脑搜集信息。个体的感官如果存在缺陷,这一系统的第一道难关则阻碍此作用的形成。比如失明、失聪或某种形式的感觉缺失都有碍感觉统合的正常发展。

(2)感觉统合

感觉统合,也指将所接收的感觉刺激在中枢神经系统加以组织、比较和贮存;亦即将目前的和过去的感觉信息加以统合,使个体能有效地选择并组织适当的动作。

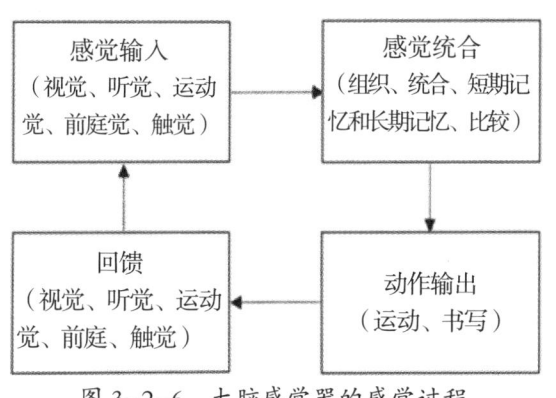

图3-2-6　大脑感觉器的感觉过程

统合是个体接收各种各样的信息,如耳闻、目睹、鼻嗅、体触等获得的信息,都输入中枢神经系统,加以组织整理而成为一个完形(指对事物整体的认知),这就是接收刺激的心理过程。在这个历程中除了要组合各类现有的信息,使之成为有意义的一个整体外,往往还要以过去所保存的旧的经验为基础,把过去的记忆和眼前的刺激结合起来,以便对现有的刺激有更明显的认知。

(3)动作输出

动作输出是受中枢神经系统的支配所表现的动作。当输出发生时,信息持续地回馈进大脑,回馈本身具有使感觉信息得以持续处理的功能。当感觉输入时,在动作上的回馈通常包括运动觉、触觉、视觉或听觉。回馈期间,会评估反应的频率和反应的性质,如果评估错误,必须加以调整;若评估正确,则不需要调整。

输出也是一种神经冲动,这种是个体认知过程中由刺激—感受—统合后,作用于运动器官的动作反应。个体的运动功能如果有了困难,也将造成另一个障碍,如语言障碍、动作缺陷,等等。

（4）回馈

回馈是个体的输出必然要表现在各种粗大的或精细的动作上的反应，但是它也具有核对功能，可以成为另一个输入的来源，使感知觉构成一个连续的过程，促使感知觉能力越来越精密，越来越正确。

这一过程说明了中枢神经系统的功能在感觉统合能力问题中具有重要作用，然而它必定要依赖感官与动作的配合，所以在认知过程中，动作与感觉是不可或缺的学习因素。

综上所述，我们从外界环境中所感觉到的各种感觉信息，传入大脑，经由感觉的统合作用，神经系统不同部分才能形成工作整体，以供充分运用。运用的范围包括身体内外知觉、顺应性反应、学习过程以及神经机能的发展，经由感觉的统合，神经系统不同的部分才能整体一起工作，使得个体跟环境的接触顺利，并感受到满足。

经过多年的实践，人们对爱丽丝提出的感觉统合理论有了进一步的认识，既然是感觉统合就不能只强调运动觉，还应突出重要的感觉——视觉和听觉。在感觉基础必然形成知觉，特别是各种感觉信息传入大脑后必然形成认知的过程，这些视知觉、听知觉、触知觉及运动知觉形成工作整体。它们之间是相互联系、相互影响的，如果将它们孤立起来，只强调肢体动感方面是片面的，因此我们提出感知觉统合的概念是比较科学的，是爱丽丝感统理论的进一步发展。它具体表现在以肢体触动感为主的感知觉统合，以视知觉为主的感知觉统合，以听知觉为主的感知觉统合。

思考题：

1. 什么是生理潜能？早期儿童生理潜能发展有哪些特征？
2. 影响婴儿发展的生理因素有哪些？
3. 婴儿运动发展有什么类型？有哪些表现形式？
4. 为什么说感觉是婴幼儿智力发展的基础？试析婴幼儿视听触等感觉特点。
5. 什么是感知觉统合？从大脑功能来分析感觉器在信息接收、加工、输出等过程中的作用。

第三节　学习的认知因素

认知心理学是研究人的高级心理过程，主要是认识过程，如注意、知觉、表象、记忆、思维和语言等，因而研究学习的认知因素时，重点研究注意、记忆、视空、思维等因素。

一、认知心理的发展

一些学者认为，智力（intelligence）、思维（thinking）、认知（cognition）这三个词之间具有很大的相似性，即都表示人在认识方面的特点和能力。"智力"是指人认识、理解事物和现象并运用知识、经验解决问题能力的总和，"思维"是人运用表象和概念进行分析、综合、判断、推理等认识活动的过程，是智力的最高级和最核心的部分。智力包含思维，思维是智力中的灵魂。"认知"这个词被用来描述个体在认识方面的能力。"认知"——认识和知识，它既包含了一种动态性的加工过程（认识），也包含了一种静态性的内容结构（知识）。现代认知心理学研究人的认识活动及其范围——从感觉到知觉、神经科学、模式识别、注意、意识、记忆、语言、概念形成、思维、想象、知识表征、表象等发展过程——贯穿于行为科学的所有领域。

研究表明，人们的注意、记忆、意识、思维和语言的使用，还有其他认知模式都是神经活动的反应，而且大部分活动在大脑皮层上进行，它与脑科学是密不可分的。

这些认知能力的形成，都与学习有着密切的关联。从学习本质来说，个体学习过程就是个体与环境相互作用的发展过程，即认知的过程。现代认知心理学比较强调教育和训练在儿童认知发展中的重要作用。

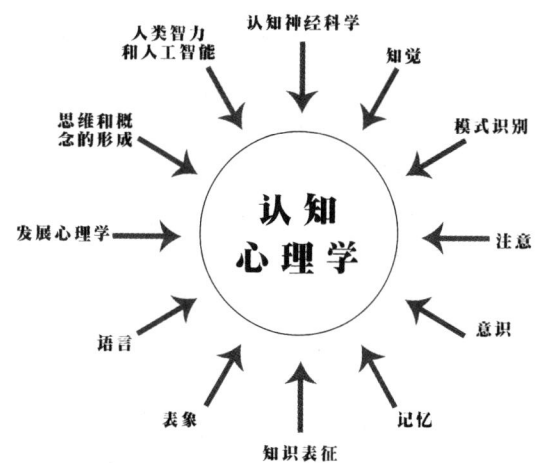

图 3-3-1　认知心理学的主要研究领域

二、认知发展的主要因素

1. 注意力的发展

（1）注意的概念

注意是心理活动对一定对象的指向和集中，是机体在观察一定事物时的定向活动。一般认为本身并不是一种独立的心理过程，而是感觉、知觉、记忆、思维等心理过程的一种共有特性。当人在注意某一事物的时候，往往伴有情感、情绪的体验，还有意志活动的参与。

（2）注意的认知神经科学

①注意的认知机制

我们都有这样的经验：如果在一个晚会上，周围有几对人在交谈，我们比较容易关注一组人的谈话而忽略对其他人的谈话。一些心理学家提出用过滤器的形象比喻来解释听觉的集中性注意现象。

②注意的生理指标

人在注意时，可以从行为上观察到机体的各种定向反应。如眼睛和头部朝向刺激物以及相应的表情动作。可以通过观测注意集中、分散、转移时的生理变化来认识注意——注意的生理指标很多。心跳、血管血流量、呼吸率、内分泌腺分泌量、皮肤电反应、瞳孔大小以及脑电的变化等，都可以作为注意的生理指标。

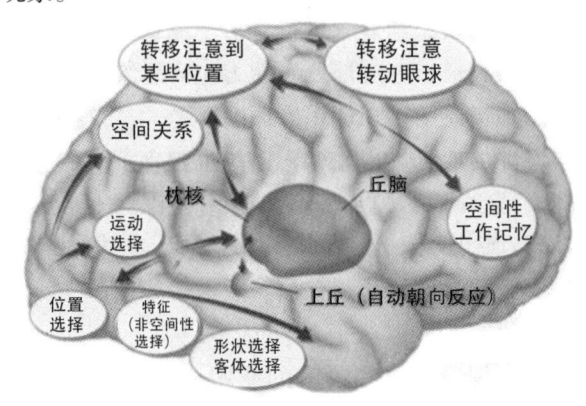

图 3-3-2　执行控制系统模型

（3）注意的基本特征

①指向性

注意的指向性是指心理活动有选择地反映一定的对象，而离开其余的对象。人在注意时，心理活动总是有选择地朝向一定的对象，而离开或忽略其余的对象，这样才能保证注意的方向。例如，学生在上课时，心理活动一般总是选择讲台上教师的讲解、动作、板书，而忽略周围同学及教室内外的声音。因此，注意的指向性是指心理活动在哪个方向上进行活动。注意指向性存在着个体差异，它与个人已有的知识经验存在着密切关系。

②集中性

注意的集中性是指心理活动停留在被选择对象上的强度或紧张度，它使心理活动离开无关事物，并抑制多余的活动。注意越集中，对事物的反映越清晰，对其他未被注意的事物的反映则变得模糊，注意事物的范围就会变得很小。当集中精力在考场上奋笔疾书答卷时，飞进教室的小鸟可能并不会引起考生们的注意。

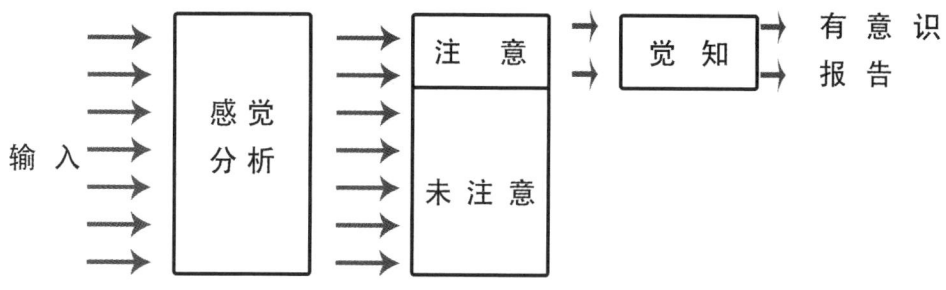

图 3-3-3　注意与觉知的关系模型

注意的集中性不仅指心理活动离开其他无关事物，也抑制其他的无关活动。这样注意的对象才能够得到鲜明而清晰的反映。例如，医生在做外科手术时，注意高度集中在病人的疾患部位和手术动作上，与手术无关的其他人和器具，便排除在他的心理活动之外。如果说注意的指向性是指心理活动朝向哪个对象的话，那么注意的集中性就是心理活动在方向上或事物上的反映强度或紧张度。心理活动反映强度越大，紧张度越高，注意就越集中。

在一些注意与觉知的模型中，感觉输入经过了注意的分析与筛选，才可以进行觉知，然后才可以产生有意识的报告。

（4）注意的分类

一般来说，根据注意产生和维持有无预定目的以及是否需要意志努力，可将注意分为无意注意（不随意注意）、有意注意（随意注意）和有意后注意。

①无意注意又称被动注意、不随意注意，是指没有预定目的，也不需要做意志努力的注意。它的产生主要受客观刺激特性等因素的影响。

②有意注意又称主动注意、随意注意，指有预定的目的，在必要时还须做一定意志努力的注意。是一种高级形式的注意。有意注意受大脑神经系统的成熟、个体对当前行动认知的评价、控制能力等因素的影响，与个体的自我控制能力密不可分。它可以经过训练得到提升。

③有意后注意，又称继有意注意。有意后注意是在有意注意的基础上产生的一种与目标的任务联系在一起，但又不需要意志努力的注意。例如，在从事某一活动时，个体开始时对它没有兴趣，需要意志的努力才能完成，但随着活动的逐步深化，个体对它逐渐发生了兴趣，这时不需意志努力就能保持自己的注意，这就是有意注意转化为有意后注意。

（5）注意品质

注意的心理学特征，或称为注意的品质，一般包括注意的广度性、注意的稳定性、注意的分配性和注意的转移性等，这些特征在某种特征上互相联系，它可以反映一个注意的发展水平。

①注意的广度性

注意的广度也就是注意的范围，它是指人们对于所注意的事物在一瞬间内清楚地察觉或认识的对象的数量。研究表明，在1秒内，一般人可以注意到4～6个相互间没有联系的字母，5～7个相互间没有联系的数字，3～4个相互间没有联系的几何图形。注意的范围扩大，有利于提高工作和学习效率。

小学儿童注意广度较小，但随年龄的增长、知识经验的丰富会得到扩大。研究表明，用速示器在1/10秒时间内呈现圆点图，二年级儿童能清楚地知觉到的圆点数一般少于4个，五年级儿童在4个到5个之间，成人能达8个或9个。如果呈现的是有意义的语句，小学生的注意广度更低于成人。

②注意的稳定性

注意的稳定性指一个人在一定时间内，比较稳定地把注意集中于某一种特定的对象与活动的能力。有人对小学生在日常学习中注意稳定性做研究，发现7～10岁儿童可维持20分钟，10～12岁约为25分钟，12岁以上儿童可维持30分钟。小学的一堂课中常包含着多种活动，因此只要教师把教学组织好，二年级以上的学生，在45分钟内，能够较好地保持注意的稳定而不出现疲倦的现象。

③注意的分配性

注意的分配指在同时进行两种或几种活动的时候，把注意指向不同的对象；或在进行某种活动的时候，在同一时间内，把注意指向两种或几种不同的动作。比如，孩子上课的时候，需要一边听老师讲课，一边做笔记，这也是注意力的分配问题。

④注意的转移性

注意的转移是指一个人能够主动地、有目的地及时将注意从一个对象或者活动调整到另一个对象或者活动。注意力转移的速度是思维灵活性的体现，也是快速加工信息形成判断的基本保证。

一般来说，注意的各种品质通过实践都是可以培养的。良好的注意品质既要求孩子能够持久地稳定注意，又要求孩子能够主动迅速地转移注意。在注意的四种品质中，注意的稳定性对孩子来说是尤其重要的，可以说，稳定而集中的注意力直接决定着孩子未来的学业成绩。

2. 记忆力的发展

（1）记忆的概念

记忆是指人脑对过去经验的保持和再现。过去经验是指感知过的事物、思考过的问题、体验过的情绪、练习过的动作等在人脑中的保持，以后在一定条件的影响下重新得到恢复，这种在人脑中对过去经历过的事物与体验的保留和重现的过程，就是记忆。

（2）记忆与大脑加工的机理

近年来，经过神经科学家和认知科学家的共同努力，借助正电子放射 X 线断层照相术和功能性磁共振成像术，人们对记忆加工的研究已取得了进展。记忆不是独立的实体也非发生在大脑独立区域的一种现象。记忆的基本加工形式有两类：陈述性记忆，即对事实和事件的记忆，主要发生在涉及海马的大脑区域；程序性或非陈述性记忆，即对技能和其他认知操作的记忆，或不能用陈述性语句表征的记忆，主要发生在涉及新纹路的大脑区域。词类、图片和在重复基础上涉及复杂认知加工的信息分类激活了大脑。激活使长期记忆中的编码事件动起来。记忆加工既处理正确记忆事件，也处理错误记忆事件，正如成像技术所示，它激活了相同的大脑区域，而不管所记忆的东西是否有效。经验对大脑结构的发展十分重要，且作为经验记忆在大脑中所登记的事情包括个人的心理活动。

（3）记忆的基本过程

记忆包括"记"和"忆"的过程，它通过识记、保持、再认或回忆三个基本环节，在人脑中积累与保存经验的完整的心理过程。

①识记：识记是记忆过程的第一个基本环节，指识别、获得和记住事物的过程，它具有选择性的特点，是记忆的前提和关键。识记主要与客观事物接触后对所输入信息的加工与编码。只有当环境中的刺激信息引起人的注意，并在感知觉的基础上才能进行识记。

②保持：保持是指识记了的信息或知识经验在人脑中的保留与巩固的过程，是记忆过程的第二个基本环节。人是通过保持来增加和丰富自己的知识与经验的，它为回忆、再认和思维做准备。

③回忆或再认：回忆或再认是在不同条件下恢复过去经验的过程。过去经历过的事物不在面前，能把它们在人脑中重新恢复并呈现出来的过程，称为回忆。过去经历过的事物再次出现在面前，能把它们加以确认是识记了的事物的过程，称为再认。再认和回忆是记忆过程的第三个基本环节，它们既是记忆的目的，也是检查记忆效率的指标。

记忆过程的三个基本环节是相互依存、密切联系的。没有识记就谈不上对经验的保持，没有识记和保持，就不可能对经验过的事物进行回忆或再认。因此，识记和保持是再认或回忆的前提，再认和回忆是识记和保持的结果，并进一步巩固和加强识记和保持的内容。

学习与记忆之间的关系是什么？简单地说，学习（learning）是获取新信息的过程，其结果便是记忆（memory）。也就是说，在学习了某样东西后，记忆便形成了，这种学习也许会发生在信息的单次呈现后，也许是在信息的重复呈现后。记忆必须是能够在一段时期内维持的。

（4）记忆的分类

①根据记忆的内容与经验的对象分类

A. 形象记忆：形象记忆是指人以感知过的事物的形象为内容的记忆，它在脑中保持的是客观事物的具体形象，具有比较鲜明的"直观"性，并以表象的形式储存。一般以视觉和听觉的形象记忆为主，也存在着某些触觉的形象记忆。对于视觉形象记忆或听觉形象记忆缺乏的人来说，如盲人或聋哑人就不能够获得鲜明的形象记忆，这时一般是以触觉记忆或嗅觉记忆进行补偿。

B. 情景记忆：情景记忆是指人以亲身经历的、发生在一定时间和地点的事件或情景为内容的记忆。情景记忆接受和储存的信息和个人生活中的特定事件与某个特定时间和地点相关，并以个人的经历为参照，是个体真实生活经历的记忆。情景记忆相对应于语义记忆，它受到一定时间和空间的限制，容易受到各种因素的干扰而影响对信息的加工与存储。另外，已储存在脑中的情景记忆的信息，提取比较缓慢，往往需要通过一定努力来对相关线索进行搜寻。

C. 语义记忆：语义记忆是指人以各种有组织的知识为内容的记忆，又称为语词逻辑记忆。语义记忆是以语词所概括的事物的关系以及事物本身的意义和性质为内容的记忆。例如，对客观事物的认识，尤其是对代表客观事物的抽象符号意义的记忆，像语言、文字、概念、原理等知识的学习与掌握。语义记忆中的信息组织是抽象的和概括的，它所包含的信息不受接收信息的具体时间和空间的限制，是以意义为参照的，因此可以保证人可以从数以百万计的信息中快速地提取出信息。语义记忆相对于情景记忆，它不易受到各种环境因素的干扰，比较稳定，提取信息迅速，因此往往不需要做明显努力的线索搜寻。语义记忆为人类所特有，与人的抽象思维的发展密切联系。在实践活动中，语义记忆随着个体抽象思维能力的发展而不断提高。

D. 情绪记忆：情绪记忆是指人以曾经体验过的情绪或情感为内容的记忆。引起情绪和情感的事情已经过去，但对该事情的体验则保存在记忆中，在一定条件下，又会被重新体验到。强烈的、对人有重大意义的情绪和情感保持的时间较长久并容易被再体验。情绪记忆既可能是积极愉快的体验，也可能是消极不愉快的体验。积极的愉快情绪记忆对人的行为具有激励作用，消极的不愉快情绪记忆则具有降低人的活动效率的负面作用。情绪记忆的性质和强度的变化，是由过去引起情绪情感体验的事物与主体当前需要之间的关系所决定的。

E. 运动记忆：运动记忆是指人以过去经历过的身体运动或动作形象为内容的记忆，它是以过去的运动或操作的动作所形成的运动表象为前提，没有运动表象，就不会有运动记忆。动作表象来源于人对自己动作的知觉以及对他人动作和图案中动作姿势的知觉，也可以通过对已有动作表象加工改组而创造出新的动作形象。运动记忆一旦形成，保持的时间往往比较长久。在运动记忆中的信息保持和提取一般比较容易，也不容易遗忘。运动记忆在生活、学习和劳动技能等社会实践领域起着重要的作用。

②根据信息保持时间的长短分类

A. 瞬时记忆：瞬时记忆是感觉性刺激作用后仍在脑中短暂保持其映像的记忆。进入脑中的信息以感觉痕迹的方式被登记下来，因此也把瞬时记忆称为感觉登记，它具有鲜明的形象性特征。

B. 短时记忆：短时记忆是指信息在脑中保持 1 分钟以内的记忆。在短时记忆中，既接受来自感觉记忆中的信息，也有从长时记忆中提取信息来对进入此阶段的信息进行有意识的加工。因此，它是从瞬时记忆到长时记忆的一个重要过渡环节。短时记忆中的信息经过复述转入长时记忆，否则就会遗忘。

C. 长时记忆：长时记忆是指信息在脑中存储 1 分钟以上、数天、数月、数年甚至终生的记忆。长时记忆是一个信息库，它存储着一个人所有的知识和经验，并为人的心理活动提供必要的信息。

③根据信息加工与存储的内容不同分类

A. 陈述性记忆：陈述性记忆是指对事实性信息的记忆，例如，人名、地名、名词解释以及定理、定律等都属于陈述性记忆。陈述性记忆具有明显的可以用语言传授的特征，即在需要时可将保持的事实陈述出来。

B. 程序性记忆：程序性记忆是指对具有先后顺序的活动的记忆。程序性记忆主要包括智力技能和动作技能两个部分，它们是经过个体由观察学习与实际操作练习而习得的记忆。程序性记忆按一定程序习得，刚开始时比较困难，但掌握后便很难遗忘，例如小时候学会了弹钢琴，几十年后仍然不会忘记，如果已经达到纯熟的程度，那么，程序性记忆的信息检索就会以自动化的方式出现。程序性记忆的最显著特点是不能用语言表述的，即不能言传。

④根据记忆时意识参与的程度分类

A. 内隐记忆：内隐记忆是指在无意识情况下，个体的知识与经验自动地对当前任务产生影响的记忆。内隐记忆强调的是信息提取过程中的无意识性，它并不在乎识记信息过程中是否有意识的参与。一般来说，当个体在记忆某项任务时，会不知不觉地反映出先前曾经识记过的内容，说明在完成记忆任务时，受到了以前学习中所获得的信息的影响，或者说正是先前的学习结果，使其在完成当前任务会更容易些。

B. 外显记忆：外显记忆是指个体有意识地或主动地收集某些知识经验来完成当前任务的记忆。外显记忆的突出特点是强调信息提取过程的有意识性，而不是信息识记过程的有意识性。外显记忆能够用语言进行比较准确的描述，即在需要时，可以利用自由回忆、线索回忆和再认等，将记忆中的事实表述出来。

（5）遗忘

①遗忘的概念

遗忘是指识记过的内容不能再认与回忆，或是错误的再认与回忆。用信息加工的观点来说，遗忘就是信息提取不出来或提取出现错误。

遗忘可分为暂时性遗忘和永久性遗忘。暂时性遗忘是指已转入长时记忆中的内容一时不能被提取，但在适宜条件下还可恢复。例如，突然遇到过去熟悉的朋友，一下子叫不出姓名，但问候之后，则能说出对方的名字。永久性遗忘是指识记过的材料，不经过重新学习则不能再行恢复的现象。

②遗忘的规律

德国心理学家艾宾浩斯最早对人类记忆和遗忘规律进行了实验研究。他在记忆实验中，以自己为被试对象进行了开创性研究。为了排除过去的知识经验、个人情绪对记忆结果的影响，消除新学习材料与记忆中原有知识经验的可能联系，他创制了无意义音节字表作为记忆实验材料。无意义音节即一种由两个辅音和一个元音组成的字母串，如POF、XEM和QAZ等。实验中他自己既做主试又做被试，每次大声朗

图3-3-4 艾宾浩斯（1850—1909）

读一串串无意义音节，并用节拍器有规律的节奏来控制朗读速度，然后再努力地回忆这些无意义音节。他把第二次达到初学时的熟练程度所须再学的遍数，与初学时重复学习遍数的百分数作为保持量的指标，以这种方法测量遗忘的进程。实验结果如下表所示。

从表中的数据可以看出，遗忘的规律是先快后慢。表明人类的遗忘不是均速进行的，刚学过以后在短时间内的遗忘比较快，量也比较多。随着时间的消逝，遗忘逐渐缓慢下来，到了一定时间，几乎就不再遗忘了。根据这个实验结果绘制成的遗忘曲线，即是被广泛引用的艾宾浩斯遗忘曲线，如图3-3-5所示。

表3-3-1 学习无意义音节后的保存量

时距	重学节省%（保持量）	遗忘数量%
20分钟	58.2	41.8
1小时	44.2	55.8
8小时	35.8	64.2
1天	33.7	66.3
2天	27.8	72.2
6天	25.4	74.6

续表

时距	重学节省%（保持量）	遗忘数量%
31天	21.1	78.9

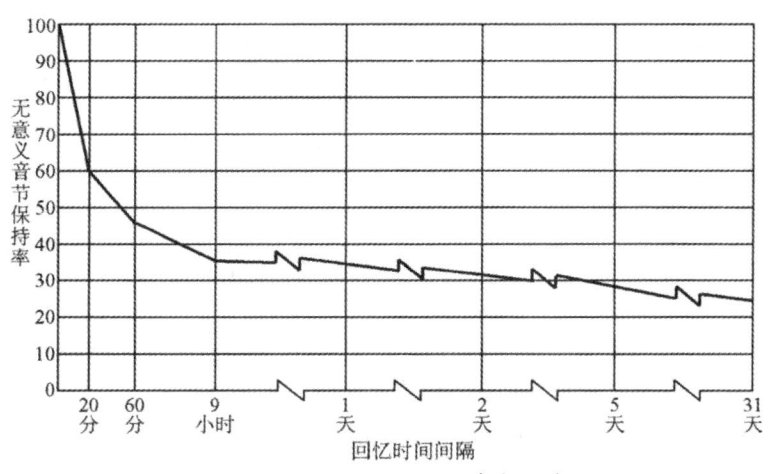

图 3-3-5 艾宾浩斯的遗忘曲线

艾宾浩斯的重要发现：艾宾浩斯的开创性记忆研究有两个重要发现：一是他描述了人类遗忘进程的保持曲线。后来的心理学者对艾宾浩斯的遗忘曲线进行了验证，他们用单词、句子、诗歌甚至故事等具有意义的、不同性质的材料代替无意义音节进行研究。结果发现，尽管能够较容易地记住有意义的字词、句子或故事等，但不管要记的材料是什么内容、什么性质，其遗忘曲线的发展趋势与艾宾浩斯的研究结果相似。二是揭示了在记忆中保存信息的时间，研究发现，在长时记忆中，信息可以保留数十年，甚至更长。因此，一个人在儿童期学过的东西，即使多年没有重复或有机会运用，会重新学习，都会较快地恢复到原有水平。

3. 视空间知觉能力的发展

（1）视空间知觉概述

视空间知觉是对物体形状、大小、相对平面位置及空间位置等特性的感知。空间感知觉能力是指人们利用三维空间方式进行思维的能力，是由视、听、触和动觉联合活动整合而成的复杂感知觉，包括形状知觉、大小知觉、距离知觉、方位知觉、立体知觉等。

（2）视空间知觉的脑机能

脑科学和心理学研究证实，人类的智力活动离不开具体的感知觉。

知觉是在感觉的基础上发展起来的。孩子一出生就有了视、听、触等各种感觉，随后便开始知觉的迅速发展。知觉有很多种，我们最常用到的，也是在婴幼儿早期教育中比较容易操作的，是对外界物体的形状的知觉、大小的知觉、距离的知觉、方位的知觉以及立体的知觉。

①形状知觉。2~5岁是儿童形状知觉发展的关键期。形状知觉与几何图形的辨识和掌握有直接的关系，而认识几何图形是学好数学的基本要求。因此，抓住时机，及时地开发儿童的形状知觉会有效地促进儿童日后对数学技能的掌握。

形状知觉是靠视觉、触摸觉和动觉获得的。对物体的形状、大小进行知觉时，物体在视网膜上成像起着巨大的作用。同时，在观察物体时眼球沿着物体轮廓运动所产生的动觉刺激，为物体的形状提供了信号，用手触摸物体时，肌肉活动产生连续的动觉刺激也传到大脑，大脑皮层对这些信号进行分析综合，人们才能够形成物体的形状知觉。

②大小知觉。大小知觉较形状知觉的发展稍晚一些。这是因为大小是相对的，辨别物体的大小比辨别物体的形状难度大一些。对平面图形的大小的辨别比对三维的立体的体积的大小的辨别发展要早。2~3岁是儿童对平面图形大小知觉发展的关键期；3~5岁是对体积大小知觉发展的关键期。

③距离知觉。是对物体离我们远近的知觉。距离知觉是多种分析器的综合活动的结果。视知觉、听知觉、嗅知觉、触摸觉、动觉等都能感知距离的远近。其中占重要地位的是视知觉与动觉，借助许多内部与外部条件提供的信号，进行综合的判断来知觉距离的远近。

④方位知觉。方位知觉包括上下、前后、左右等。2~3岁是儿童发展上下知觉的关键期；3~4岁是发展前后知觉的关键期；5岁左右是发展自身为中心的左右定位的关键期。许多家长及小学老师都有这样的经验，即有不少儿童在学习计算和汉字的时候出现困难，他们常将数字3写颠倒，分不清b和d，以及p和q，另外在书写汉字时，常将偏旁部首写反了。这与儿童的方位知觉没有发育好有直接的关系，如果能及早地在这些儿童发展方位知觉的关键期加强训练，就可以有效地避免这些问题。

⑤立体知觉。立体知觉也叫深度空间知觉，是对立体对象或两个物体前后相对距离的知觉。立体知觉主要是双眼的机能，双眼视差作用的结果。

人的视网膜是一个有长度和宽度的平坦的两维空间，毫无疑义能够感知平面的物体。当我们注视一个平面的物体时，两个完全相同的视像落在两只眼睛视网膜的相应部位上，如果将两个视网膜重叠起来，两个视像的位置也完全重合。这时我们感知到的是一个平面的物体。

双眼视物时的这种差异，转化为神经冲动，传入大脑，经过大脑皮层的分析、综合活动，才产生了立体知觉。可见，在二维空间的视网膜上，立体物是两个稍有差别的平面物像。只是在经过大脑的加工之后，才有了立体知觉。立体电影便是利用实体镜的原理拍摄的。

（3）视空间知觉能力的发展

视空间知觉包括方位知觉和形状知觉。自上小学开始，儿童的空间知觉就有了较快的发展。

一年级小学生通常能辨别对面人的左右方位；三年级小学生已能初步掌握左右方位的相对性，即能以别人的身体为基准判别左右方向；四五年级小学生一般可以比较概括、灵活地掌握左右概念，能迅速按自己的方向，判别三个物体间的左右关系。一般来讲，儿童掌握"上下""前后"概念要比"左右"概念为快、为好。

在形状知觉上，一年级小学生一般均能正确辨认正方形、长方形、圆形、椭圆形、三角形、梯形。在数学学习过程中，小学生们不仅知道更多的几何图形的名称，而且能逐步掌握这些几何图形的概念。但小学生，尤其是低年级小学生，对复杂图形的知觉仍然不太精确。与此相应，小学生往往是将汉字作为一个平面图形来记忆的，所以当汉字的笔画越多、结构越复杂时，小学生就越容易出错。

表 3-3-2　初入学儿童正确掌握几何图形名称的百分率

图形	□		○		△		▽	
叫出名称情况的百分率 %	正方形	方块等	圆	圆圈等	三角形	三角等	梯形	自编名称
	31	68	29	80	24	73	5	12

在几何图形认知方面，5~12岁也是一个发展的关键期。研究表明：初入学儿童对几何图形及其概念已有初步了解；在儿童掌握几何图形的概念中，前科学概念（日常生活概念）多于科学概念；儿童掌握几何图形和几何概念与儿童的"接近程度"有关，致使儿童对梯形的认识不如其他图形。所以我们在训练项目中也加入了大量的几何图形相关的训练项目，以期训练儿童的图形识别能力。

儿童左右概念的发展有规律地经历三个阶段：儿童比较固定化地辨认自己的左右方位（5~7岁）；儿童初步掌握左右方位的相对性（7~9岁）；儿童能比较概括地、灵活地掌握左右概念（9~11岁）。由此可见，儿童左右概念的发展和思维发展的一般趋势相符合，都有一个从直观到抽象过渡的过程。这个过渡的困难在于，在感性水平上，空间方位比较固定；而在理性水平上，空间方位比较灵活多变，有较大的相对性。在正确的教育下，到三年级以后，小学生才能在抽象（词的）水平上准确掌握空间概念。我们在方位辨别训练中，对儿童方位知觉能力，进行了全面的训练。

（4）发展儿童视空间知觉能力的意义

在 5 ~ 12 岁期间，空间知觉发展对于儿童认识能力的发展非常重要。通过空间知觉能力的培养，使儿童在三维空间环境上对视觉和心像的认知训练和对空间环境的常识性、知识性学习（如几何、地理）得到很大的帮助。学习算术中的长度和重量单位，学习几何中的面积单位和体积单位，以及学习地理、历史、物理、生物等，都离不开空间知觉，所以应从幼儿园大班开始，有目的、有计划地发展学生的空间知觉能力。

4. 思维能力的发展

（1）思维的概念

思维是指人脑对客观事物本质属性与内在联系的概括的、间接的反映。思维与感觉和知觉一样，都是人脑对客观事物的认识活动，但感觉和知觉是对客观事物的感性认识，所反映的是客观事物的个别属性和整体特征，以及客观事物之间的外部联系。思维是在感觉和知觉的基础上实现的高级认识形式，它反映客观事物的本质属性及内在联系，是借助言语实现的理性认识过程。

（2）思维活动的脑机能

要想通过大脑的开发来促进思维的发展，必须了解思维有脑机制，了解脑的哪些部位对思维过程来讲更重要。

人脑是非常复杂的器官，思维是人脑的一种高级活动，在进行这种活动时，脑的很多部位均在不同程度上参与并协同活动着。我们这里主要讨论的脑的前部和后部，以及左侧半球和右侧半球的问题，是强调这些部位在思维过程中的重要性，但不是否定其他部位的作用。事实上，思维活动的正常进行需要的不仅是脑的前部和后部、左侧和右侧的共同活动，还需要上部和下部、外面和内面的共同活动，也就是说缺了哪个部分都会有问题的。

（3）思维与感知觉的关系

思维与感觉、知觉虽然都是人脑对客观事物的反映，但它们对客观事物的认识存在着根本区别。从反映的内容来看，感觉和知觉反映的是客观事物的个别属性、整体特征、表面现象及外部联系，而思维反映的是客观事物共同的、本质的属性与特征和内部联系。从反映的形式来看，感觉和知觉属于感性认识，是人脑对客观事物外部特征的直接反映；而思维属于理性认识，是对客观事物必然联系的间接反映。总之，感觉和知觉是认识活动的低级阶段，是思维的基础和依据；而思维则是认识活动的高级阶段，是感觉和知觉的深化，在人的认识过程中处于核心地位。通过思维，才可能对感觉和知觉中获得的各种感性材料进行去粗取精、去伪存真、由此及彼、由表及里的加工，实现从感性认识到理性认识的飞跃，达到对客观事物深刻的、准确的和全面的认识。

（4）思维的类型

①根据思维的发展水平分类

A. 动作思维：动作思维又称为操作思维，是指凭借个体直接的感知活动，以实际动作为支柱去解决问题的思维。从发展的角度看，3岁以前儿童的思维主要是这种思维类型，他们的思维活动往往是在实际操作中，借助触摸、摆弄物体来进行的。例如，幼儿在学习简单计数和加减法时，常会借助手指来进行计算，当实际数指活动停止后，他们的思维便即刻停下。成人也有动作思维，例如，技术工人在动手拆卸和安装机器的过程中，边操作边思考，但是成年人的动作思维，是在实践经验的基础上，在第二信号系统的参与调节下实现的，它与尚未完全掌握语言的儿童的动作思维相比有着本质的区别。

B. 形象思维：形象思维是指以人脑中的具体形象（表象）为支柱来解决问题的思维。这种思维往往是通过对表象的联想与推理来进行的，在幼儿期和小学低年级儿童身上表现得很突出。例如，幼儿在计算3+5=8的题目时，不是对抽象数字的分析与综合，而是在头脑中用相同数量的手指、苹果等实物表象相加来计算。形象思维是个体发展的重要阶段，虽然成年人已经发展了成熟的抽象思维，但仍然不能完全脱离形象思维。在艺术创作以及复杂问题解决中，具体而鲜明的形象或表象，好比是架设在现实和思维之间的桥梁，简化了问题空间，有助于创造性地解决问题。不过成年人的形象思维与儿童的形象思维不同，它带有强烈的创造性与情绪色彩，是一种概括化了的形象思维。

C. 抽象逻辑思维：抽象逻辑思维是以语词为基础，利用概念、判断和推理形式进行的思维。抽象逻辑思维可以揭示事物的本质特征及其规律性联系，在小学高年级学生身上，抽象思维得到了迅速的发展，初中生开始占主导地位，学习活动中对学科中的公式、定理、法则的推导与证明，都离不开抽象逻辑思维的参与。抽象思维是人类思维概括性的集中体现，也是成年人思维的主要形式。例如，科学家在进行研究时，需要先提出理论假设，并根据实验结果严密推理，从而判断是否支持假设。抽象思维并不仅局限于科学家、哲学家、数学家等人身上，实际上，它存在于每个正常成人的日常工作、学习与生活中。

②根据思维的指向性分类

A. 聚合思维：聚合思维又称为求同思维或集中思维，是指把问题所提供的各种信息聚合起来，朝着同一方向思考并得出一个正确答案的思维。例如，A比B大，C比D小，A比E小，B比D大，F比E大，问谁最大？解决这个问题，就需要运用聚合思维来寻找正确答案。聚合思维是一种利用自己已有的知识经验来解决问题，遵循确定的方向、有范围、有组织、有条理的思维活动。例如，学生进行数学考试时的解题过程，无论采取哪种解法，都要根据已知条件和规则，通过聚合思维求得未知解。

B.发散思维：发散思维又称为求异思维，是指从目标出发，沿着各种不同途径去思考，探求多种解决问题答案的思维。例如，要求能够尽量多地说出"砖"的功能或用途时，就需要运用发散思维。发散思维活动是不确定思考方向或范围，不墨守成规，不囿于传统方法，由已知来探索未知的思维。发散思维具有变通性、流畅性和独特性等特点。

C.分析思维：分析思维是按照严密的逻辑规律，逐步分析与推导，最终得出合乎逻辑的正确结论的思维。哲学要素、理论探讨、科学检验以及数学推导等，学生的解题或现场事故的调查，都离不开分析思维的缜密推理活动。

③根据思维的创造程度分类

A.常规性思维：常规性思维又称为习惯思维或再造性思维，是指运用已有的知识经验，按照现成方案和程序，运用惯常方法或模式寻求解决问题的思维。例如，学生运用已掌握的数学公式来解决数学问题，就是一种常规性思维。常规性思维一般不对原有知识进行明显改组，因此缺乏独创性与新颖性。

B.创造性思维：创造性思维是指以新异、独创的方式来解决问题的思维。例如文学家塑造新的典型人物形象，设计师发明新的机器等。创造性思维是人类思维的高级形式，是多种思维活动的综合体现，能够产生新的、具有社会意义的思维成果，因此它要求既有聚合思维与发散思维的结合，也要有抽象思维与形象思维的结合。

（5）思维的基本形式

概念、判断和推理是人类思维的基本形式，是人类一切认识活动的基础。概念是抽象逻辑思维的基本单位，是构成判断和推理的基本要素；推理是由此及彼、由表及里的过程，是根据已有知识经验或信息推知未知事物的过程。

①概念

A.概念的定义

概念是人脑反映客观事物本质特征或本质属性的思维形式，是思维活动的最基本单位。概念与词紧密联系，词是概念的语言形式，概念是词的思想内容。任何概念都是通过词来表达的，不依赖于词的赤裸裸的概念是不存在的。但概念和词并不相同，一个词可以代表多个概念，即一词多义；一个概念也可以用不同的词来表示，即一义多词。有些词，如虚词等则不表示任何概念。

B.概念的特征

概念具有内涵和外延，概念的内涵是指概念所包含的客观事物的本质特征；概念的外延是属于该概念所包括的一切事物。概念的内涵和外延具有反比关系，即概念的内涵越大，其外延就越小；反之，概念的内涵越小，其外延则越大。

概念具有多维度、多层次、体系化的结构特征。例如，在不同情境下，"茶壶"既可以归类为装水的容器，也可以归类为室内装饰品或馈赠佳品；概念的多层次表现在不同层级上，例如，"人"和"狗"是两个概念，但可以统归于"生物"概念，但两者存在着本质区别。

概念的体系化表现在概念之间的联系上，许多概念之间的联系构成概念体系，而体系化了的概念使人的知识经验系统化。

②判断

A. 判断的定义

判断是人脑借助于语言对客观事物的特性或客观事物之间的联系进行分析与综合，从而对事物做出肯定或否定的认识。

B. 判断的特征

判断是用句子来表达的，句子中的主语是指判断所指向的事物，谓语是指判断确定的事物的情况。判断中所使用句子的主语和谓语都是用概念来表示的，一般必须在两个概念的基础上做出判断。因此，判断是人在头脑中对已有概念进行分析与综合的过程。

③推理

A. 推理的概念

推理是指由具体事物归纳出一般规律或根据已有知识推论出新结论的思维活动，是从已知判断出发推出新判断的思维形式。从一定意义说，推理是知识获得的特殊形式之一。

B. 推理的特征

在推理过程中，把已知判断称为前提，把由已知判断推出的新判断叫作结论。要保证推出的结论正确，推理必须具备两个条件：一是前提真实，即前提应该是正确反映客观事物的真实判断；二是推理的前提和结论之间具有必然联系，即推理形式要符合逻辑规律。

C. 推理的种类

推理主要有演绎推理和归纳推理两种。演绎推理是指从一般原理中推出特殊事例结论的推理。演绎推理要求所给前提为真时得出必然的结论。演绎推理主要有三种形式：线性系列推理、主题推理和三段论推理。其中，线性系列推理是一种传递性推理。例如，设 $A > B$，且 $B > C$，则 $A > C$。主题推理是在一个主题的基础上，建立一定关系的推理，它是在日常生活中常见的推理。例如，如果你相信"北方人都很豪爽"，那么，新结识的豪爽的人，可能会得出"他是北方人"的结论。三段论推理是演绎推理中最重要和最典型的形式，通常由两个前提和一个结论组成。三段论推理是从前提中引出必然结论的推理。例如，前提是"凡人皆要吃饭"和"张三是人"，结论就会是"张三必会吃饭"的结论。如果前提正确，则得出的结论一般是正确的。

（6）儿童思维能力的发展

①具体形象思维（7～8岁）

具体形象思维，是指儿童的思维主要是凭借事物的具体形象或表象以及对表象的联想来进行的，而不是凭借对事物的内在本质和关系的理解，凭借概念、判断和推理来进行的。例如，幼儿虽能对5+2=7进行计算，但实际上他们在进行计算时，并非对抽象数字进行分析综合，而是依靠头脑中再现的实物表象，如5个皮球加上2个皮球，或计数自己的手指才算出7来。

具体形象思维主要表现在幼儿期。幼儿活动范围的扩大，感性经验的增加，语言的丰富，为思维从直觉行动性向具体形象性的发展创造了条件。具体形象思维是直觉行动思维的演化结果，具体形象正是儿童的直觉行动在思维中重复、浓缩而成的表象。随着活动的发展，幼儿的表象也日益发展，表象在解决问题中所占的地位越来越突出，在思维中表象所占的成分越来越大，思维的具体形象性就是这样在直觉行动中孕育起来并逐渐分化，以至成为幼儿期思维的主要方式。小学低年级儿童思维方式仍为具体形象思维。

②形象抽象思维（9～10岁）

这阶段的思维是由形象思维向抽象思维过渡阶段。

小学低年级儿童的思维虽然已经开始有了抽象的成分，但他们所掌握的概念大部分是具体的，可以直接感知的。他们难以指出概念的最本质的东西，直到到了中、高年级，儿童才逐步学会区分本质和非本质的东西，学会掌握初步的科学定义，学会独立进行逻辑论证。从具体形象思维为主逐步向以抽象逻辑思维为主过渡。但是，即使达到以抽象逻辑为主要形式的思维水平，仍然带有很大的具体性。

小学儿童的思维由具体形象思维为主向以抽象逻辑思维为主过渡的过程中，存在着一个转折期，一般认为在四年级（约10岁或11岁）。这个"转折点"何时实现，主要取决于教育，正确的教育可以促进儿童思维的发展。可见，10岁以前是儿童思维发展的关键期。

③抽象逻辑思维（11～12岁以后）

抽象逻辑思维，是指使用概念、判断、推理等思维形式进行的思维，通过抽象逻辑思维可以认识事物的本质特征以及事物内部的必然联系。在抽象思维中，人们不是用外部世界的感性映像来活动，而是用词的映像，即概念来活动。任何抽象思维都是在概括的、抽象的概念中完成的。

小学时期，是儿童思维发展的一个重大转折时期。

从进入小学起，儿童就开始从事正规有系统的学习，系统地掌握人类关于自然和社会的知识经验，自觉地服从和执行集体的行为规范。在学习的过程中，儿童的各种心理过程的有意性和抽象概括性也随之获得发展。

儿童的分析和综合能力是在活动中开始的，并在发展中出现不同的水平。小学低年级的儿童只能在直接感知的条件下进行分析和综合，随着知识的积累，小学中、高年级儿童已能在表象和概念的基础上进行抽象的分析和综合。小学儿童思维的基本过程日趋完善。

（7）儿童思维能力训练的重要意义

①克服传统思维的弊端

事实上，许多正规教育从小学（甚至从幼儿园）开始，到大学，一直偏重于进行求同思维、演绎思维（遗憾的是，大多不是严格的、系统的演绎思维训练）、左脑思维、言语思维、协调性思维的训练，有的甚至是在进行教条式的、两极化（非黑即白）思维训练；而对求异思维、发散思维、类比思维、右脑思维、非言语思维、次协调思维、辩证思维较少注意，有的甚至完全撇在一边，置之不理。

这种思维训练的直接后果是使许多学生思维刻板、盲从权威和教师、怕出错、怕冒险、过分追求确定性、缺少创造性和想象力以及提问能力（在许多学校里，学生提问少、提问角度单调、视野狭窄、回答问题的答案趋同）。此外，科学批判能力、综合创新能力和次协调思维能力也不高。

从总体上看，我国当代大学生的能力具有如下特点：接受知识能力较强，研究能力较弱；掌握书本知识的能力较强，解决实际问题能力较差；抽象演绎能力较强，综合运用能力较差；数学推导能力较强，表达能力较差。

中科院院士王守觉在《我国的落后始于16世纪》一文中提出："我们的教育不是很成功。我们的应试教育没有教给新一代一种正确的、科学的思考方式。"

爱因斯坦平生厌恶那种用一些事实、名称或公式向年轻人的头脑中填塞的教育。他主张教育应当致力于帮助年轻人思维，为年轻人提供教科书难以提供的训练。他认为，现代的教学方法会扼杀学生研究问题的好奇心。他本人对强制性考试持强烈的批评态度。他说，强制性考试是如此可怕，以致他在通过最后一次考试之后，竟发现他自己几乎有几年不能思考任何科学问题。

有鉴于正规教育的局限，从1954年起，美国高校和许多公司都安排了思维训练，尤其是创造性思维训练，以弥补正规教育和学校教育的不足。其他一些国家也先后开展了广泛的多层次的思维训练。

②儿童思维能力训练的作用

思维力既得自遗传天赋，又有赖于后天的培养和训练。思维力像金矿，需要发掘和提炼；像质朴的玉石，需要雕琢；像化学反应，需要催化；像电子跃迁，需要激发；像运动技能，需要反复锻炼，才会熟能生巧。现代心理学、逻辑学、文化人类学、思维学、教育学等诸多学科从人类种系思维发展和个体思维发展两个层面上论证了人的思维具有极大的可塑性。人脑可以在人生的任何年龄段发生改变，适当的科学的思维训练可以使人的各种思维能力都得到提高和改善。有些学者甚至认为，经过充分的适当的思维训练，思维技能还会成为第二天性。

思维训练的理论研究和实践活动表明，思维训练具有开发功能、强化功能和矫正功能。

思维训练能够开发思维潜能，使每个受训者都能自觉地认识、发现、发掘、运用我们每个人身上所拥有的最宝贵的心理资源。

思维训练能够改良我们的思维品质，提高我们的思维能力，使我们的思维更主动、更广阔、更深刻、更流畅、更灵活，更富有创造性、批判性、整体性、辩证性和系统性，从而使思维更加有效、更加正确、更加经济。

思维训练有助于矫正和克服保守、僵化、片面、盲目、盲从等不良思维习惯或思维缺陷。

思维训练的方式是多种多样的。我们这里将它们分为两大类：一种是对思维技能本身的训练，另一种是在学科教学中进行的训练。

除此之外，还有许多方法可以提高思维能力。例如，下棋、打牌、猜谜语等益智游戏就是学生业余时间最常见的思维训练方式（尽管他们的目的可能并不是训练）。

每个孩子在思维发展上都有巨大的潜力，特别是在2～7岁的儿童发展的关键期。同时，每个孩子在思维的结构上都会存在着强项和弱项，结构上的差异是学生偏科的一个原因。所以，提高思维水平和全面发展思维能力对每一个孩子都很重要。

国外很多国家把思维训练作为一门课程引入从幼儿园直至大学整个学习生涯。认为开展这样一门课程可以充分发展孩子的思维能力，提高孩子的学习能力，会使孩子在很多领域的学习到达事半功倍的作用。中国有句古话，"授之以鱼，不如授之以渔"。给儿童现成的知识和技能，不如让儿童学会自己获取这些的能力。

③在学科教学中进行思维训练

思维品质是可以培养的。朱智贤、林崇德（1986）曾进行过长达5年的培养思维品质的实验研究。他们结合横断方法和纵向方法，通过教育与心理发展相互促进，使整个研究处于"动态"，即从发展的观点来研究问题，围绕着小学儿童运算过程中思维的敏捷性、灵活性、深刻性和创造性四个品质（未涉及批判性）的发展和培养两个方面，展开全面的实验研究。

为了培养学生的思维品质，他们按照思维品质的内容，总结了先进数学教师的经验，制定了在运算中培养小学生的思维品质的一系列措施：

培养思维的敏捷性，主要是培养正确、迅速的运算能力。教学中，在正确计算的基础上始终有速度的要求，并教给学生一定的速算方法。

培养思维的灵活性，主要是培养学生"一题多解""一题多变"的能力。教学中，注重知识之间的"渗透"和迁移，引发学生的发散性思维。

培养思维的深刻性，主要是培养学生的概括能力。在教学中，注意培养学生的数学概括能力，逐步培养学生的逻辑推理能力。

培养思维的创造性，就是发展学生的创造性思维。在教学中，加强培养学生独立思考的自觉性，使之形成常规；同时，提倡新颖性，在解题中努力尝试新方法；突出地抓学生自编应用题，以此突破难点，使学生进一步理解数量间的相互依存关系。

思考题：

1. 认知心理学的基本概念是什么？
2. 什么是注意？注意有哪些品质？
3. 什么是记忆？有哪些分类？
4. 什么是遗忘规律？如何在学习上运用遗忘规律？
5. 视空间知觉包含哪些内容？
6. 什么是思维？有哪些特征和类型？
7. 论述儿童思维发展的过程。

第四节 学习的智力因素

一、关于智力概述

我们通常说，智力是人类特有的学习认识和改造世界的一种综合能力，表现为观察力、想象力、思维力和创造力等。现在研究将智力分为一般智力和特殊智力，统称多元智力。一般智力：日常生活中普遍用到的每个人都具有的，包括语言理解、词语流畅、数字运算、空间关系、机械记忆、知觉速度、一般推理七类。特殊智力：指个别人具有的，如音乐感受力和敏感度、色彩敏感性、人际敏感性、舞蹈能力等。

1. 智力的要素

有一种智力结构模式把智力结构分为三部分：第一，自然素质结构，指感觉器官素质、运动器官素质和神经系统素质，这是智力的生理基础；第二，动力结构指兴趣、动机、情感、意志等心理因素，这是智力的动力因素；第三，认识结构，指观察力、记忆力、思维力、想象力、创造力，这是智力行为，也是我们通常所说的聪明、智慧，是智力的主要因素，我们把在活动中主要体现的这几种力都称为智力。

（1）观察力。"观察，观察，再观察"——这是苏联科学院巴甫洛夫生理研究所建筑物上的巴甫洛夫的亲笔题词。观察力是一种重要的感知和认识事物的能力。观察能力是智力主要组成因素。观察是聪明的眼睛，没有敏锐的观察力就谈不上什么智力。

观察力是智力活动的不可少的前提，但观察如果不思考，观察就只能停留在现象的罗列上，感觉了的东西，我们不能立刻理解它，只有理解了的东西，才能更深刻地感觉它。只有思维的参与，我们才能做到有目的、有计划地观察；只有思维的参与，我们才能在观察中有条理，观察得深刻、仔细。

（2）想象力。爱因斯坦说："想象比知识更重要，因为知识是有限的，而想象力概括着世界上的一切，推动着进步，并且是知识进化的源泉。"想象力是指在所有感性形象的基础上创造出来新的形象的能力。想象可以使人"思接千载，视通万里"，想象是聪明的翅膀，人们借助想象，不仅可以回溯过去，展望未来，还可以认识无法直接感知的事物，使人的知识扩展到宏观世界和微观世界。智力离开了想象，就失去它的迷人的光环，变得苍白无力，失去生命力。想象本质就是思维活动，离开思维，就谈不上想象。

（3）思维力和创造力。思维是人的认识活动，这种认识活动，是人类特有的、有意识的、能控制的认知活动，而智力是认知能力的综合。智力诸因素是互相制约、互为条件的，而且只有通过思维才能把观察、感知来的材料进行加工上升为规律性认识，思维力对其他各种因素起调节、控制作用。离开思维力，智力的发挥和发展就寸步难行。开发智力，必须开发思维力。在思维力的基础上形成的创造力是思维能力发展的最高形式。

创造是人类特有的能力，创造力是认识能力和实践能力的总和，是人类脑功能的外观表现，是文明进化、社会进步、生产力水平的反映。创造就是创新，它必然与众人、与前人思维有所不同而独具卓识。

创造力是创造活动中的思维活动，创造性思维能力是创造型人才的主要标志。创造就是创造者按每个人所掌握的素质重新加以组合。创造力，就是形成新思想观念的能力。离开了思维，也就无所谓创造力了。人人都有创造力，过去有人认为创造发明活动，只是少数天才人物的事情，大多数普通人不能搞什么发明创造。无数事实表明，除了少数智力发展极差者外，只要肯学，肯钻研，立大志，那么人人都能从事发明创造并取得一定成果。培养青少年的创造力，必须从小抓起，青少年时期还是一个人的创造发明的黄金时期。

综上所述，智力主要包括观察力、记忆力、想象力、思维力、创造力。而注意力、计算力、应变力、顿悟力、推理力则是以上五要素的派生因素。

2. 智力的脑生理机理

我们通常说，智力是人类特有的学习认识和改造世界的一种综合能力，表现为观察力、记忆力、想象力、思维力和创造力等。人类为什么会有智力，首先要有智力的生理基础，即自然素质结构，指感觉器官素质、运动素质和神经系统素质。这是智力的生理基础。

科学家发现，大脑神经元突触连接网络结构及其发育与智能的形成有直接关系。人之间的思维智能的优劣差异往往是其大脑神经元网络系统的结构布局是否合理地体现。有些在某方面表现出特殊天赋才能的人，很可能就是由于他们的大脑神经元网络系统在某个局部的结构上异于常人或更高级造成的。这些更高级的脑神网络往往会发挥出超常强大的思维功能。

在人类历史上，我们发现一些有天赋才智较高的人，所表现出各种各样的奇才，无不与他们大脑的超常思维功能有关。因此，我们认为是大脑神经元网络系统的奇异结构为大脑的思维功能的超常发挥创造了可能性，而后天的生活环境和智力活动，则使这种超常的思维功能以各种各样的智力形式表现出来。

所以，我们有充分的理由相信，人类的大脑还是有着巨大的潜能的，但是要想充分挖掘出这种潜能，首先必须搞清楚大脑神经网络系统的基本结构、形成的规律、模式的种类和层次、思维的运作机制，以及后天的教育方式、教育内容、教育环境对大脑神经元网络系统的框架形成，对各种思维智能的发育和成长，有哪些有利的影响与不利的影响……

这是一项巨大而浩繁的系统工程，它需要脑科学家、思维科学家、教育学家、心理学家、社会学家、人才学家、遗传学家等共同参与和努力。它将带来人类历史上一场新的进化革命。

3. 有关智力结构的理论

把智力看成具有多种成分的复杂结构的观点称为智力结构说，主要有以下理论：

（1）吉尔福德的智力三维结构模型理论

吉尔福特（Guilford，1961）通过分析检验许多与智力相关的任务提出了智力三维结构模型。这三个维度是：内容或信息类型、产品或信息表征的形式、操作或心理活动表现的类型。该模型中有五种内容（视觉的、听觉的、符号的、语义的和行为的）、六种产品（单元、分类、关系、系统、转换和蕴涵）、五种操作（评价、聚合、发散、记忆和认知）。每一智力任务都包含这三个维度。吉尔福特相信，每一个内容—产品—操作的结合（模型中的每一个小立方体）都代表一种独立的心理能力。

如图3-4-1所示，他把智力区分为三个维度：内容、操作和产物。智力活动的内容包括视觉的（我们所看到的具体材料）、听觉的（我们所听到的具体材料）、符号的（字母、数字及其他符号）、语义的（语词的意义和观念）、行为的（本人和他人的行为）。它们是测验时给予的信息，是智力活动的对象和材料。智力操作指智力的加工活动，它根据测验时所给予的信息内容进行加工。智力操作包括认知、记忆、发散思维、聚合思维和评价。智力活动的产品是指智力加工所产生的结果。这些结果，可以按单位计算（单元），可以分类处理（类别），也可以表现为关系、系统、转换和蕴涵。由于三个维度中各含有多个因素，因而人的智力可以区分为 5×5×6=150 种。吉尔福特认为，这些不同的智力都可以运用不同的测验来检验。例如，给被试一系列四个字母的组合，如 PIAS、FHKY、DSEL。要求其将它们重新组合成熟悉的单词，如 FISH、PLAY、DESK 等。在这一测验中，智力活动的内容为符号，操作为认知（理解和再认），产品为单元，即按重新组合的字词数来计算成绩。根据产品的数量即可测量出一个人的符号认知能力。如果给被试呈现十种语音，然后要求他们立即（或延迟一些时间）再现出来。在这一测验中，智力活动的内容为听觉的，操作为记忆，产物为单元。这一测验的成绩即可度量一个人的听觉记忆能力。

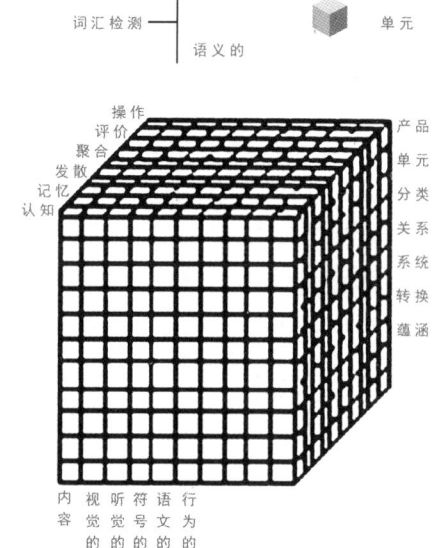

图 3-4-1　智力三维结构模型

这一理论模型与化学上的元素周期表有些相似。根据这一系统框架，智力因素可以像化学元素一样，在它们被发现之前就被假定。当吉尔福特 1961 年提出这一模型时，有近 40 种智力已经被确认。现在研究者已经发现了超过 100 种智力。虽然余下的少量小方块暂时还未找到适当的测验手段，但这给研究者提供了方向，相信最终会设计出相应的测验来测量每一种智力。

吉尔福特的智力三维结构模型同时考虑到智力信息加工的内容、操作和产品，这不仅有助于智力测验研究工作的深入，也有助于发现优势能力和非优势能力，对因材施教也是有助益的。该模型及其相关的 IQ 测验几乎主宰智力领域达半个世纪之久，至今影响深远。但它也存在许多不足，特别是一味强调技术，脱离了研究对象的整体文化背景和社会实践，遭到后继者的批评。

（2）斯滕伯格的智力三元论

斯滕伯格（Sternberg，1985—1988）的智力理论强调在问题解决中认知过程的重要性，他认为智力包括三个部分——成分、经验和情境，它们代表了智力操作的不同方面。他的智力理论也被称为智力三元论。

A. 成分智力，是指个人在问题情境中运用知识分析资料，通过思维、判断推理以达到问题解决的能力。它包含有三种机能成分：一是元成分，是指人们决定智力问题性质、选择解决问题的策略以及分配资源的过程。例如，一个好的阅读者在阅读时分配在每一段落上的时间是与他要从该段落中准备吸收的知识相一致的。这个决定就是由智力的元成分控制的。二是执行成分，是指人实际执行任务的过程，如词法存取和工作记忆。三是知识习得成分，是指个人筛选相关信息并对已有知识加以整合从而获得新知识的过程。

B. 经验智力，是指个人运用已有经验解决新问题时整合不同观念所形成的创造能力。例如，一个有经验智力的人比无此智力的人能够更有效地适应新的环境，他能较好地分析情况，用脑筋去解决问题，即使是从未遇到过的问题。经过多次解决某个问题之后，有经验智力的人就能不假思索、自动地启动程序来解决该问题，从而把节省下来的心理资源用在别的工作上。有些人能很快做到，有些人却难以做到这一点。这种能力就称为经验智力。

C. 情境智力，是指个人在日常生活中运用学得的知识经验解决生活实际问题的能力。例如，在不同的文化中人们应对日常生活实际问题的能力是不同的。区分有毒和无毒植物是从事狩猎、采集的部落人们的重要能力，而就业面试则是工业化社会的一种重要情境智力，他们的情境智力是不同的。

三元智力理论是当代智力理论的代表之一。它与当代认知心理学的发展相契合，并将传统智力理论中的智力概念扩大了。因为传统智力测验所测的智商只是智力三元论中的成分智力。同时，该理论更贴近生活实际，从而有助于我们更全面地看待一个人的智力状况。

（3）加德纳的多元智能理论

多元智能理论是由美国哈佛大学著名教育学家及心理学家霍华德·加德纳所提出的。他根据哈佛教育研究所多年来对认知科学、神经科学和不同文化知识发展及人类潜能开发进行研究所得到的结果，提出"智力应该是在某一特定文化情境或社群中所展现出来的解决问题或制作生产的能力"。加德纳提出，人类至少存在八种智能，分别是语言智能、逻辑—数学智能、空间智能、肢体—动觉智能、音乐智能、人际智能、内省智能，以及他后来补充的自然智能。

加德纳在他的著作中指出，传统教育单纯依靠使用纸笔的标准化考试来区分儿童智力的高低是片面的。这样做实际上强调了语言智能和逻辑—数学智能，否定了其他同样为社会所需要的智能，使学生身上的许多重要潜能得不到确认和开发，造成他们当中相当数量的人虽然考试成绩优异，但在社会上却难以解决实际问题。加德纳提出了一种新的教育观——从课程、活动、评估方法和教学方法上都进行了深入的实践探索，对美国各级学校有深远的影响。

4. 智力发展的一般趋势

智力是随着年龄的增长而变化的。美国心理学家贝利（Bayley, 1969）以贝利婴儿量表、斯坦福-比纳智力量表和韦氏成人智力量表等为工具，对同一群被试从其出生开始进行了长达36年的追踪测量，把测得的分数转化为可以互相比较的"心理能力分数"，绘制成了图3-4-2所示的智力发展曲线。从中可见，智力在十一二岁以前是快速发展的，其后发展放缓，到20岁前后达到了顶峰，随后即保持一个相当长的水平状态直至30多岁，之后开始出现衰退迹象。另有研究者根据5种能力对成人进行测量，发现一般人的智力到35岁左右发展到顶峰，以后缓慢下降，到60岁左右迅速衰退（见图3-4-3）。另外，研究显示，智力优异者不仅发展速度快，而且延续发展的时间也长，而智力落后者不仅发展缓慢，并且有提前停止发展的倾向。不过，以上所述只是智力发展的一般趋势，实际上个体在智力表现的早晚及智力结构等方面的差异都是很显著的。

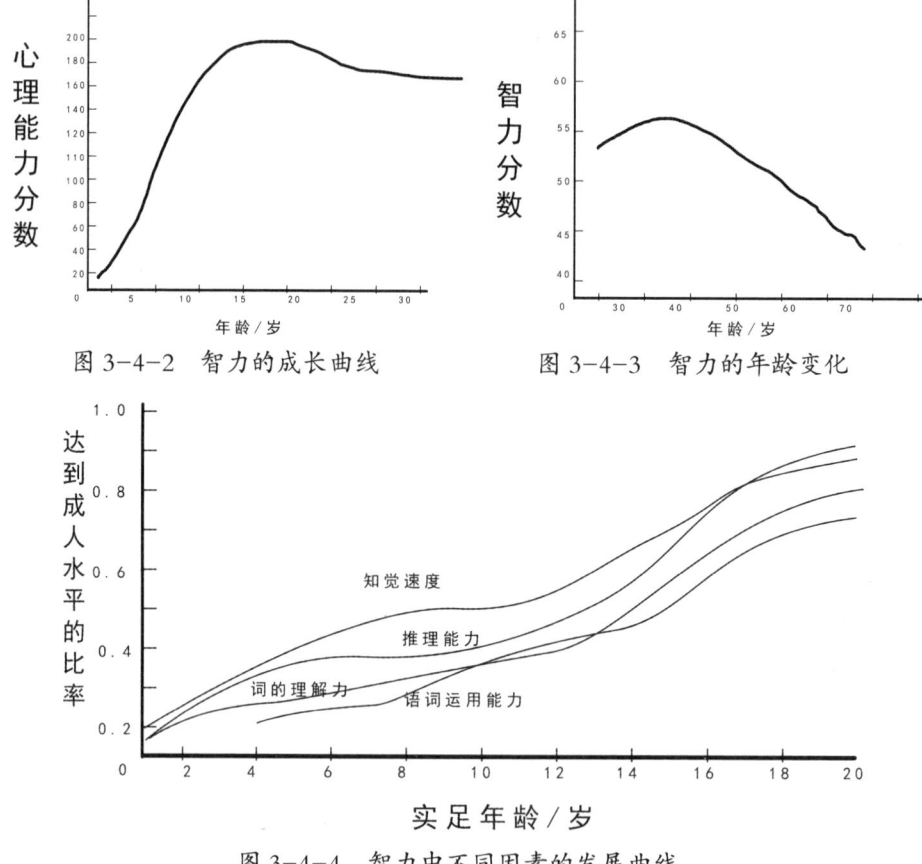

图 3-4-2　智力的成长曲线　　　图 3-4-3　智力的年龄变化

图 3-4-4　智力中不同因素的发展曲线

智力不仅作为整体而发展，而且智力中的各成分也分别在发展，且发展进度并不完全同步。瑟斯顿考察了不同智力因素的发展情况，结果发现发展速度各不相同（见图3-4-4）。例如，12岁时知觉速度已发展到成人水平的80%，而推理能力、词的理解力和词语运用能力等则要到14岁、18岁和20岁以后才分别达到同一水平。

创造力的表现与智力不同。一般认为，创造力的发挥主要在30~40岁这段年龄，同时还因从事的领域而有差异；化学是26~30岁，诗歌是25~28岁，数学物理学是30~40岁，心理学是30~39岁，技术发明是30~40岁，管弦乐、歌剧作曲是35~39岁，绘画是35~39岁，而创作长篇小说是40~44岁。有人统计了1901—1965年诺贝尔物理学奖和化学奖获得者的年龄，发现物理学奖集中在45~49岁，化学奖集中在50~54岁，大部分人是在40~50岁得奖。还有研究认为，科学家创造力的发挥有两个高峰期：第一个高峰期在30~40岁，第二个高峰期出现在55岁左右。

5. 智力与能力的关系

我们说，智力是一种综合能力，那么能力又是指什么呢？智力跟能力又有什么关系呢？

"能力"一词，按词义来说，就是一个人顺利进行某种活动的能量。任何物质都有一定能量，而人的能量体现在人的活动中。人的能量是以智力和体力的形态作用于人的活动之中的。

一个人具有某种能力，即具有了进行这一活动的能量，因而能成功地完成这一活动，不具有某种能力，要进行它就有困难。能力强的人比能力弱的人容易办好事情，做好工作。例如，写作能力强的人，常常是文思敏捷，构思新颖，自如地运用书面语言，写出较好的文章；运算能力强的人，能迅速而正确地演算出一道道数学题；具备演讲才能的人在舞台上非常自如；优秀的教师在讲台上讲课能顺利地解决在课堂上所发生的一切。

能力总是体现在某一种活动之中，如读写能力只能体现在读写活动中；观察、记忆思考、想象能力只能体现在心理活动中；操作能力只能体现在实际操作活动中；绘画能力、歌咏能力也只体现在绘画、表演之中。离开了活动就无从考察能力，离开了活动也无从培养能力。

能力和智力是什么关系呢？

首先，智力是体现在能力之中的。就是说，智力是通过能力作用于活动体现出来的。离开了活动，离开了能力，也就无从体现和考察智力。所以无论何时何地，我们都无法离开具体的能力谈智力。

其次，并非能力都可以称为智力，只有体现出智力特性的能力才称得上是智力。智力主要表现在诸如观察力、记忆力、思维力、想象力、创造力等心理能力上，尤其集中体现在思维活动中。如理解、记忆、知觉、运算、空间想象等。

最后，能力是从个体在活动中所发挥的能量分类的作用来讲的。而智力是从个体在活动中通过能力所体现出来的特性来讲的。能力都是具体的，可分为认知能力、表达能力、实践能力等，而智力则可在各种能力中找到其共同的特征和因素，虽然体现在各种能力中智力因素的多少不尽相同。

可见，智力与能力关系密切，但又不属同类，不能简单地说智力是能力，而只能说智力体现在能力之中。

二、智力发展的主要内容

（一）观察力的发展

1. 什么是观察力

观察力是一种特殊形式的感知能力。简单地说，一个人的观察能力就是观察力，也是指人通过眼、耳、鼻、舌、身来感知观察事物的能力。

观察力作为一种特殊形式的感知能力，是人类认识能力的重要组成部分。人类对事物的认识水平、程度，与这种能力的强弱有很大的关系。

由此可见，观察是发现的源头和起点。观察不仅是人们认识客观世界的第一道工序，是一切知识和发现的起点，是一切创造和发明的基础，而且是检验知识和真理的重要途径。

大部分杰出的人都有很强的观察力。事实上，无论是哪一个领域的人才都具备敏锐的观察力。作家靠敏锐的观察力，把握一般人视而不见、听而未闻的社会现象，写出扣人心扉的作品；自然科学家靠敏锐的观察力发现微妙的自然现象，不断发明创造；画家、音乐家靠敏锐的观察力抓住瞬间变化的视觉与听觉现象，创作出优美的艺术作品。

2. 观察力发展的机能

班杜拉认为观察学习由四个相互关联的过程组成：（1）注意过程。注意过程决定了观察者从榜样那里观察什么、吸取什么。在制约注意过程的诸因素中，观察者的经验和榜样的特征起着重要的作用。那些成功的、有名气的、有地位的、时尚的榜样容易引起观察者的注意。（2）保持过程。把从榜样那里习得的经验进行组织、复述、编码和转化，以心象或言语符号储存在记忆中。其中编码和复述在知识保持中占有重要地位。（3）动作复现过程。把榜样的心象和符号转化为外显的行为。许多简单动作通过观察就可学会，但复杂行为光靠观察是不能学会的，还必须通过综合应用模仿、有指导的练习和正确的反馈才能习得。（4）动机过程。动机是观察学习的一个关键因素。观察者之所以模仿榜样的行为，是因为他们相信这样做能增加被强化的机会。在教学中教师往往用激发学生学习兴趣、对学习行为给予反馈、强调学习的重要性等方法来提升学生的学习动机。

近来，神经科学家发现，镜像神经元是观察学习的神经基础。当猴子进行某种活动如抓、抱、撕时，甚至当一只猴子看到另一只猴子做同样的事情时，镜像神经元都会被激活。当猴子观察时，这些神经元将映射出它在做什么。研究还发现，与猴子相比较，在人脑的更多部位（如运动前皮质区、下顶叶区、后顶叶区、上颞叶沟和脑岛）具有更多种类的镜像神经元，这些脑区的机能对应着我们领会别人的感情、理解他人的意图和使用语言的能力。这些神经元可能使儿童通过观察他人嘴唇和舌头的活动学习新词，可能使儿童产生同理心和对他人心理状态的推测。

研究表明，人的大脑所获得的信息，有80%~90%是通过视觉、听觉输入大脑的。而这些信息通过感知觉而形成一定的观察力。也就是说，观察力的发展离不开感知觉能力的发展。感觉是客观事物个别特征在人脑中的反映，是来自物质世界的一定刺激直接作用于人的一定感觉器官所引起的。比如，看到颜色，听到声音等等都是。感觉主要有视觉、听觉、味觉、嗅觉、皮肤觉（包括触觉、冷觉、热觉、痛觉等）、运动觉、静觉、机体觉等许多种。

以颜色视觉的发展为例。一年级小学生已经能辨认红、黄、蓝、绿等基本颜色，还能辨别出两到三种不同的红色和黄色，只是对蓝、绿等颜色不能很好地区分。实验证明，通过训练，儿童的颜色视觉有明显的提高。有人用颜色深浅不同的毛线球训练小学生，发现其视觉感受能力要比未参加训练的同龄人提高60%。小学一、二年级是儿童颜色视觉发展的关键时期，如果教师和家长抓住这一时期加强训练，就会取得好的效果。

除了对颜色的辨认力外，他们对颜色的命名（看到某种颜色后准确地说出其名称）能力也有较大发展，到小学二年级时约有95%的儿童能够对红、橙、黄、绿、蓝、紫、棕、黑、灰、白10种颜色命名。颜色视觉的发展对于儿童心理的发展具有十分重要的意义，因为只有感觉到丰富多彩、五颜六色的万千世界，才能唤起儿童观察周围世界的浓厚兴趣，从而获取更多更深的知识。

3. 儿童观察力发展过程的具体表现

儿童的观察能力有一个发展的过程，具体表现在以下几个方面：

（1）观察目的性和有意性逐步发展

低年级小学生能够进行一定主题的观察，但很随意，常随兴趣变化而变化。高年级小学生观察的目的性和有意性有了明显的提高。他们能够在成人的指导和要求下，排除一定干扰，从观察对象中选择出基本的、重点的、主要的方面，较主动地进行观察，观察的有效性有所提高。

（2）观察的持续性不断加强

低年级小学生的观察有很大的无意性和情绪性，在成人的指导下，能进行一定的、有目的的观察，但仍不能主动地提出观察主题和目的，观察的坚持性和持续性也较差。因此，从小学低年级开始，在各科教学中，教师都要善于利用学生感兴趣的主题和内容，有意识地提出一些观察要求，让学生逐步掌握观察的方法、步骤，逐步提高观察的效果。

观察持续性的加强与注意稳定性的提高有密切关系。能稳定地对某一事物保持注意，是持续观察的表现。持续性和稳定性是随着年龄增长而不断提高的。研究表明，5～7岁的儿童知觉持续时间平均为15分钟左右。7～10岁的儿童则可以达到25分钟左右。依据感知觉和注意的规律去妥善安排教学内容和经过一段时期的适应，小学生完全能够保持40分钟的连续观察和学习。

（3）观察的顺序性和精确性日益提高

低年级小学生能抓住观察对象的整体，但多笼统、不精确。也就是说，他们还经常忽略一些代表事物特征的重要细节。如，小学生常常将形状相似的"6"与"9"、"b"与"d"、"p"与"q"、"甲"与"由"等相混淆。

低年级小学生观察事物的顺序比较零乱，不系统，眼光到哪里就随便看到哪里。中高年级小学生一般已能从头到尾，边看边说，而且在表述观察结果前往往要想一想。也正是由于观察顺序性的提高，观察精确性的发展，才使他们不仅能注意到事物的整体，而且能观察到重要的细节和特征。

观察能力分主次，有重点，有顺序，不仅是重要的观察品质，而且是有效观察必须掌握的方法。实践证明，语言、文字表达能力与观察品质和观察能力也有一定的关系。

（4）观察的分析、综合与判断能力明显增强

低年级小学生对所观察的事物整体概括水平差，表述事物特征不系统，分不出主次，往往因无意义特征的干扰，而忽视了有意义、重要的特征；三年级学生的判断力有了较大提高，逐步学会分析、比较事物，找出事物的主要方面和各部分的关系及联系。

4. 儿童观察力发展过程的四个阶段

（1）认识"个别现象"阶段：儿童只看到单一的现象，或一个现象的某一方面。

（2）认识"空间联系"阶段：儿童开始看到各观察对象间直接的空间联系，如谁在谁前，什么在什么左或右，等等。

（3）认识"因果关系"阶段：这时儿童已发现观察对象之间有一些不能直接感知，但可以间接推倒的因果关系。比如：花开了、树绿了就是春天到了；按开关能够控制玩具，知道它们之间的联系，下次要玩玩具知道如何去开关。

（4）认识"总体对象"阶段：这时儿童能从意义上比较完整地把握观察对象的总体，理解观察主题。

儿童的观察力发展是一个连续的过程，阶段的划分只是强调了整个发展过程中不同发展阶段所表现的特点。具体到某一个儿童身上，我们不能截然划分出各个不同的阶段。

一般来讲，小班幼儿属于"个别现象"阶段；大班幼儿属于"空间联系"阶段，也有的要延伸到小学低年级；低年级小学生主要处于"因果关系"阶段；中年级小学生基本可以达到认识"总体对象"阶段。

5. 观察的品质

人与人之间在观察能力方面存在着明显的差异。观察力是指个体能够迅速、敏锐和正确地发现客观事物的特征、属性以及细节等方面的知觉能力，它是构成人的智力的组成成分之一，人们在观察力的发展水平和观察类型上存在着差异。观察力是个体从事科学研究、艺术创作和社会实践不可或缺的心理品质。

观察的品质主要包括以下四个方面：

（1）观察的目的性

观察的目的性是关于个体是否善于组织自己的知觉活动，以达到自己所确定的观察目的。具有观察目的性的个体，会始终使自己的观察活动具有明确的方向和明确的选择，它表现在使自己的知觉总是围绕着观察目的展开，也表现在观察的进行过程中，能根据总的观察目的，把观察过程分解与具体化。一般来说，观察目的越明确与具体，观察过程就越迅速，效果就越明显。

（2）观察的客观性

观察的客观性是指个体在观察过程中，始终坚持实事求是的态度去知觉客观事物。观察是对客观事物的知觉，尊重客观事实，科学反映客观事物的本来面貌和本质特征是观察的基本要求。

（3）观察的精细性

观察的精细性是个体在观察过程中，能够区分客观事物细微和重要的特征。精细知觉客观事物的特征，才能够发现客观事物中具有价值的属性，提高观察的效果。一般来说，观察力强的人，表现出既能观察到客观事物的全貌，又能观察到客观事物的细微特征的能力。

（4）观察的敏锐性

观察的敏锐性是个体能迅速发现客观事物重要特征或重要属性的特征。一个人如果能够在看似平常的现象中发现新的信息，或在平凡的事物中发现事物的重要特征，反映出其观察能力较强。

6.观察力对儿童的重要性

（1）观察可以帮助孩子得到周围世界的有关知识和信息，是认识世界的基础。经研究表明，人的大脑所获得的信息，有80%～90%是通过视觉、听觉输入大脑的。罗丹曾告诫他的学生、著名诗人里尔克的诀窍是："观察吧，除了观察还是观察！"因此，观察能力对孩子来说很重要。

（2）观察力是形成智力的主要因素之一。有人说："观察是智力活动的门户。"任何一个人，如果没有较强的观察力，他的智力很难达到高水平。对孩子来说，观察是他们认识世界、增长知识的重要途径，观察能力的强弱，直接影响到孩子智力水平的高低。良好的观察力，也是儿童突出的智能特征之一。

（3）观察力在各学科学习中是不可缺少的重要能力。比如，在语文课、外语课的识字教学中，字形、字义之间的微妙差别，在观察力较差的学生眼中往往一带而过，因而认错、记错；而观察力较强的学生则不仅能抓住这些细微的差别，而且善于发现某些共同点，从而提高了理解与记忆的速度和准确度。在语文课写作教学中有些学生由于对生活缺乏观察，头脑中没有感性材料的积累，总觉得"无话可说，无字可写"，而有些观察力较强的学生，由于头脑中有丰富的生活素材和真实感受，所以能够生动具体地描写，并能展开丰富的想象，因而觉得作文是一件美事。

除了语文课外，在数学、几何、物理、化学、自然等课程的教学中，观察力强的学生能很快把握各种空间关系和识别各种符号、算式、概念、原理之间的不同，看到相互之间的联系和变化，这样就有利于理解和记忆。数学中学习简便运算和速算，设未知数、解方程和找等量关系，都需要较强的观察力，去发现算式中各数的特征，以便尽快找到简便的算法。

（4）观察力也是未来人才的综合素质之一。良好的观察力可以促进思维能力和综合素质的发展。当然，观察并不是发明家和科学家的专利，即使是一名并不打算在某个领域成为佼佼者的普通劳动者，学会观察也是非常必要的。在一个激烈竞争的社会中，学会观察他人和社会现象，制定出自己的行为准则，做出自己正确的判断，才能不断地提高自身素质，更好地适应社会发展的节奏。

（二）语言能力的发展

1.语言的概念

语言是作为人类的交往手段和思维工具而发挥作用的符号系统。任何一种语言都有词汇、语法和语音三个构成部分。所以，有的研究者又把语言说成是以语音为载体、以词汇为基本单位、以语法为构建规则的符号系统。

说到语言，还必须知道语言和言语的区别及相互联系。语言和言语是两个密切相连而又明显有别的概念。言语是个体利用语言进行交往的过程或活动。通俗地说，两个概念的主要区别是：

（1）语言是社会现象，它随着人类社会的产生而产生，随着社会的发展而发发展。言语则是心理现象，是心理学研究的对象。

（2）语言是个体利用语言符号进行思维和交往的心理活动，表现出个体对现实的态度。言语是人脑的功能。个体只能运用语言财富中的一小部分。个体死亡，他的言语活动也就终止，而他曾使用过的那种语言则不会受到任何影响。

（3）语言是交往工具，言语则是交往过程。同一种语言可以供许许多多的人进行交往，与此同时，同一个人可以使用不同的语言进行交往。

2. 语言的生理机制

中枢神经机制对于人类十分关键。像黑猩猩这样的灵长类动物，在语言的解剖生理构造上虽然和人类最接近，但是不可能习得语言。它们和人类的主要区别就在于神经系统。它们缺精确感知和分辨言语声音符号的神经系统。人类婴儿发出各种不同的声音，是自然而然的事情，而绝大多数猿和猴都是静而无声的，只有在感到恐慌不安时，才有声音迸发出来。许多研究者训练黑猩猩说"人话"，经过长期的努力，虽然能教会它们"使用"若干词语，但它们仍然是明显无声的动物。这再一次证明语言只属于人类。和语言活动相关的大脑皮质部位主要涉及中枢：

（1）语言运动中枢。语言运动中枢位于左脑半球额下回的布洛卡区。这个区能通过对语言运动刺激的精确分析与综合，编制出发音说话程序。这种程序通过皮质运动区，支配外围发音器官完成言语运动。布洛卡区发育不健全或者受损伤，就无法刺激发音器官各部分的协调运动，从而导致运动性无语症或失语症。

（2）语言感觉中枢。语言感觉中枢是位于左脑半球颞上回的威尼克区。这个区同语音分辨、形成语义，即感知语言密切相关，因为它实现着对语音的精确分析和综合。这个区发育不健全或者受损伤，就无法辨别语音和语义，听觉记忆也会丧失，从而造成感觉性无语症或失语症。

（3）语言视觉中枢。语言视觉中枢位于顶叶和枕和交界处、威尼克区上方的角回。这个区有语言视觉和语言听觉的联系通路。书面语和口语在这里可以相互转换，当看到字词时，其视觉形象就在角回转换成声音形象；由语言感觉中枢收到的信号，也会在角回转译成视觉信号。当角回发育不良或受损伤时，可能会模仿说话，理解口语，但是学习识字阅读却遇到极大困难，导致阅读障碍。

在人类漫长的演化中，人脑出现了特定的部位，专门负责人类的言语活动。其中左脑在言语活动中起着主导的作用，此外，临床的大量观察和实验室的实验包括裂脑的研究和现代脑影像学的发现都证明人的说话和听话是由不同的脑区负责的，同样阅读和书写也由不同的神经心理结构来管理。

左半球和右半球在高级心理活动上各有侧重，一个与说话有关的语言区，后来这个区就叫布洛卡区或运动性语言区。同样是在左脑，但是位置靠后一些在颞叶上也有一个与人的言语活动有密切关系的区域，所不同的是，这个区域损伤后病人虽然可以说话，却听不懂别人的话，这种失语的症状叫作感受性失语。而这个与言语感知密切相关的区域就被称为威尔尼克区或言语感受区。

人的言语活动分为口头语和书面语。口头语又进一步分为表达和理解；书面语又可分为阅读和书写。言语活动是一个十分复杂的系统过程。言语机能的关键期各有不同。口头语言的关键期一般是 2～3 岁，书面语言的关键期一般是 4～5 岁。

3. 语言的分类

心理学家一般把语言分为内部语言和外部语言两大类。内部语言就是自言自语的语言。它不是指向于和他人的交往活动，主要的特征是不发出声音，别人听不到。人们在思考某种问题时，在想到什么而尚未说出来时，用的就是内部语言。内部语言的语法结构很简单，句子很压缩，往往以词代句，或者只剩下主语和谓语。在内部语言中，思维对于个体是明白的，但是当试图向别人述说时，往往感到讲不清楚，词不达意。其原因在于将思想由简略、自己能明白的形式，转化为展开性的、符合语法和逻辑、让别人能理解的形式，并非一件容易的事。这样的外化过程需要经过长期的练习。

外部语言和内部语言相对应。通过口说或笔写把自己表露于外，就成为外部语言。外部语言包括口语和书面语。口语就是人们说的话，即有声音。书面语是用文字记录的语言。口语本身又分为对话语言和独白语言。对话是最古老的语言形式。对话也是最简单的形式，在日常交往活动中用得最为普遍。独白就是当着听众说话。它以叙述、讲话、演讲方式进行。把对话时传递的材料加以扩充，就为独白语言。独白语言与对话语言相比，较为复杂、完整、连贯、规范，因此需要进行准备。书面语是由口语派生出来，随着语言记录工具——文字的出现而发展起来的。书面语出现后，语言的基本功能发挥得更加充分了。人们的语言交往打破了时间和空间的限制，不再是只能进行面对面的直接交往，而是有了同以往的和未来的人、同外域的人进行间接交往的可能性。

4. 学前期是人类语言发展的关键期

儿童心理的研究成果和长期的教育实践已经证明，婴幼儿期是人的一生中掌握语言最迅速的时期，也是关键的时期。在这一时期，婴幼儿的听觉和言语器官的发育逐渐完善，正确发出全部语音的条件已经具备，三四岁时发音机制已开始定型，以后再发别的音，就容易有口音。一个人在婴幼儿期没有掌握正确的发音，以后进行补偿教育就困难多了。婴幼儿在掌握词汇方面，由 3 岁的 800～1000

个词，发展到 6 岁的 3000~4000 个词。在掌握语法方面，由掌握简单陈述句的语法形式，发展到掌握多种句式（并列句及主从复合句等）的语法形式。在正确教育下，幼儿入学前就能自如地运用口语表达自己的见闻、愿望、情感等。如果婴幼儿在发展语言的关键期，没有条件学习口语，以后就不能真正学会说话。众所周知，7 岁狼孩回到人类社会后，开始学习说话，经过几年的训练，只记住四五个单词。这个实例说明，婴幼儿语言的发展如错过了时机是难以弥补的。因此，学前期的语言教育在家庭和幼儿园中，应该处于举足轻重的位置，其成果对人的一生发展有着重要的影响。

5. 汉字教育与脑潜能开发

我国有关专家和研究人员根据国内外最新科研成果，经过几十年的理论研究和全方位的实践探讨，证明汉字教育有利于婴幼儿开发脑潜能。

1982 年，英国《自然》杂志发表了一篇短文，举出了两个数据震动了世界。科学家们对英、美、法、德、日本五国儿童智商进行全面、严格的测查，得到的数据是：英、美、法、德四国儿童平均智商都是 100，唯独日本儿童的智商是 111，平均智商差 11；得到的另一个数据是，在各国 100 个儿童里，欧美四国每个国家的儿童智商达到 130 以上的只有两个，而每 100 个日本儿童里有 10 个儿童达到。分析原因，最后的一致意见是：日本儿童学习了汉字。

长期对日本婴幼儿进行汉字教育的日本学者石井勋先生也提供了有关数据。通过测查，6 岁入小学的日本儿童如果没有学习汉字，平均智商也是 100，跟欧美四国儿童一样；如果 5 岁开始学习汉字，6 岁入小学，学一年，平均智商可达到 110；4 岁开始学习汉字，两年后入小学，平均智商可达到 120；如果是 3 岁开始学习汉字，三年后平均智商可以达到 125~130。

6. 早期儿童文学作品的内涵和类别

早期儿童文学作品是指与 0~6 岁儿童心理发展水平及接受能力和阅读能力相适应的各类文学作品的总称。

早期儿童文学作品活动是通过欣赏文学作品来学习语言的语言教育活动类型。在文学活动中，要求学前儿童积极参加文学活动，乐意欣赏文学作品，帮助早期儿童感受文学作品的语言美，培养他们对艺术语言的敏感性；要求学前儿童理解文学作品内容，掌握相关的社会认知，学会用语言或非语言的表现方式表达自己对某个文学作品的理解；结合文学作品提供的语言信息，进行创造性想象，并学会用自己的语言表达经验和想象，尝试艺术性结构语言。类别有：

（1）儿歌

儿歌是适合婴幼儿听赏念唱、形体短小的歌谣。它是婴幼儿最早接触、最易接受的一种文学样式。

儿歌生长于民间文学的土壤，主要的流传方式是口耳相授，代代相传。到近现代方有成人专业或业余为幼儿创作歌谣。对于婴幼儿来说，儿歌主要是由听觉感知的语言艺术，是活在孩子们口头的文学。

我们现在看到的儿歌作品，有一些是传统儿歌，即流传下来的民间儿童歌谣；但大部分是现代成人根据幼儿的心理特点和理解能力，用简洁的韵语写成的。

在婴幼儿文学领域中，儿歌占有重要的地位，被誉为"婴幼儿专用的精神食粮"。这是因为，儿歌是最具"人之初文学"意义的文体。早在婴儿时期，儿歌就开始进入孩子们的生活领域，几乎没有谁在孩提时代不曾听过母亲或其他长者吟唱儿歌，不曾自己念唱过儿歌。它随着母亲的乳汁，渗入婴幼儿的心田，它像一只美丽的百灵鸟，为孩子们带来欢乐，陪伴他们度过整个幼年的美好时光。

（2）儿童故事

爱听故事是孩子的天性，而每一位父母都有被孩子缠着讲故事的经历。所以婴幼儿故事阅读和欣赏的过程，不仅仅是孩子的事情，而应该是长辈、老师和孩子共同完成的。所以，婴幼儿故事是一种"听赏性"文学，是由长辈和老师用语言讲述，然后由孩子接受这些转述的语言，这就决定了婴幼儿故事是一种重在叙事的文学，具有很强的情节性，具有吸引力和感染力的一种叙事文体。婴幼儿故事的种类有：

①动物故事。以动物为主人公的故事，一类是为单纯写动物而写动物的故事，一类是借动物形象间接反映人类社会生活，动物具有人的心理特征，如《寒号鸟的故事》。

②历史故事。一类是以历史事件为主的历史事件故事，一类是以描写某个历史人物在某一历史时期的活动、生活片段为主的历史人物故事。

③民间故事。是劳动人民口头创作的故事，塑造的是生活中普通人的形象，情节曲折夸张，结构完整，语言质朴。

④生活故事。以现实的婴幼儿为主要角色，以他们的日常生活和活动为题材的婴幼儿故事。

⑤童话故事。在现实的基础上，运用丰富的幻想与想象创造出来的奇异故事。它有独特的表现手法，就是拟人、夸张和象征。如《皇帝的新衣》《木偶奇遇记》《金鱼和渔夫的故事》《葫芦娃》《稻草人》等。

⑥绘本。绘本在英文中是 Picture Book（图画书），绘本则是源自日文的习惯。绘本是用图画与文字，共同叙述一个故事，表达特定情感、主题的读本，通过绘画和文字两种媒介，互动来说故事的一门艺术。在绘本中，图画不再是点缀，而是图书的命脉，甚至有些绘本，一个字也没有，只有绘画来讲故事。

根据不同的分类标准，绘本可以分为不同的种类。如根据内容，绘本可分为文学性图画故事书和知识性图画读物；根据画面颜色，可分为彩色图画书和单色图画书；根据画面多少，可分为单幅图画书、多幅图画书和连续图画书等。

⑦儿童剧。戏剧是一种通过演员扮演角色、运用动作表演故事情节来反映社会生活，刻画人物形象的舞台艺术。它是以角色表演为中心，融合文学、音乐、舞蹈、美术乃至灯光、服饰等多种艺术成分，作用于观众视听感官，供观众欣赏的一种综合艺术。从接受与观看戏剧的观众年龄层面上，可以把戏剧大致分为两类：成人戏剧与儿童戏剧。幼儿戏剧主要以3～6岁的幼儿为接受对象，以人物对话为主，辅以动作、表情等手段进行舞台表演，供幼儿观看或直接参与表演。从表演形式上划分，可以分为以下几类：幼儿话剧、幼儿歌舞剧、木偶戏、幼儿动画片（卡通）。

⑧动漫。"动漫"是动画和漫画的合称与缩写。在其他语言中使用较少。随着现代传媒技术的发展，动画和漫画，特别是故事性漫画之间联系日趋紧密，两者常被合称为"动漫"。

近年来随着Flash动画、三维动画、全息动画、数码等崭新技术的出现，动漫在不同国家或地区都成为主流文化形式。近来，国外各种动漫如潮水般纷至沓来。动漫这种新兴的文化产业的发展必将对儿童少年在文化教育上带来巨大的影响。从迪士尼早期的《米老鼠与唐老鸭》到改编自莎士比亚名著的《狮子王》；从充满日本文化色彩的《聪明的一休》到有深厚中国文化底蕴的《哪吒闹海》，这些生性活泼、个性鲜明的卡通动漫形象以其独特的艺术魅力在各个时期受到广大少年儿童甚至成人的青睐。

动漫表现的人物及其动作是虚拟的，它天马行空，飞天遁地，变幻莫测；儿童的思维正处于直观动作和具体形象思维发展阶段，想象力尤其丰富。动漫的表现淋漓尽致、无拘无束，正好适合儿童的心理。

（三）想象力的发展

1. 想象力概念

想象力是人们在已有形象的基础上，在头脑中创造出新形象的能力。比如当你说起汽车，我马上就想象出各种各样的汽车形象来。因此，想象一般是在掌握一定的知识面基础上完成的。想象力是在你头脑中创造一个念头或思想画面的能力。

想象力是活物与死物的根本区别。在人类中主要为右脑掌控想象力，随着人类大脑进化愈加形象化，主要分布于大脑最外层，属于最高级思维。

2. 想象力的脑生理机制

心理是人脑的机能，儿童的发展依靠健全的大脑，想象力的培养仰仗脑潜能的开发。大脑蕴藏着巨大发展的可能性，我们只有遵循大脑发育规律进行开发，才有希望达到提高身心素质的目的。

人的大脑在结构上分为左右两个半球，其构造复杂，功能完备。20世纪60年代，美国生理心理学家斯佩里等人研究发现：大脑两半球在进行言语及有关高级心理活动时，各自都担负着重要"职责"，即各具机能优势。

大脑两半球既分工又合作，构成一个整体。既有各自高度专门化的分工，又有高度的协同互补性。左半球负责抽象思维、象征性关系和对细节的分析，具有高度概括分析和计算能力；而右半球负责形象思维、知觉和空间想象力，具有对音乐、图形、整体性映像和几何空间的鉴别能力。比较来说，右半球对视觉图像的感知以及复杂关系的理解超过左半球，而右脑这些功能特点又是创造想象的基础。

一切物质文明和精神文明，无不是创造思维和创造想象相结合的产物。21世纪是开拓人类创造力的世纪，将儿童培养成"创造、开拓型"的人才，这是时代赋予教育的历史使命。科学创造需要逻辑思维，分析问题，占有资料，寻找问题的答案，检验假设，形成原理和概念，较多地发挥左脑功能；而在创造性思维最关键环节，新思想和新事物的产生，更需要充分发挥右脑的想象、直觉、灵感及形象思维的功能。就成功的创造活动来说，右脑的表象、联想、想象能力比左脑的抽象、概括能力显得更重要。因此，开发右脑功能在创造活动中的作用，发展形象思维是极其重要的。从形象思维的结果就是想象表象这个道理来说，发挥右脑形象的功能，就可以开发儿童的想象力。

21世纪培养人才的视野已经开始转向人才的创造意识和开拓精神方面，这是时代赋予教育的深刻变革。

如何在创造想象中引导人们依据社会需要产生创造动机，促使人们构思新事物的形象呢？

儿童的学习和工作，都要根据学校对他们提出的教育目标，有目的有计划地开展活动。超常想象是目的性和自觉性很强的活动，必须使儿童把学校要求转化成自己的创造需要，产生创造动机，然后才可能参与超常想象的活动。脑的整体功能为儿童超常想象提供了物质基础。

3. 想象力的品质结构

想象力是对头脑中已有的表象进行加工改造，创造出新形象的过程。想象力的品质结构指用来衡量人与人之间在想象过程中所表现过的稳定差异，也就是想象的基本品质。

想象力品质的结构由想象的现实性、主动性、丰富性、生动性与独创性构成。

（1）想象的现实性，指的是想象与客观现实的关系程度。想象是大脑产生新映像的心理过程。想象虽是超越现实的，但其内容起源于现实——组成想象的材料来自客观现实，借助加工改造记忆表象创造出来。如哥白尼描绘的太阳系的运行图，也是从客观现实的规律出发的。科学家的想象是否正确，能否实现，只能通过科学实践与生产实践来检验。

（2）想象的主动性，指的是想象指向目的的程度。创造主体想象的主动性强，就能根据创造活动的目的与任务，使想象指向性明确，发挥创造性想象的作用。如果想象主动性差，想象方向就会偏离创造活动的目的与任务，甚至可能漫无边际，误入歧途，消耗时间与精力，影响创造的效率。

（3）想象的丰富性，指的是想象内容的充实程度。想象的丰富性对思维的广度与思维的灵活性有一定的影响。创造性想象丰富，就能对创造活动的对象从不同方面、不同角度、不同层次开展想象。创造性思维的广度宽，思路灵活，对创造性解决问题很有意义。

（4）想象的生动性，指的是想象表现的清晰程度。创造主体在设计新产品时，在头脑中已经清晰地想象出成品的样子。创造主体想象生动，就能在头脑中浮现鲜明形象，成为创造性活动的支柱，促进创造性活动的顺利进行。

（5）想象的独创性，指的是想象表象是独立的、新颖的。换句话说是指想象内容与众不同、标新立异的程度。创造主体的创造活动是水平较高的想象活动，因此想象的独创性在创造活动中占有重要地位。

4. 培养儿童想象力的重要意义

（1）想象对儿童的认知学习有很大帮助

①想象的发生和发展与认知的学习

在学习过程中，总要根据教育要求改变自己的认知结构，不断对知识系统进行理解和把握。无论在学习知识本身或者控制学习的过程之中，都不同程度地产生和发展着自己的创造想象。认知学习所表现的这种自觉性和目的性，乃是以对学习的目标进行追求、向往和想象为前提的。尤其是心理素质好的儿童不仅主动地充实自己的知识结构，而且想象在头脑里构建学习策略和方法，努力提高学习效果。

②想象对认知学习内容起补充和深化作用

在认知学习中，没有亲自感知或无法直接感知的事物，可以通过想象活动得到补充。例如，许多儿童听说过"钟乳石"，却没有亲眼见到过。当科学杂志里介绍桂林地区的芦笛岩，其洞穴像神话世界一样美丽，里面的钟乳石，在彩灯的照射下五彩缤纷，红的像珊瑚，绿的像翡翠，白的像汉白玉，黄的像琥珀，逼真而有趣。儿童听到这些描绘以后，便可立即产生相应的形象，如同身临其境。可见，儿童依靠想象的补充功能，可以超越时空的限制或经验的局限，去学习和掌握更多更新的知识。这些都需要再造想象的帮助。可以说想象伴随认知活动，使儿童逐步学会学习。

③想象力有助于培养儿童的创造能力

在认知学习过程中，儿童的创造能力表现在许多方面，其中又以掌握知识、应用知识和养成自学习惯等方面最为突出。当前有的教师和家长观念陈旧，不注意教儿童掌握某些有利于促进创造能力的方法与技巧，从而贻误了他们创造能力的开发。现以培养思维力为例，我们认为，除了教给儿童一般的思维方法，如分析、综合、比较、联想以外，还应当教儿童学会创造思维和创造想象，这对培养儿童的创造能力必将起到促进作用。

（2）想象有助于儿童提高记忆水平

亚里士多德说过："记忆和想象属于心灵的同一部分，一切可想象的东西在本质上就是记忆的东西。"利用想象过程，集中形象信息，并且帮助儿童学习处理信息，实际上就是提高他们的记忆水平。

①积累形象信息

利用想象过程，可以促使儿童贮存更多的形象信息。据科学家们实验结果证实，形象信息比言语信息记忆能量大得多，也就是说记忆效果好得多。

②学会处理信息

儿童的记忆潜能是非常惊人的，如何发挥这种潜能，这是大家最关心的问题。只注重记住知识内容，而不讲究掌握记忆策略，是影响记忆效果的主要原因。在信息加工原理的指导下，使儿童学会把获得的信息进行编码，这是提高记忆水平的最佳策略。

从认知心理学观点来看，学习知识的过程，就是对信息进行编码的过程。需要记忆的材料主要有语词概念和图像或形象两类，编码也可按言语编码和表象编码两种方式进行。

③激活单元知识

长期的学习活动，使青少年都能掌握一定的知识体系。知识体系之所以能形成长久的记忆，是因为经过认知加工。知识结构是以"单元知识"形式组合而成的，作为一个个知识单位贮存在人的头脑里。越是加工成单元的知识，越是经过信息编码的知识，就越容易被学习者"激活"。由于想象和思维参与了对单元知识的深加工，使得单元知识存在一定的内在联系，这有利于对这些知识信息进行编码，因此也巩固了长时记忆。加工越充分的单元知识，其记忆越长久。

（3）想象有利于儿童非智力因素的培养

①在想象过程中培养好奇心

想象过程常由人的好奇心引发。好奇心是人对自己不了解的事物感到新奇或有兴趣的一种个性心理。儿童具有强烈的好奇心，好问、好动是儿童的特点。富有好奇心的人，能主动探索问题，在发现事物的各种关系中，积极地思索和联想。有的青少年对世界各地风土人情好奇，有的对"世界之最"感兴趣，有的对英雄行为赞叹和好奇，有的对生物进化演变的科学知识好奇，也有的对世界科学技术新发展非常好奇。

②在想象中磨炼人的意志

意志是人们自觉地确定目的，根据目的支配自己行动，从而达到目的的心理过程。它是保证想象成功的重要心理条件。尤其完成创造想象，这种保证更是显而易见的。创造想象要求人具备较高的自觉性和目的性。因为创造的本质在于求新，在于超越和发展，而追求高标准就意味着艰难，所以要求人必须有较强的意志。创造想象的过程就是磨炼人的意志的过程。具体表现为与困难拼搏，与人的狭隘观念抗争，克服环境中各种不利因素的干扰。

③通过创造想象培养学习与工作的热情

情感是人对客观事物态度的体验，包含肯定和否定两种性质的体验。热情是肯定的情感，能够促进活动目标的实现，起到提高活动效率的作用。热情是创造想象的一种动力。

热情可以激发人们的创造力。由于热情是一种强有力、稳定而深厚的情感，具有持续性和行动性的特征，它能控制人的身心，影响人的思想和行为。热情激励儿童根据自身对学习的需要产生创造想象，也可以帮助他们集中注意力于所学习的问题中。

④借助于创造想象活动培养良好的个性特征

青少年的个性特征，对于创造想象来说，有一定的制约作用。我们知道，创造想象是对已有认识、理论和方法的突破与创新，打破旧事物的框框，寻求新的理论和方案。而能否推陈出新，还要取决于人的个性品质。如勇于探索、耐受挫折、不怕困难和失败、顽强拼搏等个性特征，都在创造想象中起着重要的作用。

发展儿童的想象力与培养非智力因素是同步的。在发展想象力的过程中，非智力因素具有举足轻重之作用。如稳定的情绪、坚强的意志、高尚的兴趣和良好的性格特征，都对儿童发展想象力有着积极的促进作用。相反，多变的情绪、薄弱的意志、低级兴趣和不良的性格特征，都会阻碍想象的形成。因此，在发展儿童想象力的同时，培养非智力因素是非常重要的。

5. 想象力开发的一般途径

现代科学技术迅猛发展，知识以惊人的速度增长，各学科知识日新月异，竞争日趋激烈，智力竞争愈显重要，因此，培养与发展想象力，对于提高创造力十分重要。开发儿童想象力一般有以下途径：

（1）积累知识与经验

想象力是客观现象的反映。丰富的知识与经验是想象力发展的基础。如果创造主体缺乏必要的科学知识与经验，想象力就会贫乏，或者是漫无边际地胡思乱想，无法发挥想象力在创造中的作用。创造主体拥有丰富的知识与经验，想象力就富有现实性。一般说来，创造主体的知识越渊博，经验越丰富，想象力的驰骋面就越广阔。因此，创造主体为了发展想象力，就要不断地积累知识与经验。

知识与经验虽是想象力的基础，但这并不意味着想象力丰富程度与知识经验成正比。如果创造主体缺乏独立思考，满足于已有知识，人云亦云，思想保守，就会阻碍想象力的发展。

（2）丰富的记忆表象

想象的表象是在记忆表象的基础上加工改造而成的。创造主体记忆表象的数量与质量对想象力发展有很大影响。记忆表象越丰富多彩，想象力越宽广奔放。记忆表象贫乏，想象力就枯淡，创造主体在创造活动中留心各种事物，善于在头脑中形成和保持事物的记忆表象，不断充实记忆表象，提高记忆表象的清晰性与概括性，就能为发挥想象力提供记忆表象的条件。创造主体为了具有丰富的记忆表象，就要善于发挥观察力的作用。具有高度发展的观察力，就能使创造主体储存的记忆表象丰富和精确，使想象力活跃而充实。

（3）思维的指引

在创造活动中，创造性思维与创造性想象总是结合在一起，二者不可分离。创造性想象的开展是在创造性思维的指引下进行的，创造性想象的主动性与独创性受创造性思维的制约。创造性想象的表象是在思维分析综合的基础上形成的，所以创造性想象是为创造性思维服务的。创造性思维的发展水平与创造性想象的发展水平有密切的关系。创造性思维发展水平越高，创造性想象发展水平也就越高。创造主体在创造活动中要善于用创造性思维指导创造想象的主动性，调节创造性想象的方向性，加强思维的分析与综合作用，丰富想象的表象数量与提高想象的表象质量。

（4）建立合理的想象力的品质结构

创造主体要建立合理的想象力品质结构，首先要使想象力品质的主要结构成分，即想象力的现实性、想象力的生动性、想象力的丰富性、想象力的主动性与想象力的独创性都获得一定水平的发展。某些想象力品质发展水平可能较高，但要防止某些想象力品质发展水平过低，造成结构失衡。其次要认识到想象力品质结构的长处与短处，扬长避短，发挥优势。

（四）创造能力的发展

1. 创造力的概念

创造力是人类的创造能力，是人类能力的最高层次，创造力是学习潜能的核心和精华。

所谓创造力是指个体能在自身心理水平上造出一些"前所未有"的新东西的

潜在能力。

美国研究人类潜能的心理学家奥托指出:"创造力是人类潜能在能力的又一表现。我们所有的人,都有惊人的创造力。"这就是说,人人都有创造潜能。

这一表述方式实际上包含了三层意思:从产生过程来看,创造力是人在认识与实践过程中的特殊表现;从结果来看,创造力能获取首次产生的新成果,包括精神的和物质的成果;从表现形式来看,创造力既可以表现为一定的思维能力,又可以表现为一定的行为能力,但更多的情况则是这两种能力的综合表现。创造力是创造潜能的主体,创造力是指人在认识与实践过程中表现出来的、产生新的精神成果或物质成果的思维与行为能力的总和。

2. 创造力开发的脑生理机制

创造力开发不仅十分必要,而且有实现的可能。在创造者施展创造力的过程中,创造性思维发挥了主导作用,而人脑正是创造性思维的发源地。现代生物科学的研究表明,人的大脑有左右两个半球,每个半球均由大脑皮质(皮层)、大脑白质(髓质)、基底神经节和侧脑室组成。其中大脑皮质是思维的器官,表面约集中了140亿个神经细胞。其构造之复杂,功能之特异,都难以估量。根据实验资料推测,人脑的记忆容量相当于七亿多册书籍,单项记忆可保持八十余年。仅就记忆存储功能而言,即便是一个勤奋好学的人,一生至多只利用了自己大脑功能的百分之几。由此可见,人脑还存在极大的潜力。正是这种潜力,为创造力的可开发性提供了理论依据。

长期以来,人们一直认为左脑在创造性思维中起着重要作用。而新的脑科学研究则表明,许多较高级的认识功能都集中于右半球,右半球在创造性思维中占有更重要的地位。因而,人们现在的口号是开发右半球。

传统上,人们认为左右两半球在结构上是相同的。但近年来的研究表明,两半球的结构存在着不对称性。一般说来,65%的人左侧颞平面较大,24%的人左右大致相等,只有11%的人右侧颞平面大于左侧。在细胞水平上,人们也发现了左右两半球的不对称性。对这种不对称性的研究已成为神经生物学的一个重要研究课题。

在功能上,两半球的差别更是明显,表现出高度的特异化,两半球各自负责某些专门的活动,处理某些特定的刺激。

左右两半球在功能上的分工与协作关系在人的创造性思维中也明显地表现了出来。左右脑在创造性活动中所起的作用有所不同,但这种不同是相对的。任何创造活动,都是左右脑密切配合、协同活动的结果。在创造活动的准备期和验证期,虽以左脑活动为主,但右脑同时也在积极活动之中。同样,在酝酿期和豁朗期,虽以右脑活动为主,但也离不开左脑的活动。正是左右脑的这种协同作用的相互关系，才是创造力的真正生理物质基础。

3. 创造力的组成

（1）创造性思维能力

创造性思维能力是指产生前所未有的思维新结果、达到新的认识水平的思维能力。它是创造力的核心。创造性思维的核心是新，也有人称创造性思维为创新思维。创造性思维具备新颖性、非重复性和超越性等本质属性。

创造性思维分为两种类型：一是相对创造性思维，即思维内容或结果的新颖性超越思维者本人原有认识水平的创造性思维。如学生运用老师未教过的方法解出了一道难题，这种方法对老师来说并不是新东西，而对学生来说却是第一次想出来的新成果，因此它就是这位学生相对创造性思维的产物。与相对创造性思维对应的创造力是相对创造力。二是绝对创造性思维，即人类在该领域的最高认识水平的创造性思维。同样地，与绝对创造性思维对应的创造力是绝对创造力。

创造性思维的基本特征是：敏感性、独特性、流畅性、灵活性、精确性、变通性。

（2）创造性人格

创造性人格是创造性主体能力的结构中的关键要素，是影响创造活动能否成功的先导性因素。所谓创造人格（也称为创造性人格、创造型人格），是指主体在后天学习活动中逐步养成，在创造活动中表现和发展起来，对促进人的成才和促进创造成果的产生起导向和决定作用的优良的理想、信念、意志、情感、情绪、道德等非智力素质的总和。

北师大董奇教授（1993）在综合国内外大量研究的基础上，将创造型儿童的一般人格特征概括为以下八个方面：①具有浓厚的认知兴趣。旺盛的求知欲是创造型儿童的典型特征。②情感丰富、富有幽默感。③勇敢、甘愿冒险。创造型儿童敢于标新立异，敢于逾越常规。④坚持不懈、百折不挠。⑤独立性强。创造型儿童善于独立行事，不盲从，对独立与自治有强烈的需要。⑥自信、勤奋、进取心强。⑦自我意识发展迅速。创造型儿童自我评价、自我体验、自我控制的发展水平往往高于同龄儿童。⑧一丝不苟。富有创造力的儿童喜欢刨根问底，不把问题搞个水落石出不会罢休。

东北师大王小英教授从以上八个方面的人

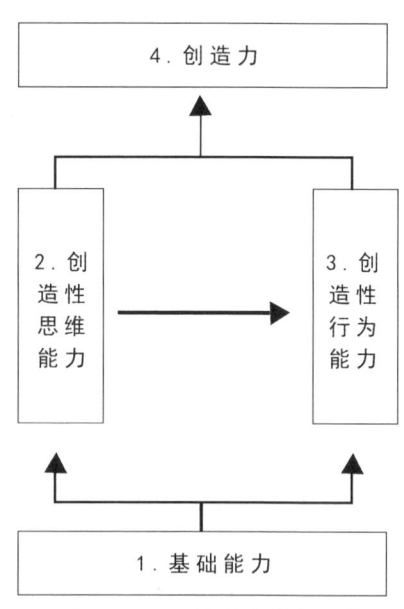

图 3-4-5 创造力结构模式

格特征中进一步提炼出两个核心的因素,即强烈的内在动机与肯定的自我意识。浓厚的认知兴趣、甘愿冒险、坚持不懈和一丝不苟的态度等属于创造的内在动机或与内在动机相关的品质,而独立性强、自信等则属于肯定的自我意识。

(3)创造力的基础能力

创造力的基础能力是指人的一般心理素质和生理素质中与创造力有关的部分。如心理素质中的记忆力、注意力、想象力,生理素质中的反应力、耐久力等。这些基础能力本身,大部分并不能直接产生创造性的结果,但又都能在创造过程中发挥作用,因此也是创造力的必要组成部分。

创造力的基本结构以及几个必要组成部分之间的相互关系,可以用结构模式图来表示。该图说明创造力在一般或绝大多数情况下表现为创造性思维能力与创造性人格(行为能力)的结合,即1—2—3—4。人们通常以基础能力为起点,在创造性思维能力指导下,发挥创造性人格(行为能力)作用,表现出创造力来。它表明创造力是一种综合性的能力,思维与人格(行为)难以分割。

创造能力是人类能力的最高层次,创造潜能是学习潜能的核心和精华。学习潜能的开发,应致力于人的创造潜能的开发,致力于人的创造才能的发展。在教育教学过程中,要始终把教学活动当成一种创造活动,让儿童在接受、探索知识中,在解决问题中提出"创造性解决问题"的见解,把学习与创造紧密结合起来,不断增强创新意识,树立创新精神,增长创造才能。

4. 创造技法

创造技法是人们在实践中总结出来的,开展创造活动普遍适用的,程序化、规范化的方法与技巧。创造技法也是创造过程中有效的创造性思维方式的模式化概括总结。主要有以下方法:

(1)头脑风暴法

头脑风暴法是通过强化信息刺激,促使思维者展开想象,引起思维扩散,在短期内产生大胆设想的方法。

头脑风暴法是一种集体创造技法,常常要组织若干人共同实施。而在举行头脑风暴会议的过程中,除了参加者本人尽力展开想象以外,每个人提出的设想对别人都是重要的信息刺激。不仅可以起到集思广益、取长补短的作用,而且会引起思想共鸣,诱发出大量创造性设想来。

(2)列举法

列举法是遵照一定的规则罗列研究对象有关方面的各种性质,进而诱发创造性设想的创造技法。其主要类型有特性列举法、缺点列举法和希望点列举法等几种。人们对于周围比较熟悉的事物很可能熟视无睹,这是由于长时期的重复容易使人产生思维定式,形成惰性。为人提供详尽分析、周密思考的途径,有利于克服思维定式，产生新设想。因此这一方法也叫分析创造法，尤其适用于在已有产品的基础上进行新产品开发和已有工艺、工具等的革新改造。

（3）联想法

联想法是运用想象力在不同事物或概念之间建立联系，从而诱发创造性设想的一类创造技法，主要包括强制联想、自由联想、相似联想等方法。

联想是由一事物（概念、现象）想到另一事物（概念、现象）的心理过程。联想的实质是在不同事物或概念之间建立起暂时的联系。这类联系有两种情况：一种是客观性的，即事物或概念之间本来就存在内在联系，人们的联想只是通过思维过程把这种客观存在的联系反映出来。另一种是主观性的，即事物和概念之间本不存在本质的联系，是人在思维过程中在它们之间建立起一定的联系。不管是客观联系的主观反映还是主观联系，因为取决于人的神经活动，只存在于人的思维之中，因此，事物或概念之间通过联想建立的联系都是暂时的。联想有三个作用：形成回忆，增强记忆，促进推理而获取新知。

（4）设问法

设问法是通过多角度提出问题，从问题中寻找思路，进而做出选择并深入开发创造性设想的一类创造技法。

好的开头往往是成功的一半，对于创造来说也不例外。问题提得好，就等于找到了解决问题的突破口。面对着各种各样的问题，关键在于正确的选择；而可供选择的并列因素越多，选择的结果就可能越有价值。设问法的作用正在于提供多种可供选择的并列因素。

设问法的主要类型有检核表法、5W2H法、和田12动词法等。

5. 创造能力的重要性

人类在发展，社会在进步，科学技术日新月异，新的事物层出不穷，我们永远不会停留在一个水平上。不论将来从事什么行业，创新能力都是至关重要的。搞科学，没有新的发现谈不上是好的科学家；搞技术，需要的更是发明和革新。如果将来进入商界，办企业，那更少不了创新。被人们誉为管理大师中的大师的德鲁克博士就曾这样讲过：一个企业最为主要的就是要做好两件事，一个是营销，另一个就是创新。因为如果没有创新，一个企业也就没有了存在的价值，一个企业能否成功，关键就在于它能不能创新。

比尔·盖茨成为世界首富，完全是由于他的大脑中产生了一个大胆而天才的想法并把它付诸实践，即要把计算机放到世界上的每张办公桌上以及每个家庭中去。托马斯·爱迪生使电力遍布了全世界，他的成功就在于他的无穷无尽的发明创造，他一生拥有1093项发明专利，是人类历史上最伟大的发明家。

中国人口众多，资源有限，未来的社会竞争会更激烈，创新能力自然也就成为一个人生存的本能。人们对现行的教育制度和教育效果多有意见，其中一个重要的原因就是看到了现行的应试教育在相当程度上扼杀了学生的创造力，培养出来的学生只会模仿和照搬，知识是学了不少，但却没有多少发明创造，缺乏独立分析问题和解决问题的能力。因而怎样培养学生的创新能力，便成为一个非常重要的教育课题，这也正是脑开发要解决的重要问题。

为了建设创新型国家，党和国家历来重视创新能力的培养，多次指出：创新是一个民族的灵魂，是国家兴旺发达的不竭动力。自主创新是国家竞争力的核心，是我国应对未来挑战的重大选择，是统领我国未来科教发展的战略主线，是实现建设创新型国家目标的根本途径。为建设创新型国家，必须培养出创造型人才。21世纪教育要解决的最重要的问题，就是如何最大限度地开发人的创造潜能，培养高素质的创造型人才。

思考题：

1. 什么是智力？简论智力的概念。
2. 论述经典的三大智力结构理论。
3. 分析智力与能力的关系。
4. 什么是观察力？论述观察力的重要性。
5. 试论语言的概念。举例说明早期儿童文学作品的类别。
6. 什么是创造力？论述创造能力的重要性。

第五节 学习的非智力因素

一、非智力因素的概念

非智力因素是一个相当广泛的综合性概念。它有广义和狭义之分。从广义的角度说，凡是智力因素（观察力、记忆力、想象力、思维力、注意力）以外的一切心理因素，甚至道德品质都是非智力因素。从狭义的角度看，我们只把动机、兴趣、情感、意志、性格五个心理因素包括在非智力因素之内。如果说，智力是保证人们有效地进行认识活动的稳固心理特点的综合，那么，非智力因素则是保证人们成功地进行种种活动的心理条件的总称。我们要求一个人具有正确的动机、浓厚的兴趣、热烈的情感、坚强的意志和独立自主的性格。这样的人方能把学习搞好，培养起来也才会有前途。

狭义非智力因素所包含的五个心理因素并没有构成一个统一独特的完整结

构，这是非智力因素与智力因素不同的一个重要方面。但是，非智力因素的五个心理因素也并非各自为政，毫不相干。相反地，它们之间也具有相互促进和相互促退的关系。这点却又是非智力因素和智力因素所共有的。例如，动机可以由兴趣、情感转化而来，而二者一旦转化为动机推动人们去进行某种活动（如学习）之后，它又可以反转来使兴趣得到加强，使情感得到发展。又如，情感与意志的关系也很密切：一方面，意志是在情感的激励下开展起来的，即是说，情感往往是意志行动的强大动力；另一方面，意志又可以调节、支配人的情感，即它能支持健康的、高尚的情感，而抑制不健康的、卑劣的情感。再如，性格也与其他四个心理因素密不可分：人的兴趣、情感、意志在活动中逐渐形成的稳定特点，可以直接成为性格的情感特征、意志特征，反过来，性格又可以对其他四个心理因素产生积极的或消极的影响。总之，非智力因素中的五个心理因素的关系和联系是错综复杂的，任何一个心理因素的质量好坏、水平高低，都会对其余四个心理因素产生不同的影响；同时，这个心理因素也要接受其余四个心理因素的反作用。正因为如此，我们在考虑非智力因素的性质及其在学习中的作用时，就必须对五个心理因素综合地加以把握。

二、非智力因素的脑机制

情绪是一种复杂的心理现象，它包含情绪体验、情绪行为、情绪唤醒和对情绪刺激物的认知等复杂成分。

情绪作为非智力因素对于我们学习者的行为影响是巨大的。因为它们总在向我们提供有关身体反应的"生存"报告，它们接受先前的状态。科学家们相信，加工情绪关键的网状系统与边缘系统、前额叶皮层相连接，测定和整合来自身体的信号，也许是最重要的脑区（见图3-5-1）。我们知道，损伤边缘系统（主要是杏仁核、前扣带回）则会损害基本情感（内在的害怕、惊奇等）。但是损害前额叶皮层会使派生情绪的加工招致损害——我们感觉到我们的想法。情绪让我们注意到我们的身体对于外界的生理反应。

脑科学研究发现，下丘脑被认为有支配愤怒和恐惧的中枢；边缘系统和下丘脑部位被称为"快乐中枢"和"痛苦中枢"；边缘系统中的杏仁核在调节情绪行为方面起着重要作用。情绪识别、情绪表达在大脑皮质上可能有定位。

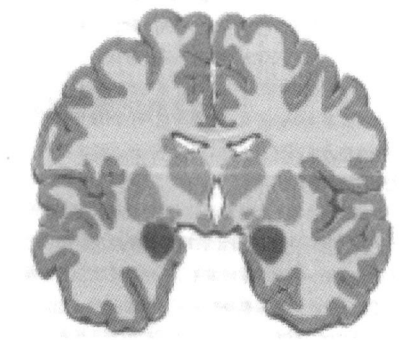

图3-5-1 情绪加工核心神经区域

研究表明，边缘系统也是处于大脑皮质的神经回路控制之下的。因此，情绪的脑机制似可概括如下：对情绪刺激的认知在大脑皮质的相应区域产生，然后将冲动传给下丘脑和边缘系统，导致自主神经系统的生理反应并产生某种特殊类型的情绪行为；同时，对自己情绪状态的认知（感受）也就在大脑皮质中产生了。

学习的整体论认为学习者的情绪、情感、信念、渴望、问题、态度和技能包括在学习过程之中，有心理、心境参与时我们学得更好，参与越多，我们的学习就越有效。

三、非智力因素与智力因素的关系

智力因素与非智力因素是相互影响、相互促进的。具体概括如下：

1. 非智力因素对智力因素的影响

其影响表现在三个方面：第一，非智力因素影响智力因素的发展，虽然智力因素中先天的成分较多，但智力的发展始终受非智力因素的制约和影响。良好的非智力因素能提高智力水平。例如，一个人的责任感、坚持性、自信心、勤奋等会影响到其智力水平的高低，而不良的非智力因素，则会阻碍智力水平的提高。第二，非智力因素影响智力因素的表现。智力活动是通过成就活动表现出来的，在这个过程中，需要良好的非智力因素的支持。如果一个人智力水平一般，然而学习欲望强烈，情绪体验深刻，学习认真刻苦，自我意识水平高，性格坚强，意志坚定，他就能获得超过其智力水平的成就。相反，如果一个人智力水平较高，然而非智力因素很差，那么就会对智力的发挥起干扰或妨碍作用，致使智慧无法在认识活动或完成任务中正常地显现出来。第三，非智力因素能够弥补智力上的某些弱点。非智力因素方面的优势能够弥补智力因素方面的不足，结果在学业、事业等智慧作为上，有可能后来居上，成为力争上游的强者，获得较大的成功。成大业者不一定有超常的智力，但一定要有坚强的意志、远大的抱负和博大的胸怀。

2. 智力因素对非智力因素的影响

表现在以下几个方面：第一，智力因素制约着非智力因素。非智力因素是在智力活动中产生的，正是由于人们对各项事物的感知、记忆、想象、思维等认知活动，人们才清楚了人与外物的关系，产生了对外物的需要，由此产生了动机、兴趣等；在此基础上，情感日益丰富完善，意志品质也得到形成和发展，并相应地形成性格的态度特征、情绪特征、意志特征和理智特征。不管是哪种非智力因素，也不管是优良的，还是不良的，归根到底是在认识的基础上形成和发展起来的。第二，智力水平决定一个人非智力因素水平的高低。与第一点相适应，一个人非智力因素水平的高低与其智力水平是有很大关系的。学习动机的正确与否，动力的大小之分；学习兴趣的广度与稳定性及其效能；情绪体验的深刻程度及主导心境的情况；意志行动的目的性、坚韧性、自制力及克服困难的快慢、难易；性格的各个特征的组成及其好坏之分都与一个人的知识经验及智力水平密不可分。我们不难设想，面对同一问题，面对同一事物，面对同一困难，不同智力水平的人表现是大不一样的。第三，智力活动的效果可以转化为非智力因素。归因理论研究表明，人对其行为结果的原因、推理和归纳会转化为新的动机，加强或削弱日后的行为。认知的结果转化为动机，可以增强求知欲与好奇心；也可转化为情绪；也能影响活动目的及行动动力的调整；同时也可以调节自己的态度体系，这都说明了智力因素对非智力因素的影响及制约作用。

3. 两种因素的相互联合与共同作用

智力因素可视为认识活动的操作系统，而非智力因素可视为认识活动的动力系统。在完成每一次智力活动中，两者缺一不可，两者是相互协调共同作用的。没有操作系统，智力活动无法贯彻完成；没有动力系统，智力活动也难以维持和坚持下去。可以说既没有不包含非智力因素的智力活动，也没有不体现智力水平的非智力因素。一个人成就的大小，取决于两者的合作情况，两者协调一致，都处于最佳状态，那么会得到最佳发挥；两者不协调，则会使成就水平大打折扣。最差的一个层次是两者都处于最劣状态，即智力水平低，非智力因素又很差，其人的成就水平是不难想象的。

四、非智力因素在学习中的作用

非智力因素在学习中的作用是非常大的。智力与非智力因素的结合，对一个人的学习、工作或其他活动，都是非常必要的。从古今中外许多名人材料的分析来看，可以得出这样一个公式：

在其他条件相等的情况下，成功＝智力＋非智力因素

这个公式告诉我们，一个人进行任何活动，光靠智力因素不行，光靠非智力因素也不行，必须使二者有机地结合起来，这样，他才能获得成功。为此，对这个公式我们做如下概括：

在其他条件相等的情况下，$A = f(I, N)$

在这里，A 代表成功，I 代表智力因素，N 代表非智力因素。意即在其他条件相等的情况下，成功是智力因素与非智力因素共同决定的。

上述的成功公式具有普遍性，对学习来讲也完全适用。这就是说，在学习中，如果充分发挥非智力因素的作用，即使智力水平低一些，还是可以取得学习成功的；反之，如果摒弃非智力因素的作用，即使智力水平很高，也无法把学习搞好。

古今中外许多人物的成功实例，也能充分说明非智力因素在学习等活动中的巨大作用。

如上所述，非智力因素在学习中的作用是非常明显的。总的说来，它具有动

力、定向、引导、维持、调节、控制和强化等一系列相互联系的作用。现略做分析如下：

1. 非智力因素的动力作用

所谓动力作用，就是说非智力因素能够成为推动人们进行学习活动的内在原因或内部动力。

兴趣与情感都可以转化为动机而成为人们学习的动力。从这个意义上来说，孔子所说的"知之者不如好之者，好之者不如乐之者"这一句话，是很有道理的。其意思是说，知道学习重要，不如爱好学习；爱好学习，不如以学习为快乐。这里提出的"知学""好学"和"乐学"三个学习层次或三种学习态度中，后两个层次就与人的兴趣和情感有关。即是说，人们有了兴趣、情感以及由其他主客观因素转化而来的动机，就能具有强大的学习动力，从而促使人们顽强地进行学习。

2. 非智力因素的定向作用

所谓定向作用，就是说非智力因素能够帮助人们选择学习的对象或目标。动机总是指向一定的目的，没有目的的动机是不存在的；兴趣、情感总是趋向于某种对象，没有对象的兴趣，情感也是没有的；性格倾向性总反映一个人的需要、兴趣、理想和生活目标。因此，一个人愿意或不愿意学习什么，或者学习到何种程度，往往并非由认识来选择，而是由非智力因素所决定。比如，在中学生中，有的人乐意学习语文，有的人则乐意学习数学，有的人特别喜欢学习地理、历史，有的人则特别喜欢学习音乐、图画等，这显然是由其兴趣、情感来定向的。

3. 非智力因素的引导作用

引导作用是指非智力因素把人们的学习活动引向既定的目标。一个人的学习定向之后，紧接着朝此方向前进。这就有赖于非智力因素来加以引导了。即是说，学习是一个过程，有时还是一个较长的过程，从出发点到归宿处，必须一步一个脚印地加以探索。在这个探索前进的过程中，非智力因素始终是引航员、导游者；如果一旦失去了它，一个人的学习就会改变方向，或者原地踏步、徘徊不前。比如，有一个学生本来在兴趣、情感、动机的引导下，顽强地去学习某一门学科，但后来由于某种原因丧失了这种兴趣、情感或动机，结果就改弦易辙，去学习别的学科，追求别的学习上的目标了。

4. 非智力因素的维持作用

维持作用是指非智力因素能够帮助人们始终不渝地进行学习。众所周知，学习是艰苦的脑力劳动，在通向成功的道路上是布满了荆棘的。在学习过程中，耐心的观察、持久的注意、艰苦的记忆、积极的想象、独立的思考等，都必须有坚强的非智力因素来加以维持，才能克服困难，排除障碍，坚持到底，达到目的。

如果学习过程中得不到非智力因素的积极参与，一遇困难就会自暴自弃，甚至畏畏缩缩。

5. 非智力因素的调节作用

非智力因素的调节作用表现为改变学习态度、协调各种动机、稳定学习情绪、提高心智活动水平等。一个人的生活原则、对现实的态度决定了其学习态度。如果一个人自觉地把今天的学习与实现未来的四化，与掌握自然规律并去征服自然、改造自然联系起来，那他就会有明确的学习目的，就会以自觉的积极的态度投入学习。同样是学习，但各人学习的动机却不尽相同。良好的非智力因素可以调节动机的矛盾斗争，使低级的动机服从高级的动机。有了高级的学习动机，才能保持旺盛的学习情绪，维持持久的学习兴趣，使大脑处于积极的兴奋状态。这样对于保持注意力、提高思维积极性及其效果，也就是提高心智活动水平无疑更有作用。如果一个人生活原则模糊，处世态度消极，学习目的不明确，学习态度就不可能积极主动，学习情绪就必然起伏不定，心智活动也就不可避免地趋于下降。尤其是当学习碰到困难时，更需要有信心去战胜它。如果学习成了凭一时兴趣驱遣的行为，就会渐渐变为沉重的负担。

6. 非智力因素的控制作用

控制功能是指非智力因素可以加快或延缓、加强或减弱心理活动，可以积极地对学习进行反馈，对学习进行自我核对、自我督促、自我校正。良好的非智力因素可以提高自我意识水平，帮助学习者判断自己在集体中学习成绩的地位和自己各门学科的平衡情况，从而分配学习时间，分配学习精力；确定增加哪些活动、减少哪些活动，如增加思维、减少记忆，或增加记忆、减少练习，等等。良好的非智力因素还可以保证学习者有正确的学习态度，如不为好的学习成绩而沾沾自喜，自满自足，也不为不好的学习成绩而消极悲观，丧失信心。良好的非智力因素还能督促学习者保持谦虚谨慎的学习态度，勇于进取的学习精神，并能保证学习者及时地纠正错误，改变与学习不相适应的心理状态和心理特征，发扬与学习相适应的心理状态与心理特征等。非智力因素薄弱的人往往不爱惜时间，不善于合理地分配时间和精力，不去关心自己的学习成绩，缺乏自我分析，自我督促、自我校正的自觉性，学习的信心不足，也缺乏刻苦学习的耐心和决心。总之，如果一个人具有自我控制的能力，就能促进自己学习成绩的迅速提高。

7. 非智力因素的强化作用

所谓强化作用，是指非智力因素能够消除心理疲劳，甚至消除生理疲劳。在学习过程中，由于继续不断的智力活动和生理活动会产生疲劳，随着疲劳的逐渐发生，学习效率也会逐渐降低。疲劳有两种：一种是"为工作所倦"的生理疲劳，在这种状态下，一个人对于学习往往是心余而力不足；另一种是"倦于工作"的心理疲劳，在这种状态下，一个人对于学习则往往是力有余而心不足。大量的事实表明，一个具有良好非智力因素的人，他就不易产生疲劳（特别是心理疲劳），即使产生了疲劳，也易于把它消除掉。

总之，在学习过程中，我们必须加强非智力因素，充分发挥它的各种作用。这样，就能不断地提高学习效果，达到预定的学习目的。

五、非智力因素与学习的关系

1. 动机与学习

动机，由于它参加不同的活动而可以有不同的性质，甚至可以有不同的名称。例如，参与劳动活动的动机便叫作劳动动机，而参与学习活动的动机则叫作学习动机。可见，凡属推动人们进行学习活动的内在原因或内动力就称之为学习动机。也就是说，在学习活动中起激励或推动作用的不是一般的动机，而是学习动机。

我们应当建立正确的、高尚的学习动机，也要求获得较好的、显著的学习效果，即把学习动机与学习效果统一起来。我们不能像唯心主义者那样，只强调学习动机，而忽视学习效果；也不能像机械唯物主义者那样，只强调学习效果，而忽视学习动机。我们是辩证唯物主义者，应当持学习动机与学习效果的统一观。

动机是激励人们进行某种活动的内在原因或内部动力。在学习中，动机的正确性是很重要的。一般地说，正确的动机会把人们的学习劲头引入正道；错误的动机会把人们的学习劲头引入邪路。特别是那种把学习与远大理想联系在一起的正确的学习动机，则具有"取之不尽，用之不竭"的强大功力。正如数学家杨乐、张广厚所说："我们热忱希望同学们从中学开始，就树立远大的理想，为革命而勤奋学习。有了正确的学习目的和态度，才能够刻苦钻研，努力克服学习中的困难。"

正因为动机的有效性在学习活动中具有如此明显的作用，所以我们应当尽可能提高动机的有效性。第一，激发内在的、长远的学习动机，发挥它们的主导作用；第二，在内在的、长远的动机的主导作用下，也要发挥外在的、短近的学习动机的辅助作用；第三，尽可能提高各种学习动机的强度；第四，用学习动机促进学习活动，反过来，也可用学习活动来提高学习动机的有效性；第五，综合地轮番利用多种多样的动机，用动机来加强动机，以提高其有效性。

2. 情感与学习

情感的实质。情感是人的心理的波动状态，是人对于客观事物是否符合人的需要的一种反应。

情感在人的学习活动中有着十分重要的作用，它是心理之"车"的发动机和能源，离开了人的情感，学习者的心理之"车"就不能驰骋。情感的这种动力功能虽然如此重要，但它常常会被人们忘却，正如美国教育心理学家林德格兰所说："当我们认为教育完全是一种智力的或认知的经验时，我们常常相信情绪和情感在课堂里是不占位置的，但现在占压倒优势的迹象是生活中的感情方面——情绪和情感——不能被排除。"

情绪是一种比较低级、简单的情感，它一般与人的生理或物质需要相联系，但也有与社会或精神需要相联系的，它持续的时间比较短暂，但也有比较持久的；它的外部表现特别显著，但也有不甚明显的。例如，由饮食的需要而引起的满意或不满意，由危险情境所引起的恐惧，以及和搏斗相联系的愤怒等。

情感的主要类型有：兴奋型和稳定型、热情型和冷淡型、外倾型和内倾型。在这些类型上，很明显地反映出人们情感的个别差异。

人的情感的主要品质有：情感的倾向性、情感的深刻性、情感的多样性和情感的固定性。这四种品质都与学习有密切的关系。

情感的倾向性与学习情感的倾向性是就一个人的情感经常指什么性质的事物而言的。例如，有些人的情感经常指向具有重大社会意义的事物，有些人的情感则经常指向个人的生活琐事。前者往往是高尚的，后者则往往是庸俗的。

情感的深刻性与学习。情感的深刻性是就一个人的情感涉及有关事物的深度而言的。一般来说，涉及事物内部本质的情感具有深刻性，而浮光掠影地由事物表面现象所引起的情感则缺乏深刻性。

情感的多样性与学习。情感的多样性是就一个人的情感涉及各种事物的广度而言的。情感的多样性不仅包括情感的内容，同时也包括情感的形式。众所周知，内容决定形式，内容与形式一般是统一的。据此，内容丰富的情感，必然要有多样化的情感形式来加以表达；反之，内容贫乏的情感，其表现形式也必然是单调的。

情感的固定性与学习。情感的固定性是就情感对持久与稳定的程度而言的。情感的固定性有两方面的含义：第一，情感维持时间的长短。维持的时间长，就称为固定的情感；反之，维持的时间短，就称为不固定的情感。第二，情感的深度有无增减。深度增强的就是固定的情感；反之，深度减弱甚至变易无常的就是不固定的情感。

3. 兴趣与学习

兴趣可以积极参与任何活动并能提高其效率。对学习活动也莫不如此。凡是积极参与学习活动并能提高学习效率的兴趣，称为学习兴趣。这种学习兴趣在学习中的作用是不言可喻的。

兴趣在学习活动中的作用是多方面的。概括起来，有如下几个方面：定向作用、动力作用、支持作用、偏倾作用。

兴趣是人的个性心理特征的一个方面，人的个性心理特征是有差异的，兴趣也同样是有差异的。不过，虽然各人的兴趣不尽相同，但可以把它们归纳为几个基本的类型，即兴趣的持续型与波动型、专一型与分散型。

持续型与波动型。兴趣的持续型是指一个人的一种或几种兴趣从幼年开始持续不断，日益巩固，直到大学时代，甚至终身不变。持续型与兴趣的稳固性是密切联系的；正因为兴趣的发展持续不断，所以才形成固定的兴趣；同样，正因为兴趣具有不可移易的固定特点，所以才能使兴趣的发展持续不变。

所谓兴趣的波动型，就是这一个时期对这样的事物或活动有兴趣，另一个时期又对那样的事物或活动有兴趣，再过一个时期又可能回到原来感兴趣的事物或活动上来，兴趣起伏不定，呈波动状态。波动型的兴趣与兴趣的不固定性有关。正因为兴趣的发展进程呈波动型，所以兴趣无法固定下来；同样，正因为兴趣是不固定的，所以兴趣的发展才会波浪式地前进。很多儿童的兴趣都属于这种类型。但这并不是说，在学生时代兴趣呈波浪形的人就不可能有固定的兴趣了。

兴趣的专一型和分散型。所谓兴趣的专一型，就是对某一种事物或活动具有浓厚的兴趣，而对别的一切往往兴趣都不大。

所谓兴趣的分散型，就是对各种各样的事物或活动都有一定的兴趣，但往往有如蜻蜓点水，浅尝辄止。这一类型有两种表现形式：一是同时对很多事物或活动有兴趣，但实质上是样样有兴趣，样样没兴趣；二是今天喜欢这个，明天喜欢那个，朝三暮四，游移不定。这种兴趣类型的形成，往往与一个人缺乏理想有关。

4. 意志与学习

意志的实质。意志是按照既定目的，克服各种困难，以调节内外活动的一种意向活动。它与动机、兴趣、情感等因素一样，都属于非智力因素。

意志在人的学习活动中有着十分重要的作用。从心理学角度看，我们认为意志活动的基本过程为决心—信心—恒心三个阶段，这是完整意志过程的三部曲。

决心与学习。下定决心是意志过程的第一个阶段。我国古代学者所提倡的"立志""发愤"，便含有下决心的意思。下决心不是轻而易举的，往往要经过一系列复杂的心理活动，明确目的，展开动机斗争，积极思维，知己知彼。要情况明，才会决心大；盲目下定的决心，即使再大，也是画饼充饥，无济于事。

古人说："有志者事竟成""志坚则不畏事之不成"。这就一语道破了"决心"在学习中的作用。

信心与学习。信心是意志过程的第二个阶段。我国古代学者也很重视"信"，如孔门所倡导的"笃信好学，守死善道"便是。树立信心也不是一蹴而就的，在下定决心后，还要经过一系列复杂的心理活动：首先要有确信感，相信自己的决心是可以实现的；其次要建立信念，信念是认识和情感的结晶，对某种事情具有的信念，自然会充满信心；最后要形成理想，理想是信念的进一步扩大和加深，一个人的理想越远大、越坚定，则他的信心也就会越充足、越牢固。

恒心与学习。恒心是意志过程的第三阶段。我国古代学者也很重视恒心的作用，如荀子说："锲而舍之，朽木不折；锲而不舍，金石可镂。"恒心在意志过程中非常重要，光有决心和信心，如果不能持之以恒，坚持到底，自然毫无意义，决心也就成了空心汤圆，信心则成了流星闪烁。

意志的主要类型：坚强型和懦弱型、朝气型与暮气型、制他型与他制型。在这些类型上，很明显地反映出人们意志的个别差异。

在学习中，意志的制他型和他制型都是要不得的。制他型的人往往固执地坚持自己的错误见解，没有虚心向别人学习的美德，故步自封，自命不凡。他制型的人则不能坚持自己的正确意见，唯书本、唯权威，因循守旧，缺乏创造性。因此，在学习中，我们必须提倡谦虚的治学态度。

5. 性格与学习

性格是个性特征中的核心特征，是足以支配一个人的个性的那些核心的心理特征的独特结合。实质上，性格由三个要素构成：生活原则、对现实的态度和活动方式。

优良的性格对学习的积极作用，表现在如下几个基本功能方面：

调节功能。性格的调节功能表现为改变学习态度、协调各种动机、稳定学习情绪，提高心智活动水平等。一个人的生活原则，对现实的态度决定了其学习态度。

控制功能。性格对学习的控制功能，主要是指性格可以加快或迟缓、加强或减弱心理活动，可以积极地对自己的学习进行反馈、对自己的学习进行自我核对、自我督促、自我誓约、自我校正。优良的性格可以提高自我意识水平，帮助自己判断自己在集体中学习成绩的地位和自己各门学科的平衡情况，从而分配学习时间、分配学习精力。确定增加哪些活动、减少哪些活动，如增加思维、减少记忆，或增加记忆，减少练习，等等。

维持功能。学习是艰苦的脑力劳动，在通往学习成功的道路上是布满了荆棘的。在学习过程中，耐心细致的观察、持久的注意、艰苦的记忆、专注的思索都必须付出很大的代价，都要有坚强的意志。性格结构中的意志特征，是体现一个人性格特点的因素之一。

性格的类型与学习。性格的类型是指一类人身上所共有的性格特征的独特结合。

英国心理学家培因和法国心理学家赖波，根据人的智力、情绪、意志三种心理机能在人的性格中哪一种占优势，把人的性格划分为理智型、情绪型、意志型。

理智型的人用理智的尺度衡量一切，以理智支配自己的行动。属于理智型的人，不管干什么事，习惯于冷静地思考，很少感情用事，"三思而后行"可以说是这一类型人的最大特色。

外倾型和内倾型。外倾型的人心理活动倾向于外部世界，是开朗、活跃、特别善于社交的人。情感外露，对人对物均感兴趣，愉快好动，勇往直前，还带有一点鲁莽和粗心，以环境作为行为的出发点，等等。在学习中，外倾型的学生一般能很快地适应学校环境，和教师、同学的关系比较融洽；他们比较大胆，活动积极，比如上课时往往举手发言较多，在小学中，甚至并没有想好怎样回答就举手，常出现"挂堂"的现象。他们情感外露，大起大伏，比如为获得好的成绩而开怀大笑，为得了一个不好的成绩非常伤心甚至痛哭流涕，但情感不持久，一转眼便忘得一干二净了。

内倾型的人心理动态倾向于内部世界，是深沉、文静，反应缓慢、顺应困难，甚至是性情孤僻的人。情感内隐，只对自己感兴趣，不爱交际，容易害羞，以自我作为行为的出发点，等等。内倾型的学生一般较难适应新环境，和教师、同学的交往也较少。他们活动时胆子小，比如上课很少举手发言。

顺从型和独立型。从心理的独立性程度上分，有人把性格划分为顺从型和独立型。

顺从型的人容易接受别人的意见，往往屈服于他人的权势，可以不加批判地执行一切指示，不能适应紧急情况。顺从型的学生一般比较听话、循规蹈矩，在学习、活动、游戏时，一般总喜欢畏缩在后，较少表现自己的独特主张，完成作业不愿冒险、选难题，不愿另辟蹊径，寻求新的解题方法。对教师布置的任务易于机械执行。他们总是把教师的言论当成"圣旨"，很少怀疑。平时不大参与激烈的争论和讨论。他们比较容易适应环境，是传统观念和习惯的接受者和保护者。

独立型的人具有个人信念的坚定性，决定的独正性。独立型的人在困难的环境中，也不惊慌失措，喜欢把自己的意见强加于人，也易在紧迫的情况下发挥自己的力量。独立型性格的人有比较高的创造性，创造性高的人也往往是独立型的性格。对学生来说，他们往往爱发表意见，喜欢争论，不满足于学校的学习内容，有广泛的阅读或课外活动兴趣，爱成为学生领袖，对于教师布置的任务喜欢单独完成，表现出较大的灵活性。在做作业时，他们常表现出标新立异。一般说，这类学生都能独立完成作业而不愿抄袭别人的作业。对于学生来说，自觉培养独立型的性格乃是自身心理建设的一项重要任务。

思考题：

1. 什么是非智力因素？
2. 非智力因素在学习中起到什么作用？
3. 阐述动机、情感、兴趣、性格对学习的影响。

第六节 学习的社会因素

一、生态系统理论

从一个生物人成为社会人,要经历一个社会化的过程。构建学习化生态环境是我们进行教育教学的必要条件,生态环境学是其重要依据。它与儿童学习能力的关系是什么呢?

按照生态发展观来看,儿童的发展是一个渐进过程,儿童的发展变化是生态环境系统适应性调节的必然结果。著名心理学家布朗芬布伦纳将影响儿童的生态系统进行了划分,由小到大(也是由内到外)分别是:微系统、中系统、外系统以及宏系统,对儿童的影响也从直接到间接。

1. 微系统是指对儿童产生最直接影响的环境,与儿童的关系最为密切,包括父母、集体、同伴、社区环境、宗教场所等。例如,一个友善、专心的儿童可能会博得成人积极、耐心的反应,而一个易分心的儿童更可能受到约束和惩罚。当这些彼此交互的作用随时间的流逝而反复发生时,它们就对儿童发展产生了持久性的影响。

2. 中系统是指个体与其所处的微系统及微系统之间的联系或过程,它将微系统进行了有效的整合。例如,儿童的学业进步不仅取决于他在班级中的活动情况,还受父母对学校生活的参与度和儿童自己在家中继续学习程度的影响。

图 3-6-1 布朗芬布伦纳

3. 外系统包括邻居,父母的职业、工作场所,传媒,社会福利制度等,儿童并没有直接参与其中,但该系统也会对儿童产生影响。外系统的支持可以是正式的,如灵活的工作日程安排、父母双方照料儿童的带薪假期、儿童生病时父母的病假等;也可以是非正式的,如父母的人际网络(能为他们提供帮助的朋友和家庭)。

4. 宏系统包容着微系统、中系统及外系统,是一个文化系统,涵盖社会的宏观层面,如伦理、价值观、传统文化等,看似与儿童之间的距离遥远,但或许会产生一些根源性的影响。

5. 时序系统,是用于解释成长的时间维度。在成长的过程中,儿童会选择、修正和创造他们自己的环境和经验。而儿童选择、修正和创造环境与经验的方式又取决于他们自身的身体、智力、人格特点和环境机遇。

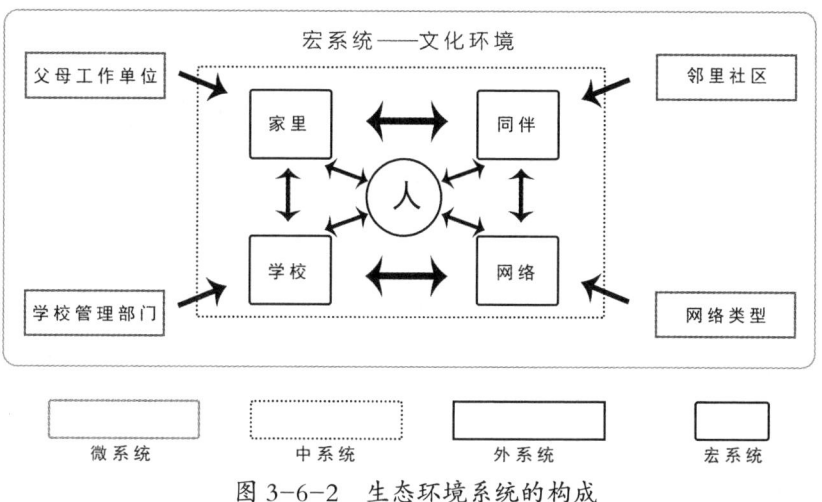

图 3-6-2　生态环境系统的构成

在传统研究中,一般学者将影响儿童心理发展的因素归结为内部环境和外部环境两大类。内部因素,主要指遗传方面的作用。而外部环境又包括:社会、家庭、学校。但我们每个人都知道学校即社会的一部分。所以今天我在阐述这个问题时,将学校作为社会的子系统来研究。同时,加入了电脑网络这一特殊的现代化工具对儿童心理发展的影响。

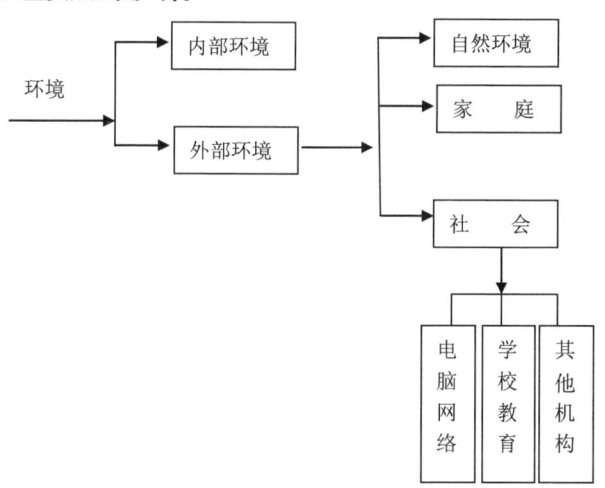

图 3-6-3　影响儿童心理发展的环境分布

二、人的社会化发展过程

人的心理发展,主要包括认知能力发展和社会性发展两个方面,本节着重分析学习的社会化问题。

美国早期心理学家鲍德温说过："人不是一个孤立的个体,相反是社会的产物,通常他身上最主要的那一部分也存在于他人身上,他所学到的东西只不过是通过对同伴的模仿、再加工及吸收而获得的。"

研究表明,人类尚在母体中时,社会性就开始在个体身上渗透,主要是环境对人的发展,特别是对早期经验和智力的发展有重大影响。研究表明,遗传对人类大脑产生30%～60%的影响,40%～70%的影响则是环境造成的。由于婴幼儿的脑具有很大的可塑性,随着脑神经迅速发展,儿童早期教育阶段的学习速度也会加快,当完全适应了周围环境之后,它就以惊人的速度爆炸式地成长起来。

人出生以后从一个生物人成为社会人,要经历一个社会化的过程。那么,什么是社会化,这是社会学中的重要概念,一般是指人从生物人向"社会人"转变的全部过程,即在特定的社会与特定的社会与文化环境中,个体形成适应社会与文化的人格,掌握该社会的公认行为方式,这个过程称为社会化。

社会化是人与社会环境之间的互动过程,具体说,婴儿一出生其个体社会化就开始。婴幼儿时期主要依赖于抚养者,并不断地融入复杂的社会生活中,其社会交往大部分是在家庭成员之间展开,例如在父母的照料下学会走路、说话和照顾自己,学习最基本的社会生活技能。这个时期社会化的内容主要是在与成人的交往中,基本上掌握本民族的口头语言,学会最基本的生活技能;社会环境的互动过程促进了知识的积累;自我意识也在与他人交往中发展起来;自我调节则是根据本土文化的规范和所做出的选择社会反馈。国外的许多研究都证明,儿童在学前期是接受社会化的最佳期。儿童到4～6岁以后,他们的生活环境发生了大变动,他们将进入幼儿园开始接受学校的集体教育,这时期是人的一生学习能力生成、发展学习习惯养成的重要时期。

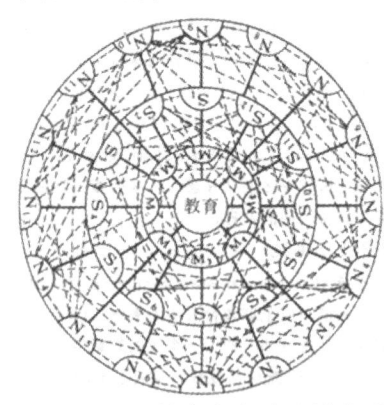

图3-6-4 教育生态系统模式图

注:N1,N2,N3……表示各种自然环境因素
　　S1,S2,S3……表示各种社会环境因素
　　M1,M2,M3……表示各种规范环境因素

首先,儿童出生后在他整个生活环境内是如何实现社会化过程的呢?鲁洁等一批教育生态学学者认为,受教育者既是生物的人,又是社会的人。在他们的周围存在三种环境圈层,即自然的、社会的和规范的生态环境。具体说:

1. 自然环境,包括非生物环境(如高山、河流、平原、江川等)和生物环境(如森林、草原、微生物体系、植物群落、动物群落)。自然环境是人类赖以生存和发展的生态条件,又是可供人类认识、利用和开发的资源。它对于教育,特别是对儿童的发育成长都会产生直接或间接的影响。

2. 社会环境,是人类特有的生活环境,例如政治环境、城市环境、学校环境、家庭环境等。其中家庭是社会的细胞,家庭环境对婴幼儿的发育成长特别重要。

3. 规范环境,不但规范个人的生活和行为,而且使个人的精神有所寄托,使人的精神生活升华,从而把握生活的目的和生命意义。人在规范环境中,受到他人的态度、期望与要求的影响,从而帮助建立价值观,坚持道德观和发展人格。

以上三种生态环境组成多维复合的生态环境,其中包含着各种各样的生态因素,分别满足人们生物的、社会的和精神的生活需要。如图3-6-4所示,这是一个多维的复合网络,在网络系统中,通过物质流、能量流、信息流,它们相互联系、相互制约,将各种生态因子有机地结合起来,形成生命之间的自然生态系统,促进生态演变,这对于儿童的生长发育及智能开发非常重要。

其次,人们如何利用社会环境构建教育生态环境,这就需要我们运用教育社会学的理论去处理教育与社会之间的关系。教育社会学就是运用教育学、社会学的基本原理和方法去研究教育系统中的社会性问题、社会系统中的教育性问题,以及教育与社会之间的关系。在教育生态环境中,学生个体的社会性形成与发展是通过接受教育和社会影响而逐步习得的。社会性的形成和发展是一个终身的历程,在不同年龄阶段中有着不同的任务和内容,其社会性的品质和发展的关键期也不同。儿童社会性发展应包含儿童的社会认知、社会性情感情绪、社会性适应能力、社会技能交往能力、遵守道德和规范品质、成就行为和性别角色等几个方面的发展。我国心理学者在测量3~9岁儿童社会性发展过程中,发现3~4岁是社会依恋发展的关键期,5~6岁是社会适应和社会认知发展的关键期。

三、生态环境对儿童社会性发展的影响

研究表明,在教育生态环境中,儿童的社会性发展主要受以下社会环境的影响:

1. 家庭影响

家庭是儿童最初和最重要的生活与学习的场所。家庭环境以及父母对子女的抚养、管教方式是影响儿童身心发展的关键因素,同时也是影响亲子关系的一个重要方面。母孕期间,母亲的生活方式和家庭氛围等都会对孩子的发育及学习能

力产生影响。孩子出生后，父母作为社会文化传递的第一任老师，既为儿童提供了模仿榜样，又承担终身教育和全方位培养的任务。家庭成员的关系、家庭的气氛对儿童的社会化影响十分深刻，为儿童的社会认知和社会性情感的发展奠定了基础；家庭的经济状况及物质生活条件对儿童的社会交往、社会技能、独立性及社会适应能力有着直接作用；家长的教养态度和教养方式可以说是儿童社会化的关键因素。这些因素对儿童的社会发展能力和学习能力都起着关键的作用。研究表明，学习成绩优良学生与学习困难学生在家庭环境上存在明显的差异。如果家庭环境不好，对儿童的学习也会产生不良的影响。

2. 社会影响

社区是社会的一个缩影。它的规模比家庭大，儿童的许多社会需要大都在这里得到满足，他们对社区、社会关系和社会规范的认知、初步的社会活动、社会交往、友伴群体、游戏角色、性别角色基本上都在社区或邻里交往中获得，社区环境好坏也直接影响儿童社会性发展。儿童只有参加社会生活，了解社会规范，尊重和热爱他人，与他人建立和谐的人际关系，才能加强其社会性行为的发展，促进个体学习能力的提高。

学习困难的儿童和学习成绩较好的儿童在社交能力方面存在一定的差异。学习困难儿童被同伴接纳的程度较低，甚至被同伴排斥，他们存在一定的社会交往障碍，导致他们与同学和老师的交际困难，显然不利于学生的学习。

3. 学校的影响

学校作为儿童从家庭走向社会的第一站，承担教养和教育的双重任务，是学生社会化的重要场所。教师是学校学生教育的直接实施者，在认知、情感、行为等方面对学生社会化产生榜样和强化作用，教师的教育方式和教养态度反映了当时社会价值与传统的行为方式。教师的教学态度、教师的教学水平，即教育的知识和技能以及教师的情绪都会影响到学生的学习。仅从教育水平本身来看，它包括教师的教育知识和教育技能两大部分：教育知识主要是教师自己教授的学科知识和教育策略、方法的知识；教育技能则主要是教师的备课、上课的技能，其主要内容是分析教材、使用教材、讲授教材内容及有效地使用教学策略方法等。一般情况下，学生年龄越小，教师教育水平的方法对学生的影响越大，但随着年龄的增长，教师对教材的处理、把握和讲授水平，往往对学习成绩的影响较大。

4. 大众传媒的影响

大众媒体是学生社会生活的一种环境，为学生提供了各式各样的"参照群体"和社会关系。随着现代社会的发展，大众传媒呈现多元化特点，如电影、电视、报纸、书刊、博物馆、纪念馆、图书馆、影剧院……，它成为广泛影响学生社会生活的客观条件，为学生的社会化提供真实的和虚拟的社会关系网。通过大众传媒，个体在知识、价值观念和生活方式等方面受到广泛影响。与传统的人与人交流相比，大众传媒具有时代性和渗透力，对学生有一个潜移默化的教育过程。学生在这个过程中扮演着社会资源的享受者的角色，同时也参与这种社会的建构，形成自己的社会特征。在多元的社会环境和文化之中，大众传媒对学生社会化发展有着巨大的作用，特别是为学生在教育中的主体地位创造了有利条件。学生可以通过多媒体网络自主地进行学习，例如查阅学习资料，自主选择课程。信息技术又为学生的学习提供了充分的自主性和空间，使其在学习中有充分的自由，为学生提高学习成绩提供了广阔的平台。

总之，我们在培养学生社会性方面，要把握学生的社会发展过程，利用各种有利的因素和条件，形成学校、家庭、社会和大众传媒诸多方面协调一致的教育网络，对学生的社会性进行整体培养。具体来说，抓好旨在全面提高学生能力和智力的素质教育，使学生在获得基本知识的基础上，发展社会认识和社会活动能力，形成基本的社会生活技能和技巧，提高社会角色的适应能力。这是我们提高学生学习能力的教育社会学的理论基础。

思考题：

1. 简论生态系统理论内涵。
2. 教育生态环境包含哪些具体环境？
3. 儿童社会性发展主要受到哪些社会环境的影响？

本章参考文献

1. 陈英和著《认知发展心理学》浙江人民出版社
2. 白学军著《智力心理学的研究进展》浙江人民出版社
3. 施方良《学习论》人民教育出版社
4. 蒋洪波《学习潜能开发导论》四川教育出版社
5. [美] Jeanne Ellis Ormrod 著《学习心理学》中国人民大学出版社。
6. 王晓萍等编著《心理潜能》中国城市出版社
7. 姜晓辉《智力全书》中国城市出版社
8. [美] Greg Payne、耿培新主编《人类动作发展概论》人民教育出版社
9. 卢家楣主编《心理学》上海人民出版社
10. [日] 七田真《超右脑快速记忆法》天津教育出版社
11. [美] 特里萨·M 等著《儿童发展与教育》教育科学出版社
12. 黄希庭著《心理学导论》人民教育出版社

13. 王甦著《认知心理学》（重排版）北京大学出版社
14. [美]杜·舒尔兹著《现代心理学史》江苏教育出版社
15. [美]罗伯特·L《认知心理学》江苏教育出版社
16. 鲁洁主编《教育社会学》人民教育出版社
17. 燕国材著《非智力因素与学习》湖北教育出版社
18. 周文主编《智力开发综述》黑龙江人民出版社
19. 周文主编《注意力开发与训练》黑龙江人民出版社
20. 周文主编《观察力开发与训练》黑龙江人民出版社
21. 周文主编《思维力开发与训练》黑龙江人民出版社
22. 周文主编《记忆力开发与训练》黑龙江人民出版社
23. 周文主编《创造力开发与训练》黑龙江人民出版社
24. 周文主编《非智力因素培养》黑龙江人民出版社
25. 白学军著《智力心理学的研究进展》浙江人民出版社
26. [美]约翰·D.布兰思福特编著《人是如何学习的》华东师范大学出版社
27. 王秀园著《学习大革命》宇宙光书屋
28. [美]乔希·维茨金著《学习之道》中国青年出版社
29. [美]Sam Coldstein著《开发学习潜力》中国轻工业出版社
30. [美]迈克尔·L.波斯纳著《人脑的教育》教育科学出版社
31. 胡月娟翻译《实用人类发展学》华杏出版股份有限公司
32. [丹]克努兹·伊列雷斯著《我们如何学习：全视角学习理论》教育科学出版社
33. [美]查理德·E.梅耶《应用学习科学》中国轻工业出版社
34. 中国知网，百度，有关高校学报、网站等下载资料

第四章 脑科学与学习能力

卢梭说：形成一种独立的学习方法，要比获得知识更重要。

探索信息时代人类学习的一系列新挑战和新规律，创造出与信息时代相适应的学习与教学新理论，则是我们的时代使命。学会科学用脑方法提高我们的学习能力是十分重要的。

本章基本概念要点：

●脑科学就是负责揭示大脑奥秘的科学。
●人脑的基本结构及其功能。
●人类的认知活动，是脑的分析、综合活动的结果，是脑机理产生的结果。
●脑是心理活动的物质基础，具有学习的功能。
●掌握学科学习的脑机理，是提高学习能力的重要前提。

本章内容网络结构图

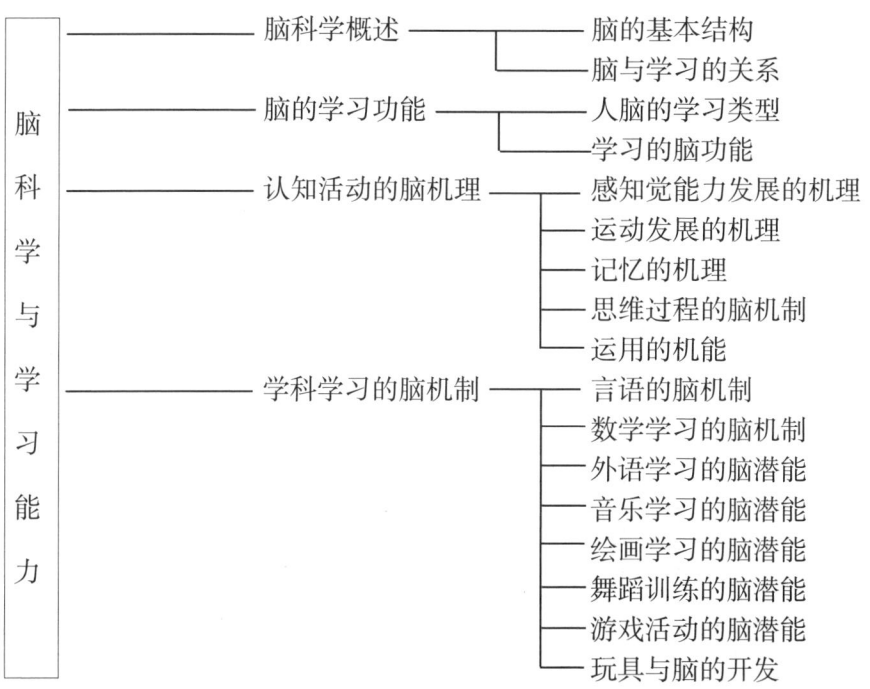

第一节　脑科学概述

脑科学就是负责揭示大脑奥秘的科学。脑科学，狭义地讲就是神经科学，是为了了解神经系统内分子水平、细胞水平、细胞间的变化过程，以及这些过程在中枢功能控制系统内的整合作用而进行的研究。广义的定义是研究脑的结构和功能的科学，还包括认知神经科学等。

人类之所以被誉为"万物之灵"，是因为人有高度发达的大脑。人类对脑的探索有漫长的历史。无论是古希腊的柏拉图、亚里士多德，中国古代的孔子、孟子和老子，还是近现代西方的笛卡儿、康德、巴甫洛夫、皮亚杰等，一大批杰出的思想家、生物学家和心理学家，都曾在大脑研究领域中不懈地探索如何最大限度地挖掘和发挥人的脑潜能。大脑之谜，犹如"哥德巴赫猜想"，令人神往；它又像一把古老而又令人困惑的生命之剑，谁把握住这把生命之剑，谁就拥有了未来。

近几十年来，脑科学取得了突飞猛进的发展，展现出广阔的前景。它已经走过了其发展的早期阶段，开始走向成熟。人们正满腔热情地进行着有关大脑的研究工作。

综观当代的脑科学，其研究目标可以归纳为基础研究和应用研究两方面。

在基础研究方面，脑科学研究正致力于寻找以下问题的答案：

1. 神经元是如何连接的？ 2. 神经活动的基本机制是怎样的？ 3. 如何鉴别神经元的特殊细胞学特性？ 4. 人的神经系统内到底有哪些神经回路？

在应用研究方面，脑科学研究致力于两个方面：

第一，探索治疗脑病的新途径。

第二，揭示人脑高级机能的奥秘，特别是与我们人类学习行为有关的脑功能研究在世界范围内形成热潮。

2015年10月24日，"中国脑计划"已公布。"中国脑计划"也称"脑科学与类脑研究"。主要有两个研究方向：以探索大脑秘密、攻克大脑疾病为导向的脑科学研究以及以建立和发展人工智能技术为导向的类脑研究。"中国脑计划"主要解决大脑三个层面的认知问题：1）大脑对外界环境的感官认知，即探究人类对外界环境的感知，如人的注意力、学习、记忆以及决策制定等；2）对人类以及非人灵长类自我意识的认知，通过动物模型研究人类以及非人灵长类的自我意识、同情心以及意识的形成；3）对语言的认知，探究语法以及广泛的句式结构，用以研究人工智能技术。

一、脑的基本结构

为了了解人脑的一些基本结构及其功能。同时,对神经元活动过程进行了简要描述,对脑和心智进行了区分。历经几个世纪的探讨,脑科学家对脑的各个特征进行了考察,并勾勒出脑的基本框架。他们分析了脑的结构和功能,寻找概念来解释所观察到的现象。一个古老的概念是按照位置将脑分为前脑、中脑和后脑。另外一个概念是于20世纪60年代提出的,它按照进化阶段将脑划分为:爬行动物脑、古哺乳动物脑和哺乳动物脑。从外观上看脑的主要组成部分,脑包括额叶、颞叶、枕叶、顶叶、运动皮层以及小脑等。脑的内部结构,依照一般功能,可以分为三部分:脑干、边缘系统和大脑。

1. 脑的外部结构

主要的皱褶在所有的脑中都是一样的。这些皱褶将每个半球分为四个叶。每个脑叶负责执行特定的功能。脑外层的主要组成部分:额叶、颞叶、枕叶、顶叶、运动皮层等。

(1)额叶(通常被认为是执行控制中枢)。通常认为它执行规划和思维功能。

(2)颞叶。颞叶位于耳朵的上方,处理声音和语言(通常主要在左侧),同时部分长时记忆也在这里加工。

(3)枕叶。枕叶在后部,几乎专门执行视觉加工功能。

(4)顶叶。顶叶靠近顶部,主要负责定位、计算和某些类型的识别等功能。

(5)运动皮层,控制躯体运动。

2. 脑的内部结构

脑的内部结构包括脑干、边缘系统、大脑、小脑。

(1)脑干:第一部分是脑干,脑内最古老和最深的区域,该部分进化了约五亿年。人们经常称它为爬行动物的脑,因为它与爬行动物的整个脑非常相似。进入脑中的12对脑神经中,11对止于脑干(嗅觉神经直接进入边缘系统,这是进化的产物)。这是生命中枢,监控呼吸、体温、血压和消化等功能。脑干也包含着网状激活系统(RAS),负责脑的觉醒。

(2)边缘系统:边缘系统位于脑干上部,边缘系统有时被称为古哺乳动物脑。边缘系统的大部分结构在每个脑半球内是成对的。这些结构执行不同的功能,包括情绪

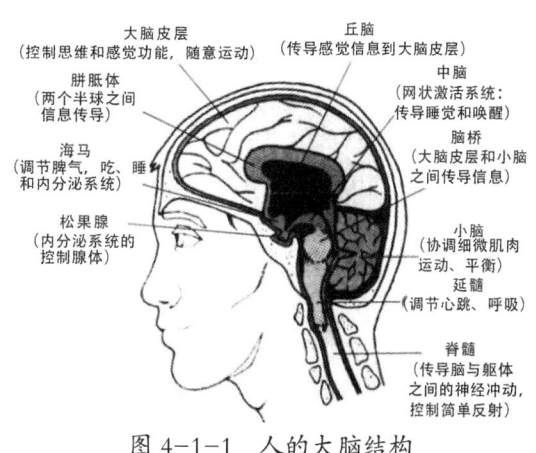

图 4-1-1 人的大脑结构

的产生等。由于它位于大脑和脑干之间，所以情绪和理性可以相互作用。边缘系统的三个部分在学习和记忆中具有重要作用，它们是：

①丘脑。所有感觉信息的输入（除嗅觉外）首先进入丘脑，然后传入脑的其他部位进行进一步加工。

②海马。海马位于边缘区的基部（其名字来源于希腊语的"海马"——因为它的形状很像海马）。它对巩固学习和记忆起重要作用。海马可以进行信息的转化，来自工作记忆的学习通过电信号传导的方式转入长时储存区，此过程需要几天或数月。该脑区不断检测传递到工作记忆的信息并与长时记忆中存储的经验相比较。该过程是意义的产生所必需的。

③杏仁核。杏仁核附着在海马的末端，希腊语意为"杏仁"。这个杏仁状的结构，是边缘系统的一部分。对于人的情绪产生，特别是恐惧，具有重要作用。电刺激杏仁核可以引起愤怒。狂怒的精神病患者在手术摘除杏仁核后，性格变得比较温顺。

由于杏仁核靠近海马，并且在PET扫描该区时明显被激活，所以研究者认为，当记忆转入长时储存的时候，杏仁核负责对情绪信息（如果有的话）进行编码。目前尚不清楚情绪记忆本身是否确实是存储在杏仁核中。一种可能是，记忆中的情绪部分存储在杏仁核中，其他认知成分（比如名字、资料等）被存储在其他地方。每当进行回忆的时候，情绪性成分也被回忆起来。这就可以解释为什么人们回忆情绪记忆时，经常会再次经历这些情绪。

（3）大脑：大脑呈胶块状，是四个脑区中最大的，占脑总重量的80%以上。其表面呈灰白色，多皱褶，并刻有被称为沟回的裂纹。最大的裂纹从前向后，将脑分为两半，称为大脑半球。由于某些尚不清楚的原因，来自躯体左侧的神经交叉到右半球，而来自躯体右侧的神经交叉到左半球。左右两个半球通过一个由25亿个神经纤维组成，被称为胼胝体的厚纤维束相连。借此左右半球相互联系、协同完成脑功能。

（4）小脑：小脑位于大脑尾部的下端，协调并控制各种躯体运动。由于小脑监控来自肌肉末端的神经冲动，因此，它在复杂运动任务的学习、表现和协调中非常重要。小脑调

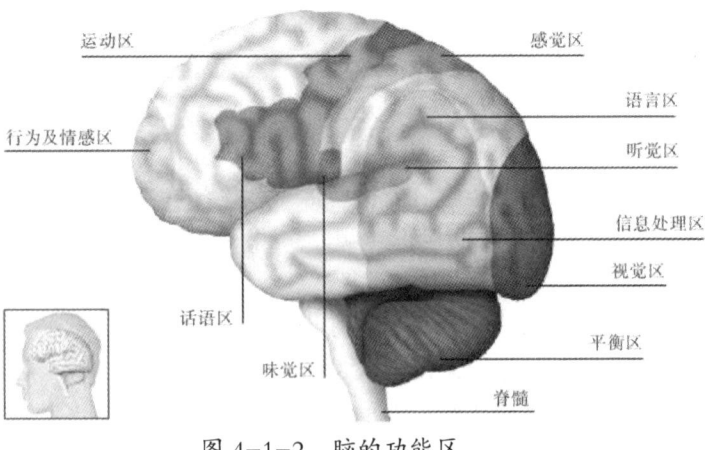

图 4-1-2 脑的功能区

整和协调指挥各种动作，比如挥动高尔夫球杆，使舞蹈者的动作更柔和，同时还可以确保我们的手将杯子放到唇边而不至于让水洒出来，等等。小脑也存储机械运动记忆，比如打字和系鞋带等。小脑受损的人不能调整运动，抓球和握手都很困难。新的研究证据显示，小脑还参与认知加工，对思维、情绪、感觉和记忆的协调和微调起作用。

二、脑与学习的关系

1. 三位一体脑与学习

根据脑的结构皮质类型和作用的不同，科学家提出了人脑的三位一体学说，即我们的脑有三个部分：古脑也叫作爬行脑；旧脑也叫作哺乳脑；最后一个是新脑，就是我们现在总爱谈的智能的核心——大脑的新皮层。这三个脑一个套着一个，在进化的阶梯上，一个比一个晚地分化出来，在形态上后来者把前者包盖起来，并且更为重要的是一个管着一个，即后来的管着它前面的。

爬行脑。爬行脑在这个三位一体的模型中位于最底部，是一个状似爬行动物的结构，它是爬行动物就已全部具备了的脑的结构，人们形象地把它称为爬行脑，学者则称它为 R-复合体。爬行脑的主要部分就是脑干，它主要负责我们人类的非随意性行为，所谓非随意性行为指的是那些不受我们思想制约的自动化的生理性的活动，比如说调节心跳和呼吸等维持生命活动的基本功能，等等。除此以外，爬行脑在人类的本能性的身体反应中也起着重要作用。

哺乳脑。哺乳脑在爬行脑的上面，爬伏着另一群虽然没有爬行脑古老但同样也不年轻的脑组织，它的结构有些类似老鼠的大脑结构，由于这部分脑是哺乳动物所共有的，所以我们形象地称它为哺乳脑。哺乳脑的功能比较复杂，它是繁殖的控制器，同时掌管吃喝的节律。另外，控制人类的复杂的情绪和情感活动。哺乳脑与爬行

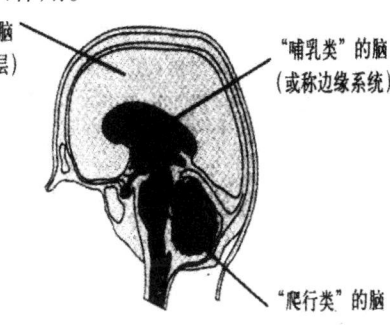

图 4-1-3 三位一体脑

脑一样，它所掌管的那些功能不受我们思想的随意控制。当人遇到危急的情况而使身心处于紧张的状态，当人们受到惊吓而产生恐惧反应，以及当人们遇到了自己喜爱的人而一见钟情。我们无法清楚地由思维来控制和理性地进行调节的过程，而所有这些过程的生物学基础正是哺乳脑的功能活动。

新皮层。在哺乳脑的上面发展出了人类引以为豪的脑组织大脑的新皮层。从进化上看，人类的大脑皮层包含了几种不同的成分。新皮层是人类进行思维的部分，人类的各种高级认知机能、言语、记忆、判断、推理、计划、组织以及各种

有意行为都是主要由这个新皮层来掌管的。新皮层是个理性的器官，它通过分析和综合各种信息，做出符合社会规范的行为指令。新皮层的另一个非常重要的特点就是它对于在它下面的脑组织的控制机能。由于它是在其爬行脑和哺乳脑的基础上发展出来的，它对于它的前身有一种调控的作用，这样我们的行为才可以行得通。从这个意义上说，新皮层正是人类社会和文化的产物。

许多教育者已将左右脑学习模型应用于课堂，以帮助理解学生的个别学习方式。要始终记住这种划分不是绝对不变的，它可以帮助我们制订范围更广泛和更为全面的计划。

3岁以前人类所有大脑的思考动作，都在于下极层的古皮质，但3岁以后，上极层逐渐成熟，大脑思考的功能也由下极层逐渐转移到上极层。

初生儿能对外界的事物有所了解和认知，最主要是透过视、听、嗅、味、触的五感感受。由于五感的学习是非常自然的，所以一般而言，我们并不特别注意。

通常最重要，也是最有效的，是进入大脑的感觉刺激信息在中枢神经形成有效的组合，即"感觉统合"。眼睛的视感、耳朵的听感、鼻子的嗅感、嘴舌的味感、皮肤接受触及肢体活动的触感，都会将刺激的信息传入大脑，如同天线一样，这些感官是用来搜集环境信息的。特别是以下几种感觉刺激信息对感觉统合十分重要：

（1）触觉。触觉是人类大脑学习能力，更是人类大脑学习能力异于其他哺乳动物的最大因素。人类毛少皮薄，使大脑从初生阶段便可以接受各种不同层次的细腻感觉，并且能做到细腻地辨识及记忆，这是人类与其他动物最明显的区别。

（2）前庭感觉。综合判断头部位置和身体变化的综合性感觉，便是所谓的前庭感觉。前庭感觉让我们的头、眼、四肢、身体能相互协助做出一系列动作。由于人的身体必须随时练习在地心引力中运动，所以前庭感觉的协调，通常称为前庭平衡。前庭平衡不佳，即会造成身体操作的不良。

（3）固有感觉。鉴于人的身体和地心引力的关系，除了前庭感觉外，还有一种称为固有感觉。人类直立行走，但双手不长，又没有尾巴，显示出人类身体上的平衡工具非常短缺；但人类的行动仍算灵活，这种能力很难用力学眼光解释，我们或许只能视之为千万年进化出来的一种能力，因此通常称之为固有感觉，固有感觉所形成的身体和地心引力的自然协调，便称之为固有平衡。如翻身、站立、走路、跳跃、翻滚，甚至扣扣子、写字、拿筷子吃饭、用梳子整理头发……身体各部分器官能够协调自如，是固有平衡的功劳。

2. 大脑两半球与学习

大脑是人体生命活动的司令部，被誉为"智慧之官"。大脑分左、右两个半球,是中枢神经系统的最高级部分。大脑两半球由胼胝体相连接。胼胝体是连接大脑两半球皮质的神经纤维束板,位于半球间裂的纵沟底部。人类的胼胝体由2亿条神经纤维组成,以每秒40亿个神经脉冲的频率和速度在左、右两个半球之间传递信息。胼胝体在两半球的协同活动中起着重要作用。

大脑是人类行为的司令部,它指挥着人们每一时刻的思想与行动。大脑功能发展如何,将直接影响人们的日常生活和行为表现。人们在思考问题时,很少是只用大脑左半球或大脑右半球的。但是,一些学者认为:目前,由于大多数人没有将大脑左右两半球功能协调运用好,所以造成了人自身聪明才智没有充分表现出来。

在心理发展与教育的关系问题上,心理学家们认为:教育决定人的心理发展水

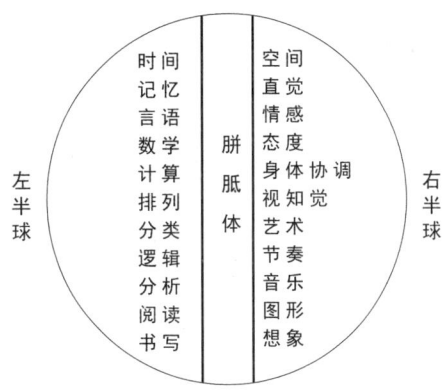

图4-1-4　左右大脑半球的分工

平,但教育的决定作用得以实现就必须以人已有的心理发展水平为基础。因此,正确评价大脑左右半球功能,对于教育工作来说具有重要意义。

首先,不同的教育内容能够促进开发大脑不同半球的功能。了解学生大脑半球功能发展的情况,教师就可以有选择地安排教学内容来提高学生能力的发展。其次,大脑左右半球在处理信息时有一定的分工,右半球擅长处理形象信息,左半球擅长处理语言信息。根据学生大脑半球功能发展的情况,教师选择适当的教学方法来呈现教学内容,不仅能提高教学效果,而且能提高学生的学习效率。

"左右脑分工"理论是美国斯佩里博士首先提出来的。根据这一理论,大脑左右球具有两个相对独立的意识活动区,左脑是理性脑,又称为言语脑,主管言语、文字、符号、分析、计算、推理、判断、思考等,是人类读书、计算、写作时的工作重心,并且直接指挥身体右半部的运动机能,如右眼、右耳、右手、右脚等动作。也就是说,左脑遵从自己一贯的原则,通过语言进行有序的条理化思维,即逻辑思维。

与此不同,右脑是感性脑,又称为映像脑,主管音乐、绘画、图形、色彩、映像、感情、非语言的观念、空间认识、立体认识、想象、创造、非理论的感性等,并且直接指挥身体左半部的运动机能,如左眼、左耳、左手、左脚等动作。

传统的教育是左脑教育,注重开发人的语言、逻辑、分析、抽象等能力。然而近代心理学研究表明:右脑具有超高速的处理能力,比左脑蕴含更大的潜能。任何人只要开发右脑,充分释放脑能就可获得惊人的记忆力。

开发右脑潜能可通过以下一些方法来进行:

从事一些和右脑功能有关的活动,如多使用左手、左脚,多进行想象力训练、

图形识别练习，读书时要善于随时归纳大意，欣赏音乐、绘画、电影等都是锻炼与发展右脑功能简便易行的方法。

1. 进行汉字教学、开展各种肢体运动、精神放松等方法都有助于开发右脑功能，使左右脑协同工作、协调发展。

2. 运用现代教育技术（幻灯、录音、唱片、电影、电视、录像、多媒体计算机等）开发左右脑的潜力大有可为。

3. 用珠算心算法开发大脑左右半球功能。

4. 用活化右脑法开发大脑左右半球功能。活化右脑法是日本学者品川嘉也提出的，他认为：日本人由于接受过于统一的、规范的学校教育，导致使用大脑左半球过度，而大脑右半球使用不足。因此，他提出了一套针对大脑右半球使用不足的一种锻炼方法。

品川嘉也提出活化右脑法的原理是：

人体的神经系统在进入大脑之前是左右交叉的。也就是品川嘉也根据上述原理，提出了九种锻炼大脑右半球的方法，使大脑右半球功能得到明显的改善和提高。这九种方法的具体内容如下：

方法一，刺激左半身的感官和神经。即要求人们在日常生活中，经常用左手抓握扶手，多使用左脚，多使用左侧视野和左侧听觉。这些活动包括：在公共汽车上，用左手抓握扶手；平时多用左手拿东西；用左耳听音乐；用左脚踢球；眼睛注视正前方，同时练习用左眼多看物体。

方法二，锻炼类型识别能力。即人脑记忆和识别物体形象的能力。通过锻炼人对物体形象记忆和识别的能力，可以锻炼大脑右半球。这类活动包括：记住围棋、象棋的布局；用左视野观察连续通过的汽车的颜色、形状等；记住路上遇见的所喜欢人的面孔，过后进行回忆；在公共场合，试着将周围人的长相进行分类。

方法三，锻炼图形识别能力。即养成用图形而不是用语言表达和记忆的能力。这种类型的活动包括：做笔记时不用文字而用图形；多做迷宫游戏。

方法四，锻炼绘画意识。通过欣赏图画和风景，可以加强右脑功能。因此，在日常生活中，要注意做下列活动：有意识地眺望自然风景；有意识地找出自己喜欢的绘画、摄影作品；多到室外练习写生；观察他人的舞蹈动作，并记在心中。

方法五，锻炼形象思维能力。通过下列活动，可以促进人的形象思维能力发展。这些活动包括：读体育报道时联想其具体的场面；读剧本时联想具体的场景；用珠算法练习心算能力。

方法六，锻炼空间认知能力。通过下列活动，可以促进人的空间认知能力发展。这些活动包括：改变上下班（或上学、放学后）的回家路线；有时仰望天空中的浮云，并在大脑中想象它们的立体形象；玩折纸游戏。

方法七，锻炼五种感觉。人有五种最基本的感觉：视、听、嗅、味、触觉。其中，视觉和听觉是左右交叉。而嗅觉、味觉、触觉则主要是大脑右半球负责。因此多让自己辨别各种气味，多品尝各种味道的食物，多让自己的身体接受各种触觉刺激，以提高大脑右半球的功能。

方法八，多听右脑音乐。研究证实，听日本古典音乐时，激活大脑左半球的活动；而听西方古典音乐，则激活大脑右半球功能。因此，多听西方古典音乐，可以促进大脑右半球功能的发展。此外，听各种动物如鸟的叫声和虫子的叫声，也可以提高大脑右半球的功能。

方法九，想象力训练。研究表明，想象是先由大脑右半球产生，然后由大脑左半球引导而在大脑右半球出现的，能直接转换为创造力。因此，让自己的想象力天马行空、自由自在地进行，有利于大脑右半球能力的改善和提高。

3. 脑电波的变化与学习

人们在学习时，常常伴随着以神经、肌肉、感官活动为主要形式的生物电变化。研究人类的学习机制，尤其是电生理机制的主要手段是脑电图、脑电波。

脑电波（EEG）是大脑在活动时，大量神经元同步发生的突触后电位经总和后形成的。它记录大脑活动时的电波变化，是脑神经细胞的电生理活动在大脑皮层或头皮表面的总体反映。

现代科学研究已经知道，人脑工作时会产生自己的脑电波，可用电子扫描仪检测出，至少有四个重要的波段。

利用脑电图机，可以记录出大脑在不同活动状态下的脑电波，频率范围在每秒 1 ~ 30 次之间，可以分为四种脑电波。

（1）α 波

频率为每秒 8~13 次，平均约 10 次。在头部的任何部位均可记录到，而以枕叶最为明显。波幅变动于 50~100 微伏之间，很少超过 100 微伏。该波与视觉活动有关，在闭眼静息时最常见。α 波表示个体处于一种放松状态。在 α 波状态下，个体学习语言、掌握新知识的速度最快。

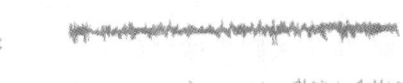

图 4-1-5 人的脑电波

（2）β 波

频率为每秒 14~30 次，在额叶最易出现。波幅一般不超过 20 微伏，在思考时最为明显。同时，β 波的出现也表示一个人处于紧张、焦虑状态。

(3) θ 波

频率为每秒 4～7 次，在顶叶、颞叶最明显。波幅在 100~150 微伏之间。θ 波常在人昏昏欲睡、沉思冥想以及幻想状态时出现。它既可以是人将要睡着了的表示，也可能是人出现直觉、灵感、洞察力和白日梦等心理。现代科学研究表明，大脑处于此状态下，人容易接受各种暗示。因此，θ 波是各种加速学习方法和自我控制方法实施的最佳期。

(4) δ 波

频率为每秒 1～3 次，出现于颞叶和枕叶。波幅在 20～200 微伏之间。δ 波在人深睡时易出现。练气功的人和练瑜伽的人在这种脑电波下既能入睡，又能保持清醒。但对于一般人来说，如果大脑出现 δ 波，就会神志不清。如果大脑脑电波频率下降到每秒 0.5 次以下，大脑实际上就死亡了。

诱导大脑脑电波，开发大脑的原理：人的大脑很少只以单一的频率来工作。总是根据活动的内容不同，脑电波的频率在不断变化。如果人们在实际生活和工作时能让大脑产生 α 波，就会使大脑的工作效率提高，人对所学习的内容感到轻松容易，并会在学习时产生灵感，对所学习内容产生顿悟，提高学习的速度和效率。

4. 脑的学习关键期

脑是心理活动的物质基础，心理活动的发生、发展与脑的发育有极为密切的联系。如果脑的发育出现异常，则心理发展就会受到影响。因此，研究人的心理功能的开发必须以掌握脑发育的相关知识为前提。

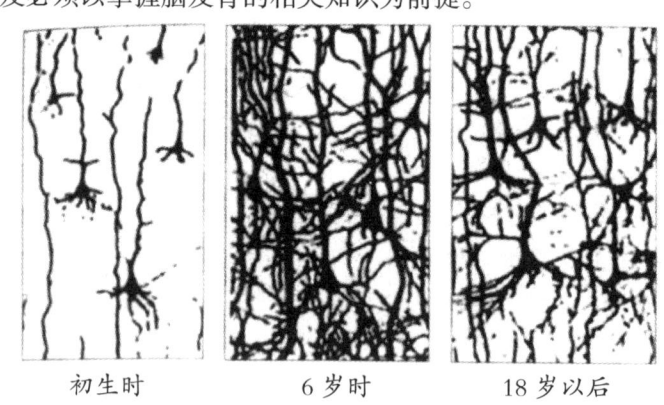

初生时　　　　6岁时　　　　18岁以后

图 4-1-6　大脑皮层区的突触密度发育阶段的变化

脑的发育遵循一定的程序，其历程和结果既受先天遗传因素的影响，也受环境因素的影响。

科学研究表明，人刚出生时，大脑的重量约 300 克，但是接着便很快地增加，到了五六个月时至少增加一倍，3 岁时已达成人脑重量的 70%，四五岁时可增加到 80%，6 岁时达到 95%，在 20 岁前后才会完全成熟。这时脑细胞在胎儿几个月就开始激增，发展很快，大脑脑皮层不断变化。在不同时期成熟的大脑皮层的突触密度形成神经网络，出生初期密度很小，但到 6 周岁最密，到后来又逐渐减少，即"先多后少"。6 岁左右由于生活的大量接触，各种网络都形成了，其中一些没有必要的网络逐渐弱化，失掉了，叫"铺路原理"。脑发育有快有慢，儿童各种认知机能获得，如语言、知觉、注意、智能也表现出不同时期相关的模式。儿童在脑发育过程中某一特殊成熟阶段会对某种知识、技能、刺激有特殊需求，形成长久的架构。这时期，所学习的知识、技能比较易学，容易掌握，而且有效率，这就是所谓脑学习黄金期，或称脑学习关键期。如图所示：

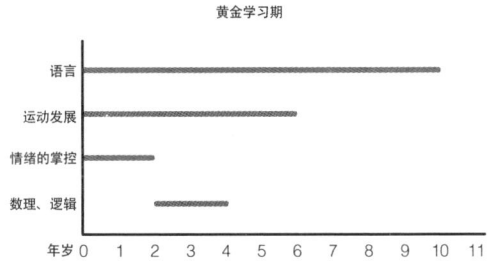

黄金学习期：亦指当脑在某一特殊成熟阶段，会对某种认知、技能、刺激有特别需求，用来奠定、形成长久稳定的架构。在黄金学习期间，所学会的知识、技能，比较易学，容易掌握而且有效率。

图 4-1-7 脑学习关键期

大脑在胎儿阶段开始发育，到了 3 岁时大脑已经发育得相当完善。如果胎儿期或者母亲生产时造成大脑功能的损伤，或者儿童成长过程中受到外界因素造成的脑创伤，都可能引起学习障碍。

思考题：

1. 什么是脑科学？
2. 举例说明大脑哪些问题与学习有关？

第二节 脑的学习功能

脑是心理活动的物质基础，心理活动的发生、发展与脑的功能有极为密切的联系。如果脑的功能出现异常，则心理活动就会受到影响。因此，研究人的脑功能的开发必须了解以下脑功能与学习的关系。

一、人脑的学习类型

人们接受和加工信息、进行学习，要借助不同的感觉器官，如凭耳朵听，用眼睛看、用手摸等。由于个人身心特点的差异，不同的人对不同的感觉器官和感知觉通道有不同的偏爱。有些人喜欢通过视觉的方式接受信息，也有些人更喜欢通过听觉了解外在世界，还有些人更习惯通过动手（或身体运动）来探索外部世界，从而掌握有关信息。心理学的有关研究表明，不同认知通道的学习效果是有差异的。

根据美国哈佛商学院2007年有关研究人员的分析资料表明，人的大脑每天通过五种感官接受外部信息的比例分别为：味觉1%，触觉1.5%，嗅觉3.5%，听觉11%，以及视觉83%。但从信息传输理论上看，每种信息传输通道（与人类感官相对应）传递信息的效率不同，疲劳的程度也不同。所以在教学中适当地变换信息传输通道，尽可能地使学生的不同感官，才能有效地、全面地向学生传递教学信息。不同感知觉类型的学习者，在学习上有不同的表现，所应采用的学习策略也各不相同。从感知觉方面看，学习者主要有视觉型、听觉型、动觉型三种类型。

1. 视觉型

视觉型学习者善于通过接受视觉刺激而学习，喜欢通过图片、图表、录像、影片等各种视觉刺激手段接受信息、表达信息。他们将所听到的事情想象成图像，将所要说的话以形象来取代。他们通过观察所获得的信息和知识，往往比从交谈、聆听或是实际习作中所获得的还要多。在学习上，他们通过自己动手涂写获取知识，要比阅读文字或聆听语言更有效。这种类型的学习者喜欢阅读，而且能够比较容易地从书本上吸收知识。他们能将所读的文章轻而易举地记住，并转换为口语，因而在复述或书面测试中容易取得好成绩。他们一般都很自信，而且具有很强的自制力，学习有自主性和计划性，有时还具有创造性。但由于过于认真而缺乏一定的表现力，举止呆板，书呆子气很重，由于过于自信，也会表现出一种自负的倾向。

2. 听觉型

听觉型学习者善于通过接受听觉刺激进行学习，喜欢通过讲授、讨论、听录音等口头语言的方式接受信息。

这种类型的学生上课一般都能力认真听讲，能够按时完成老师布置的作业，但是他们的劣势在于过多地注意原有的知识，有时可能会影响自己潜能的充分发挥。

3. 动觉型

动觉型学习者喜欢通过双手和整个身体运动进行学习，如通过做笔记、在课本上画线、亲自动手操作等来学习。他们不喜欢老师整堂课的讲解和板书，也不擅长言语表达。他们往往在体育、自然、课外活动等需要动手操作、实验的学科中表现得较为突出。这类学习者往往比其他学习者有着更大的发展潜力。这种学习类型的学生做事一般都比较守信，而且一旦集中于某事，就会做出很好的成绩。但是由于他们的情绪不稳定，忽冷忽热，虽精力旺盛，但由于热衷于太多的事项，最后往往精力分散而一事无成。

上述三种类型学习者的学习各有长处。学习者要了解自己属于哪一种类型，充分发挥优势，弥补不足。

除上述三类典型的学习者外，还有混合型，即学习者同时具备了视觉型、听觉型与动觉型的多重特征。但是，一般来说，大多数的学习者在学习时都明显地体现出偏于用某种或某几种感知觉通道进行信息加工。

二、学习的脑功能

（1）视觉的脑

视觉信息是如何进入人脑的？视觉能量的波长应该在380～760毫微米之间——否则它就是不可视的。首先，光学图像到达一个多层结构——视网膜。第一层是光感受器和1亿个以上的视杆细胞和神经细胞。视网膜的神经节皮层里包含形成视觉神经的细胞和通路。一旦视觉信息到达视神经交叉，信

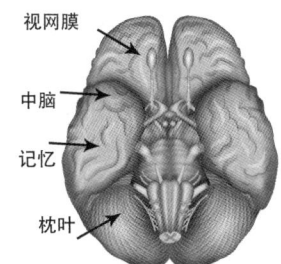

图4-2-1 视觉功能

息就会交叉开来（从左到右和从右到左），通过数百万被称为轴突的"电线"传输到丘脑——外侧膝状体（LGN）所在的区域。

中脑根据视觉输入的特定区域（视网膜的中央凹或是神经末梢区域）、信息该传达何处（枕叶）的"包装"需要，来组织这些信息。一些视觉信息将转入颞叶或顶叶。一般而言，顶叶加工空间图形，颞叶加工姓名和记忆，枕叶加工颜色、运动、对比、形式和其他关键的视觉因素。额叶既加工注意信息，也控制个体注视艺术品的时间长短。简而言之，视觉艺术创作和看的行为是大脑整体的经验。视觉系统一共有35个以上的加工区域。

神经生物学家告诉我们，我们的大部分视觉是在第一年，特别是在头4～6个月发展起来的，而其中2～4个月时是生长的爆发阶段。这个时间段比先前研究记载的时间要早得多。大脑有30多个不同的视觉区域（包括颜色、运动、色调和深度），成长中的婴儿必须获得多样的刺激输入，包括大量的对物体的实际操作并学习它们的形状、重量和运动。多种多样的物体、游戏和来自父母的反馈在很早的时候就塑造着视觉发展的方式。"孩子需要信息的洪流、信息的酒席和盛宴。"贝勒医学院的神经学家是这样说的。

一张图片相当于至少10000个单词的价值。人类是视觉主导的动物。眼睛含

有近70%的身体感受器,每秒通过视觉神经向视觉加工中心发送数百万的信号,因此,记忆的视觉成分如此强大也就不足为奇了。虽然我们每一个人都有能力处理肌肉运动感觉和听觉信息,但是我们通过视觉获得的信息比其他任何感觉都要多。图片长时记忆的容量似乎是无穷的。

(2)听觉的脑

婴儿在他们第一年里将发展一个听觉皮层的响应神经元的知觉图式。听觉皮层里的回路将分配细胞和接收器位置以使之能迅速分辨早期接触保留下来的声音。这个图式是由倾听早期的声响形成的,口音和单词发音是其中的重要组成部分。结果,脑为感受这些特定的声音发展出特殊的神经元。

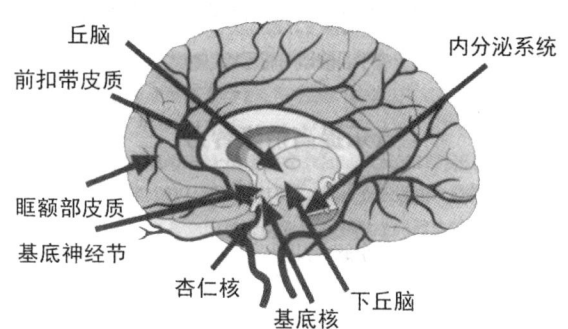

图4-2-2 音乐影响我们情绪系统的很多区域

这个发展的图式与家庭环境紧密相连,以致孩子对于那些家庭环境以外的声音都表现出一种"功能型耳聋"。因此孩子早期接触词汇越多越好,所有早期接触的声音都会塑造着脑,甚至包括音乐和旋律。事实上,婴儿对音乐表现出很强的接受和分辨能力。由于数学和音乐相关,在这个年龄引入音乐可能有助于后期数学的发展。

(3)运动的脑

运动为什么能促进学习呢?原因是运动可以促进脑力的发展。之所以会是这样有以下几方面的原因:

首先,运动改良了脑的血液循环,血液循环的改善可以进一步促进脑的发育和智能的发展。脑对于血液供应是非常敏感的,脑重虽然只占体重的3%,但其血液消耗量却占到心总输出量的20%,而耗氧量为25%。脑在工作时所需的血液是肌肉活动所需要的15~20倍,这些都需要体育活动来保证。

运动可以有效地开发大脑右半球。速度知觉、距离知觉、深度知觉都是人在运动时必需的几种基本知觉能力,而这几种知觉都与人的大脑右半球密切相关。运动最需要的这些基本素质,正是大脑右半球的开发结果。

运动可以提高人的反应速度和反应强度。运动生理学测量的结果表明,经常运动的人比不经常运动的人的视觉运动反应时间要快得多。经常运动的人平均反应时间是0.12~0.15秒,而不经常运动的人平均反应时间则需

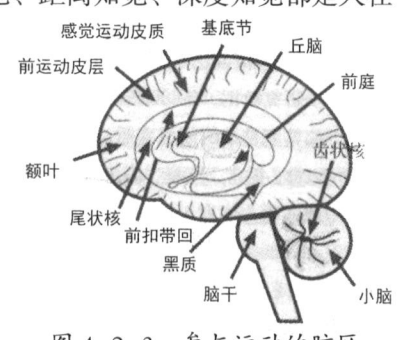

图4-2-3 参与运动的脑区

0.3～0.5秒，两者相差达两倍多，可见运动对神经系统的开发作用。人类演化过程，不仅演化出一个非常发达的大脑，还带着一双十分灵活的手。从人类大脑皮层功能分布图上可以清楚看出手和大脑的关系，以及手的机能的重要性。

精细动作的训练：最简单也是最有效的一个精细动作训练就是我们中华民族的一个优良传统——使用筷子，筷子的熟练运用对于大脑的开发有明显的作用，但是观察发现，很多儿童用不好筷子。这种情况会一直延续到成人阶段，所以我们需要从小就认认真真地做好筷子的操作训练，这样不仅有助于形成良好的礼仪，更可以通过这种精细动作的操练促进儿童大脑潜力的开发。在日常生活中，家长也需要注意尽量让孩子多从事一些需要精细动作才能完成的事情。

手指操训练：手指操通过特意编排的程序训练手指的灵活性。这种训练可以促进儿童大脑功能的提高，是很好的通过运动开发大脑的手段，现在市面上已经有了这方面的书籍，建议家长不妨找一本容易操作的，让孩子练一练，会有较好的效果。当然，如果学校的老师开展这方面的练习再好不过了。

手工操作：不要小看手工操作，手工操作对于儿童大脑的开发很有好处。在学校，这方面的活动不是可有可无的；在家里，这方面更需要加强，鼓励孩子多动手，多进行手工操作。

（4）思维的脑

描述思维比给思维下定义更容易一些。思维的特性包括日常生活的推理，如某个人现在哪里，一个人的目的地在哪儿，如何到达目的地，等等。它还包括发展概念，使用单词，解决问题，概括，凭直觉知晓以及预期未来等。思维的其他方面包括学习、记忆、创造性交流、逻辑和归纳等。我们在什么时候、如何使用这些思维的特性，取决于我们与周围环境发生交互作用过程中的成败经验。

人类的思维活动是一个非常复杂的过程，它包括了从概念的形成到问题解决的各个环节，涉及了人的多种认知过程。

①概念的发展

概念的形成是一个从具体到抽象的过程，儿童概念形成能力的发展也有一个循序渐进、逐步从只能依据具体事物到可以脱离开具体事物进而走向抽象的符号化的过程。

学龄初期的儿童，思维活动一般还离不开具体的事物，他们往往将概念具体化，把某一概念同一具体的事物联系在一起。对于概念中的本质内容，即抽象化的核心部分，则难于把握。

随着年龄的增长，儿童的概念形成过程渐渐地脱离开具体的事物的局限，在形象地理解概念的外在特征的同时，逐步可以理解抽象的概念的定义，具备了认识概念的本质特征的能力，这个时期在10岁左右的学龄儿童身上表现得比较明显。

②判断的发展

在概念发展的基础上，儿童的判断能力也逐渐发展起来，儿童早期的判断一般都是以他们的主观经验和情绪为依据进行的，这种现象被称作"自我中心"。他们是以自己为核心观察事物的，不能客观地看待事物。儿童早期的判断的另一个特征是，通常都与具体的事物连在一起，是一种形象的具体化的判断模式。由于生活经验少，不能把事物的本质特征和非本质特征区分开，因而他们形成的判断经常会出现一些令人发笑的错误。上学以后，儿童的判断能力会在良好的教育环境下迅速提高。10岁以后的儿童判断能力已有了明显的增强，这时他们已经可以抛开具体的事物去对问题进行分析和理解并做出判断。

③推理的发展

从推理的形式上看，儿童首先掌握的是简单的直接推理，随着年龄的增长，他们渐渐掌握了较为复杂的间接推理，可以依据给定的抽象的前提，按一定的规则推演出间接的结论。这种情形在10岁以上的儿童身上就已经可以十分清楚地表现出来了。这时期的儿童大都可以进行形式逻辑的推理活动。

思维机能的开发，首先需要关注的是儿童对于概念的形成能力；随后是判断能力的培养；最后则发展到推理的机能训练。

思维的神经机制是一个十分复杂的课题。现在看来，脑的许多部位都参与了人的思维活动过程。

人脑是非常复杂的器官，思维是人脑的一种高级活动。在进行这种活动时，脑的很多部位均在不同程度参与并协同活动着。这里主要是脑的前部和后部，以及左侧半球和右侧半球的问题，是强调这些部位在思维过程中的重要性，但不是否定其他部位的作用。事实上，思维活动的正常进行需要的不仅是脑的前部和后部，还需要上部和下部、外面和内面的共同活动，也就是说缺了哪个部分都会有问题。

特别是人的大脑额叶在思维活动中占有重要地位。额叶可以说是大脑的最高司令部，它的主要功能包括计划，组织监察和执行。额叶机能有一个较长的发育成熟期，一般要到25岁才完成，因此，脑功能开发是一个长期的过程。到了中学阶段，开发大脑机能的主要任务仍然是开发大脑的额叶机能。

人的思维的维度，其基本过程如下：

观察——包括再认和回忆。

发现模式进行概括——包括分类、比较、对照、辨别相关和无关信息。

基于模式形成结论——包括假设、预言、推理和应用。

评估基于观察获得的结论——包括检验一致性，鉴别偏差及刻板印象，鉴别未阐明的假设，认知过度或概括不足，并用事实来证实结论。

大多数再认模型中都包含了这些基本过程，我们通过将信息综合在一起，使其成为可理解的和具有一致性的模式,以此来认识这个世界。而且这些过程告诉我们,结论是建立在事实基础上的。并且从这些结论中,我们形成了模式,通过模式帮助我们进行假设、推断和预测。

(5)情绪的脑

情绪不仅是前沿科学,也是非常重要的科学。科学家发现情绪的生理通路和优先性;脑内与情绪有关的化学物质;这些通路及化学物质与日常学习、记忆之间的联系。

科学研究表明,人的大脑有两个重要功能:一个是思维,一个是情感体验,也被称之为"每个人不但有一个情感的大脑,还有一个理智的大脑"。情感大脑也称之为情感中枢,是大脑皮层下中枢,在大脑两半球的内侧面并围绕脑干,被称之为边缘系统。边缘系统是较广泛而复杂的结构,它不仅包括边缘叶的结构,即扣带回、海马回和齿状回,还包括皮层下核,如丘脑核、下丘核、隔区和杏仁核等。边缘系统最早出现在哺乳动物身上,因此通常也称作"古哺乳动物脑"。

由于边缘系统是控制情感、情欲的中心,它又在学习记忆中起关键作用,两者联系密切,所以当你在学习时,如投入情感,就能够记得更牢。

边缘系统结构中的两个重要组织是杏仁核和海马回。主要承担了学习和记忆的功能。杏仁核专门负责情绪事务,如愤怒、恐惧、悲痛、惊喜、焦虑等有的激情;海马回的主要功能是记忆普通事务,识别、储存事情的模式和细节。

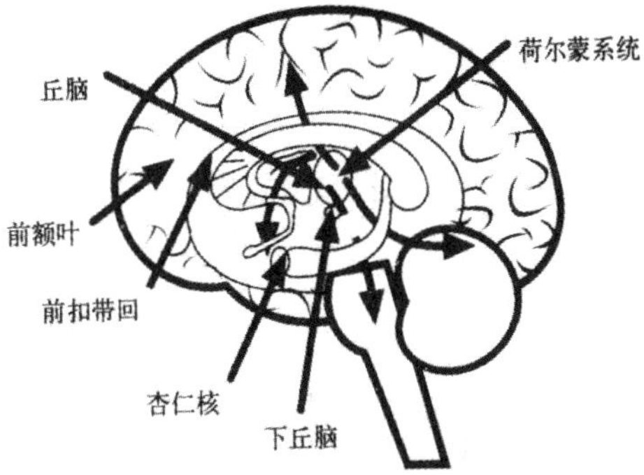

图 4-2-4 由情绪强烈激活的脑区

为了统一大家对情绪的定义,研究者主要关注两类主要的情绪类别:(a)基本情绪,如可以通过面部表情表达的情绪;(b)情绪维度,如对事件的反应。

基本情绪:研究者认为,愤怒、恐惧、厌恶、高兴、悲伤和惊讶是六种基本的用来表达情绪状态的面部表情。

虽然对于具体某个情绪列表是否能够包含所有情绪经验还存在诸多争执,但大部分人接受这种观点:存在着基本的、普遍的人类情绪。恐惧和愤怒等基本情绪已经在各种动物中得到了证实,而且这些情绪由皮质下回路控制。最终,科学家们接受了基本情绪这个观点。这样有助于进一步研究不同情绪状态和心境的神经机制,以及面部表情的神经和发展基础。

在差不多一个世纪的时间里,科学家们把情绪状态看作是大脑加工的结果。然而直到最近,伴随着针对双侧杏仁核损伤之后引发缺陷这样的个案研究,以及能显示加工在大脑中的激活位置和模式这样的功能成像研究,我们对情绪的功能神经解剖学的了解才有了重大进展。

表 4-2-1 与各种情绪相关的脑区

情绪	相关脑区	功能角色
恐惧	杏仁核	学习,逃避
愤怒	眶额皮质,扣带前回皮质	表明违反社会准则
悲伤	杏仁核,右侧额极	退缩
厌恶	前脑岛,扣带前回皮质	规避

因此,在学习中,使自己保持正常和愉悦的情绪状态,避免使学生陷入长期的情绪困扰,这既是保持心理健康,也是促进心理发展和提高学习成绩的有效策略。

思考题:

1. 什么是三位一体脑,分析其各功能作用。
2. 左右脑是如何分工的?怎样开发右脑潜能?
3. 大脑有哪四个不同的脑电波,各个脑电波的特点是什么?
4. 人有哪些学习功能的脑?给予说明。

第三节 认知活动的脑机理

现代认知心理学认为,人类的认知活动从感觉到意识、注意、记忆、思维、想象……贯穿于行为科学所有领域,它与脑科学、认知神经科学有着密切的关系。研究认知过程中的脑机理,对于我们掌握学习的神经生理机制是十分必要的。

人类的认知活动,是脑神经细胞通过人的眼睛和耳朵等器官感受到的文字、声音而形成的条件反射和神经联系,是脑的分析、综合活动的结果,是脑机理产生的结果。

一、感知觉能力发展的机理

人认识事物的感性阶段有两个基本过程:一个是感觉,另一个是知觉。感觉与知觉都是人脑对客观事物的反映,但感觉与知觉是不一样的:感觉是对外界事物个别属性的反映;知觉是对外界事物整体的反映。

人类的智能活动离不开具体的感知觉。知觉开发是脑开发的基础环节,只有打好了这个基础,各种复杂的认知活动的上层建筑才能更加辉煌。感知觉的开发涉及各个感觉器官的发展和机能。

1. 视觉系统的发展

婴儿刚出生就具备了生理上的看世界的准备,接下来的就是怎样发展他的视觉机能。

2. 听觉系统的发展

与视觉系统类似,孩子刚出生就具备了生理上的听世界的准备。有研究显示,在怀孕最后几个星期胎儿的听觉系统就已经基本发展到位了,剩下来的就是准备接受新世界的刺激并积累经验了。

虽然人的视觉和听觉系统在出生时就已基本上做好了看世界和听世界的准备,但这并不表示他们看到和听到的跟我们成人的世界是一样的东西。我们看到和听到的世界是有组织有结构的世界,并不是杂乱无章的大杂烩。他们与周围的物理世界发生着互动。正是在这些互动的过程中,世界逐渐变成了我们现在看到和听到的样子。这些都是需要经过学习和经验的累积才能完成的复杂过程。

知觉是在感觉的基础上发展起来的。孩子一出生就有了视听触等各种感觉,随后便开始了知觉的迅速发展。知觉有很多种。我们最常用到的也是在婴幼儿早期教育中比较容易操作的,是对外界物体的形状的知觉、大小的知觉,以及对方位的知觉。

形状知觉。2~5岁是儿童形状知觉发展的关键期。形状知觉与几何图形的辨识和掌握有直接的关系,而认识几何图形是学好数学的基本要求。因此抓住时机,及时地开发儿童的形状知觉会有效地促进儿童日后对数学技能的掌握。

大小知觉。大小知觉较形状知觉的发展稍晚一些。这是因为大小是相对的,辨别物体的大小比辨别物体的形状难度大一些。对平面图形的大小的辨别比对三维的立体的体积的大小的辨别发展要早。2~3岁是儿童对平面图形大小知觉发展的关键期。3~5岁是对体积大小的知觉发展的关键期。

方位知觉。方位知觉包括上下前后左右等。2~3岁是儿童发展上下知觉的关键期,3~4岁是发展前后知觉的关键期。5岁左右是发展以自身为中心的左右定位的关键期。

脑科学和心理学的研究证实,人类的智能活动离不开具体的感知觉。当感知活动被剥夺后智能活动便会出现障碍。

二、运动发展的机理

我们这里还要特别提到手和脑的联系。因为我们谈的很多种运动都离不开手的运动,特别是一些精细性的动作。这也是我们人类特有的一种机能或运动形式。

从人类的演化历程来看，手与脑有着十分密切的联系。我们人类从动物界里走出来不光演化出一个非常发达的大脑，还带着一双十分灵活的手。人手不仅在形态和结构上与其他动物有很大的区别，而且在机能上、在一些特定的动作上更是其他动物包括高级灵长类动物所望尘莫及的。冰冻三尺绝非一日之寒，我们人手所具有的特殊的活动能力，尤其是拇指与其他四指的分化，人手所具有的对掌动作，即拇指与其他四指的对应动作都是经过了生物学意义上的漫长岁月才进化完成的。

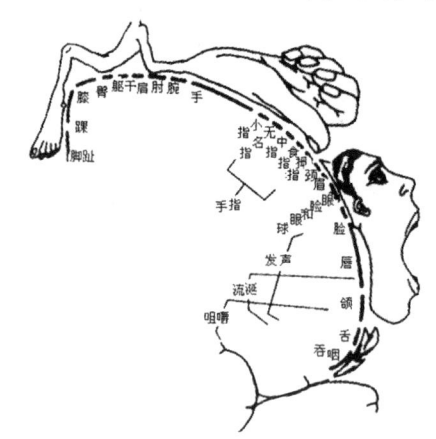

图4-3-1　手指代表区在大脑皮层上的定位

人类大脑的增长智能的发展在相当大的程度上是与人手的运用相并行的。我国有句俗话叫作"心灵手巧"，这话反过来讲就是"手巧心灵"，而这正反映了一个十分重要的科学事实——手的运用促进了大脑的发展。

对于手和大脑的关系以及手的机能的重要性，我们还可以从人类大脑的皮层功能分布图上清楚地看出来。皮层功能分布图将大脑皮层所负责的躯体机能用图的形式表示出来。人的躯体的各部分都在大脑皮层上有所对应。然而这种对应并不按照这些躯体部分的实际大小而定，而是依据它们在机能上的重要程度或应用程度而定。越重要的部分功能区也越大，越是机能相关的部分，相互间离得也越近。在这个脑功能分布图上，手指所占比例相当大，而且与言语机能区（特别是运动性言语区）十分接近。这不仅反映了手指运动的重要性，同时也提示我们手指运动与其他脑功能的关联。手指的运动可以促进相应的脑区的分化和成熟，从而使相关的大脑机能得到发展。这也就是手指的运动可以明显地提高言语机能发展的一个重要原因。

爬行对手脚配合功能的发展非常重要。

爬行是一种水平方向的运动，人的直立行走则是一种直立方向的运动，两者各有侧重，应共同发展。水平方向的运动在一些方面是直立方向运动所不能比拟的。它对于发展位置觉和前庭系统的各种功能都有很重要的作用。

爬行时要求平衡，这对前庭器官是很好的训练。前庭器官的发展对克服多动症有重要的作用。爬行使头部的活动与肢体的活动融为一体，这对于促进全身的协调很有好处。

爬行与左右认知：爬行可以促进儿童对肢体左右侧的认知。左右认知与高级认知机能有重要关系。这在阅读障碍儿童对书面语的操作行为中表现得最为明显。

这样的儿童会出现拼写时偏旁部首的倒置、写反字、字母混淆，比如，b和d不分，p和q不分，同时他们在拼读时有明显的困难，阅读有障碍。研究表明，造成这种拼写和阅读困难的一个重要原因就是儿童对自身以及空间方位中的左和右不能很好认知，特别是对自身的认知，因为它是其他方位认知的基础。实践表明，通过爬行训练，儿童对自身左右的认知得到改善，进而改善了上述拼写与阅读时发生的问题。

爬行除了能够促进人对左右的认知以外，还可以促进对身体其他部位的认知和操作机能。

三、记忆的机理

随着脑科学的发展，人们对记忆不断有新的认识，对记忆的分类在不断地出现新的方法。经典的分类是将人类的记忆按照记忆发生和保持的时间的长短分为三个阶段，即瞬时记忆（也叫作感觉记忆）、短时记忆和长时记忆。对这种记忆分类方法，人们一般称为记忆的阶段模型。

神经心理科学对于记忆的大脑结构一个重要研究成果就是语词记忆以左脑为主，影像记忆以右脑为主；短时记忆和长时记忆分别由大脑的不同部位掌管；短时记忆到长时记忆的中介是语音复述；与计算机类似，人的大脑中也有RAM，它就是工作记忆的操作空间；显性记忆和隐性记忆的区分提示我们不仅可以有意地学习和记忆，还可以在无意的状态下学习，掌握信息和技能。

短时记忆和长时记忆分别由大脑的不同部位掌管，这是神经心理科学对于记忆的大脑结构的一个重要研究成果。它说明早期我们把人的记忆分为短时记忆和长时记忆完全是有科学根据的。

除了短时记忆和长时记忆的脑机制不同以外，神经心理科学的研究还发现人对语词方面的记忆主要与人的左侧大脑半球相联系，而人对于空间形象方面的记忆则主要同人的右侧大脑半球联系。

关于空间事物的记忆障碍。

依据记忆的不同类别，我们可以有选择地训练我们的某种记忆。特别值得一提的是，我们每个人在记忆方面都有所侧重，甲某可能是偏重听觉的，乙某可能是偏重视觉的，丙某对语词方面的内容记得特别清楚，丁某则可能对形象的事物有过目不忘的本事。所以我们需要了解一下各人擅长哪种类型的记忆，另外在哪种类型的记忆机能方面有欠缺，这样就可以扬长补短，也就是促进好的记忆品质的进一步发展，同时找到不足的地方及时通过训练提高机能。例如利用语音转换将短时记忆的内容推入长时记忆。短时记忆进入长时记忆的一个关键环节就是语音的转换。了解这个科学事实，我们就可以在记忆实践中充分应用了。

四、思维过程的脑机理

人类的思维活动是一个非常复杂的过程,它包括了从概念的形成到问题解决的各个环节,涉及了人的多种认知过程。

人脑是非常复杂的器官,思维是人脑的一种高级活动,在进行这种活动时,脑的很多部位均在不同程度上参与并协同活动着。我们这里主要讨论的是脑的前部和后部以及左侧半球和右侧半球的问题,是强调这些部位在思维过程中的重要性,但不是否定其他部位的作用。

思维的神经机制是一个十分复杂的课题。现在看来,脑的许多部位都参与了人的思维活动过程,例如,人的大脑额叶。额叶可以说是大脑的最高司令部,它的主要功能包括计划、组织、监察和执行。额叶机能有一个较长的发育成熟期,一般要到25岁才完成。因此脑功能开发是一个长期的过程。

事实上,思维活动的正常进行需要的不仅是脑的前部和后部、左侧和右侧的共同活动,还需要上部和下部、外面和内面的共同活动,也就是说缺了哪个部分都会有问题。

思维机能的开发。由于脑的各个部位在思维活动中作用不同,开发思维也是对脑的不同部位的开发。我们看到,大脑的额叶在思维活动的多个项目中起着作用,因而对额叶的开发是思维训练的一个重要组成部分。同时由于思维是一个复杂的过程,有众多的脑结构参与其中,所以开发时更需要考虑全脑的开发。

在研究脑开发和提高思维能力时,我们还要提到与此密切相关的另一个重要问题,即我们可以通过开发与思维活动相关的脑的其他机能来促进人类的多项认知能力的发展,比如说言语机能知觉机能以及想象机能等。因此,开发思维的脑机能实际上是一个十分复杂的系统工程,涉及人的各种认识机能,同时也是一个长期的任务。最后还要注意,开发思维机能要遵循思维发展的历程进行,也就是要有一个分阶段的计划,首先需要关注的是儿童对于概念的形成能力,随后是判断能力的培养,最后则发展到推理的机能训练。

五、运用的机能

什么是运用？运用指的是有目的的系列化了的或程序化了的行动。运用是对躯体和空间的操作,是在时间的维度上展开的程序化了的技能性活动。运用机能在人类进化上有着重大的意义。我们人类区别于其他物种的一个最为重要的特征就是我们人类可以使用工具,而使用工具正是一个最为基本的运用机能。

1. 运用与脑

直到近些年,运用与脑的关系才受到人们的注意,到目前为止我们对运用和脑的关系的研究还是不够深入,其中的很多内容我们还不是很清楚。

运用与脑的关系的最直接也是最有力的证据是脑损伤后出现的各种类型的"失用症"。这些"失用症"从不同的角度揭示了运用的几个层次以及运用与脑的结构的关系,丰富了我们对这个人类的特有技能的认识。

运用的最基本的层次是单纯的躯体性的或是肢体性的运用。现代发育神经心理学研究的结果告诉我们不同的运用功能由不同的脑区掌管,而不同的脑区是在不同的阶段成熟的,这对我们培育儿童的运用机能有重要的指导意义。对于一个3岁左右的幼儿,从我们的教育实践中可以知道,如果此时教他们完成一些复杂的涉及多个步骤的技能一般是做不到的,为什么呢?这就是因为此时大脑皮层中的第六区位于额叶运动前区,还没有发育成熟,而这个区域是管理复杂步骤的连续运用机能的。所以要培育儿童完成难度大的多个步骤的连续运用技能最好要等到六七岁,因为那时大脑的这个区域才发育成熟。三四岁的时候幼儿可以完成一些简单的运用机能,那也是因为大脑皮层中的第四区也位于额叶的运动前区,此时发育成熟了。而这个第四区就是负责简单步骤的运用机能的。所以我们的培育要随着大脑的成熟情况而进行,这样才会事半功倍,否则就会事倍功半,得不偿失。

2. 精细动作

精细动作是人类运用机能的重要组成部分。运用机能的完成往往需要多种精细动作,特别是人手的动作的配合。人的精细动作的发展是随着人类的进化,特别是人类社会与人类的文明和技术的进步而愈渐复杂的,尤其是两手的动作更是人类区别于其他高等动物的一个特征。我们人手所能操作的复杂动作是任何其他动物都无法完成的,就是与和人类相近的猿类相比较这种区别也是非常大的。

从动作的个体演化顺序来看,精细动作的发育成熟较粗大动作的发育成熟为晚,精细动作是在粗大动作的基础上发展起来的。

3. 模仿能力

运用机能的掌握离不开人类的模仿机能。我们学习各种运用技能的一个重要前提是我们能够重复他人的动作,这种重复他人动作的机能是大脑的一种十分重要的学习活动。人类幼儿时期面对的生存环境不是仅靠本能就可以适应的,他需要在长辈的哺育下对很多生活技能进行学习才能够适应变化的环境。在这个过程中,模仿长辈或是同龄人的活动就是学习和掌握各种运用技能的重要基础。

人的模仿能力不是一成不变的,它也可以在练习中得到提高。人在通过模仿机能获得对各种运用技能的掌握的同时,模仿机能也得到了长足的发展。运用和模仿可以互相促进、共同提高,它们有着一个相辅相成、相映生辉的关系。

思考题：

1. 人类的认知活动包含哪些领域？
2. 分析感知觉能力发展的机理。
3. 运动可以开发人的大脑功能吗？
4. 记忆机理是什么？
5. 分析思维过程的脑机理。
6. 什么是运用机能？怎样开发运用机能？

第四节 学科学习的脑机制

0～18岁的学校教育是每个人必须经历的，也是必须掌握的一种生活必备知识，可以称之为学校教育。在学校，通过课程教学掌握学科知识，学生以语文、数学、外语、音乐、体育、美术、游戏等为主要学习课程。掌握这些学科学习的脑机理，是提高学习能力的重要前提。

一、言语的脑机制

在人类漫长的演化过程中，人脑出现了特定的部位，专门负责人类的言语活动。其中左脑在言语活动中起着主导作用。此外，临床的大量观察和实验室的实验，包括裂脑的研究和现代脑影像学的发现，都证明人的说话和听话是由不同的脑区负责的。同样，阅读和书写也由不同的神经心理结构来管理。

最早发现人的左半球和右半球在高级心理活动上各有侧重的是一名叫作布洛卡的法国医生。他发现当人的左脑受到损害后会出现言语障碍，而当右脑损伤时却不会出现。在他的一个失语的病人去世后，他检查了病损的大脑，确定了一个与说话有关的语言区，后来这个区就叫作布洛卡区或运动性语言区。这个区域损伤后病人会出现言语表达的障碍。此时虽然患者可以听得懂却不能用言语表达，叫作运动性失语。以后又有一位叫作威尔尼克的医生发现了同样是在左脑，但是位置靠后一

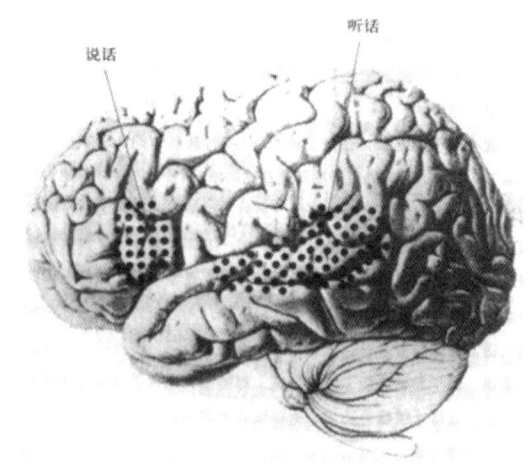

图 4-4-1　大脑的言语机能区

些，是在颞叶上，也有一个与人的言语活动有密切关系的区域。所不同的是这个区域损伤后，病人虽然可以说话却听不懂别人的话，这种失语的症状叫作感受性失语。而这个与言语感知密切相关的区域就被称为威尔尼克区或言语感受区。此外还有一些病人既有说话上的问题又有听话方面的障碍，这种情况往往是既损伤了言语运动区同时也破坏了言语感受区，问题比较严重，叫作混合性失语。不论是说不出话来的运动性失语还是听不懂话的感受性失语，或是既说不了也听不懂的混合性失语，这些言语障碍的病人，大多数都是由于左脑损伤导致的。我们现在知道左脑在言语的表达和理解上起着决定性的主导地位。布洛卡在发现了左脑负责说话的那个区域后，在一次人类学的大会上宣布我们人类是在用左脑说话，一时引起轰动并由此而唤起了人们对脑的机能定位的兴趣，并极大地促进了关于脑的结构和语言的关系的深入探讨。

现在人类的言语机能的神经心理机制正在现代脑科学的推动下不断取得新的进展，大脑也在渐渐地露出它在言语活动过程中更为精细的组织结构和功能构筑。

1. 言语机能发展的关键期

人的言语活动分为口头语和书面语。口头语又进一步分为表达和理解。书面语又可分为阅读和书写。言语活动是一个十分复杂的系统过程。言语机能的关键期也不仅仅是一个，而是针对不同的机能有不同的关键期。口头语言的关键期一般是 2~3 岁，书面语言的关键期一般是 4~5 岁。

根据言语机能的关键期，我们可以科学地安排对儿童的言语机能的开发和训练。幼儿在 2~3 岁的时候，我们需要进行的是大量的口头语言方面的训练。而阅读方面的训练可以相对晚一点，但也不要迟于 4 岁。至于书写机能则要再晚一点，5 岁可以进行。因为书写活动需要人的精细动作能力发展到一定程度才能更好地进行。在孩子的精细动作还不能在肌肉间的协调配合下顺利完成的情况下，书写机能训练是较难取得期望的结果的。

神经心理学家通过大量速示实验（快速地以短于两眼球转动的时间，通常为 180 毫秒）呈现给被试左视野和右视野汉字或图形，通过反应时间和错误率可以检测对于汉字来说大脑以哪一侧半球为主来处理。因为左视野的信息传到右半球，右视野的信息则传到左半球，对左视野和右视野信息处理上的速度和正误率正好可以反映出哪一侧半球适合哪一类信息。实验结果发现，汉字阅读时虽然左脑处于主导地位（这一点和拼音文字是一致的），但右脑也在一定程度上参与了信息处理的过程（这一点与拼音文字有很大的差别）。统计结果不论是从反应时间上还是从错误率上都显示了汉字信息处理上大脑两半球的偏侧化程度与西方文字有一定的差异。由于汉字在一定程度上还具有形象的特征，它不是一个单纯的拼音文字，人类大脑右半球在处理形象信息方面的优势肯定会有所表现。换句话说，在阅读汉字时，两个大脑半球都在活动，至少比处理拼音文字时程度强一些。另外，汉字由于没有语音转换机制，更多地需要对字形的感知和把握，因而很可能调动了更多的成分或不同的区域参与处理。从这个角度出发，我们也就不难理解为什么汉字阅读可以改善阅读障碍的症状了。而它在开发大脑方面的机理也比较清楚了，即调动了两个半球的机能以及更多的形象和语义方面的参与。汉字阅读时更多地需要对文字的形状结构的认知。这有利于人的视知觉的发展，恰恰也是大脑认知功能的一个重要方面。

2. 关于书写机能

书写机能涉及两方面的内容：一个方面侧重于语言学机能，另一个方面涉及精细动作。不论是哪方面的内容，都是人类长期进化形成的重要的信息处理和认知操作技能。这些技能应该保持和继续发展，不应让其随着现代科技的发展，由于电脑的广泛使用和打字的普及而发生退化。从脑功能开发的角度出发，对于儿童我们更要主动地进行书写机能的训练。由于书写技能与精细动作的发展密切相关，当儿童的精细动作没有发展到一定程度的时候，过早地进行书写训练也不现实。但是当儿童的精细动作有了一定的发展时就不要耽搁了，因为书写也是一种言语机能活动，它还可以促进其他言语机能即口语和阅读机能的发展。另外，书写训练本身也是一种精细动作的训练，它对于人的精细动作还可以产生相辅相成的作用。

二、数学学习的脑机能

数学的脑机制的研究，大脑的下述几个结构和区域与我们的教学机能有直接的联系。首先是额叶。这个脑叶目前看来是与我们的数学机能关系最为密切的一个大脑区域。其次是顶叶。脑的这个区域与我们日常进行的各种计算和数学活动是密不可分的。此外，在谈到数学的脑机制的时候，我们还需要重新审视左右半球的问题。研究发现，数学机能不单是左脑的功能，右脑也起着重要作用。

现在发现，当脑的不同部位损伤后会产生不同类型的计算障碍，临床上叫作失算症。有一种失算症表现得比较单纯，就是由于计算活动本身出了问题，病人认得数字，读数认数写数都没有问题，只是计算方法或程序出了问题。我们把这种类型的数学障碍叫作单纯性失算。

另一种失算症是与数字的认知障碍相关联的失算症。患者读不了数字，但可以读文字，另外对于数学符号也不懂。由于不认识数字和数学符号，计算当然也就不可能了。

还有一种失算症是由于空间操作出了问题，叫作空间性失算症。我们知道数学与空间机能有着密切的关系。空间操作有了障碍，计算也要受到很大的影响。比如说进位个位和十位或百位都分不出来，不懂了当然结果就算不对了。再有就是一种推理上有了问题的失算症。抽象机能出现障碍，自然应用题也就解决不了了。造成这些不同类型的失算症的脑部位是不一样的。右脑损伤多造成空间性的计算障碍，额叶损伤多造成推理障碍性的失算，左侧顶叶和颞叶等部位的损伤会导致数字符号的问题和单纯性的失算。所以我们说教学是一项很复杂的过程，脑的很多部位都参与了。对于详细的哪个部位起什么作用正是科学家要深入研究的内容。

1. 精算与估算

脑科学的研究发现人类的计算机能至少包括两个不同的方面：一是精确的计算，比如说 $3 \times 5=15$，15 是一个精确的数；另一个方面是粗略的计算，比如若问你从家里走到动物园需要多少分钟，你绝不会给出十分准确的数字，但却可以估计出一个大致的时间范围，这就是估算。估算和精算一样对于人的生活和工作都是十分重要的，但是长期以来学校的教育对于精算的重视程度远远大于估算。不过随着脑科学和教育科学的发展，人们越来越重视估算，估算在教学中的比重也比以前大得多了。

精算和估算不是一种过程，其脑的定位也不在一个地方。估算比起精算来更多地要依靠大脑额叶的机能。在临床上对估算机能的测定也是评定额叶机能的一个很好的方法。由于其大脑的负责区域不一样，更重要的是考虑到在人类实际生活中的意义，估算的训练应该成为开发大脑的数学机能一个十分重要的方面。

2. 珠心算

珠心算是珠算式心算的简称。这是一种民间流传的快速计算的技法，是传统珠算技术的一项变革，是珠算发展史上的一个新的里程碑。它以珠算为基础，通过专门的训练将传统的手拨算珠变换成大脑的意象运作活动，形象地说就是在脑子里完成快速打算盘的过程。

珠心算的训练过程要经过几个步骤：首先是实际拨珠训练，然后模拟拨珠训练，再过渡到映像拨珠，这是核心训练。通过大量的练习，最终在脑中形成珠像运动，并成为进行计算操作的一种能力。

珠心算的速算效果是十分明显的。其计算的速度大大高于普通的计算过程。珠心算教学在国内许多地区以及亚洲一些国家得到了推广。教学实践证明，这种训练可以培养学生以令人惊奇的速度进行大数目的四则运算。初步的实验研究，珠心算不只有速算效果，还对人脑的认知机能有促进作用。

三、外语学习的脑潜能

1. 人脑的外语潜力

人脑具有先天的言语机制，这种机制可以使人类掌握多种语言系统。我们见到的许多天才人物,一个很明显的特征,就是他们往往都会说多种语言,而且在他们还很小的时候就表现出掌握多种语言的能力。其实,这并不仅限于那些天才人物,我们普通人也一样可以表现出语言的天赋,只要我们的家长注意在这方面给予幼儿发展的机会就行。因为我们人类天生具有掌握语言的能力,只要条件合适,这种能力就可以发挥出来。最容易表现的,大概就是外语的掌握了。

研究发现,外语和母语在人脑上的定位是十分接近的,但却不是完全重合的。比如说,当脑的特定部位由于脑血管或其他原因被破坏时,会出现母语和外语的分离现象。虽然两种语言机能都可能受到损害出现障碍,但是障碍的程度往往有较大或很大的差别。一般情况下是母语机能保持得比较好,外语发生障碍的状况相对较为严重。

实验研究和社会观察发现,外语学习对于人的语言机能本身有明显的促进作用。很多外语学得好的人其言语的表达和感受能力作为一个整体都获得了不小的提高,用通俗的话来说就是言语机能开窍了。

2. 外语学习的正迁移作用

人们的研究和实践发现,学外语不仅是掌握一种交流的工具,同时它还能对人的其他认识功能产生积极的影响。用心理学的术语讲,这是由于外语学习对人的其他认识机能产生了正迁移作用。这其中的道理并不复杂,主要有两方面的原因:一方面,因为学外语的过程中训练了言语机能、注意机能、记忆机能,以及其他相关的认知机能,这些受到训练的机能就会在学外语的过程中得到提高;另一方面,我们知道语言与其他认知机能的关系十分密切,比如说语言与思维的关系就是最好的例子,因此学习和掌握一门外语本身就使人包括思维活动在内的其他认知机能得到更为丰富的使用资源和操作手段。从我们大家耳闻目睹的事例也可以证明,学习外语对其他机能的正迁移作用。比如一些成功的教育事例。这些优秀人才的一个很重要现象就是往往不光会一国外语,而是好几国语言,所以多学外语好处多多。

四、音乐学习的脑潜能

脑科学的新近研究发现,音乐不仅可以促进大脑听觉皮层的发育,还可以促进脑的其他部位的发育,特别是联结大脑左右半球的胼胝体的发育。听音乐可以促进大脑不同部位的交流与沟通,包括左右脑之间的联系,这些活动有利于胼胝体的发展。

德国脑科学家用PET(正电子发射断层扫描术)测查音乐家和普通人的大脑,发现具有音乐天赋的人左侧大脑颞叶的一个叫作颞平面的地方,明显大于普通人。这个区域与音乐感知能力有直接的关系。有趣的是这个区域同时也负责人类的言语感认知能力。这大概可以用来解释音乐与言语活动的关系。

研究还发现，那些有音乐天赋的人一般在 7 岁以前就开始了音乐感知能力的训练。这个区域因此而得到了开发。如果一个人到了 10 岁还没有接受这方面的训练，他的大脑重建音乐感知模式的可塑性便受到了限制，这个区域的开发也就难了，也就是错过了关键期。

1. 对音乐的感知及运用

对音乐的感知及运用是我们人类心理活动的重要组成部分。音乐的萌生和发展是人类进化的产物。文化人类学研究的结果表明，在古代社会，音乐明显地起着一种重要的协调和统一作用。歌唱是我们人类群居时，与同伴进行联系的手段。音乐和歌唱的这些作用一直延续到今天。这是从种系演化的角度来看，对音乐的感知及运用是我们人类的一种特殊机能。从个体演化的角度来看也是这样。对婴儿进行研究，发现婴儿确实有一种与生俱来的评估音高的能力。

2. 对音乐的欣赏创作

弹奏乐器及歌唱是人类具备的一种特殊的机能。我们的大脑对此有专门的负责区域的最直接的证据来自神经心理学的研究。神经心理学的研究发现，当人的大脑的某些特定部位受到损伤以后会出现"失乐症"或"失歌症"。患者对过去熟悉的歌曲突然感到十分陌生，过去自己唱得不错的歌现在也不会唱了。细分下来这是两种不同的障碍：一种是对音乐的感知上的障碍，即听不懂了；另一种是对音乐和歌曲的表达上的障碍，即不会唱了。这同脑损伤导致的失语症的情况类似，听不懂的叫感受性失语，说不了的叫表达性失语。"失乐症"或"失歌症"的存在，证明对音乐的感知及运用就像对语言的感知及运用一样，也是人类所具备的重要机能。大脑有专门的区域管理这些机能，理解音乐和操作乐器是两个完全不同的过程，分别由大脑的不同部位来负责。

3. 音乐与几种认知机能的关系

由于音乐与人脑有着密切的关系，因而它会对人脑的认知机能产生影响。目前研究的结果发现音乐会影响到人的多种认知功能，其中主要的或较明显的有以下几种机能。

（1）数学机能

数学与音乐，好像是两个不同领域的内容，然而对音乐有深入理解的人凭直觉都能感到音乐与数学是有相当的关系的。心理学家的研究表明，音乐与数学之间的联系是因为两者都依赖于人的时空信息处理机能。在弹钢琴的时候人需要按特定的形式和手指组合来进行复杂的技巧活动，从而才可以弹奏出美妙的音乐。从信息处理的角度来看这就是将时间和空间的关系以一种艺术的方式表现中来。有一项引起人们关注的研究报告说，每天听听莫扎特或其他音乐家的音乐可以提高儿童的智力。虽然这项实验还没有得到人们的重复验证，但另一些研究也发现音乐训练可以提高儿童的时空推理能力，并且因此而促进孩子数学机能的发展。

（2）音乐与语言机能

香港中文大学的研究人员对60名女学生进行了记忆方面的测试发现，小时候受过音乐训练比没有受过训练的人在记忆文字材料方面有明显的统计学上的差别，受过训练的比没有受过训练的可以多记忆17%的文字材料。这个实验结果和前面我们了解到的音乐家的左脑特别是颞平面的面积比普通人的大，是很吻合的。我们看到的音乐家与普通人在颞平面这个区域上的差别也正反映出音乐与言语活动的联系。

音乐可以提高人的语言能力，还有重要的一个原因是音乐可以通过节奏、重复、停顿等方式促进儿童的表达能力的发展。

（3）音乐与空间机能

我们前面提到音乐之所以能够提高人的数学能力的原因之一就是它可以促进人的心理活动的内部空间能力的发展。心理活动的内部空间，指的是人脑对时空信息进行处理的内部系统，它恰恰是数学机能的一种重要成分。音乐的节奏和旋律都与人的心理过程中的内部空间密切相关，最明显的就是交响乐。对交响乐的感知和理解离不开人对三维空间的把握，组成一个交响乐曲的各个不同的成分，代表着不同的音乐表象。这些表象以一种作用到听觉器官的知觉性的语言，在人的头脑中构成了一个个立体的音乐形象，在这种内部空间中完成复杂的情感的表现。实践证明，音乐训练，特别是交响乐，可以促进儿童这种内部空间表象的形成和操作能力。

由此可见，早期开发儿童的音乐能力可以提高脑的多项认知机能。

五、绘画学习的脑潜能

1. 绘画的神奇作用

绘画对人类大脑的开发意义很大。人类学和脑科学的研究表明，绘画能力是人类脑功能发展到相当程度的指征。它是伴随着人类的言语和社会活动而发展起来的现代人的标志。古人类什么时候有了绘画现在还没有研究清楚，但是至少可以说，在早期人类生活的岩洞里发现的画，在洞壁上的各种动物和人物的形象已清楚地提示，我们人类的大脑已经有了高度的想象和思维能力。

绘画具有多种功能。绘画不单单是一种艺术形式，它不仅带给人们精神上的感受，还有多项其他职能。绘画在医学上是种治疗手段。这不仅是在精神科作为一种精神康复的方法，在神经康复科也成为一种脑功能康复的手段。绘画更是一种重要的交流工具，它可以表达语言表达不了的内容。用图形和绘画来表达思想是人类最早发明的，而且还在继续发展的具有跨文化功能的交流手段。

2. 绘画可以开发大脑的多项认知和操作机能

第一，也是最明显的，它可以促进人的眼、脑、手之间的协调活动。这是人类生存和劳动的基础，是人类进行各种活动的重要保证。我们可以观察一下，我们每日进行的大量工作是不是都需要这种协调活动？从简单的日常起居到较复杂的使用仪器、操作电脑，都需要眼、脑和手的有机配合。这种配合和协调，对于人类有效地进行各种复杂的认知操作意义十分重大。它也是人类进化的一个趋向。

第二，绘画可以促进人的表象能力的发展，提高人形成和操作表象的机能。在画画的时候，特别是在构思画面的时候，人需要在大脑里形成各种各样的表象，同时还要有意地主动地使这些表象发生变化，也就是对这些表象进行各种操作。形成表象和对表象进行操作是大脑的一项十分重要的机能。这种机能在画画的过程中尤其得到了特别的训练。

第三，绘画可以提高人的视空间机能。绘画的时候我们在头脑中展现了一个视觉空间。这个空间再现了我们通过视觉观察到的空间以及空间中的各种各样的物体。我们前面提到的表象机能主要指的也正是视觉表象。视觉表象是与视空间机能密切联系在一起的大脑功能。视空间是三维的。我们画画的时候是在两维的平面上进行的，在平面上将三维立体的物体描绘出来，这不仅是透视技法的学习和掌握，而且也是一种对视空间的运用和操作过程。

第四，绘画可以提高人的结构性机能。物体的结构与空间有着不可分割的关系。结构是在空间中展开的，对结构的掌握也是与空间联系在一起进行的。人们在绘画的同时，在训练了视空间机能的同时，也训练了对结构的认知和把握。

第五，绘画可以提高人的想象力。人在根据一个主题创作一幅画或是没有主题而自己想着画个什么东西的时候，必须靠他的想象机能，没有想象机能是完不成这项活动的。脑损伤使患者的想象机能受到了破坏，没有了想象的机能，脑子里不能形成一个形象的事物，自然也就画不出来了。想象机能在绘画过程中可以得到充分的发掘，绘画是开发想象力的绝好方式。

第六，绘画可以提高人的形象思维能力。人类的表象机能、视空间机能、结构机能和想象机能是相互间既有差别又密切相关的大脑机能。在这几项机能的基础上，人类得以发展出更高一层级的大脑潜能，即形象思维能力。

第七，绘画可以提高人的创造力。创造力与人的形象思维能力密切相关。研究发现，发明创造能力强的人的形象思维能力也很强。绘画活动在提高人的形象思维能力的同时，也培育了人的创造力。

第八，绘画可以提高人的记忆能力。绘画有各种方式，其中有一种叫默画，是个基本功。默画就是把眼前的物体拿开，让你根据你的记忆把东西画出来。另外，画画中的速写，是对现实事物进行真实的描绘，其中包括运动着的人或物。要想捕捉住那些现实中发生的真实的动作和形态画画的人，就需要具备迅速记忆的能力，特别是在运动速写的时候这种功能更是十分必要，否则是画不成的。

第九，绘画可以促进注意能力的发展。我们在临床曾对因脑部受伤而导致注意缺陷的患者进行过绘画训练，康复的效果十分明显。特别是对一种特别的注意障碍——忽视症，效果很理想。这已经成为临床康复治疗的一种常规治疗方法。我们正常人的注意机能同样可以通过绘画得到提高。不论是临摹还是默画的时候，都需要对细节以及部分和整体进行观察。如果同时有几个客体在内的话更需要这些观察，注意品质的几个方面，包括注意广度、注意的稳定性以及注意的选择性，都会在这种观察—绘画的活动中得到训练和提高。

六、舞蹈训练的脑潜能

1. 舞蹈与脑

舞蹈是人类的一种天性。出生才几个月的孩子就已经能用"手舞足蹈"来表示自己的快乐和满足的情绪活动了。1周岁的孩子可以随着音乐的旋律摆动自己的身体、手臂、手腕，拍手或点头。当孩子学会走路的时候，他们便会不停地运动腿和脚，特别是当他们学会了两腿交替和双腿并拢跳的时候，你就会发现他们总是不知疲倦地蹦呀、跳呀，特别是当同时有音乐播放的时候。这些都提示我们人类具有舞蹈的天性。

舞蹈是一种十分复杂的，需要多个感觉运动通道共同参与的艺术活动过程。舞蹈反映出来的机能是人类多元智能中的一个成分——躯体—运动智力。这项机能是人对自己躯体的活动技能的掌握和运用能力，更是在这个基础上增加了艺术上的成分。因此舞蹈是在更高的层次上对肢体的运动和技能的操作。作为我们人类智能的一个方面，舞蹈是我们人类大脑皮层的一种功能活动。

首先，人的躯体的运动就不是一个简单的过程。人的有目的的动作，特别是有象征性意义的动作，更是一个复杂的过程。象征性动作的出现在进化过程中具有重要的意义。舞蹈由各种表现形式的象征性动作组成，情感通过这些象征性动作表达出来。人的精神活动通过这种形式的语言表现出来。舞蹈的人也在这种艺术形式中让大脑的多个区域和躯体共同参与了一个统一的过程，使身心达到统一。同时，在舞蹈过程中，躯体伴随着音乐有节律地运动则在相当程度上不仅使大脑皮层的多个区域展开了频繁的联合，也使皮层和皮层下部位建立了协调性关系，特别是支配我们随意运动的锥体系与协助它工作的锥体外系的合作。锥体系和锥体外系是人类运动神经系统的两大部分：一个管理随意运动，一个配合起着协调姿势、控制张力等作用。我们人类的各种复杂的活动都是在这两个系统的协同配合下完成的。舞蹈可以有效地促进这一协同过程，因而对大脑的功能是一种很好的训练。

2. 舞蹈与几种认知机能的关系

第一,也是最为明显的,舞蹈可以促进人的运动机能的发展,特别是运动的协调能力。舞蹈的时候,人的躯体和四肢在空中不停地舞动,互相之间需要在节律上达到完美的和谐。这主要靠肌肉运动过程中的相互协调配合。

第二,舞蹈可以促进人对音乐的感知和运用。舞蹈常常是伴有音乐的,在舞蹈的过程中,不仅是肢体的运动达到了互相配合,同时人对音乐的感知和领悟以及对音乐的运用也得到了培育。

第三,舞蹈还可以开发人的视觉空间机能。在舞蹈的时候,人实际上是在与空间交互作用。通过肢体与空间的各种关系编织出各种具有表征意义的形象,用一种空间的符号来表达人的情感。在这个过程中,人对于空间的把握能力自然会得到很大的提高。

第四,舞蹈还可以促进认识活动与情感活动的交流和统一。在舞蹈的过程中,是在一种情感的驱动下用肢体来抒发情感。这个过程会使人的情感活动与肢体运动建立起更为紧密的关系,促进身心的交融。

七、游戏活动的脑潜能

人类游戏的社会性质是由人类社会的复杂性决定的。正是由于人类的生存离不开社会交往,人类更需要在幼年时期就学会和掌握基本的社会活动的技能。

1. 游戏的个体演化

瑞士著名的儿童发展心理学家皮亚杰通过多年的观察发现,儿童的游戏要经历三个发展阶段:

第一个阶段是练习性游戏。这是幼儿最早表现出来的游戏类型。它于出生后的头两年出现。这类游戏的主要特点是对各种动作的重复再现,就像是一种练习。这种练习游戏的一个内在动力是获得所谓功能性快感,其核心仍然是进化上的需要,因为对动作的练习正是一种适应性的学习行为。练习游戏的一种高级形式是打闹游戏。这种打闹游戏多在2岁以后出现。有些打闹游戏包含了更高级的成分,即出现了象征性的内容。到这时便已进入了游戏的第二个阶段。

第二个阶段是象征性游戏。科学家通过研究发现,从发展心理学上来讲,人在幼儿园时期或者说学前阶段所获得的最主要的认知发展能力就是学会使用不同的象征。而这种过程在相当程度上正是通过游戏来完成的。因为象征机能的一种主要表现形式就是象征性游戏。象征性游戏是儿童通过假装假扮的方式表现他们幻想中的世界。早期的假扮游戏往往是通过用一个物体来代替另一个物体来实现的。比如儿童可能会用一个手里拿着的杯子来代表一顶帽子或是一块木头表示一只小猫,等等。假扮游戏进一步发展到3岁左右的时候,儿童可以用自己身体的某个部分来代替别的人或是另一个物体。

象征性游戏的高级形式是在后期出现的社会戏剧性游戏。这种社会戏剧性游戏随着儿童的年龄的增长而日渐精巧和复杂。这种游戏也是人类所特有的与人类的社会生活形式密切相连的一种游戏。

第三个阶段是规则性游戏。随着象征性游戏中组织成分的逐渐提高，象征性游戏的性质也发生了变化，取而代之的就是儿童游戏发展的最后一个阶段，即有规则要求的游戏。我们成人玩的游戏基本上都是规则性游戏。规则性游戏在儿童六七岁的时候开始出现，正像名称所表示的，这类游戏的最主要特征是有公认的规则。

2. 游戏与脑功能的发展

游戏与人类的探索活动：科学家通过实验发现，游戏与人的探索过程密切相关，探索是游戏的前奏。

游戏与想象机能：当孩子与他们已经探索到的东西玩起来的时候，他们的大脑就开始了另一个升华，即进入了一个想象的世界。象征性游戏是一个重要的发展阶段，而这个象征性的阶段正是儿童想象力的发展时期。

游戏与发展幼儿的人际关系：游戏是发展幼儿人际关系的最有效途径。人际关系是我们现在特别强调的情商的重要成分。情商十分重要。情商的培养要从小进行，因为幼儿时期的经验对于人格的成长是十分关键的。游戏正是这种环境的重要内容。

要通过游戏发展幼儿的人际关系，一个最重要的前提就是成人一定要和幼儿一起来玩游戏。如果只是给幼儿一个玩具让他自己玩，那是没有意义的。成人有意识地与幼儿做游戏可以从 6 个月就开始了。这时父母可以用各种玩具，只要是他喜欢的就可以，逗引他做翻身，或让他抬起自己的双脚，或是抓弄自己的双脚来玩，进一步就可以往爬的活动上引导他逐渐展开更复杂一些的游戏。

八、玩具与脑的开发

1. 玩具与儿童的世界

儿童借助玩具不停地学习和探索，玩具是儿童与外部交往的一个重要媒介。同时儿童通过玩具展现了自己的世界。在这个世界里，充满了儿童特有的想象。他把他所理解的外部世界和内心活动有机地结合起来，所以通过观察儿童所喜爱的玩具，可以告诉我们他们的认知和精神世界，以及他们的情感活动和行为方式。

玩具是一个非常重要的东西。它可以让我们走进儿童的世界，了解儿童的同时，玩具又是我们用以影响儿童、教育儿童的最好的工具。玩具是人类所特有的，正像可以制造工具是人的一个主要特征一样，玩具也代表着我们人类特有的文化。我们需要充分利用玩具这个绝好的媒介或途径与儿童进行充分的交流，观察他们的世界，了解他们的世界，同时还可以有意地给他们机会，让他们有更多的空间描绘这个世界。这在相当程度上非常有利于他们与外部世界的交往和学习。另外也是最为重要的，我们还需要在儿童自己创造的世界里，启发他们的思维，开发他们的大脑。

2. 什么样的玩具最能开发儿童的大脑功能？

从脑科学的角度来看，半成品才是最好的开发大脑功能的玩具。什么是半成品呢？顾名思义，它是那种还没有完全做好的玩具。但是有一点最为重要，那就是如果用心孩子完全可以自己把玩具搞出来。也就是说制作一样东西的材料都齐全了，只差孩子自己用心把它完成。如果可能的话，孩子完全可以用自己的想象力做出各种不同的玩具来。因为它需要孩子充分利用不同的材料自己思考来完成。其实在孩子眼里那些昂贵的商品玩具并不好玩。对于他们来说倒是那些看上去不怎么样的，算不上是玩具的，比如说几个小零件、一堆土、几片叶子可能更有吸引力。他们可以在那上面，让想象力飞起来，造出各种你想不到的东西或编出各种故事来。

除了半成品以外，在成品玩具中符合下述原则的也都是理想的开发大脑功能的玩具。原则就是玩法多、用途广、操作性强。半成品之所以最有开发大脑功能的价值，主要在于它对于孩子的多种大脑功能的需求和激发作用，给他们提供的是材料，需要的是他们的创造性的脑力活动。在孩子自己操作的过程中，培育他们的想象力、创造力和观察力。同样的道理，一件玩具，如果可以有多种玩法适合多种用途，那就会成为开发大脑的好玩具。变化越多，用途越广，可操作性越强，越能激发孩子的观察力、想象力和创造性，对于孩子大脑的开发效力越大。这样的玩具也容易吸引孩子，引起他们玩的欲望，而且兴趣保持得更持久。比如积木类玩具，由于积木可以有各种不同的搭法，有多种用途，能让孩子凭想象创造出很多东西来，所以孩子们都喜欢玩，开发大脑的效果很好。

思考题：

1. 什么是言语机能发展的关键期？
2. 珠心算的原理是什么？有何特点？
3. 从人脑的外语潜力上看，为什么人脑具有先天的言语机制？
4. 音乐怎样促进脑的其他部位的发育？
5. 为什么说舞蹈是我们人类大脑皮层的一种功能活动？
6. 舞蹈与哪几种认知机能有密切关系？
7. 游戏如何促进脑功能的发展？
8. 什么样的玩具最能开发儿童的大脑功能？

本章参考文献

1. 孙久荣编著《脑科学导论》北京大学教育出版社
2. 吴馥梅著《脑活动内幕》江苏科技出版社
3. 沈德立主编《脑功能开发的理论与实践》教育科学出版社
4. 尹文刚著《大脑潜能》世界图书出版公司
5. 《理解脑：走向新的学习科学》教育科学出版社
6. [美]约翰·D.布兰思福特编著《人是如何学习的》华东师范大学出版社
7. [美]迈克尔·L.波斯纳著《人脑的教育》教育科学出版社
8. [美]苏珊·格林菲尔德著《人脑之谜》上海科学技术出版社
9. [美]E.詹森著《基于脑的学习》华东师范大学出版社
10. [美]Michael等著《认知神经科学》中国轻工业出版社
11. [美]David著《脑与学习》中国轻工业出版社
12. [美]David A.Sousa著《天才脑与学习》中国轻工业出版社
13. [美]Eric Jensen著《适于脑的教学》中国轻工业出版社
14. [美]Marilee Sprenger著《脑的学习与记忆》中国轻工业出版社
15. [美]Patricia Wolfe著《脑的功能》中国轻工业出版社
16. [美]Eric Jensen著《艺术教育与脑的开发》中国轻工业出版社
17. [美]David A.Sousa著《有特殊需要的脑与学习》中国轻工业出版社
18. 中国知网，百度，有关高校学报、网站等下载资料

第五章　信息科学与学习能力

信息技术对传统教育而言，无疑会产生巨大的影响。传统教育中许多无法或者比较难以解决的痛点问题，正在被信息技术一点点消除掉，呈现出新的动向。在信息时代的挑战面前，变革学习方法比变革技术更重要！

本章基本概念要点：

● 信息科学是研究信息运动规律和应用方法的科学，是由信息论、控制论、计算机理论、人工智能理论和系统论相互渗透、相互结合而成的一门新兴综合性科学。

● 信息化学习环境是运用现代教育理论和现代信息技术所创建的学习环境，是信息化学习活动赖以持续展开的前提与条件。

● 信息化教学资源是一种特殊的信息资源，是经过选取、组织、有序化的，适合学生发展的有用信息的集合。

● 信息化教学工具是教师和学生为了与学习环境要素进行有效互动而使用的手段。

本章内容网络结构图

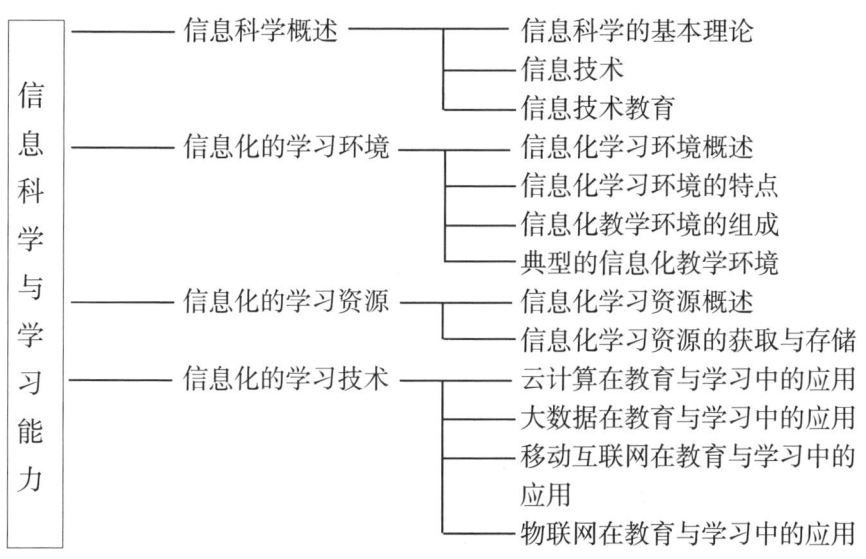

第一节 信息科学概述

信息科学是研究信息运动规律和应用方法的科学,是由信息论、控制论、计算机理论、人工智能理论和系统论相互渗透、相互结合而成的一门新兴综合性科学。信息科学研究内容包括:阐明信息的概念和本质(哲学信息论);探讨信息的度量和变换(基本信息论);研究信息的提取方法(识别信息论);澄清信息的传递规律(通信理论);探明信息的处理机制(智能理论);探究信息的再生理论(决策理论);阐明信息的调节原则(控制理论);完善信息的组织理论(系统理论)。其基本理论为信息论、系统论和控制论。

一、信息科学的基本理论

1. 信息科学的信息论

信息论是 20 世纪 40 年代后期从长期通信实践中总结出来的一门学科,是专门研究信息的有效处理和可靠传输的一般规律的科学。

传统的通信系统如电报、电话、邮递分别是传送电文信息、语声信息和文字信息的;而广播、遥测、遥感和遥控等系统也是传送各种信息的,只是信息类型不同,所以也属于信息系统。有时,信息必须进行双向传送,例如电话通信要求双向交谈,遥控系统要求传送控制用信息和反向的测量信息等。这类双向信息系统实际上是由两个信息系统构成。

信息论是一门用数理统计方法来研究信息的度量、传递和变换规律的科学。它主要是研究通信和控制系统中普遍存在着的信息传递的共同规律以及研究最佳解决信息的获限、度量、变换、储存和传递等问题的基础理论。

信息论的研究范围极为广阔。一般把信息论分成三种不同类型:

(1)狭义信息论是一门应用数理统计方法来研究信息处理和信息传递的科学。它是研究存在于通信和控制系统中普遍存在着的信息传递的共同规律,以及如何提高各信息传输系统的有效性和可靠性的一门通信理论。

(2)一般信息论主要是研究通信问题,但还包括噪声理论、信号滤波与预测、调制与信息处理等问题。

(3)广义信息论不仅包括狭义信息论和一般信息论的问题,还包括所有与信息有关的领域,如心理学、语言学、神经心理学、语义学等。

信息科学是人们在对信息的认识与利用不断扩大的过程中,在信息论、电子学、计算机科学、人工智能、系统工程学、自动化技术等多学科基础上发展起来的一门边缘性新学科。它的任务主要是研究信息的性质，研究机器、生物和人类关于各种信息的获取、变换、传输、处理、利用和控制的一般规律，设计和研制各种信息机器和控制设备，实现操作自动化，以便尽可能地把人脑从自然力的束缚下解放出来，提高人类认识世界和改造世界的能力。信息科学在安全问题的研究中也有着重要应用。

2. 信息科学的控制论

控制论是研究动物（包括人类）和机器内部的控制与通信的一般规律的学科，着重于研究过程中的数学关系，综合研究各类系统的控制、信息交换、反馈调节的科学，是涉及人类工程学、控制工程学、通信工程学、计算机工程学、一般生理学、神经生理学、心理学、数学、逻辑学、社会学等众多学科的交叉学科。

自从1948年诺伯特·维纳发表了著名的《控制论——关于在动物和机器中控制和通信的科学》一书以来，控制论的思想和方法已经渗透到了几乎所有的自然科学和社会科学领域。维纳把控制论看作是一门研究机器、生命社会中控制和通信的一般规律的科学，是研究动态系统在变的环境条件下如何保持平衡状态或稳定状态的科学。他特意创造"Cybernetics"这个英语新词来命名这门科学。"控制论"一词最初来源于希腊文"mberuhhtz"，原意为"操舵术"，就是掌舵的方法和技术的意思。在柏拉图（古希腊哲学家）的著作中，经常用它来表示管理的艺术。

主要特征：

第一个特征：要有一个预定的稳定状态或平衡状态。例如在上述的速度控制系统中，速度的给定值就是预定的稳定状态。

第二个特征：从外部环境到系统内部有一种信息的传递。例如，在速度控制系统中，转速的变化引起的离心力的变化，就是一种从外部传递到系统内部的信息。

第三个特征：这种系统具有一种专门设计用来校正行动的装置。例如速度控制系统中通过调速器旋转杆张开的角度控制蒸汽机的进汽阀门升降装置。

第四个特征：这种系统为了在不断变化的环境中维持自身的稳定，内部都具有自动调节的机制，换言之，控制系统都是一种动态系统。

管理应用：

从控制系统的主要特征出发来考察管理系统，可以得出这样的结论：管理系统是一种典型的控制系统。管理系统中的控制过程在本质上与工程的、生物的系统是一样的，都是通过信息反馈来揭示成效与标准之间的差，并采取纠正措施，使系统稳定在预定的目标状态上。因此，从理论说，适合于工程的、生物的控制论的理论与方法，也适合于分析和说明管理控制问题。

3. 信息科学的系统论

（1）概念

系统论是研究系统的结构、特点、行为、动态、原则、规律以及系统间的联系，并对其功能进行数学描述的新兴学科。系统论的基本思想是把研究和处理的对象看作一个整体系统来对待。系统论的主要任务就是以系统为对象，从整体出发来研究系统整体和组成系统整体各要素的相互关系，从本质上说明其结构、功能、行为和动态，以把握系统整体，达到最优的目标。

宇宙、自然、人类社会，由于人类设定的参照系不同，而分属于不同的子系统。如果把世界上所有的存在，划分为物质与精神世界的话，那么宇宙、自然、人类社会就通通属于物质与精神世界这个复杂巨系统。如果这样来看全宇宙，系统论就是具有哲学价值的世界观，所以可以说，宇宙是由具有组织性和复杂性的不同子系统构成的，这就是宇宙系统观。

同时系统论又有很多类似数学模型的具体方法，来面对具体的子系统，从科学工具的角度来看系统论，系统论又是具有哲学价值的方法论。总之，系统论在具备系统科学之个性化属性的同时，又有别于具体的数学方法、物理方法或化学方法等等具体科学门类的技术方法，从而具有普遍意义上的哲学属性，像宗教观、物质观、信息观一样，具有世界观和方法论意义。

（2）基本方法

系统论的基本思想方法，就是把所研究和处理的对象，当作一个系统，分析系统的结构和功能，研究系统、要素、环境三者的相互关系和变动的规律性，并优化系统观点看问题。世界上任何事物都可以看成是一个系统，系统是普遍存在的。大至渺茫的宇宙，小至微观的原子，一粒种子、一群蜜蜂、一台机器、一个工厂、一个学会团体……都是系统，整个世界就是系统的集合。

系统是多种多样的，可以根据不同的原则和情况来划分系统的类型。按人类干预的情况可划分为自然系统、人工系统；按学科领域可分成自然系统、社会系统和思维系统；按范围划分则有宏观系统、微观系统；按与环境的关系划分就有开放系统、封闭系统、孤立系统；按状态划分就有平衡系统、非平衡系统、近平衡系统、远平衡系统；等等。此外还有大系统、小系统的相对区别。

（3）系统论任务

系统论的任务，不仅在于认识系统的特点和规律，更重要的还在于利用这些特点和规律去控制、管理、改造或创造系统，使它的存在与发展合乎人的目的需要。也就是说，研究系统的目的在于调整系统结构，协调各要素关系，使系统达到优化目标。

（4）系统论出现的意义

系统论的出现，使人类的思维方式发生了深刻变化。以往研究问题，一般是把事物分解成若干部分，抽象出最简单的因素来，然后再以部分的性质去说明复杂事物。这是笛卡儿奠定理论基础的分析方法。这种方法的着眼点在局部或要素，遵循的是单项因果决定论，虽然这是几百年来在特定范围内行之有效、人们最熟悉的思维方法，但是它不能如实地说明事物的整体性，不能反映事物之间的联系和相互作用，它只适应认识较为简单的事物，而不胜任于对复杂问题的研究。在现代科学的整体化和高度综合化发展的趋势下，在人类面临许多规模巨大、关系复杂、参数众多的复杂问题面前，就显得无能为力了。正当传统分析方法束手无策的时候，系统分析方法却能站在时代前沿，高屋建瓴，综观全局，别开生面地为现代复杂问题提供有效的思维方式。所以系统论，连同控制论、信息论等其他横断科学一起所提供的新思路和新方法，为人类的思维开拓新路，它们作为现代科学的新潮流，促进着各门科学的发展。

系统论反映了现代科学发展的趋势，反映了现代社会化大生产的特点，反映了现代社会生活的复杂性，所以它的理论和方法能够得到广泛应用。系统论不仅为现代科学的发展提供了理论和方法，也为解决现代社会中的政治、经济、军事、科学、文化等等方面的各种复杂问题提供了方法论的基础，系统观念正渗透到每个领域。

当前系统论发展的趋势和方向是朝着统一各种各样的系统理论，建立统一的系统科学体系的目标前进着。有的学者认为，"随着系统运动而产生的各种各样的系统（理）论，而这些系统（理）论的统一业已成为重大的科学问题和哲学问题"。

二、信息技术

信息技术就是能够扩展人的信息器官功能的一类技术。扩展人类的信息器官功能，提高人类对信息的接收和处理能力，实质上就是扩展和增强人们认识世界和改造世界的能力。这既是信息科学的出发点，也是它的最终归宿。

1. 信息技术定义

广义而言，信息技术是指能充分利用与扩展人类信息器官功能的各种方法、工具与技能的总和。该定义强调的是从哲学上阐述信息技术与人的本质关系。

中义而言，信息技术是指对信息进行采集、传输、存储、加工、表达的各种技术。该定义强调的是人们对信息技术功能与过程的一般理解。

狭义而言，信息技术是指利用计算机、网络、广播电视等各种硬件设备及软件工具与科学方法，对文图声像各种信息进行获取、加工、存储、传输与使用的技术。该定义强调的是信息技术的现代化与高科技含量。

2. 信息技术的应用范围

信息技术的应用包括计算机硬件和软件、网络和通信技术、应用软件开发工具等。计算机和互联网普及以来，人们日益普遍地使用计算机来生产、处理、交换和传播各种形式的信息（如书籍、商业文件、报刊、唱片、电影、电视节目、语音、图形、图像等）。

3. 技术分类

（1）按表现形态的不同，信息技术可分为硬技术（物化技术）与软技术（非物化技术）。前者指各种信息设备及其功能，如显微镜、电话机、通信卫星、多媒体电脑；后者指有关信息获取与处理的各种知识、方法与技能，如语言文字技术、数据统计分析技术、规划决策技术、计算机软件技术等。

（2）按工作流程中基本环节的不同，信息技术可分为信息获取技术、信息传递技术、信息存储技术、信息加工技术及信息标准化技术。信息获取技术包括信息的搜索、感知、接收、过滤等。如显微镜、望远镜、气象卫星、温度计、钟表、Internet 搜索器中的技术等。

信息传递技术指跨越空间共享信息的技术，又可分为不同类型。如单向传递与双向传递技术，单通道传递、多通道传递与广播传递技术。信息存储技术指跨越时间保存信息的技术，如印刷术、照相术、录音术、录像术、缩微术、磁盘术、光盘术等。信息加工技术是对信息进行描述、分类、排序、转换、浓缩、扩充、创新等的技术。

信息加工技术的发展已有两次突破：从人脑信息加工到使用机械设备（如算盘、标尺等）进行信息加工，再发展为使用电子计算机与网络进行信息加工。信息标准化技术是指使信息的获取、传递、存储、加工各环节有机衔接，与提高信息交换共享能力的技术。如信息管理标准、字符编码标准、语言文字的规范化等。

（3）日常用法中，有人按使用的信息设备不同，把信息技术分为电话技术、电报技术、广播技术、电视技术、复印技术、缩微技术、卫星技术、计算机技术、网络技术等。也有人从信息的传播模式分，将信息技术分为传者信息处理技术、信息通道技术、受者信息处理技术、信息抗干扰技术等。

（4）按技术的功能层次不同，可将信息技术体系分为基础层次的信息技术（如新材料技术、新能源技术），支撑层次的信息技术（如机械技术、电子技术、激光技术、生物技术、空间技术等），主体层次的信息技术（如感测技术、通信技术、计算机技术、控制技术），应用层次的信息技术（如文化教育、商业贸易、工农业生产、社会管理中用以提高效率和效益的各种自动化、智能化、信息化应用软件与设备）。

"九五"期间，中国的信息产业以三倍于国民经济的速度发展，主要产品销量迅速增加，结构调整初见成效，部分关键技术有所突破，产业规模已居世界第四位。2000年底，信息产品制造业总产值达10000亿元，销售收入5800亿元，成为国民经济第一支柱产业。信息产业的增加值占全国GDP的4%，电子产品出口额约占全国出口总额的1/5，信息产业对国民经济的贡献率显著提高。

信息技术促进人类文明的进步。信息技术在全球的广泛使用，不仅深刻地影响着经济结构与经济效率，而且作为先进生产力的代表，对社会文化和精神文明产生着深刻的影响。

三、信息技术教育

1. 信息技术教育的含义

信息技术教育有两个方面的含义：一是指学习与掌握信息技术的教育。二是指采用信息技术进行教育与学习活动。前者从教育目标与教育内容方面来理解信息技术教育，后者则从教育的手段和方法来理解信息技术教育。由此，可对"信息技术教育"做如下定义：信息技术教育是指学习、运用信息技术，培养信息素质，实现学与教优化的理论与实践。

该定义的理解中值得注意的几个问题：

（1）信息技术教育包括理论与实践两个领域。理论领域指信息技术教育是一门科学，是现代教育学研究的一个新分支，又具有课程教学论的一些特征，具体包括概念体系、理论框架、原理、命题、模式、方法论等研究内容。实践领域指信息技术教育是一种教学活动，一种工作实践，一项教育现代化事业，具体包括信息技术的软硬件资源建设、课程教材的设计开发、师资培训、教学中各种信息技术的综合运用、学习指导、评价与管理等。

（2）信息技术教育的本质是利用信息技术培养信息素质。这里，"利用信息技术"只是一种手段和工具，最终目的是培养学生的信息素质，以适应信息社会对人才培养标准的要求。

（3）信息素质是指人所具有的对信息进行识别、加工、利用、创新、管理的知识、能力与情操（意）等各方面基本品质的总和，是人的一种基本生存素质。为此，我们应明确信息技术教育的指导思想：不只是为了让学生掌握信息技术知识而开展信息技术教育，而是通过信息技术教育，全面提高学生的信息素质。换句话说，信息技术教育不等于软硬件知识学习，而是要使学生通过掌握包括计算机、网络在内的各种信息工具的综合运用方法，来培养学生处理、创新的能力，为适应信息社会的工作、学习与生活打下良好基础。

（4）信息技术教育的范畴包括学习信息技术和利用信息技术促进学习两个方面。这里明确指出了开展信息技术教育的两种教学形式（专门课程式与学科渗透式）。我们不但要开设专门的信息技术课程，重点培养学生运用计算机与网络等现代信息工具的知识和能力；而且要在所有课程的教学中，运用各种传统的与现代的信息工具促进学生的学习，要渗透信息技术教育思想，培养学生对各种学科信息的综合处理与创新能力。

（5）信息技术教育的途径与模式有多种。除采用学校课堂教学模式外，还可采用课外活动模式、家庭教育模式、远程协作学习模式。其中，基于项目活动的教学模式能较好解决理论知识与实践技能、学习竞争与协作的结合问题，能有效地培养学生的信息素质，是一种非常实用的学校信息技术教育模式，值得推广。

2. 信息技术教育目标

信息技术教育目标的含义有二：一是作为总揽信息技术教育教学活动全局的一种指导思想而存在的、概括性的总体要求，又称为总目标或目的。二是指对达到信息技术教育目的的各个方面进行精确、详细的说明，是学生在完成一个教学单元的学习后应达到什么要求（具有哪些效果）的具体明确的表述。信息技术教育的目标体系是指将信息技术的总目标与分目标，课程目标与知识点目标，认知目标、动作技能目标与情感目标，知识目标、能力目标与情意目标等不同层次、不同角度、不同领域的教育目标整合与系统化。

信息技术教育目标体系具有三重功能：一是定向功能，它是编写教学大纲、设计课程教材、控制教学过程的行动指南。二是激励功能，它能激发教与学的紧迫感与内驱力。三是评价功能，它提供了教学效果的评价尺度和教学设计的参考标准。

信息技术教育目标体系的编写，应满足五个基本要求：

（1）时代性（先进性）。要紧扣飞速发展的信息时代脉搏，满足信息社会对人才信息素质培养的基本需要。

（2）科学性。不同的教育对象、不同的年龄阶段有不同的知识起点、不同的接受能力，因此，教学目标要有针对性，注重因材施教。同时，目标编写中应注意运用教育心理研究的新成果，将外显行为目标与内部心理发展目标结合起来；要注重学生的言语信息、智力技能、认知策略、动作技能、情感态度等方面的综合培养。

（3）具体性。表述中尽量避免含混和不切实际的语词，应明确、详细，可以观察和测量。

（4）递进性（层次性）。如，总目标、课程目标、章节（单元）目标、课时目标、知识点目标的关系，是一种学习内容方面的递进关系；认知领域中的识记、理解、简单运用、综合运用、创建，是一种学习结果方面的递进关系。

（5）系统性。应列出全部知识点的教学目标，不同层次不同难度的教学目标搭配合理，能起到相互促进、总体优化的作用。

国家教育部基础教育司 2000 年 1 月 9 日制定的《关于加快中小学信息技术课程建设的指导意见（草案）》中，已就信息技术教育的意义、要求、内容、教材等方面的定位问题进行了阐述："在全国中小学积极推进信息技术教育，促进中小学课程、教材、教学的改革，是贯彻邓小平同志'三个面向'指示精神，实现教育现代化的需要；是落实《面向 21 世纪教育振兴行动计划》，深化基础教育改革，全面实施素质教育的需要；是面向 21 世纪国际竞争，提高综合国力和全民素质，培养具有创新精神和实践能力的新型人才的需要。""中小学信息课程的任务是：培养学生对信息技术的兴趣和意识，让学生了解或掌握信息技术基本知识和技能，使学生具有获取信息、传输信息、处理信息、应用信息技术手段的能力，形成良好的文化素养，为他们适应信息社会的学习、工作和生活打下必要的基础。""教育内容的选取应考虑信息社会对公民的基本要求，既要符合中、小学教育规律，又要体现时代特征。"

下面，将在信息技术教育过程中常用到的信息化教学环境、信息化教学资源以及信息化教学工具等方面，做具体分析介绍。

思考题：
1. 什么是信息科学？它包含哪些内容？
2. 什么是信息技术？它有哪些应用范围？
3. 分析信息技术教育的内涵，中小学信息课程的任务是什么？

第二节　信息化的学习环境

一、信息化学习环境概述

当前，以多媒体与网络技术装备为基础的各种信息化学习环境已成为现代化学校建设中不可或缺的组成部分。教育部明确要求学校的信息化环境建设要做到"三通"——宽带网络校校通、优质资源班班通、网络学习空间人人通。数字校园、智慧校园、教育云与网络学习空间等新型信息化学习环境，突破了现实校园的时空限制，为学校教育提供了全新的学习时空，成为现代学习实践与创新的重要内容。

学校的信息化学习环境是运用现代教育理论和现代信息技术所创建的学习环境，是信息化学习活动赖以持续展开的前提与条件。目前，中小学都普遍建设了多媒体教室、计算机教室、多功能阶梯室、数字校园网等不同层次的信息化学习环境，为信息化学习活动的开展提供了良好的基础。

环境是指主体周围与其密切相关的一切要素所构成的体系。《教育大辞典》（第1卷）将教学环境定义为：影响教学活动的各种外部条件。教学环境一般可以看成是影响教学活动的各种情况和条件的总和，包括物质基础环境、教学资源环境和人文性环境三部分：物质基础环境主要包括教学仪器、设备、教室内外等物理设施；学习资源环境包括学习资源、学习工具、学习媒体、学习网络平台、资源库和题库等；人文性环境则包括教育理念、教学氛围、习惯、规范、人际交往氛围以及心理适应等。

信息化学习环境就是在现代教育理论指导下，充分运用现代信息技术建立起来的现代学习环境，其能实现学习信息获取途径和呈现方式多样化，有利于自主学习及协作学习。信息化学习环境是开展多媒体学习、网络化学习的基础条件。典型的信息化学习环境有：多媒体教室、计算机教室、数字化学习体验室、智慧教室等。

随着新技术的普及与应用，新型的教育学习环境不断涌现。例如，借助物联网、传感设备等技术，形成能够为教学过程提供更加人性化与智能化的智慧教室、智慧校园，形成能够提供虚拟仿真、增强现实学习功能的实验室，等等。

二、信息化学习环境下学习的特点

信息化学习环境不仅提供了现代化的学习手段、学习工具，还赋予了学习实践活动新的内涵与特征，变革了学习内容呈现、学习进程、师生互动、管理等环节。信息化学习环境下的学习具有以下基本特点：

（1）学习内容呈现多媒体化。信息化学习环境中的学习资源种类丰富，除文本信息外还包括大量的非文本信息，如图形、图像、声音、视频和动画等。它们以非线性方式有效地整合在一起，为教师提供更加生动直观和形象的教学信息，为学生提供更加多样的感官刺激。

（2）师生互动多样化。信息化教学环境能够为学生提供多种渠道、多种方式的交互途径。通过网络交流工具（如E-mail、QQ、BBS、Blog），学生可以在学习过程中与教师进行实时交流或非实时交流，交流方式还可以是除文字外的语音或视听等。

（3）教学时空网络化。网络化的教学空间让教学活动不再局限于课堂和学校，师生可以随时、随地地教学与互动。网络化教学空间的建设，为学习者提供了一个基于建构主义的学习环境，有利于创设学习情境、加强协商与对话、促进协作知识建构。因此，教育部在推进教育信息化工作中明确提出，各中小学的信息化环境建设要做到"网络学习空间人人通"，即每位师生都要享有个性化、多元化、资源丰富的网络学习空间，以推动学生转变学习方式。

（4）学习资源高度共享。信息化学习资源能够通过网络实现快速、方便、高效的复制与共享，为教育信息的传播提供前所未有的便利。目前，很多中小学都已建立教学资源库、教师集体备课的网络共享空间、课程的网络教学平台等，有效地推动了信息化教学资源的共建共享，提高了资源的利用率。

（5）学习组织方式多元化。各种新型的课程教学方式，将突破学校教学时空的局限，推动学校的教学模式由封闭走向开放。在课程教学组织方式上，从结构化良好的封闭式课堂教学逐步发展到半开放的混合式课程、完全开放的社会化课程教学，教学时空、师生关系进一步多元化。例如，翻转课堂拓宽了课堂时教学时空，构建了一个"半开放式"的教学系统；基于MOOC的学习则是完全依赖网络的社会化学习，是基于自组织的深度协作式、开放式教学。

（6）管理过程信息化。信息化教学环境能够利用各种过程感知与数据采集技术，辅助教育管理者和教学者对学生进行自动化监控、自动化管理和智能化服务。同时，信息化教学环境可以有效地融入数据感知技术、数据挖掘技术、专家系统和智能代理等技术，通过模拟教育者进行自动化分析、判断和决策，使整个教育管理更加高效。

三、信息化教学环境的组成

信息化教学环境往往是由多种技术与产品集成的。学校的信息化教学环境一般都集成了数字化教学内容与资源、媒体播放设备、学习终端、集成控制技术、网络通信技术、虚拟仿真技术等要素，为师生提供了一个高度整合、功能强大的教育信息存储、加工处理、播放展示、交互操作的系统。

（1）数字化教学内容与资源。数字化教学内容和资源主要是指可以在多媒体计算机上或网络环境下运行的、经过数字化处理的多媒体教学材料，如文本、音频、视频、图像、动画网页、邮件、数据库等。优质数字资源的共建共享和教学应用是数字校园建设的重要内容，丰富的数字化资源是学校开展信息化教学的基础和条件。

（2）媒体播放设备。媒体播放设备主要是用来播放存于本地的多媒体素材或者在线的音频、视频、动画等媒体资源。例如，在网络教学中，媒体播放设备可帮助学生浏览服务端的各种数字化教学内容与资源。目前，应用于中小学的媒体播放设备丰富多样，常见的有多媒体计算机、DVD播放机、平板电脑、电子白板等。

（3）学习终端。学习终端就是学生在数字化学习的过程中，为获取数字化教学内容与资源而使用的电子设备，如计算机、平板电脑、电子书包、智能手机等。随着技术的发展，应用于教学的学习终端种类越来越丰富。

（4）集成控制技术。各种信息化的设备需要有效集成和控制，形成一个协同工作的教学系统。例如,多媒体教室的中控平台,就是一个集中控制管理多媒体教学设备的中央控制设备。信息化教学环境的建设应尽量采用符合国家和行业相关标准的技术与设备,以便实现各系统之间的高效集成、数据共享及协同操作。

(5) 网络通信技术。网络通信技术是通过计算机和网络通信设备对图形和文字等形式的资料进行采集、存储、处理和传输等,使信息资源达到充分共享的技术。良好的网络环境是实现优质教育资源高效共享的重要基础。目前,很多学校的校园网络环境日趋完善,为开展网络环境下的各种教学活动奠定了技术基础,师生可以方便地利用网络实现信息化教学资源共享、教学互动与交流等。

(6) 虚拟仿真技术。虚拟仿真技术是在多媒体技术、虚拟现实技术与网络通信技术等信息科技发展的基础上,将仿真技术与虚拟现实技术相结合的产物。通过虚拟仿真技术,教师可以和学生一起经历虚拟情境,一边观察一边讲解;也可以让学生自己利用虚拟景物、虚拟环境等进行仔细观察、自主学习,进而理解有关的概念及知识。这种基于虚拟景物和虚拟环境的交互式学习,能有效发挥学生的主观能动性,使学生真正参与到教学活动中,成为学习的主体,并保持较高的学习热情和较好的空间想象力。

四、典型的信息化教学环境

信息化教学环境是现代教学技术向信息化、综合化、系统化方向发展的结果,使学生以交互的方式进行学习,有利于激发学生的兴趣,调动学生的学习主动性和积极性。典型的信息化教学环境主要有多媒体教室、计算机教室、数字化学习体验室、智慧教室等。

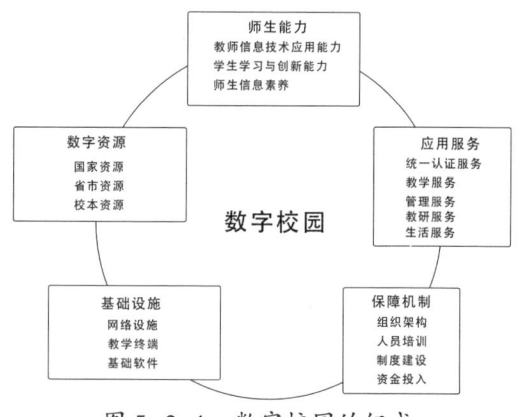

图 5-2-1　数字校园的组成

1. 数字校园

数字校园是以计算机网络为核心技术,拓展现实校园的时间和空间,实现对学校的教育、教学、管理等主要业务进行数字化与网络化整合和融通的现代教育教学环境。它是在传统校园的基础上构建的一个网络化空间,是物理校园的拓展与延伸,它为师生提供更加便利的教学互动、协作交流平台。

数字校园的本质是以新一代信息技术为核心,以信息和知识资源的共享为手段,拓展现实校园时空,从而提供一个网络化、数字化和智能化有机结合的现代教育教学环境,达到优化教学水平、提高教育质量、变革学校教育模式的目标。

（1）数字校园的特点

一般来说，数字校园应具备以下特点：

①以网络通信技术为技术基础，实现信息设备与系统的互联互通；

②以传统教育教学资源的数字化改造为关键，以学校应用软件和教育资源为核心；

③以实现教学、管理、科研、办公各业务系统的信息化为手段，以建构现代教育模式为目标；

④以传统教学流程优化与再造为根本，实现对学校系统结构的重新设计。

（2）数字校园的组成

数字校园主要由师生能力、应用服务、数字资源、基础设施和保障机制这五个核心方面组成（如图5-2-1所示）。在实际建设过程中，要综合考虑各个方面的建设内容，分阶段、有重点地整体推进。

传统的数字校园建设导致了大量的信息孤岛，不同学校、上下级部门的应用系统间缺乏有效的互联互通机制，没有实现教育教学数据的统一收集、存储与管理。近年来，云计算、大数据等技术为数字校园的建设提供了新的思路，数字校园的建设应该在区域（省、市、县级）的科学规划下，统一建设数据中心与服务应用系统，避免每所学校建立单独的数据中心和应用系统。采用"集中建设、分散使用"的建设方式，有利于实现教育信息资源的汇集与存储，形成区域的教育大数据，为教育决策与管理、教学评估等提供"智慧"。学校在数字校园建设中的重点是网络宽带接入设施、信息化教学环境、各种终端等，为师生在任何时间、任何地点，以任何方式开展数字化教学活动提供支持。下图提供了一个基于云计算模式的数字校园建设蓝图及相关的信息化教育教学服务。

2. 多媒体教室

多媒体教室也称多媒体演示室，是根据现代教育教学的需要，将多媒体计算机、投影、录音、录像等现代教学媒体结合在一起而建立起来的综合教学系统。它可以方便、灵活地应用多种媒体实施多媒体组合教学，可使教学过程更加符合学生的认知、理解和记忆规律，从而提高教学效果和教学效率。

多媒体教室由多媒体计算机、液晶投影机、数字视频展示台、中央控制系统、投影屏幕、音响设备等多种现代教学设备组成。该系统与校园网络、有线电视网连接，系统中的多媒体计算机不仅呈现各种教学信息，还可以作为中央控制系统的操作平台。各种不同类型的教学资源通过相应媒体送入中央控制系统，然后通过计算机软件界面，或桌面接键面板，或遥控器进行操作控制，完成各种信号之间的切换，实现对视音频设备的全面控制。多媒体教室系统基本结构如图5-2-2所示。在这个多媒体系统中，教师通过直观、简便的操作，以人机对话的方式调用各种教学资源。

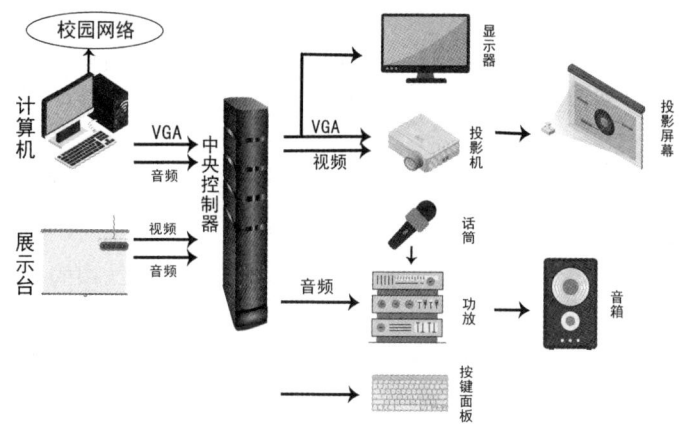

图 5-2-2　多媒体教室系统基本结构

多媒体教室的教学应用：

目前，多媒体教室被广泛应用于教学中。教学中教师通过操作计算机和数字视频展示台等设备，可以自如地应用动画、文字、投影、录音、录像等现代教学媒体，学生也能展示作品和小组的研究结果，也可以运用板书、教材、图表、图片等常规教学媒体进行教学。多媒体教室在课堂教学中的优势主要表现在以下几个方面：

（1）多媒体演示教室中使用了多种数据、视频、音频设备，可以方便教师根据教学需要随时调用多种媒体信息，具有很强的真实感和表现力。可激发和提高学生学习的兴趣，也是改善课堂教学环境的重要一环，有助于调动学生的学习积极性。

（2）多媒体演示可以变抽象为具体，模拟微观世界的反应和现象，使教学更加形象、直观，便于学习者理解和掌握。比如数学教学"棱锥的体积"一节时，将锥柱切割成等底等高的三个三棱锥，其体积之和就是棱柱的体积，从而导出了棱锥的体积就是等底等高的棱柱体积的三分之一。

（3）可以同时调动视、听、说等多种感官，形成合理的教学过程体系，使学习者在最佳的学习环境中学习，达到教学的最佳效果。

多媒体教室的主要功能：

（1）连接校园网络和 Internet，使教师能方便地调用丰富的网络资源，实现网络联机教学。

（2）连接有线数字电视系统，在教学中充分利用电视媒体。

（3）演示各类多媒体教学课件，开展计算机辅助教学。

（4）能展示实物、模型、图片、文字等资料。

（5）能以高清晰、大屏幕投影显示计算机信息和各种视频信号。

（6）用高保真音响系统播放各种声音信号。

3. 智慧教室

智慧教室是数字教室和未来教室的一种形式，它是一种新型的教育形式和现代化教学手段，是基于物联网技术集智慧教学、人员考勤、资产管理、环境智慧调节、视频监控及远程控制于一体的新型现代化智慧教室系统，是推进未来学校建设的有效组成部分。

所谓"智慧教室"，是以建构主义学习理论为依据，利用大数据、云计算、物联网等新一代信息技术打造的智能、高效的课堂环境（教室）。其实质是基于动态学习数据分析和"云+端"的运用，实现评价反馈即时化、交流互动立体化、资源推进智能化，全面变革课堂教学的形式和内容，构建大数据时代的信息化课堂教学模式。

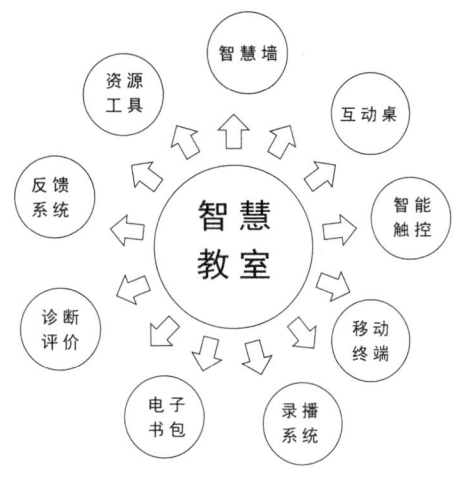

图 5-2-3 智慧教室的设计模型

智慧教室的作用：

智慧教室设备能够体现物联网的三个层次（应用层、网络层、感知层），运用传感器、射频识别（RFID）等技术，使信息传感设备实时感知任何需要的信息，按照约定的协议，通过可能的网络（如基于 Wi-Fi 的无线局域网、移动通信、电信网等）接入方式，把任何物品与互联网相连接，进行信息交换和通信，实现物与物、物与人的泛在链接，实现对物品的智慧化识别、跟踪、监控和管理。同时，智慧教室还能满足开设物联网导论、传感器原理及应用、无线传感器网络及应用、RFID 技术及应用、物联网工程及应用、物联网标准与中间件技术、物联网应用系统设计等课程的实践实训教学需要，并为学生或教师的物联网技术应用项目开发提供平台。

智慧教室的主要特征：

（1）基于数据的教学：传统课堂主要依靠教师的个人教学经验对课堂上学生的学习行为进行判断和制定教学决策。智慧教室根据大数据挖掘与分析来调整教学策略，用直观的数据了解学生对知识掌握的水平，在课堂教学中实现了基于证据的教育新形态。

（2）高效的教学：利用现代信息技术打造智慧学习环境，用大数据构建高效课堂，大大提高了课堂教学效率。如通过情境感知、数据挖掘等方法可以提前预知学习者潜在的学习需求,在智慧教室中学习者通过资源订阅和智能推送的方式第一时间获取最新的学习资源,实现了教与学的立体沟通与交流。

（3）个性化学习:通过课前预习测评分析和课中随堂测验即时分析,准确把握每个学习者掌握知识的状况,实现对学生的个性化学习能力的评估,使老师对每一位学生的认知度更清晰,有针对性地制订教学方案和辅导策略,推进个性化的学习资料,制作针对个人的"微课",真正实现以学生为中心的"一对一"的个性化教学服务。

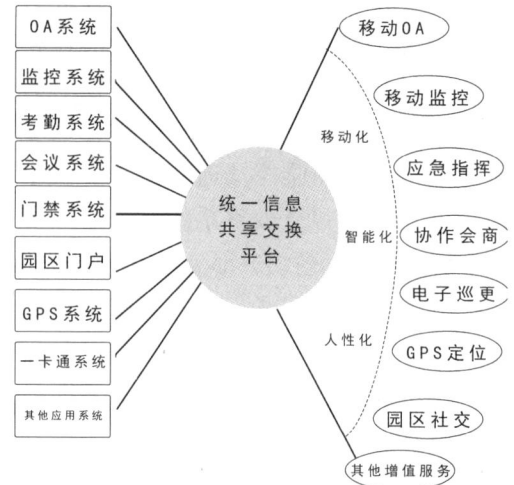

图 5-2-4　数据共享平台

（4）合作探究的学习方式:依据知识构建的需要,智慧教室中采取小组协商讨论、合作探究的学习方式,协作群组服务能够帮助有相同学习需求和兴趣的学习者自动形成学习共同体,就某个问题开展深入的互动交流,有利于实现对所学知识的意义建构。

智慧教室的组成:

智慧教室通过"云+端"的应用,实现了教室内多种终端设备的无缝连接和智能化运用,进而改变课堂结构,实现教与学的革命。其核心功能是:在教室内,教师和学生可以通过多种移动设备(同时支持安卓、苹果、Windows),在没有互联网的状态下,实现点对点的通信与交互。同时,教师可以通过大数据分析即时获取准确的学情信息,利用移动端设备直接书写,并将书写内容可分别投送到教室的投影仪、大屏幕显示设备或学生手持设备。如果教室连接了互联网,可实现课堂在线直播。教师也可以通过手持设备,将课堂教学全过程录制下来(声音、视频、PPT 课件及板书等),形成新的教学资源,通过智慧课堂云平台实现资源云端共享。智慧教室让教室进入移动互联网时代,实现了教与学的立体沟通与交流,打破传统意义教室的时间概念,并重新定义了黑板、讲台等一系列传统意义上的教室应用。主要包括以下九个系统:

（1）教学系统。教学系统由内置电子白板功能的触控投影机一体机、功放、音箱、无线麦克、拾音器、问答器和配套控制软件构成。使用内置电子白板功能的触控投影机代替传统的黑板教学,实现无尘教学,保障师生的健康;可在投影画面上操作电脑,在每个桌位上配置问答器,实现师生交互式课堂教学。

（2）LED 显示系统。LED 显示系统由 LED 面板拼接而成,安装在教室黑板顶部,用于显示正在上课的课程名称、专业班级、任课教师、到课率和教室内各传感器采集的环境数据(室内温湿度、光照度、二氧化碳浓度等)。

(3)人员考勤系统。人员考勤系统由 RFID 考勤机、考勤卡和配套控制软件构成。在教室前后门各安装一个 RFID 考勤机,采用 RFID 标签(校园一卡通)对学生进行考勤统计,对进入教室的人员进行身份识别,对合法用户进行考勤统计,对非法用户进行告警。同时可通过 Wi-Fi 无线覆盖,在远程对考勤情况进行监控、统计以及存档打印等。

(4)资产管理系统。班产管理系统由特高频 RFID 读卡器、纸质标签、抗金属标签和配套控制软件构成。在教室前后门各安装一个特高频读卡器,对教室内的实验仪器、设备等资产(贴有 RFID 标签,标签上存储有设备的详细信息)出入教室进行监控与管理,对未授权用户把教室内资产带出教室进行告警,方便设备管理人员对教室设备的统一管理。

(5)灯光控制系统。灯光控制系统由灯光控制器、光照传感器、人体传感器、窗帘控制系统和配套控制软件构成。首先通过人体传感器来判断教室内对应位置是否有人,此位置无人,则灯光控制系统及窗帘控制系统处于关闭状态;反之,处于工作状态。

(6)空调控制系统。空调控制系统由中央空调电源控制器、温湿度传感器和配套控制软件构成。通过温湿度传感器监测室内温度,通过分析数据,根据软件预设值,当室内温湿度高于最高阈限值时自动开启空调,当室内温湿度低于最低阈限值时自动关闭空调,实现室内温湿度的自动控制。

(7)门窗监视系统。门窗监视系统由窗户门磁模块及配套软件组成。窗户门磁模块用于检测门和窗户的开关状态,并将状态信息及时上传至服务器。同时设置敏感时段,实施对窗户的自动监视和报警。

(8)通风换气系统。通风换气系统由抽风机、CO_2 传感器和配套监控软件构成。通过 CO_2 传感器监测室内的 CO_2 浓度,通过分析数据,根据软件预设值,当室内 CO_2 浓度高于软件阈限值时自动开启抽风机来进行换气,通过补充室外空气来降低室内的 CO_2 浓度。

(9)视频监控系统。视频监控系统由 Wi-Fi 无线摄像头和配套监控软件构成。视频监控可为安防系统、资产出入库、人员出入情况提供查询依据。在教室前后门口各安装一个 Wi-Fi 无线摄像头监控人员出入和资产的出入库情况,在教室内安装一个 Wi-Fi 无线摄像头监控教室内部实时情况,所采集的影像经由远端射频单元传送至终端管理电脑,提供实时的监控数据。

思考题:

1. 简述多媒体教室系统的基本构成。
2. 多媒体网络教室主要由哪些部分组成?网络教学系统能实现哪些功能?

第三节 信息化的学习资源

一、信息化学习资源概述

信息化学习资源是现代信息化环境下开展学习的重要基础。最常见的信息化学习资源包括多媒体素材、教学课件、动画视频、试题试卷库等。随着信息技术的发展与信息化教学实践的深入，信息化学习资源日趋复杂与多样化，新型的信息化学习资源不断涌现。

1. 信息化学习资源的含义

教学资源是一切可以用来促进学生的学习、支持与学习全部过程的各种系统、学习材料和学习环境的总称。

信息化学习资源是一种特殊的信息资源，是经过选取、组织、有序化的，适合学生发展的有用信息的集合。信息化教学习资源在本单元中主要指服务于教育教学过程的计算机软件，它是经过数字化处理，可以在计算机上或网络环境下运行的多媒体教学材料与教学系统，如各种数字视频、数字音频、多媒体课件、计算机教学模拟动画、网络教学资源、学科教学网站、教学素材库、网络教学管理系统等计算机软件。

2. 信息化学习资源的类型

（1）典型的信息化学习资源

信息化学习资源的种类繁多，从不同的角度，如教学用途，技术实现、使用对象等，可以对学习资源进行不同的分类，目前信息化学习资源还没有一个非常完整的分类体系。

国家教育资源公共服务平台（http://www.duyun.cn）把常用的信息化教学资源分为：教学素材、教学课件、教学工具、网络课程、教育游戏、专题学习网站、数字教材、数字图书、教学案例、虚拟仿真系统共 10 类。随着信息技术在教育应用方面的发展，新型的教学资源还会不断增加。下表列举了一些典型的信息化教学资源。

表 5-3-1 典型的信息化教学资源

类 型	说 明
教学素材	教学素材是指教学过程中使用的文本、图形、图像、动画、视频、音频等多媒体材料，是教学课件、网络课程、教学案例等教学资源的基本组成元素，是承载教学信息的基本单位
教学课件	教学课件是根据教学大纲的要求，经过教学目标确定、教学内容和任务分析、教学活动结构及界面设计等环节，而加以制作形成的课程软件
教学工具	教学工具是指在学习活动过程中为了更好地帮助学生理解、分析、建构知识而提供的各种辅助教与学的工具
网络课程	网络课程是指以网络为载体所呈现的某门课程教学内容及实施的教学活动的总和
教育游戏	教育游戏是指根据教学需要，在一定的学习理论和游戏理论指导下开发的，兼顾教育特性和游戏特性，同时承载着一定的教育和娱乐目的，能够实现寓教于乐的计算机软件
专题学习网站	专题学习网站是指在互联网环境下，围绕某门课程或与多门课程密切相关的某一项学习专题进行较为广泛深入研究的资源学习型网站。它通常包括以下四个基本组成部分：结构化知识展示、扩展性学习资源、网上协商讨论空间、网上自我评价系统
数字教材	数字教材是利用数字化技术实现对传统教材的文本、图形、图像、声音、视频、动画等媒体的整合，通过各种数字终端阅读并具有交互功能，能支撑一门课程教学的完整教材资源
数字图书	数字图书是指借助数字化技术形成二进制数字编码形式的、以计算机文件为载体并通过计算机、手机、电子阅读器等设备显示的图书。数字图书包含文本、图片、声音、电影、动画等内容，而且支持超文本链接
教学案例	教学案例是指记录教育教学过程中发生的具有典型性的教学活动的资源，包括教学设计方案、教学课件、课堂视频实录、教学反思等
虚拟仿真系统	虚拟仿真系统是指运用虚拟仿真技术开发的，用于特定技能训练的软件。它能完整支持一门或一门以上的课程，并在实际教学中有一定的应用基础，如数控仿真系统等

（2）新型的信息化学习资源

随着网络的飞速发展与普及，网络信息资源逐渐成为一种重要的教育教学资源，并呈现出很多新的特征。基于网络的教学资源往往具有开放性、多样性、交互性、结构复杂等特点。近年来在全球广受关注的一些教学资源有大学公开课、TED 演讲视频、微课、大规模在线开放课程（MOOC）等。

①大学公开课

大学公开课源于美国的开放教育资源（Open Educational Resources）运动，其最初目的是推动高等教育优质资源的全球免费共享，推动人类的知识创新与分享。大学公开课是开放教育资源的重要形式，一般包括整门课程的授课视频、测验、电子教材以及其他支持性的软件工具等。它在公共领域免费公开发布（一般都是在网络上），用户为了非商业的目的可以参考、使用和修改这些资源。

目前，世界各名校已开始在世界范围内推出它们的公开课，例如：美国哈佛大学、普林斯顿大学、耶鲁大学、英国牛津大学、剑桥大学等。在国外开放教育资源浪潮的推动下，我国的一些大学也开始推出自己的公开课。

② TED 演讲视频

TED 是一个开放的演讲视频网站，它最早由来自技术、娱乐、设计三个领域的精英倡导创建，口号是"用思想的力量来改变世界"。每年 TED 大会召集众多科学、设计、文学、音乐等领域的杰出人物，分享他们关于技术、社会、人的思考和探索。目前 TED 演讲的主题并不仅仅局限于技术、娱乐和设计领域，科学、教育、发展、文化、商业、艺术等领域的话题也经常出现。

从 2006 年起，TED 演讲视频被上传到网上，目前在 TED.com 网站上能够观看大量的演讲视频。所有的 TED 演讲视频都是以知识共享的方式予以授权的。

③ 微课

微课指的是微型教学、微型课件，是指讲授某个知识点、技能、案例等微内容的教学课件，内容聚焦于知识讲解，学习时间一般不超过 10 分钟，主要用于帮助学生完成知识建构与发展能力。微课具有短小精悍、目标明确、易于分享和交流的特点。微课是随着可汗学院、翻转课堂等网络教学新模式的普及而发展起来的一种资源形式，目前已受到中小学教师的广泛关注。

④ 大规模在线开放课程（MOOC）

大规模在线开放课程（MOOC）是通过社会化网络学习环境向参与者提供围绕某个主题的分布式开放教育资源和活动，允许参与者在领域专家指导下通过自组织学习方式参与课程资源建设与分享，建构个人学习与概念网络，形成个性化意义与观点的关联式课程。它的核心是社会化学习，是基于社会化网络的以连接、沟通、分享和创新等为主要目标的一种新型学习方式。

3. 信息化学习资源的特点

信息化教学资料的开发以网络与多媒体技术为基础，因此，信息化教学资源普遍具有以下技术特征。

（1）*处理数字化*：是指将文本、图形、图像、动画、声音、视频等信息经过转换器抽样、量化，由模拟信号转换成数字信号，数字信号的可靠性远比模拟信号强，对它的纠错处理也容易实现。

（2）*显示多媒体化*：利用计算机多媒体技术存储、传输、处理各种教学信息，通过文本、图形、图像、动画、声音、视频等媒体重现教学内容。

（3）*内容组织的非线性化*：信息化教学资源往往采用超文本的方式组织信息，非线性的网状知识也更加适合人脑的认知思维，更有利于促进知识的迁移。

（4）*传输网络化*：教学资源可以在网络中方便快捷地传输与分享，非常有利于资源的广泛使用。

从教学应用的角度看，信息化教学资源普遍具有以下特点：

（1）媒体性：信息化教学资源往往可以承载、传递教学内容与教学信息，为教学提供可以共享、重复加工、重复使用的数字化材料。

（2）工具性：信息化教学资源往往可以作为人类的学习工具，如认知工具、知识探究工具、知识构建工具等。

（3）交互性：传统信息交流媒体只能单向地、被动地传播信息，而交互性的信息化教学资源则可以实现人对信息的主动选择和控制，实现人机互动式教学。

（4）智能化：应用人工智能技术开发的信息化教学资源，可以实现对教学过程的实时监控、数据采集、教学分析，并提供实时的教学支持；同时，也可以根据学生的不同特点选择最适当的教学内容和教学方法，并对学生进行有针对性的个别指导。

二、信息化学习资源的获取与存储

在教与学的过程中使用信息化教学资源不仅可以为学习者提供感性的学习材料，丰富学习者的感性经验，还可以调动学习者学习的积极性和主动性，从而提高学习效果。然而，丰富的信息化教学资源蕴藏在浩瀚的网络资源环境中，因此了解多种信息化教学资源的获取方法，有效掌握检索和提取信息资源的技术与手段是信息时代教师与学习者必备的知识与技能。"工欲善其事，必先利其器"，熟练使用网络信息检索工具，是开启网络信息资源大门的一把金钥匙。

1. 信息化学习资源检索工具

在信息时代，网络中蕴藏着海量的信息化学习资源，然而在无边无际的信息世界里，找到所需要的信息化学习资源却成为一个极大的难题。网络检索工具由此产生且迅速发展，并成为信息海洋中的航标与灯塔。网络信息检索工具是指在因特网上提供信息检索服务的计算机系统，其检索的对象是存在于因特网信息空间中各种类型的网络信息资源。下面介绍几种常见的信息化学习资源检索工具。

主要有：全文搜索引擎、目录搜索引擎、元搜索引擎、全文数据库、教育专题网站等。随着个性化学习和终身学习理念的盛行，教育类专题网站、网络教学资源库的数量和质量都在快速提升，为教与学提供了丰富优质的信息化资源。如，K12中国中小学教育教学网。K12的名字来源于国际上对基础教育的统称(K-12)，K是幼儿园（Kindergarten）的第一个字母，12代表从小学一年级到高中三年级的12年中小学教育。K12网站是一个旨在为中国的学校、教师、学生和家长提供一种全新的教育教学理念和模式，推动中国信息化教育普及和发展的专业门户网站。

2. 信息化学习资源的获取

随着我国教育信息化发展速度的逐步加快，信息化教学资源在学习中的应用越来越广泛、合理。快速地获取和利用日益丰富的海量信息化学习资源，使其服务于教育教学工作，是信息时代的学习者需要具备的技能。

（1）图形、图像资源的获取方法

学习中使用的图形、图像资源主要可以通过两种途径获得：一是利用现有的图形、图像，如购买数字图像库，从网络下载数字图形/图像资源等；二是自己制作图形/图像，如屏幕捕捉、数码照相机拍摄、扫描仪扫描等方法。在探索图形、图像资源的获取方法之前，我们首先需要了解图形、图像的基本概念、特点和区别，同时为掌握图形、图像处理与加工的方法、技能打基础。

（2）音频资源的获取方法

音频资源的获取方法有很多，可以购买数字音频光盘，购买专门的音频资源素材库，下载音频资源，还可以使用软件从现有音频素材中截取音频片段，或通过录制的方法获得教学所需的音频资源。

（3）视频资源的获取方法

与音频资源的获取方法类似，通常可以通过购买专门的数字视频资源库、下载网络视频、截取视频片段、屏幕动态捕捉、摄像机录制等方法来获取视频资源。在下载和使用数字视频资源时，除考虑这些数字视频资源是否符合教学需求外，还要考虑其版权问题。

（4）动画资源的获取方法

动画资源的获取方法同样丰富多样，在购买、制作、下载等几种不同的获取方法中，网络下载是一种非常实用的方法。

3. 录光盘存储

将数据刻录在光盘上永久保存是存储数据、备份数据的一种常用方法。我们可以通过刻录光盘及时将搜集到的优质信息化教学资源或重要文件进行存储或备份。进行光盘刻录需要刻录机、空白光盘等硬件设备，也需要相关刻录软件，如Nero、ONES等。目前，很多光驱都集成了光盘刻录功能，使得用户可以便捷地完成刻录工作。

4. 云盘存储

云盘是一种专业的互联网存储工具，是互联网云技术的产物。它通过互联网为企业和个人提供信息的储存、读取、下载等服务，为用户提供存储容量大、免费、安全、便携、稳定的跨平台文件存储、备份、传递和共享服务。国内比较知名的云盘服务商有360云盘、百度云盘、金山快盘、够快网盘等。

思考题：

1. 你接触过的信息化教学资源有哪些？
2. 信息化教学资源与教学过程之间有何关系？
3. 如何获取和储存信息化教学资源？

第四节　信息化的学习技术

20世纪，人类开始进入信息化社会，新技术的飞速发展和广泛应用，深刻影响教育观念、教育手段和教育模式的变化与发展。近年来，先进的信息技术如云计算、大数据、移动互联网、物联网等也不断推动着智慧教育的发展与创新。

联合国教科文组织提出，21世纪人才需要具备三大技能：一是学习与知识创新的技能，二是生活与工作技能，三是信息、媒体与技术技能，这是21世纪人才培养的挑战。云计算、大数据、移动互联网、物联网共同构成了四大关键技术。

一、云计算在教育与学习中的应用

云计算就是以公开的标准和服务为基础，以互联网为中心，提供安全、快速、便捷的数据存储和网络计算服务，让互联网这片云成为每一个网民的数据中心和计算中心。

云计算模式为学校提供了网络数据计算服务，节约了投资于基础架构的成本，同时，云计算也将有效地消除教育信息系统中的"孤岛"现象，实现网络虚拟环境下的最大化资源共享和协同工作。云计算对教育领域的作用主要表现在以下几方面：

（1）整合教育资源

云计算对教学资源的整合有利于更加合理、高效地使用教学资源，促进教学质量的提高。在学校间开展教学资源的整合，既可以应对学校扩招所形成的对教学资源需求的

图 5-4-1　云计算

持续增长与教育投入增长不足，教学资源相对短缺所形成的矛盾，又可以提高优质教学资源的利用率，让更多的大学生获得优质的受教育机会。另外，云计算的提出，最小化了终端设备的需求，在一个云计算的网络中，不仅是教学课堂甚至个人计算机，实验室都可以从"云"中获得，在"云"中存储，学生可以随时随地进行学习、资料处理和实验。

（2）降低教育成本

云计算大大降低了学校教育资源建设中的软硬件成本。有了云计算，学校在采购计算机时不用购买高性能的设备，可以大大降低学校教育资源建设中的硬件成本。另外，云计算支持教育部门或者学校把信息资源转移到云上，可以不用或少用服务器，降低了服务器及所需基础设施的更新维护费用、人工管理费用和能源消耗费用。

（3）转变教育方式

教育信息化系统迁入"云"之后，师生可以随时随地进行教学活动，促进移动学习。有了云计算教育平台，学生在任何时间、任何地点学习知识、查看教案、提交作业、交流协作，凸显了学生在教学活动中的主体地位；云教育平台上，只要打开可以上网的终端设备，教师也可以"随时随地"开展教学工作，有助于教师教学水平的提高，进而提高学校教学质量。

（4）提高管理效率

云计算在学校的应用将进一步推动教育信息化的深入实施。通过云教育平台，学校管理者可以向师生发布各种信息，及时获得师生的信息反馈。信息的快速、便捷、廉价传递有助于提高管理效率，降低管理成本。管理者也可以借助平台了解学校教学和管理工作状态，及时发现问题，提出改进办法和措施。在云教育平台上，教育管理的理念和途径也将随之发生变化，管理就是服务的理念可以进一步得到落实。

二、大数据在教育与学习中的应用

教育大数据有广义和狭义之分。广义的教育大数据泛指所有来源于日常教育活动中人类的行为数据；而狭义的教育大数据是指学习者行为数据，它主要来源于学生管理系统、在线学习平台和课程管理平台等。大数据在教育领域作用的发挥，既要借助广义的教育大数据，更要利用狭义的教育大数据。大数据对教育的影响可以概括为：促进教与学的有效性，实现教育的普惠化和个性化，促进教育评价的理性

图 5-4-2　大数据

化，推进教育决策的科学性，完善教育质量监控体系，加速构建智慧教育生态圈。

（1）促进教与学的有效性

在大数据时代，教师可以更加个性化、更加有效地展开教学活动，学生可以更加自主、更加方便地进行学习。通过对教育大数据进行挖掘和分析，可以探索

教学方法、教学环境、教学评价、学习内容、学习时间和学习方法等变量与学习者学习效果的相关关系，可以明晰教学过程，提高教与学的有效性。

（2）实现教育的普惠化和个性化

大数据让教育更加普惠和公平。大数据促进区域教育资源共建共享，降低重复建设和浪费；大数据加大优质教育资源的普及，缩小不同地区之间的差异；大数据使教育方式从单调化走向个性化；大数据驱动了个性化教学，真正实现了因材施教；大数据驱动了个性化学习，学生可以根据喜好选择课程；大数据驱动个性化交互，为老师、学生、家长搭建一对一精准交互平台。

（3）促进教育评价的全面化

大数据时代为教育评价的开展提供了崭新的思路：其一，形成发展性教育评价观，强调以教育评价对象的主体性发展为目的，从学生的需要出发，重视学习过程、学习体验和师生交流；其二，扩大教育评价范围，强调教育评价对象不仅限于学生，还应涵盖诸如课程、教师、学校等对教育活动有重大影响的内容；其三，对教育的评价更加全面化，在教育评价中依靠大数据对教育的方方面面进行更为全面、客观的解读。

（4）推进教育决策的科学性

传统的教育决策往往根据主观经验、直觉，甚至流行趋势，而缺乏数据和事实的支撑。大数据时代，以数据驱动决策将成为大数据背景下提高教育决策的一个新视角，大数据将始终贯穿教育决策的全过程，教育决策信息的把握，无论是在全面性、及时性还是可利用性等方面都大幅提高。

（5）完善教育质量监控体系

大数据时代，数据库包括学校概况、师资队伍、办学经费、图书资料、仪器设备、专业与课程、教学管理、教学效果、学生基本情况等数据信息，可以大幅度提升教育质量监控水平，形成全面的、动态的教学质量监控体系。

三、移动互联网在教育与学习中的应用

目前，移动互联网尚无一个统一的定义。中国工信部发表的《移动互联网白皮书》中给出定义：移动互联网是以移动网络作为接入网络的互联网及服务，包括三个要素：移动终端、移动网络和应用服务。这种技术既融合了移动通信技术的便捷性、时效性、移动性等特点，又体现了互联网覆盖面积广、多应用程序支持，实现了人们不受时空限制地获取新闻资讯，进行事务处理的需求。

图 5-4-3　移动互联网

移动互联网在教育中的应用应覆盖教学、科研、管理、生活、娱乐等多个方面，兼顾个体、部门和整体性业务。移动互联网对教育的影响主要包括教育资源微化、教育场景移动化、教育模式按需化和教育形式互动化等。

（1）教育资源碎片化

教育资源的碎片化，或者称微化，是指将学习内容进行分割，然后以正式或非正式的方式推送给学员。其优势是有效利用了学员的碎片化时间，为学员提供了当前需要或感兴趣的学习内容，最有效地满足了学员对知识从不知到知、从认识模糊到清晰的需求。

（2）教育场景移动化

移动互联网教育是传统的互联网教育与移动网络相结合的产物，实现了随时随地按需教学。教育场景不再固定于学校、教室、图书馆等，可以在家里、公交上、公园中……很多公司和企业敏锐地感受到了这种趋势，都在通过各种方式为客户和学员提供身边的培训和学习，使教育培训能随时随地满足人们的要求。

（3）教育模式按需化

移动互联网的到来，智能终端的普及，以及社会化学习、社区化学习的发展，为人们随时学习带来了可能和便利，同时也将改变人们的学习模式。传统的教育模式以培训为主，忽略了学生个体的差异性，导致了教育的低效率。而移动互联网支持学习者随时随地地通过手机搜索和查询答案，实现了按需学习。

（4）教育形式互动化

传统的网络教育一般需要学员在指定的时间坐到计算机面前接受教育培训，多为单向的固定知识传授。而移动互联网和智能终端的普及使交互和互动更加便捷；在工作和生活中遇到问题，可以随时打开手机，通过搜寻、查找资料、提问等多种方式，在互联网、企业的知识资源库、企业专家、企业员工中获得答案和灵感，通过与他人沟通、讨论、交流等过程互相学习。

四、物联网在教育与学习中的应用

物联网（英语：Internet of Things，缩写 IoT）是互联网、传统电信网等信息承载体，让所有能行使独立功能的普通物体实现互联互通的网络。物联网一般为无线网，而由于每个人周围的设备可以达到 1000～5000 个，所以物联网可能要包含 500～1000 兆个物体。在物联网上，每个人都可以应用电子标签将真实的物体上网联结，在物联网上都可以查出它们的具体位置。通过物联网可以用中心计算机对机器、设备、人员进行集中管理、控制，也可以对家庭设备、汽车进行遥控，以及搜索位置、防止物品被盗等，类似自动化操控系统，同时透过收集这些小事的数据，最后可以聚集成大数据，包含重新设计道路以减少车祸、都市更新、灾害预测与犯罪防治、流行病控制等等社会的重大改变，实现物和物相联。

物联网将现实世界数字化，应用范围十分广泛。物联网拉近分散的信息，统整物与物的数字信息，物联网的应用领域主要包括以下方面：运输和物流领域、工业制造、健康医疗领域范围、智能环境（家庭、办公、工厂）领域、个人和社会领域等，具有十分广阔的市场和应用前景。

1. 物联网在教育中的应用

物联网在教育中的应用大概可以分成以下领域：

（1）信息化教学领域

利用物联网建立泛在学习环境。可以利用智能标签识别需要学习的对象，并且根据学生的学习行为记录，调整学习内容。这是对传统课堂和虚拟实验的拓展，在空间上和交互环节上，通过实地考察和实践，增强学生的体验。例如，生物课的实践性教学中需要学生识别校园内的各种植物，可以为每类植物粘贴带有二维码的标签，学生在室外寻找到这些植物后，除了可以知道植物的名字，还可以用手机识别二维码从教学平台上获得相关植物的扩展内容。

在教学管理方面，利用物联网技术有利于建立机面和主动的教学管理体系，利用 RFID 技术的支持，可以完善教学管理的组织系统、评价和考核系统，从而对教学的质量建立保障和监控体系，通过 RFID 标签和校园智能卡系统结合，教师可利用物联网系统，对学生的学习情况进行自动统计。例如，在分组实验教学中，可以对学生的出席和对应的实验器材建立联系，通过 RFID 系统建立实验室教学管理系统。院校各教学管理部门也可利用 RFID 技术对学生的学习情况、到课情况进行分析，从而有利于工作部门有针对性地开展学生的思想政治工作。建立基于物联网的弹性修学模式，利用物联网完整和可追述的特征，学生可以根据本人有兴趣特长，随时修改或完成某一课程的学习，随时选择某一心仪教师的教学，在需要考试时，随时连接到试题库并完成考试，从而真正实现学分制。

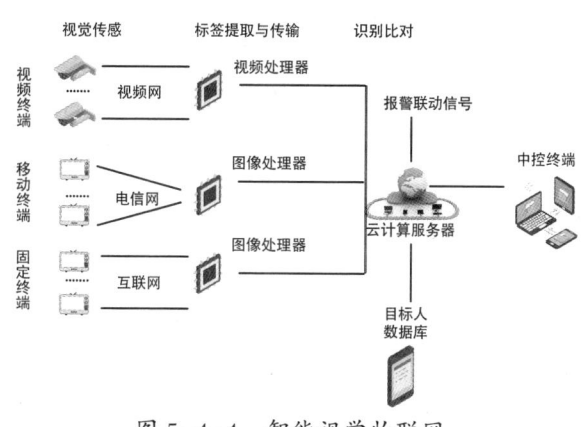

图 5-4-4　智能视觉物联网

物联网能为学习者的常规学习、课后学习、区域合作学习提供支撑环境，拓展学习空间，有利于学习者的自主学习和满足个性化学习需要。学习者可以通过物联网，探究任何感兴趣的问题并随时得到解决。例如，中国电信的全球眼技术，其实就是远程监控的物联网应用。与传感系统相结合，学习者就可以利用它完成诸如材料学、气象学、生物学等集成应用领域内的多种科学探究。

（2）教育管理领域

物联网在教育管理中可以用在人员考勤、图书管理、设备管理等方面。例如，带有RFID标签的学生证可以监控学生进出各个教学设施的情况，以及行动路线。将物联网技术用于实验设备管理可以跟踪设备的位置和使用状态，方便管理。

又如在图书管理方面，智慧的图书馆及智能书车将实现无须人工服务的管理模式，RFID电子标签的应用将在智慧的图书馆中得到广泛应用，如智能书车应用，通过移动式的RFID文献归架管理，具有查询、定位、书架智能导航等功能，可实现文献架位信息收藏、文献分拣、新文献上架等功能。具件流程如下：书籍拣到书车上，通过阅读器识别书籍的RFID中存储的信息，记录并显示文献在书车上的位置，同时根据获取的书籍存储架位信息，将需要进行上架工作的位置和书车上对应的书的存放档位对应起来，并在书车的显示屏幕上按照书库的位置将该车书的具体上架位置显示和指引出来，方便工作人员进行高效率归架。

（3）智慧校园领域

物联网在校园内还可用于校内交通管理、车辆管理、师生健康、智能建筑、学生生活服务等领域。利用传感网络，可实现教学环境的实时信息反馈。目前，多数高校已经实施多媒体教学设施进课堂，利用物联网，可对课堂教学设备实现智能控制。例如，在教学楼里安装上万个传感器并用IPv6网络进行连接，可根据教室光线强弱自动调节教室光源和投影机的亮度；也可根据教室环境温湿度，通过红外感应设备自动控制教室空气的更换率；更可利用物联网识别技术，建立教师和对应授课教室的关联授权，智能控制教学仪器的使用等。对校内有安全隐患的地区安装摄像头和红外传感器，实现安全监控和自动报警等。

又如在校园停车管理方面，可以通过物联网技术实现校园内车位利用率及车位使用状态的动态管理，对进出学校的所有车辆信息进行综合调度管理。整个校园的车辆进出管理系统实行中央电脑集中监控，并采用红外检测器检测车辆的进出，使用无线发射器、接收器识别注册车辆的进出信号，使停车管理更加方便、安全、高效。另外，还可以通过主机实行联网控制多个门口的车辆统一进出管理情况。

2. 面临的挑战和发展趋势

毫无疑问，物联网会带来相当便利和巨大的市场，同时也面临着许多挑战。其一，物联网的技术标准尚不完整。泛在网的技术标准、设备和传感器的通信接口标准等是影响物联网发展的挑战之一。其二，由于物联网可跟踪和记录用户的活动、行为、习惯和偏好，对个人隐私和信息安全的保护显得非常重要，普及物联网要加快信息安全立法进度，完善信息安全法律体系是保障信息安全的根本。

其三，物联网的基础设施和管理机制尚不完备。传感器如何布置，如何维护，如何管理，如何形成网络，如何使用都是很大的问题。其四，物联网目前还处于早期阶段，前景模糊，作为教育机构，学校能投入的成本和可能获得的收益都十分有限，很大程度上依赖于国家财政的扶持，还需要可持续的商业模式，以吸引更多的产业进入该领域，促进其进一步发展。

从长远来看，物联网应用前景相当广阔。作为新兴战略性产业的代表，物联网的出现将会带来更多的创新应用和服务，引起教学模式和管理模式的变革，最终将提升教育信息化水平，促进教育信息化的进一步发展。

思考题：

1. 什么是云计算？它在教育与学习中有哪些应用？
2. 什么是大数据？它在教育与学习中有哪些应用？
3. 什么是移动互联网？它在教育与学习中有哪些应用？
4. 什么是物联网？它在教育与学习中有哪些应用？

本章参考文献

1. 张妙华编著《学习的革命》中国工信出版集团
2. 傅钢善主编《现代教育技术》高等教育出版社
3. 冉新义主编《现代教育技术应用》厦门大学出版社
4. 张筱兰主编《信息化教学》高等教育出版社
5. 云亮、赵龙刚等编著《智慧教育：互联网+时代的教育大转型》电子工业出版社
6. 杨剑飞著《"互联网+教育"新学习革命》知识产权出版社
7. 哈斯高娃编著《智慧教育》
8. 洪鼎芝著《信息时代：正在变革的世界》世界知识出版社
9. 张蕾著《信息化环境下移动课堂教学模式研究》东北师范大学出版社
10. 中国知网，百度，有关高校学报、网站等下载资料

第六章　信息科学与脑科学

当代信息科学的一个新进展，就是探讨以计算机为代表的信息技术与脑科学的关系。计算机的发展，离不开脑科学；而脑科学的发展，也同样离不开计算机。计算机是智力研究的重要工具之一，而人脑的认知神经系统，则是计算机纵深发展（如人工智能等）的理论基础。

本章基本概念要点：

●人脑是智力活动的器官。计算机是人脑的延伸，计算机模拟人脑的信息加工机能，使神经网络和神经计算机的产生由可能成为现实。

●从大脑的特点来看，神经计算机从机能和结构两方面都进一步模拟人脑：一是接近人脑的机能，二是接近人脑的结构。

●人工神经网络是由大量处理单元互联组成的非线性、自适应信息处理系统。它是在现代神经科学研究成果的基础上提出的，试图通过模拟大脑神经网络处理、记忆信息的方式进行信息处理。

●机器人是一种自动化的机器，具备一些与人或生物相似的智能能力，如感知能力、规划能力、动作能力和协同能力，是一种具有高度灵活性的自动化机器。

●机器人的应用领域有工业机器人、探索机器人、服务机器人、军事机器人和教育机器人等。

本章内容网络结构图

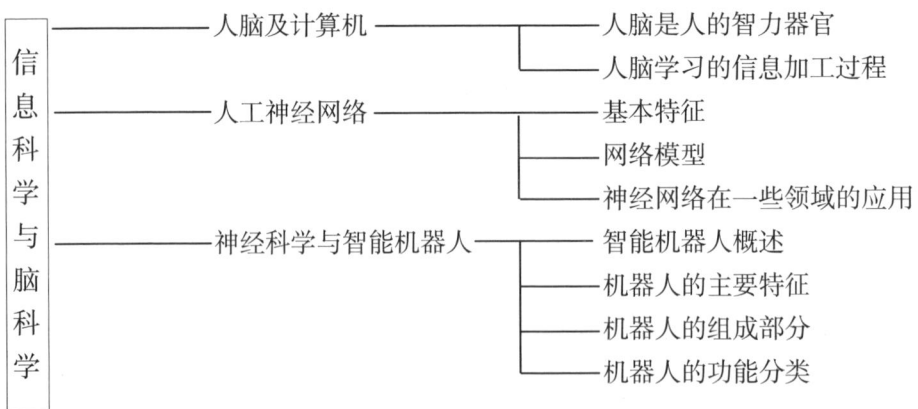

第一节　人脑及计算机

脑科学家认为，智力是人脑的机能，人脑是智力活动的器官。

计算机专家认为，计算机是人脑的延伸，计算机模拟人脑的信息加工机能，使神经网络和神经计算机的产生由可能成为现实。智力是人脑和神经系统的机能。神经计算机从机能和结构两方面都进一步模拟人脑：一是接近人脑的机能，二是接近人脑的结构。

一、人脑是人类的智力器官

1. 智力，是一种心理现象

所谓智力，是指在成功地解决某种问题的过程中所表现出来的良好适应性的个性心理特征（林崇德，1992）。换言之，智力属于个性的范畴；智力的本质就是适应，使个体与环境取得平衡；智力偏于认识或认知，着重解决知与不知的问题，它是保证有效地认识客观事物的稳固的心理特征的综合；智力的核心成分是思维，在一定意义上，智力与思维可视为同义语。

智力是人脑和神经系统的机能。要探索智力，先得从人脑和神经系统开始研究。机能，主要涉及功能与作用。有一定的结构便会有一定的机能。人有八大系统，构成了八种不同的功能，使人能够生存。人之所以有心理、有智力、有思维，是因为人有神经系统。神经系统有其独特的结构，才使人产生心理、智力、思维的机能。

2. 智力与脑机能定位

智力是人脑的机能，与人脑机能定位有密切关系。

人体神经系统的最高级中枢，是大脑两半球上厚度为 2~4 毫米的大脑皮层。它主要由神经细胞（约 140 亿）的细胞体构成，呈灰色，以回（凸）、沟（凹）形状出现皱褶。大脑皮层是信息的储存器、加工装置和行为的调节器，它的机能，一般按区域位置进行分工，形成一定的机能定位。

（1）感觉区和运动区。在皮层的感觉区和运动区，有许多感觉柱和运动柱组成功能单位，决定着相应的感知与运动的行为，产生相应的智力因素。

（2）脑机能的左右分工。虽然大脑左右半球在结构上几乎完全一样，但是在功能上却有所不同，即左右两半球在产生有关智力因素的功能上有着高度的专门化，主要表现在：左半球是处理言语，进行抽象逻辑思维、集中思维、分析思维的中枢。它主管着人们的说话、阅读、书写、计算、排列、分类、言语回忆和时间感觉，具有连续性、有序性、分析性等机能。右半球是处理表象，进行具体形象思维、发散思维、直觉思维的中枢。它主宰着人们的视知觉、复杂知觉模型再认、形象记忆、认识空间关系、识别几何图形、想象、做梦、理解隐喻、发现隐蔽关系、模仿、音乐、节奏、舞蹈以及态度、情感等。

（3）边缘系统的研究。边缘系统的位置在大脑的内侧面和底面，它由边缘叶与附近的皮层（额叶眶部、岛叶、颞极、海马及齿状回等），以及皮下结构（还包括丘脑下部、上部、前核等）所构成。

根据经典性条件反射理论，条件反射是高等动物在无条件反射基础上的反射，如给狗以食物可引起唾液分泌（无条件反射），而给予铃声刺激并不会引起唾液反应，如果在给食物前给予铃声刺激，重复多次后，单独给予铃声亦可以引起唾液分泌。这种现象叫条件反射。它是个体生活过程中机体与环境间所形成的联系。要形成条件反射，取决于条件刺激必须比无条件刺激早些出现，大脑皮层处于觉醒活动状态，相应的神经中枢要有较高的兴奋水平。

大脑是怎样行使其机能的？现代神经生物学研究内容，不仅包括神经系统的生物学问题，也包括神经系统的模式识别（包括图像、语言、文字等感觉信息）、处理、人工智能、神经网络的信息处理和加工等问题。然而，"神经网络"一词不是纯生物学的概念，科学家已把它从生物学中"解放"出来了。

长期以来，人们一直期待着通过对神经系统的研究，能制造出一种仿效人脑信息处理和加工模式的智能计算机，使模仿生物神经系统的神经装置，在硬件方面近似于人，这就是神经网络和神经计算机的来历。神经计算机有广义与狭义之分，广义的神经计算机与神经网络可视为同义语，狭义的神经计算机实际上是建立并实现神经网络计算功能的系统。平时人们说的神经计算机主要是说狭义的神经计算机。

任何智力活动，都离不开三个要素：一是物理结构，二是信息系统，三是思维活动。智力活动就是以物理结构为机制，处理与加工信息的思维活动。人的神经系统是一种天然的物理结构系统，计算机硬件则是一个人造物理结构系统。这种人造物理结构系统就是神经网络，换言之，所谓神经网络，是指像人的神经系统那样，具有智力功能的信息处理装置。

自1946年，美籍匈牙利数学家冯·诺依曼（John Von Neumann）发明基于串行符号处理的数字电子计算机，即世界上第一台电子计算机以来，在半个世纪里，电子计算机科学技术飞速发展。有人认为，第五代计算机是超大规模集成电路组成的智能化的计算机；也有人正在研制模糊智能计算机；还有人预言，第五代计算机可能是光元件的计算机。

电子计算机的发展过程，反映了冯·诺依曼计算机在功能上的局限性，促使人们把注意力转向人脑的信息处理模式上。近年来对神经计算机科学技术的探索，是为了探明大脑的信息处理方式、原理和机制。

从大脑的特点来看，神经计算机从机能和结构两方面都进一步模拟人脑：一是接近人脑的机能，不仅具有逻辑推理和理解人的言语的机能，即"人脑左半球"功能，而且具有理解图像和直觉判断的机能，即人脑右半球的功能；二是接近人脑的结构，神经元的数目在增加，例如美国SAIC公司的研制，其神经元竟达100万个，连线数目达100万根，每秒处理连线数达1000万根。类似的神经计算机在美国和日本的其他一些计算机公司或开发单位还有不少。尽管这与人脑140亿神经细胞尚有一定距离，但神经计算机不断发展，必然会出现越来越接近人脑结构的趋势。

二、人脑学习的信息加工过程

根据认知心理学的观点，学习就是一个信息加工的过程，作为信息加工的结果，使个体获得了知识并贮存在记忆中。那么，知识是怎样进入人脑的？人又怎样从记忆中检索或提取所需要的知识呢？这就是信息加工过程要回答的问题。为了便于理解和说明人脑内部的信息加工过程，心理学家根据大量的研究结果，提出了有关学习的信息加工过程的一些模型。加涅等人（E.Gagne，1993）提出了一个信息加工模型。该模型代表着认知心理学家对信息加工过程的一般观点。

该模型包括三个主要成分：

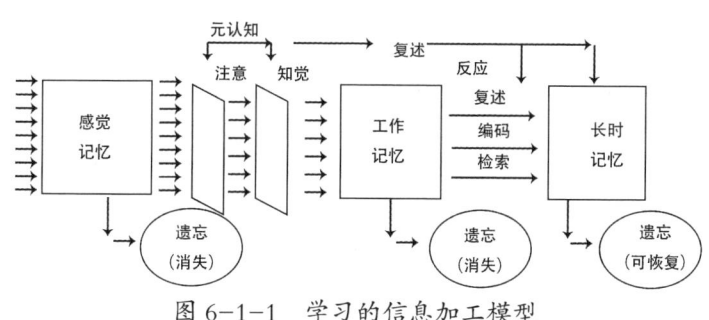

图 6-1-1　学习的信息加工模型

第一个成分是信息贮存库，这是一些资料库，用来保存信息，相当于用来贮存信息的计算机磁盘。信息加工模型中的信息贮存库包括感觉记忆、工作记忆和长时记忆。

第二个成分是认知加工过程，即将信息从一个贮存库转换到另一个贮存库的内部的智力活动，相当于计算机中用来发布指令、转换信息的各种程序。在信息加工模型中的认知加工包括注意、知觉、复述、组织和检索等。

第三个成分是元认知（meta cognition），是对认知过程的认知，包括个体拥有的有关认知过程的知识和对认知过程的控制。元认知控制并协调着将信息从一个贮存库转移到另一个贮存库的各种认知加工过程。

下面对信息加工模型的各成分做详细的分析。

（一）感觉记忆的认知加工过程

来自外界环境中的大量的刺激信息首先进入人的感觉器官，因此，学习的信息加工过程是从感觉开始的。

感觉记忆是第一个信息贮存库，它将来自环境中的刺激信息直接保留，直到它们受到注意并得到进一步的加工。

1. 保留在感觉记忆中的信息以它在外部世界中的相同形式存在，是一种"未被加工"的状态。

2. 感觉记忆的容量几乎是无限的，但如果加工过程不立即开始，记忆痕迹将迅速消退。视觉信息在1秒之内，听觉信息在2秒之内就从感觉记忆中消失。

感觉记忆的存在对于进一步加工信息是至关重要的。感觉记忆使得信息能够保留足够的时间，以便转换到下一个贮存库即工作记忆中去。

（二）注意和知觉的认知加工过程

1. 注意。注意是对刺激的有意识关注，是将心理活动指向并集中到某些刺激。对感觉记忆中的信息的加工是从注意开始的。注意是外界信息进入人脑的门户，只有受到注意的信息才能得到人脑的进一步加工。所有其他的加工都有赖于学习者对学习环境中的适当的刺激的注意程度。在教学中吸引并保持学生的注意是很关键的一步。教师应有意识地采取适当措施使学生保持对所教内容的注意，而不为外界噪声等与学习无关的刺激所分心。

2. 选择性知觉。进入感觉记忆的信息，只有一部分信息受到注意，大部分信息因未受到注意而迅速消失。这少部分受到注意的信息便成为选择性知觉的对象，得到进一步的知觉加工，使信息获得意义并进入工作记忆。可见，选择性知觉是使受到注意的部分信息获得意义的过程。选择性知觉是信息能否从感觉记忆进入工作记忆的关键环节。学习者的注意状态、动机状态、先前经验和期望都会影响对信息的选择性知觉。

（三）记忆的认知加工过程

在计算机与智力活动的关系中，记忆是一个用计算机研究得较多的领域。心理学讲的计算机模型，是认知心理学用来说明人的信息加工过程的模拟，突出的却是记忆。

加涅吸取了信息科学和计算机科学的研究成果，运用信息加工的理论和方法来解释人类复杂的学习过程，并运用计算机来模拟人的学习活动，绘制出学习与记忆的信息加工模型，如图6-1-2所示。从以下模型可以看出，人的学习与记忆是由加工系统、执行控制系统和预期系统三者相互影响、相互作用、协同活动的过程。

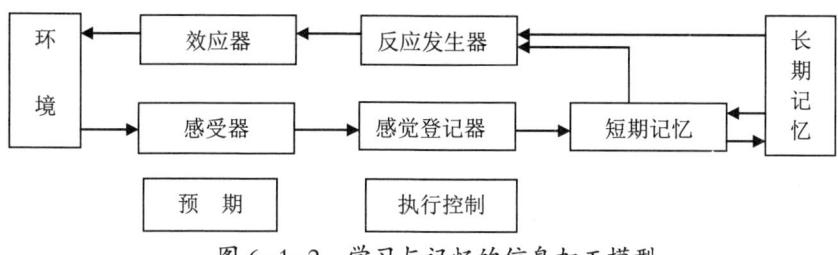

图 6-1-2 学习与记忆的信息加工模型

1. 加工系统与学习

加工系统也叫操作系统，由感受器、感觉登记器、短期记忆（又叫工作记忆）、长期记忆、反应发生器、效应器构成。学习者从外部环境中接受刺激从而激活感觉器官，感觉器官再将刺激转换成神经信息，这一信息进入一个叫作感觉登记器的结构，信息在这里保持极短的时间，大约只有 1 秒甚至只有几分之一秒的时间。这一阶段，绝大多数信息未受到注意，一小部分信息被注意选择，转换成学习者可以辨别的样式，进入短期记忆（相当于计算机的内存）。

进入短期记忆的言语信息，存储的形式有两种：（1）听觉形式，即信息是学习者从自己内部听到的；（2）发音形式，即学习者听到自己在陈述信息。短期记忆存储信息的时间相对短暂，保持的时间约 30 秒并且容量有限，一次只能保持几个孤立的组块，平均 7 ± 2 个组块，此时学习者应及时复述，信息就能保持较长时间，进入下一个加工阶段——长期记忆加工阶段，否则就被遗忘。

信息从短期记忆到达长期记忆（相当于计算机的硬盘），这里有一个最为关键的环节就是编码，它采用不同的手段将存储在短期记忆中的信息转化为有意义的组织形式。至于编码的方式，可采用联想、押韵等，最好是你自己想出容易记忆的编码方式，不过要多加练习才会有效。被编码的信息存储于长期记忆之中。

经过工作记忆加工的信息，便传导到反应发生器，这一结构首先决定着人们反应的基本形式，包括语言、躯体肌肉的活动等；其次决定着他们行为表现的方式，所要完成的行为动作中的运动顺序和时间；接着开始激活效应器，这就产生了我们可以从外部观察到的活动方式。例如，学习获得用笔写字这类的动作技能，则从写字这种作业表现出来，便证实学习发生了。信息流最后一个环节，称之为反馈，它是来自学习者所处的外部环境，是对学习者自己行为的观察和反思，并进行反馈调节。

2. 执行控制系统与学习

在信息加工的过程中，还有一个非常重要的过程，即"执行控制"，如图 6-1-2 所示，它不与任何一个操作过程直接相连，对整个加工系统进行调节和控制，人的学习活动也是如此，也需要对信息加工的过程进行调节和控制，从而提高学习和记忆的效率，如调节感觉系统，选择适当的信息加以注意；选择复述策略延长工作记忆中信息保持的时间；选择工作记忆和长期记忆中信息编码与表征的方式，如用各种记忆方法与编码方法来保持信息等。

3. 预期系统与学习

预期系统主要起定向作用，是信息加工过程的动力系统，它也不与操作过程直接联系，通常在学习开始之前就已经建立起来了，直接指向学习目的。具体表现为学习者达到其学习目的的动机。学习者要完成的目的会影响他们注意什么、如何对信息进行编码等过程。例如，以考试为目的，学生会采用上课偷懒、考试前突击复习的机械学习方式；以掌握知识、培养能力为目的定向的学生，会以积极的态度去对待学习任务，有意识地调节自我对学习材料的理解和掌握程度，倾向于采用精加工和组织策略把新知识与先前的知识联系起来。

需要注意的是，以上三个系统的划分，是为了研究的方便，不能把三者截然分开，三个系统之间是紧密联系，相互影响、相互作用的。运用这样一个解读学习与记忆的信息加工模型，不仅有助于我们对学习科学基本原理的理解和应用，而且能具体指导我们采取有效的学习与记忆策略，不断提高自己的学习质量。

（四）思维的认知加工过程

思维是智力的核心，智能模拟的核心问题也就是思维的计算机模拟问题。它包括思维的信息加工过程、思维的信息模拟、思维的计算机搜索方法等。这些问题构成了智力心理学研究的新领域。

思维是认知的核心，属于信息加工过程的最高综合阶段，是探索人类心理实质的最后堡垒，它在知觉、表象和记忆的基础上形成，同时又影响着知觉、表象、记忆的进行，因而它是认知心理学研究的核心。认知的信息加工过程，其核心问题是思维的信息加工过程。

1. 信息加工过程

信息加工或处理，主要指对信息的接收、储存、处理和传递。对此研究也有一个较长的发展过程。

信息加工论关于思维研究的突出特点是，把认识的两个阶段或水平（感性的、理性的）结合起来，从输入到储存、加工再到输出，成为一个完整的控制系统。在一些研究中，信息加工论者具体模拟了概念是如何在感性的基础上形成的，问题解决和逻辑推理是如何进行的，等等。

信息加工论者对于注意、知觉、表象、记忆等属于感性认识范畴的心理过程，运用信息论、控制论和电子计算机模拟，研究了大量的问题，取得了十分可贵的新成果，对思维研究有重要的意义。例如，关于注意的过滤或筛选理论；关于知觉的模式辨别和语词辨别，以及影响知觉加工的主、客观因素的分析；关于表象的新的研究方法、具体表象和概括表象的区分，表象在形成概念、思维中的作用；关于记忆的研究成果；等等。所有这些关于记忆与思维的关系的研究使思维心理学中有关问题解决（包括概念形成、逻辑推理等）的研究达到一个技术上的新高峰。

2. 思维过程的信息模拟

思维的过程是一个信息加工的过程，要探索这个过程的奥秘，就要运用计算机的信息加工的模拟。

思维的信息模拟，是计算机用作解决问题加工符号信息系统的一种方法。这种方法有一个发展的过程，并有一定的条件。

信息模拟的实质。信息模拟，或称计算机的"非计算"使用，相对而言，是一种不同于算术方法的新方法。在采用这种方法时，计算机是用作加工符号信息的系统。

目前使用电子计算机解答各种各样很难进行算术化和算法化的课题时，最有前途的方法是用人跟电子计算机对话的方式解决课题。这种方式能保证有效地将电子计算机的各种使用方法的可能性同人的思维的综合性相结合，因此在使用电子计算机的一切领域内，这种方式获得越来越重要的意义。

3. 思维的计算机搜索

思维总是指向于解决某个问题，思维过程主要体现在解决问题的活动中。计算机模拟人的思维解决问题的方法，采用的主要手段是"搜索法"。这与思维心理学提出解决问题的"提出问题、明确问题、提出假设、检验假设"四阶段有着紧密的联系。

基本搜索方法：在计算机模拟人的思维中，计算机的思维是没有主动性、创造性的，它的智能模拟与人类的智能是一条永不重合的渐近线。因此，如何能找到一种方法，使得计算机的智能模拟与人类的智力模拟所表现出的结果能最大限度地相似，是科学家们一直追求的目标。在已有的成果中，搜索是出现在智力研究领域中的一种基本方法，人们已经研究出许多搜索的控制策略。深度优先搜索法和宽度优先搜索法是其中最简单而又最基本的搜索方法。

掌握上述人脑学习的信息加工过程原理，但仍然无法有效解决瓶颈问题，因为所有的通信需要通过感官进行辨识，再在大脑中对信息进行存储和计算，然后进行判断。这个过程效率相对较低，首先要通过感官系统进行感知，经过信息转换后，通过人的神经系统将信息送到大脑进行存储，经过计算并做出判断，再把信息通过神经系统送到肢体，持续性进行信息感知，同时通过肢体做出反应。这样的过程，需要多次进行信息的转换，大大影响了信息的传输速度。

人类要突破信息传输的瓶颈，就必须突破感官的限制，把很多外界的信息直接和人的大脑联系起来，不再进行多轮转换，直接进行信息传输。

可以设想的是，在人体中植入生物芯片，把生物芯片和人脑的神经系统连接起来，大量的信息不是通过感知系统进行文字、语音、图片的转换并形成信息，而是直接发送到人脑中，把这些信息存储在生物芯片上，实现碳基的生物存储、计算和硅基的存储、计算完全融合。这是人类未来通信领域的终极突破，大量的信息不是通过感官系统进行信息转换，而是直达大脑，从而重塑人类。

如今，神经元芯片已经研制成功。芯片上有用于配置数据和应用程序编程的非易失性存储器，并且二者都可以通过网络下载。也就是说，这个神经元芯片本身就是一个存储器，同时又具有通信功能。不过，它的功能还不够强大，仍需要不断完善与提升。

科学家的梦想是，未来，神经元芯片是"活"的，生物体和芯片融为一体，脑细胞和硅电路融为一体，在脑细胞中存储。届时，信息的传输不再是传统思维理解的模式：通过人类的五官进行感知，把感知的信息送到大脑中，进行分析、归纳、条理化，形成知识与记忆，再送至大脑的记忆分区进行存储。相当多的信息，可以直接跳过感官进行存储，也可以被大脑进行搜索、调用，最后参与计算与分析。这是人类信息传输方式的一次实质性改变，存储的效率会提升千倍，会对人的生物特性、伦理与道德产生巨大的冲击和影响。我们会直面"人还是人吗"的拷问，同时人与人之间的智力水平也会更加不平等，个体之间会出现巨大的差异。

为了追求更新的信息传输方式，科学家始终没有停止探索的脚步，不断探索建立人脑与外部芯片的传感体系。届时，实现从生物人被改造成生物人与硅基人的融合。在一定程度上说，人开始向新的物种发展。

思考题：

1. 为什么说人脑是智力的器官？
2. 分析信息加工模型。为什么说学习就是一个信息加工的过程？
3. 分析感知觉、记忆、思维的各认知加工过程。

第二节 人工神经网络

人工神经网络（Artificial Neural Network，即ANN）是20世纪80年代以来人工智能领域兴起的研究热点。它从信息处理角度对人脑神经元网络进行抽象，建立某种简单模型，按不同的连接方式组成不同的网络。在工程与学术界也常直接简称为神经网络或类神经网络。神经网络是一种运算模型,由大量的节点(或称神经元)之间相互连接构成。每个节点代表一种特定的输出函数,称为激励函数(activation function)。每两个节点间的连接都代表一个对于通过该连接信号的加权值,称之为权重,这相当于人工神经网络的记忆。网络的输出则依网络的连接方式、权重值和激励函数的不同而不同。而网络自身通常都是对自然界某种算法或者函数的逼近,也可能是对一种逻辑策略的表达。

最近十多年来,人工神经网络的研究工作不断深入,已经取得了很大的进展,其在模式识别、智能机器人、自动控制、预测估计、生物、医学、经济等领域已成功地解决了许多现代计算机难以解决的实际问题,表现出了良好的智能特性。

一、基本特征

人工神经网络是由大量处理单元互联组成的非线性、自适应信息处理系统。它是在现代神经科学研究成果的基础上提出的,试图通过模拟大脑神经网络处理、记忆信息的方式进行信息处理。人工神经网络具有四个基本特征:

(1)非线性。非线性关系是自然界的普遍特性。大脑的智慧就是一种非线性现象。人工神经元处于激活或抑制两种不同的状态,这种行为在数学上表现为一种非线性关系。具有阈值的神经元构成的网络具有更好的性能,可以提高容错性和存储容量。

(2)非局限性。一个神经网络通常由多个神经元广泛连接而成。一个系统的整体行为不仅取决于单个神经元的特征,而且可能主要由单元之间的相互作用、相互连接所决定。通过单元之间的大量连接模拟大脑的非局限性。联想记忆是非局限性的典型例子。

(3)非常定性。人工神经网络具有自适应、自组织、自学习能力。神经网络不但处理的信息可以有各种变化,而且在处理信息的同时,非线性动力系统本身也在不断变化,经常采用迭代过程描写动力系统的演化过程。

(4)非凸性。一个系统的演化方向,在一定条件下将取决于某个特定的状态函数。例如能量函数,它的极值相应于系统处于比较稳定的状态。非凸性是指这种函数有多个极值,故系统具有多个较稳定的平衡态,这将导致系统演化的多样性。

人工神经网络中,神经元处理单元可表示不同的对象,例如特征、字母、概念,或者一些有意义的抽象模式。网络中处理单元的类型分为三类:输入单元、输出单元和隐单元。输入单元接收外部世界的信号与数据;输出单元实现系统处理结果的输出;隐单元是处在输入和输出单元之间,不能由系统外部观察的单元。神经元间的连接权值反映了单元间的连接强度,信息的表示和处理体现在网络处理单元的连接关系中。人工神经网络是一种非程序化、适应性、大脑风格的信息处理，其本质是通过网络的变换和动力学行为得到一种并行分布式的信息处理功能，并在不同程度和层次上模仿人脑神经系统的信息处理功能。它是涉及神经科学、思维科学、人工智能、计算机科学等多个领域的交叉学科。

人工神经网络是并行分布式系统，采用了与传统人工智能和信息处理技术完全不同的机理，克服了传统的基于逻辑符号的人工智能在处理直觉、非结构化信息方面的缺陷，具有自适应、自组织和实时学习的特点。

二、网络模型

人工神经网络模型主要考虑网络连接的拓扑结构、神经元的特征、学习规则等。目前，已有近40种神经网络模型，其中有反传网络、感知器、自组织映射、Hopfield网络、波耳兹曼机、自适应谐振理论等。

1. 特点优点

人工神经网络的特点和优越性，主要表现在三个方面：

第一，具有自学习功能。例如实现图像识别时，只要先把许多不同的图像样板和对应的应识别的结果输入人工神经网络，网络就会通过自学习功能，慢慢学会识别类似的图像。自学习功能对于预测有特别重要的意义。预期未来的人工神经网络计算机将为人类提供经济预测、市场预测、效益预测，其应用前途是很远大的。

第二，具有联想存储功能。用人工神经网络的反馈网络就可以实现这种联想。

第三，具有高速寻找优化解的能力。寻找一个复杂问题的优化解，往往需要很大的计算量，利用一个针对某问题而设计的反馈型人工神经网络，发挥计算机的高速运算能力，可能很快找到优化解。

2. 研究方向

神经网络的研究可以分为理论研究和应用研究两大方面。

理论研究可分为以下两类：

（1）利用神经生理与认知科学研究人类思维以及智能机理。

（2）利用神经基础理论的研究成果，用数理方法探索功能更加完善、性能更加优越的神经网络模型，深入研究网络算法和性能，如：稳定性、收敛性、容错性、鲁棒性等；开发新的网络数理理论，如：神经网络动力学、非线性神经场等。

应用研究可分为以下两类：

（1）神经网络的软件模拟和硬件实现的研究。

（2）神经网络在各个领域应用的研究。这些领域主要包括：模式识别、信号处理、知识工程、专家系统、优化组合、机器人控制等。随着神经网络理论本身以及相关理论、相关技术的不断发展，神经网络的应用定将更加深入。

3. 发展趋势

人工神经网络特有的非线性适应性信息处理能力，克服了传统人工智能方法对于直觉，如模式、语音识别、非结构化信息处理方面的缺陷，使之在神经专家系统、模式识别、智能控制、组合优化、预测等领域得到成功应用。人工神经网络与其他传统方法相结合，将推动人工智能和信息处理技术不断发展。近年来，人工神经网络正向模拟人类认知的道路上更加深入发展，与模糊系统、遗传算法、进化机制等结合，形成计算智能，成为人工智能的一个重要方向，将在实际应用中得到发展。将信息几何应用于人工神经网络的研究，为人工神经网络的理论研究开辟了新的途径。神经计算机的研究发展很快，已有产品进入市场。光电结合的神经计算机为人工神经网络的发展提供了良好条件。

神经网络在很多领域已得到了很好的应用，但其需要研究的方面还很多。其中，具有分布存储、并行处理、自学习、自组织以及非线性映射等优点的神经网络与其他技术的结合以及由此而来的混合方法和混合系统，已经成为一大研究热点。由于其他方法也有它们各自的优点，所以将神经网络与其他方法相结合，取长补短，继而可以获得更好的应用效果。目前这方面工作有神经网络与模糊逻辑、专家系统、遗传算法、小波分析、混沌、粗集理论、分形理论、证据理论和灰色系统等的融合。

三、神经网络在一些领域的应用

经过几十年的发展，神经网络理论在模式识别、自动控制、信号处理、辅助决策、人工智能等众多研究领域取得了广泛的成功。下面介绍神经网络在一些领域的应用现状。

1. 人工神经网络在信息领域的应用

在处理许多问题时，信息来源既不完整，又包含假象，决策规则有时相互矛盾，有时无章可循，这给传统的信息处理方式带来了很大的困难，而神经网络却能很好处理这些问题，并给出合理的识别与判断。

（1）信息处理

现代信息处理要解决的问题是很复杂的，人工神经网络具有模仿或代替与人的思维有关的功能，可以实现自动诊断、问题求解，解决传统方法所不能或难以解决的问题。人工神经网络系统具有很高的容错性、鲁棒性及自组织性，即使连接线遭到很高程度的破坏，它仍能处在优化工作状态，这点在军事系统电子设备中得到广泛的应用。现有的智能信息系统有智能仪器、自动跟踪监测仪器系统、自动控制制导系统、自动故障诊断和报警系统等。

（2）模式识别

模式识别是对表征事物或现象的各种形式的信息进行处理和分析，来对事物或现象进行描述、辨认、分类和解释的过程。该技术以贝叶斯概率论和申农的信息论为理论基础，对信息的处理过程更接近人类大脑的逻辑思维过程。现在有两种基本的模式识别方法，即统计模式识别方法和结构模式识别方法。人工神经网络是模式识别中的常用方法，近年来发展起来的人工神经网络模式的识别方法逐渐取代传统的模式识别方法。经过多年的研究和发展，模式识别已成为当前比较先进的技术，被广泛应用到文字识别、语音识别、指纹识别、遥感图像识别、人脸识别、手写体字符的识别、工业故障检测、精确制导等方面。

2.人工神经网络在医学中的应用

由于人体和疾病的复杂性、不可预测性，在生物信号与信息的表现形式上、变化规律（自身变化与医学干预后变化）上，对其进行检测与信号表达，获取的数据及信息的分析、决策等诸多方面都存在非常复杂的非线性联系，适合人工神经网络的应用。目前的研究几乎涉及从基础医学到临床医学的各个方面，主要应用在生物信号的检测与自动分析、医学专家系统等。

（1）生物信号的检测与分析

大部分医学检测设备都是以连续波形的方式输出数据的，这些波形是诊断的依据。人工神经网络是由大量的简单处理单元连接而成的自适应动力学系统，具有巨量并行性、分布式存贮、自适应学习的自组织等功能，可以用它来解决生物医学信号分析处理中常规方法难以解决或无法解决的问题。神经网络在生物医学信号检测与处理中的应用主要集中在对脑电信号的分析、听觉诱发电位信号的提取、肌电和胃肠电等信号的识别、心电信号的压缩、医学图像的识别和处理等。

（2）医学专家系统

传统的专家系统，是把专家的经验和知识以规则的形式存储在计算机中，建立知识库，用逻辑推理的方式进行医疗诊断。但是在实际应用中，随着数据库规模的增大，将导致知识"爆炸"，在知识获取途径中也存在"瓶颈"问题，致使工作效率很低。以非线性并行处理为基础的神经网络，为专家系统的研究指明了新的发展方向，解决了专家系统的以上问题，并提高了知识的推理、自组织、自学习能力，从而使得神经网络在医学专家系统中得到广泛的应用和发展。在麻醉与危重医学等相关领域的研究中，涉及多生理变量的分析与预测，在临床数据中存在着一些尚未发现或无确切证据的关系与现象，信号的处理，干扰信号的自动区分检测，各种临床状况的预测等，都可以应用到人工神经网络技术。

3. 人工神经网络在经济领域的应用

（1）市场价格预测

对商品价格变动的分析，可归结为对影响市场供求关系的诸多因素的综合分析。传统的统计经济学方法因其固有的局限性，难以对价格变动做出科学的预测，而人工神经网络容易处理不完整的、模糊不确定或规律性不明显的数据，所以用人工神经网络进行价格预测有着传统方法无法相比的优势。它从市场价格的确定机制出发，依据影响商品价格的家庭户数、人均可支配收入、贷款利率、城市化水平等复杂、多变的因素，建立较为准确可靠的模型。该模型可以对商品价格的变动趋势进行科学预测，并得到准确客观的评价结果。

（2）风险评估

风险是指在从事某项特定活动的过程中，因其存在的不确定性而产生的经济或财务的损失、自然破坏或损伤的可能性。防范风险的最佳办法就是事先对风险做出科学的预测和评估。应用人工神经网络的预测思想是根据具体现实的风险来源，构造出适合实际情况的信用风险模型的结构和算法，得到风险评价系数，然后确定实际问题的解决方案。利用该模型进行实证分析能够弥补主观评估的不足，可以取得满意效果。

4. 人工神经网络在控制领域的应用

人工神经网络由于其独特的模型结构和固有的非线性模拟能力，以及高度的自适应和容错特性等突出特征，在控制系统中获得了广泛的应用。其在各类控制器框架结构的基础上，加入了非线性自适应学习机制，从而使控制器具有更好的性能。基本的控制结构有监督控制、直接逆模控制、模型参考控制、内模控制、预测控制、最优决策控制等。

5. 人工神经网络在交通领域的应用

近年来人们对神经网络在交通运输系统中的应用开始了深入的研究。交通运输问题是高度非线性的，可获得的数据通常是大量的、复杂的，用神经网络处理相关问题有它巨大的优越性。应用范围涉及汽车驾驶员行为的模拟、参数估计、路面维护、车辆检测与分类、交通模式分析、货物运营管理、交通流量预测、运输策略与经济、交通环保、空中运输、船舶的自动导航及船只的辨认、地铁运营及交通控制等领域并已经取得了很好的效果。

6. 人工神经网络在心理学领域的应用

从神经网络模型的形成开始，它就与心理学有着密不可分的联系。神经网络抽象于神经元的信息处理功能，神经网络的训练则反映了感觉、记忆、学习等认知过程。人们通过不断的研究，变化着人工神经网络的结构模型和学习规则，从不同角度探讨着神经网络的认知功能，为其在心理学的研究中奠定了坚实的基础。近年来，人工神经网络模型已经成为探讨社会认知、记忆、学习等高级心理过程机制不可或缺的工具。人工神经网络模型还可以对脑损伤病人的认知缺陷进行研究，对传统的认知定位机制提出了挑战。

虽然人工神经网络已经取得了一定的进步，但是还存在许多缺陷，例如：应用的面不够宽阔，结果不够精确；现有模型算法的训练速度不够高；算法的集成度不够高，我们希望在理论上寻找新的突破点，建立新的通用模型和算法，进一步对生物神经元系统进行研究，不断丰富人们对人脑神经的认识。

思考题：

1. 什么是人工神经网络？它有哪些基本特征？
2. 目前，神经网络在哪些领域得到了应用？举例说明。

第三节　神经科学与智能机器人

一、智能机器人概述

智能机器人之所以叫智能机器人，是因为它有相当发达的"大脑"。在脑中起作用的是中央处理器，这种计算机跟操作它的人有直接的联系。最主要的是，这样的计算机可以完成按目的安排的动作。正因为这样，我们才说这种机器人是真正的机器人，尽管它们的外表可能有所不同。

我们从广泛意义上理解所谓的智能机器人，它给人最深刻的印象是一个独特的进行自我控制的"活物"。其实，这个自控"活物"的主要器官并没有像真正的人那样微妙而复杂。

智能机器人具备形形色色的内部信息传感器和外部信息传感器，如视觉、听觉、触觉、嗅觉。除具有感受器外，它还有效应器，作为作用于周围环境的手段。这就是筋肉，或称自整步电动机，它们使手、脚、长鼻子、触角等动起来。由此也可知，智能机器人至少要具备三个要素：感觉要素、反应要素和思考要素。

我们称这种机器人为自控机器人，它是控制论产生的结果。控制论主张这样的事实：生命和非生命有目的的行为在很多方面是一致的。正像一个智能机器人制造者所说的，机器人是一种系统的功能描述，这种系统过去只能从生命细胞生长的结果中得到，现在它们已经成了我们自己能够制造的东西了。

智能机器人能够理解人类语言，用人类语言同操作者对话，在它自身的"意识"中单独形成了一种使它得以"生存"的外界环境——实际情况的详尽模式。它能分析出现的情况，能调整自己的动作以达到操作者所提出的全部要求，能拟定所希望的动作，并在信息不充分的情况下和环境迅速变化的条件下完成这些动作。当然，要它和我们人类思维一模一样，这是不可能办到的。不过，仍然有人试图建立计算机能够理解的某种"微观世界"。

随着机器人技术的发展，我国也面临讨论和制定关于机器人技术的各项标准问题，其中包括对机器人的定义。我们可以参考各国的定义，结合我国情况，对机器人做出统一的定义。

《中国大百科全书》对机器人的定义为：能灵活地完成特定的操作和运动任务，并可再编程序的多功能操作器。而对机械手的定义为：一种模拟人手操作的自动机械，它可按固定程序抓取、搬运物件或操持工具完成某些特定操作。

我国科学家对机器人的定义是："机器人是一种自动化的机器，具备一些与人或生物相似的智能能力，如感知能力、规划能力、动作能力和协同能力，是一种具有高度灵活性的自动化机器。"

上述各种定义有共同之处，即认为机器人：①像人或人的上肢，并能模仿人的动作；②具有智力或感觉与识别能力；③是人造的机器或机械电子装置。

随着机器人的进化和机器人智能的发展，这些定义都有修改的必要，甚至需要对机器人重新定义。

机器人的范畴不但要包括"由人类制造的像人一样的机器"，还应包括"由人类制造的生物"，甚至包括"人造人"，尽管我们不赞成制造这种人。看来，本来就没有统一定义的机器人，今后更难为它下个确切的和公认的定义了。

二、机器人的主要特征

机器人具有许多特点，而通用性和适应性是机器人的两个最主要特征。

1. 通用性

机器人的通用性取决于其几何特性和机械能力。通用性指的是某种执行不同的功能和完成多样的简单任务的实际能力。通用性意味着机器人具有可变的几何结构，即根据生产工作需要进行变更的几何结构；或者说，在机构结构上允许机器人执行不同的任务或以不同的方式完成同一工作。现有的大多数机器人都具有不同程度的通用性，包括机械手的机动性和控制系统的灵活性。

必须指出，通用性不是由自由度单独决定的。增加自由度一般能提高通用性程度。不过，还必须考虑其他因素，特别是末端装置的结构和能力，如它们能否使用不同的工具等。

2. 适应性

机器人的适应性是指其对环境的自适应能力，即所设计的机器人能够自我执行未经完全指定的任务，而不管任务执行过程中所发生的没有预计到的环境变化。这一能力要求机器人认识其环境，即具有人工知觉。在这方面，机器人使用其下述能力：

（1）运用传感器感测环境的能力；

（2）分析任务空间和执行操作规划的能力；

（3）自动指令模式能力。

迄今为止所开发的机器人知觉与人类对环境的解释能力相比，仍然是十分有限的。这个领域内的某些重要研究工作正在进行之中。

对于工业机器人来说，适应性指的是它所编好的程序模式和运动速度能够适应工件尺寸和位置以及工作场地的变化。这里，主要考虑两种适应性：

（1）点适应性。它涉及机器人如何找到点的位置。例如，找到开始程序操作点的位置。点适应性具有四种搜索（允许对程序进行自动反馈调节），即近似搜索、延时近似搜索、精确搜索和自由搜索。近似搜索允许传感器在程序控制下沿着程序方向中断机器人运动。延时近似搜索能够在编程传感器被激发一定时间之后中断机器人的运动。精确搜索能够使机器人停止在传感器信号出现变化的精确位置上。自由搜索能够使机器人找到满足所有编程传感器的位置。

（2）曲线适应性。它涉及机器人如何利用由传感器得到的信息沿着曲线工作。曲线适应性包括速度适应性和形状适应性两种。

速度适应性涉及选择最佳运动速度的问题。即使有了完全确定的运动曲线，选择最佳运动速度仍然困难。有了速度适应性之后，就能够根据传感器提供的信息来调整机器人的运动速度。

形状适应性涉及要求工具跟踪某条形状未知的曲线问题。

综合运用点适应性和曲线适应性，能够对程序进行自动调整。初始编制的仅仅是个粗略的程序，然后由系统自行适应实际位置和形状。

三、机器人的组成部分

1886年，法国作家利尔·亚当在他的小说《未来的夏娃》中将像人的机器起名为"安德罗丁"（Aandroid），它由以下四部分组成：

（1）生命系统（具有平衡、步行、发声、身体摆动、感觉、调节运动等功能）；

（2）造型解质（关节能自由运动的金属覆盖体）；

（3）人造肌肉（在上述盔甲上有肌肉、静脉、性别特征等人体的基本形态）；

（4）人造皮肤（含有肤色、机理、轮廓、头发、视觉、牙齿、手爪等）。

现在的一个机器人系统，一般由下列四个互相作用的部分组成：机械手、环境、任务和控制器，如图 6-3-1 所示。

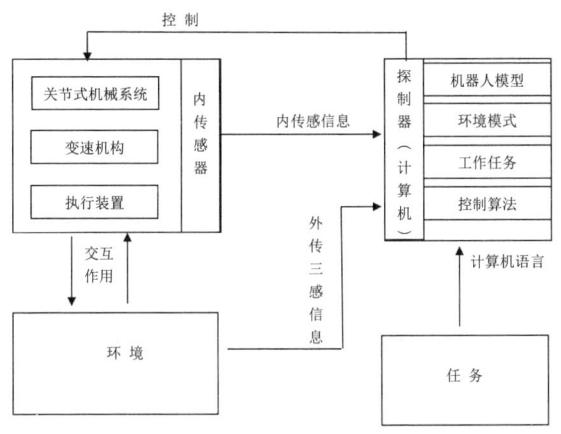

图 6-3-1 机器人系统的基本结构

机器人目前是典型的机电一体化产品，一般由机械本体、控制系统、传感器、和驱动器四部分组成。为对本体进行精确控制，传感器应提供机器人本体或其所处环境的信息，控制系统依据控制程序产生指令信号，通过控制各关节运动坐标的驱动器，使各臂杆端点按照要求的轨迹、速度和加速度，以一定的姿态达到空间指定的位置。驱动器将控制系统输出的信号变换成大功率的信号，以驱动执行器工作。

1. 机械本体

机械本体，是机器人赖以完成作业任务的执行机构，一般是一台机械手，也称操作器或操作手，可以在确定的环境中执行控制系统指定的操作。典型工业机器人的机械本体一般由手部（末端执行器）、腕部、臂部、腰部和基座构成。机械手多采用关节式机械结构，一般具有 6 个自由度，其中 3 个用来确定末端执行器的位置，另外 3 个则用来确定末端执行装置的方向（姿势）。机械臂上的末端执行装置可以根据操作需要换成焊枪、吸盘、扳手等作业工具。

2. 控制系统

控制系统是机器人的指挥中枢，相当于人的大脑，负责对作业指令信息、内外环境信息进行处理，并依据预定的本体模型、环境模型和控制程序做出决策，产生相应的控制信号，通过驱动器驱动执行机构的各个关节按所需的顺序、沿确定的位置或轨迹运动，完成特定的作业。从控制系统的构成看，有开环控制系统和闭环控制系统之分；从控制方式看，有程序控制系统、适应性控制系统和智能控制系统之分。

3. 驱动器

驱动器是机器人的动力系统，相当于人的心血管系统，一般由驱动装置和传动机构两部分组成。因驱动方式的不同，驱动装置可以分成电动、液动和气动三种类型。驱动装置中的电动机、液压缸、气缸可以与操作机直接相连，也可以通过传动机构与执行机构相连。传动机构通常有齿轮传动、链传动、谐波齿轮传动、螺旋传动、带传动等几种类型。

4.传感器

传感器是机器人的感测系统，相当于人的感觉器官，是机器人系统的重要组成部分，包括内部传感器和外部传感器两大类。内部传感器主要用来检测机器人本身的状态，为机器人的运动控制提供必要的本体状态信息，如位置传感器、速度传感器等。外部传感器则用来感知机器人所处的工作环境或工作状况信息，又可分成环境传感器和末端执行器传感器两种类型。前者用于识别物体和检测物体与机器人的距离等信息，后者安装在末端执行器上，检测处理精巧作业的感觉信息。常见的外部传感器有力觉传感器、触觉传感器、接近觉传感器、视觉传感器等。

四、机器人的功能分类

1.可分为一般机器人和智能机器人

一般机器人是指不具有智能，只具有一般编程能力和操作功能的机器人。

智能机器人至少要具备以下三个要素：一是感觉要素，用来认识周围环境状态；二是运动要素，对外界做出反应性动作；三是思考要素，根据感觉要素所得到的信息，思考出采用什么样的动作。感觉要素包括能感知视觉、接近、距离等的非接触型传感器和能感知力、压觉、触觉等的接触型传感器。这些要素实质上就是相当于人的眼、鼻、耳等五官，它们的功能可以利用诸如摄像机、图像传感器、超声波传成器、激光器、导电橡胶、压电元件、气动元件、行程开关等机电元器件来实现。对运动要素来说，智能机器人需要有一个无轨道型的移动机构，以适应诸如平地、台阶、墙壁、楼梯、坡道等不同的地理环境。它们的功能可以借助轮子、履带、支脚、吸盘、气垫等移动机构来完成。

在运动过程中要对移动机构进行实时控制，这种控制不仅要有位置控制，还要有力度控制、位置与力度混合控制、伸缩率控制等。智能机器人的思考要素是三个要素中的关键，也是人们要赋予机器人必备的要素。思考要素包括判断、逻辑分析、理解等方面的智力活动。这些智力活动实质上是一个信息处理过程，而计算机则是完成这个处理过程的主要手段。

2.智能机器人根据其智能程度的不同，又可分为三种：

（1）传感型机器人

又称外部受控机器人。机器人的本体上没有智能单元，只有执行机构和感应机构，它具有利用传感信息（包括视觉、听觉、触觉、接近觉、力觉和红外、超声及激光等）进行传感信息处理、实现控制与操作的能力。它受控于外部计算机，在外部计算机上具有智能处理单元，处理由受控机器人采集的各种信息以及机器人本身的各种姿态和轨迹等信息，然后发出控制指令指挥机器人的动作。目前机器人世界杯足球赛的小型组比赛使用的机器人就属于这样的类型。

（2）交互型机器人

机器人通过计算机系统与操作员或程序员进行人机对话，实现对机器人的控制与操作。虽然具有了部分处理和决策功能，能够独立地实现一些诸如轨迹规划、简单的避障等功能，但是还要受到外部的控制。

（3）自主型机器人

在设计制作之后，机器人无须人的干预，能够在各种环境下自动完成各项拟人任务。自主型机器人的本体上具有感知、处理、决策、执行等模块，可以就像一个自主的人一样独立地活动和处理问题。机器人世界杯足球赛的中型组比赛中使用的机器人就属于这一类型。全自主移动机器人的最重要特点在于它的自主性和适应性。自主性是指它可以在一定的环境中，不依赖任何外部控制，完全自主地执行一定的任务。适应性是指它可以实时识别和测量周围的物体，根据环境的变化，调节自身的参数，调整动作策略以及处理紧急情况。交互性也是自主机器人的一个重要特点，机器人可以与人、与外部环境以及与其他机器人之间进行信息的交流。由于全自主移动机器人涉及诸如驱动器控制、传感器数据融合、图像处理、模式识别、神经网络等许多方面的研究，所以能够综合反映一个国家在制造业和人工智能等方面的水平。因此，许多国家都非常重视全自主移动机器人的研究。

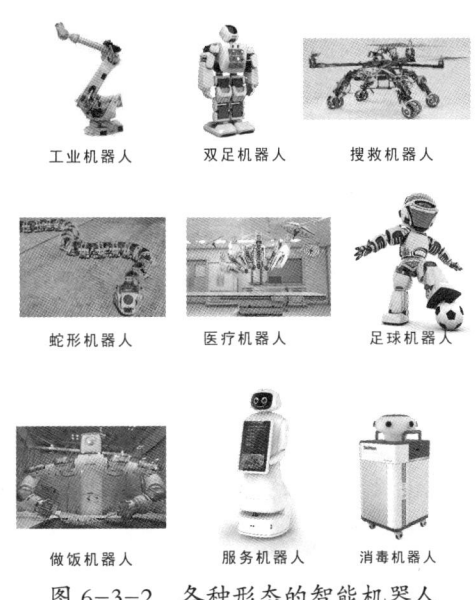

图 6-3-2　各种形态的智能机器人

智能机器人的研究从20世纪60年代初开始，经过几十年的发展，目前，基于感觉控制的智能机器人（又称第二代机器人）已达到实际应用阶段，基于知识控制的智能机器人（又称自主机器人或下一代机器人）也取得较大进展，已研制出多种样机。

3. 按应用分类

（1）工业机器人

它只能死板地按照人给它规定的程序工作，不管外界条件有何变化，自己都不能对程序也就是对所做的工作做相应的调整。如果要改变机器人所做的工作，必须由人对程序做相应的改变，因此它是毫无智能的。

（2）初级智能机器人

它和工业机器人不一样，具有像人那样的感受、识别、推理和判断能力。可以根据外界条件的变化，在一定范围内自行修改程序，也就是它能适应外界条件变化对自己做相应调整。不过，修改程序的原则由人预先给以规定。这种初级智能机器人已拥有一定的智能，虽然还没有自动规划能力，但这种初级智能机器人也开始走向成熟，达到实用水平。

（3）智能农业机器人

鲨鱼型智能农业机器人采用空气动力学，根据气动布局特点形成了鲨鱼外观结构，采用工业级高分子材料制作的履带式底盘，特殊的离去角角度设计，能保证机器人在各种复杂地形的果园中畅通无阻，并且保护农田不受破坏；独特的机械设计结合流线型结构能最大化利用设备空间，最大承载量高达600公斤；双发动机的布局，保证了机器人良好的作业能力，采用电传操纵技术结合自主研发的液压系统使得机器人突破了续航时间短的问题，拥有超长续航能力；采用300M甚高频无线遥控和5.8G图像传输技术，可以实施检测产品的运行数据和图像，且能在终端进行路径规划，真正实现了自动控制，并能快速实现功能扩展和产品革新。

（4）家庭智能陪护机器人

陪护机器人应用于养老院或社区服务站环境，具有生理信号检测、语音交互、远程医疗、智能聊天、自主避障漫游等功能。

机器人在养老院环境实现自主导航避障功能，能够通过语音和触屏进行交互。配合相关检测设备，机器人具有血压、心跳、血氧等生理信号检测与监控功能，可无线连接社区网络并传输到社区医疗中心，紧急情况下可及时报警或通知亲人。机器人具有智能聊天功能，可以辅助老人心理康复。陪护机器人为人口老龄化带来的重大社会问题提供解决方案。

（5）高级智能机器人

高级智能机器人和初级智能机器人一样，具有感觉、识别、推理和判断能力，同样可以根据外界条件的变化，在一定范围内自行修改程序。所不同的是，修改程序的原则不是由人规定的，而是机器人自己通过学习，总结经验来获得修改程序的原则。所以它的智能高出初级智能机器人。这种机器人已拥有一定的自动规划能力，能够自己安排自己的工作。这种机器人可以不要人的照料，完全独立地工作，故称为高级自律机器人。这种机器人也开始走向实用。

五、机器人的应用领域

1. 工业机器人：机器人已在工业生产、海空探索、康复、医用、军事和教育等领域获得广泛应用。此外，机器人已逐渐在医院、家庭和一些服务行业获得推广应用，发展十分迅速。

2. 探索机器人：除了在工农业上广泛应用之外，机器人还用于进行探索，即在恶劣或不适于人类工作的环境中执行任务。例如，在水下（海洋）、太空以及在放射性、有毒或高温等环境中进行作业。在这种环境下，可以使用自主机器人、半自主机器人或遥控机器人。

3. 服务机器人：随着网络技术、传感技术、仿生技术、智能控制等技术的发展以及机电工程与生物医学工程等的交叉融合，服务机器人技术发展呈现三大态势：一是服务机器人由简单机电一体化装备，向机电一体化和智能化等方向发展；二是服务机器人由单一作业向群体协同、远程学习和网络服务等方面发展；三是服务机器人由研制单一复杂系统向将其核心技术、核心模块嵌入先进制造相关系统中探索。虽然服务机器人分类广泛，包含清洁机器人、医用服务机器人、护理和康复机器人、家用机器人、消防机器人、监测和勘探机器人等，但完整的服务机器人系统通常都由三个基本部分组成——移动机构、感知系统和控制系统。因此，各类服务机器人的关键技术就包括自主移动技术（包括地图创建、路径规划、自主导航）、感知技术和人机交互技术等。

4. 军事机器人：同任何其他先进技术一样，机器人技术也可用于军事目的。这种用于军事目的的机器人，即为军用机器人。军用机器人有地面的、水下（海洋）的和空间的。其中，以地面军用机器人的开发最为成熟，应用也较为普遍。

5. 教育机器人：教育机器人是以激发学生学习兴趣、培养学生综合能力为目标的机器人。"机器人教育"（Robot-Based Education）应该包括以下三方面内容：机

图 6-3-3 未来机器人像人一样聪明

器人学科教学（简称 RSI）、机器人辅助教育（简称 RAE）、机器人与传统学科相互渗透。

在国外，机器人教育一直是个热点：早在 1994 年麻省理工学院（MIT）就设立了"设计和建造 LEGO 机器人"课程（Martin），目的是提高工程设计专业学生的设计和创造能力，尝试机器人教育与理科实验的整合；麻省理工学院媒体实验室"终身幼儿园"项目小组开发了各种教学工具，通过与著名积木玩具商乐高公司的紧密合作，该项目组开发出可编程的乐高玩具，帮孩子们学会在数字时代怎样进行设计活动。同时，国外的一些智能机器人实验室也有相应的机器人教育研究的内容。日本、美国等一些发达国家高度重视机器人学科教育对高科技社会的作用和影响，已在信息技术课与课外科技活动开设了有关机器人的课程内容。

中国的教育机器人发展也是在近 20 年间得到逐步完善的。中国的教育机器人始于 1996 年，由恽为民博士率先在国际上提出了教育机器人概念并创建了第一个教育机器人品牌"能力风暴"；1998 年，恽博士创立了教育机器人学并发布首款教育机器人产品 AS-M；2000 年，中国第一个机器人大赛"能力风暴杯"中国教育机器人大赛创立。2004 年，教育机器人灭火与足球机器人赛制成为"全国中小学电脑制作活动"正式比赛项目，该赛事是当时国内唯一具有高考保送、加分的机器人比赛。首届赛事中，能力风暴包揽该项目冠亚军。2013 年，世界教育机器人大赛（WER）由"世界教育机器人协会"发起并主办。

我国的机器人教育在全国中小学计算机教育研究中心及众多知名专家以及一些发达省市的大力推动下，有了很大的发展。教育机器人逐步成为中小学技术课程和综合实践课程的良好载体。新的高中课程标准在信息技术科目中也设立了"人工智能初步"选修模块，迈出了我国高中阶段开展人工智能教育的第一步，这也意味着我国的人工智能教育在大众化、普及化层面上跃上了一个新的台阶。

机器人教育提供了一种素质教育和创新教育与前沿科技紧密结合的生动形式，系统专业地将素质教育落实到位，着重培养科学态度、科学方法、科学知识，这些正是科学素质教育的初衷所在。因此，新一轮课程改革把"提高全体学生科学素养"作为其目标是不无道理的。在不久的将来，机器人将成为你课堂的伙伴，各级学校积极开展课题研究，利用机器人教育这一载体提高学生的科学素养。机器人教育具有实践性强、探索性强和综合性强的特点，有利于迅速接触前沿研究，并有利于提高同学的创新能力和科学素养。

机器人学习不单单是组织课堂授课，开展一次专题学生活动或参加一次全国性、地区性的机器人竞赛，而是利用科学的手段用科学探究的方法去研究科学本身，进而利用机器人课程上所学的知识和培养的科学方法来研究更多领域，相信这次科学进程，将会让中小学以前所未有的热情期待即将到来的机器人课程。

我国有两大主要研究部门：全国中小学计算机教育研究中心北京部、全国中小学计算机教育研究中心上海部。共举办了两届"全国中小学程序设计与机器人教学研讨会"。2005 年启动了"全国中小学机器人教学实验区、实验学校"项目，由苗逢春主任担任项目负责人。打造了机器人教育交流的全国性网络平台：机器人教育在线。

从各地情况来看，较多的学校只是以课外活动，各种兴趣班、培训班的形式开展机器人教学。通常的做法，是由学校购买若干套机器人器材，由信息技术课程教师或综合实践课程教师进行指导，组织学生进行机器人组装、编程的实践活动，然后参加一些相关的机器人竞赛。只有极少数的地区和学校将机器人教学纳入了正规课堂教学。

六、机器人的未来发展

据有关资料介绍，未来机器人将出现新人种——"智能人"。

随着智能化的发展，大量的机器人可能会拥有思考能力，甚至会拥有再次复制能力，机器人一定会在地球上扮演重要角色，拥有强大能力和智慧的机器人会成为地球的一员。

在人类这种碳基人和机器人这种硅基人之间，会有一种新的人种出现，这种人种就是融合了碳基与硅基的智能人。

人的大脑是生物计算存储系统，这是一个非常低能耗的系统，成人的大脑一天只消耗 250～300 千卡能量。也就是说，一个重量介于 1300～1400 克（成人大脑的平均重量）的大脑的功率约为 15 瓦特，能量消耗很低，进行复杂的计算和存储，还不会发热，存储的内容有文字、图片、声音、影像，记录逻辑关系。人类大脑拥有 1000 亿个神经细胞，这些细胞的功能能不能被完全开发出来，参与计算和存储，今天不得而知，但大脑无疑存在较大的开发潜力。

大脑对于信息的处理，有一套非常科学的机制，大脑中所有不同的信息，都处于同样的优先级进行存储和调用。事实上，大脑对于接收到的信息是随着时间、重要程度进行科学化管理的，按照不同的优先级进行存储。对于时间久远的信息，还可以进行压缩、封存，甚至删除，从而让大脑的工作不再那么超负荷，以计算和存储的能力随时处理高优先级的问题。沉睡在大脑深处的信息，也可以通过催眠的模式将这些信息调用、唤醒。今天对于人脑的研究，我们还没完全解开谜团，了解它所有的机制。

在人类信息的传输和存储中，还有很多暗物质的通道我们没有发现，人类这种物种绝不像机器人那么简单，那么容易被复制。

未来人脑的能力会不会被更多地开发出来？这方面存在较大的机会。而人类会随着技术能力的提升，对自身进行改造，这是一定的。例如，通过植入芯片，打通人的大脑神经系统与芯片之间的连接。最初的芯片只会侦测脑电波的变化，进行辅助性的判断，驱动人的其他神经系统工作。更加复杂的芯片会渐渐和人脑融为一体，存储在人脑中的信息可以拷贝到植入芯片中去，而植入芯片的信息，也可以通过拷贝转移到人脑中，这样人类就可以不需要再去学习那些固化的知识，不需要通过一遍遍的背诵加强记忆，而是可以直接把信息存储在芯片中，进行调用。这种情况下，人类的学习速度会大大提升，学习效果会增强。

同时人类也可以把脑子里的信息拷贝转移到芯片中去，这样我们就不会因为脑细胞不可逆的死亡而担心了，知识、记忆都可以被存储在芯片中。这是未来人工智能的最高境界，这种技术实现后，人类将进入一个全新的时代。

除了大脑之外，人类也可以对体外骨骼进行改造。这项技术在今天已经有很好的发展，随着更多人工智能和新材料的加入，外骨骼材质会强度更大、更轻，关节会更灵动，这种外骨骼配合人工智能，可以大大增加人的负重、跑、跳等活动能力，在人的手臂、腿脚等器官失灵时，可以代替这些器官工作，甚至可以支撑瘫痪的人。这些外骨骼成为人的辅助，会把人的活动、运动、承重能力提升到一个新高度，达到很多人类的肌肉和骨骼无法承受的程度。

新材料和人工智能可再造人类的大部分器官，实现长时间工作。今天已经有心脏起搏器这样的设备帮助心脏工作，随着人工智能技术、微电池技术、生物电技术、新材料的发现与完善，我们人类的大部分器官可以进行替换与再造，心脏、血管、皮肤多种脏器都可以进行更换。通过器官的再造，人类的寿命可以更长，能力可以更强。

有一天，有一种人，他的某些器官已经被再造，远比一般人的运动、负重能力强，还在他体内植入了芯片，可以和脑神经系统打通，大大提升学习能力和知识储备能力，反应极快，处理问题的能力极大提升，这样的人，是人类还是机器人呢？自然不是机器人，他的基础还是碳基人，也会和人一样谈恋爱、结婚、生孩子，实现正常的繁衍，但是智能化的改造，又让其完全不同于人类，对于事物的理解、感情也会发生变化。从这个角度看，这样的人，还是人类吗？我们要如何和他们相处？我们会不会也选择成为这样的人？

可能在很长的时间里，人类无法接受自己被改造，但是在漫长的时光中，这个问题一定会一点点被打破。当人的生命受到危害时，会有人去做这样的尝试。而很多人做出这样的选择后，就会有越来越多的人成为智能人，他们的能力远超一般人类。我们如何接受他们，在哲学上理解这种人的价值，在社会生活的各个方面接受他们的存在，在法律上保障他们的权益与公平，这都是复杂的问题。但即便复杂，人类可能不得不正视这样一个融合了碳基人和硅基人的群体的存在。

七、国家政策

2016年，工业和信息化部、国家发改委、财政部三部委联合印发了《机器人产业发展规划（2016—2020年）》，指出机器人产业发展要推进重大标志性产品率先突破。

在工业机器人领域，聚焦智能生产、智能物流，攻克工业机器人关键技术，提升可操作性和可维护性，重点发展弧焊机器人、真空（洁净）机器人、全自主编程智能工业机器人、人机协作机器人、双臂机器人、重载AGV这6种标志性工业机器人产品，引导我国工业机器人向中高端发展。

在服务机器人领域，重点发展消防救援机器人、手术机器人、智能型公共服务机器人、智能护理机器人4种标志性产品，推进专业服务机器人实现系列化，个人/家庭服务机器人实现商品化。国家对以上十大标志性产品技术、规格和功能都制定了一定的规范标准。例如：智能型公共服务机器人。导航方式为激光SLAM，最大移动速度0.6m/s，定位精度±100mm，定位航向角精度±5°，最大工作时间3h，手臂数量2，单臂自由度2-7，头部自由度1-2，具备自主行走、人机交互、讲解、导引等功能。

智能机器人作为一种包含相当多学科知识的技术，几乎是伴随着人工智能所产生的。而智能机器人在当今社会变得越来越重要，越来越多的领域和岗位都需要智能机器人参与，这使得对智能机器人的研究也越来越频繁。虽然我们现在仍很难在生活中见到智能机器人的影子，但在不久的将来，随着智能机器人技术的不断发展和成熟，随着众多科研人员的不懈努力，智能机器人必将走进千家万户，更好服务人们的生活，让人们的生活更加舒适和健康。

思考题：

1. 怎样理解智能机器人的定义？智能机器人有哪些主要特征？
2. 机器人有哪些组成部分？分析其功能分类。
3. 论述机器人的应用领域。你怎样理解教育机器人在教育中的作用？

本章主要参考文献

1. 林崇德、沈德立主编《计算机与智力心理学》浙江人民出版社
2. 蔡自兴主编《人工智能及其应用》（第5版）清华大学出版社
3. [美]John J.Craig著《机器人学导论》机械工业出版社
4. 蔡自兴编著《机器人学》清华大学出版社
5. 蔡自兴、蒙祖强编著《人工智能基础》（第2版）高等教育出版社
6. 赵伟主编《计算机网络基础》山东大学出版社
7. 傅钢善主编《现代教育技术》高等教育出版社
8. 陈莹主编《现代教育技术与小学信息技术教学》高等教育出版社
9. [美]Mataric著《机器人学经典教程》中国工信出版集团

10. 臧海波著《机器人制作入门》（第 4 版）中国工信出版集团
11. 中国知网，百度，有关高校学报、网站等下载资料

下 篇

转化：信息化学习能力开发

所谓信息化学习能力开发，即是以脑科学为机理，以学习科学为核心内容，以信息技术为手段，以开发儿童少年学习能力为目的的一种指导与训练的理论与方法。

开发信息化学习能力，需要正确的理念引领、"给力"的技术支撑和有效的方法导航。有理念则有意识，有技术则有工具，有方法则有路径。观念层面的理念、工具层面的技术和服务路径的方法，是开发信息化学习能力的"铁三角"。

如何开发儿童信息化学习能力？这是本书的重要部分。

在理念引领部分，我们着重介绍两个重要的基本理论：一是传统的学能开发基础理论，包含儿童发展理论、儿童认知发展阶段理论、多元智能理论、建构主义学习理论、教学模式理论。二是现代的人工智能教育理论。学习和掌握这些基础理论，能使我们更好地了解和掌握开发儿童信息化学习能力的内容以及教学模块的应用。

在服务路径部分，我们认为研究成果要转化为应用项目才有使用价值，而研究成果转化要借助服务平台才能向外辐射。这个平台就是线下实体服务平台和线上虚拟服务平台两种。

在技术应用部分，我们认为，工欲善其事，必先利其器。信息技术作为学习工具，主要表现为六大工具：效能工具、信息工具、情境工具、交流工具、认知工具和评价工具。如何将这些技术和学习能力开发课程整合是提高信息化学习能力的关键技术。

要解决上述问题，关键是师资。我们认为，为建立一支能胜任开发儿童少年信息化学习能力的指导师队伍，需要开展学能开发指导师的职业培训工作。首先，要建立学能指导师的培训课程体系。课程体系是实现培养目标的载体，是保障和提高教育质量的关键。其次，要建立学能指导师的职业技术培训体系，这是落实培训学能指导师的重要举措。

第七章 理念引领之一：学习能力开发基础理论

理念，从最直白的角度来说，是理应具有的系列观念，包括认识、思想、价值观、信念、意识、理性等。有了理念，就有了目标、愿景，就有了方向、路标，就有了准绳、标杆。在这里，理念主要是指学习理念，也就是说在学习活动中，遵循下列基本理念，有助于引领学习者开展有效的学习。

本章基本概念要点：

● "发展"一词是指人类与年龄有关的生理和心理功能的系统性的变化。

●发展理论主要集中于三个领域的发展实质和过程——生理、认知及社会性——及各种环境（家庭、周边环境、文化等）在发展过程中的作用。

●在个体从出生到成熟的发展过程中，认知结构表现出具有不同质的不同阶段，皮亚杰把儿童思维的发展分为四个阶段。

●加德纳的多元智能理论是对传统的"一元智能"观的强有力挑战。

●建构主义学习理论基础是发展理论、信息加工理论、阶段性理论、教育理论。

●所谓"知识体系"，指的就是把大量却不同的知识点，系统、有序、指向性明确地组合成某种类型的知识架构。

●教学模式是指教学过程的结构、顺序。

本章内容网络结构图

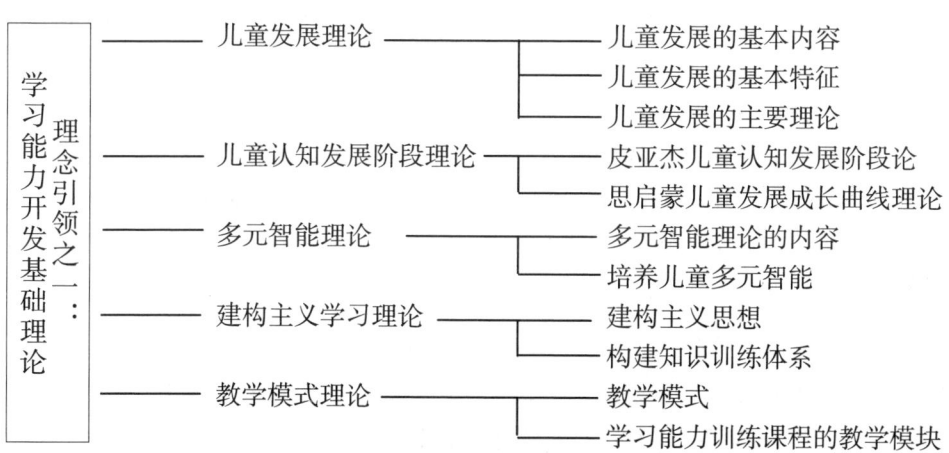

第一节 儿童发展理论

一、儿童发展的基本内容

"发展"一词是指人类与年龄有关的生理和心理功能的系统性变化。发展理论主要集中于三个领域的发展实质和过程——生理、认知及社会性——及各种环境（家庭、周边环境、文化等）在发展过程中的作用。

（一）生理发展

生理发展是指生理成长和成熟的模式、某些人类特征和能力的基因基础、神经（脑）的发展、运动技能的获得。具体表现在以下方面：

1. 脑和神经系统的发育，有神经系统的发展极其有可塑性；大脑的分化与发展；大脑发展的敏感期；大脑的偏侧化与用手偏好的形成等。

2. 身体的生长发育，有身体大小和肌肉组成的变化、身体比例和骨骼生长的变化。

3. 影响早期身体发育的因素，如遗传和激素、营养、睡眠习惯、疾病、受伤、情感；饮食不足与过量可能导致营养不良；情绪压力与爱的缺失，过多的压力和过少的关爱也会使儿童早期身体发育和动作发展滞后于正常的同龄儿童。

4. 动作技能的发展

（1）动作发展的基本趋势及大动作的发展

儿童出生后，动作随之开始发展。儿童头几年动作发展的进程和身体及神经系统发展一样，遵循头尾原则和近远原则，即由上至下——头、颈、上肢的动作发展先于腿和下肢的发展；由近及远——近躯干的肢体动作先发展，远离躯干的手、腿等后发展，即头、躯干、手臂的动作发展先于双手和手指的发展。

（2）精细动作的发展

在儿童所有动作技能的发展中，手的精细动作的发展在婴幼儿认知发展中起着最重要的作用。他们通过伸手抓握物体，来感知物体的物理特征，如形状、软硬、声音等；获得关于物体的空间特征，如方位、距离等。拿笔乱涂，为他们以后的书写动作的发展奠定了基础。

（二）认知发展

认知发展是指儿童在推理、概念、记忆、语言方面的系统变化。

认知，也称认识，这是一个范围很广的概念，涉及知识的获得、加工、组织和应用的复杂的心理活动。从广义上说，认知就是指人的认识活动，包括注意、知觉、记忆、理解、分类、评价、原则推理、规则的演绎，想象各种可能性，产生策略和幻想，等等。狭义地说，认知就是思维或记忆。

第一阶段是感知运动阶段。从出生到2岁，相当于婴儿期。此阶段儿童还没有语言和思维，主要靠感觉和动作探索周围世界，逐渐形成物体永存性观念。

第二阶段，2～7岁，相当于学前期。此阶段儿童各种感觉运动行为模式开始内化而成为表象或形象思维，特别是由于语言的出现和发展，促使儿童日益频繁地用表象符号来代替或重现外界事物，出现了表象思维。此阶段的主要特点：

（1）相对具体性。儿童开始依赖表象进行思维，但还不能进行运算思维。

（2）不可逆性。

（3）自我中心性。

儿童只能站在他的经验的中心，只有参照他自己才能理解别的事物，而认识不到还有他人或外界事物的存在，也认识不到自己的思维过程。故又称为自我中心思维阶段。

这一阶段分为两个小阶段：

2～4岁为前概念或象征思维阶段，即儿童开始出现凭借语言符号象征游戏、延迟模仿等示意手段表征外在客体的能力，但此时思维具有前概念性，徘徊于概念的一般性与组成部分的个别性之间。

4～7岁为直觉思维阶段，即儿童此时已开始从前概念思维向运算思维阶段过渡，但他们的判断仍受直觉自动调节的限制。此阶段的思维既没有运算的可逆性，也没有守恒的基本形式，尚停留在半象征性的思维状态之中。

第三阶段是具体运算阶段，7～11岁，相当于小学阶段。儿童开始具有逻辑思维和真正运算的能力，先后获得各种守恒概念，但运算的形式和内容仍以具体事物为依据。7岁左右的儿童能够在心理上对珠子进行运算，并认为把珠子散开和挨紧是两个相反而又互补的运动，重新排列珠子可使它恢复到起始状态。这说明此时儿童的思想开始有较大的易变性，出现可逆性，能解决守恒问题，可凭借具体事物或形象进行逻辑分类和认识逻辑关系。但是，这种运算仍有其局限性。其一是这一水平的运算还不具有足够的形式化，尚脱离不了具体事物或形象的支持。其二是运算还是零散的、孤立的，不能组成完整的系统。

第四阶段是形式运算阶段，始于青春前期，十一二岁，接近于成人的思维。这一阶段儿童不再靠具体事物来运算，而能对抽象的和表征的材料进行逻辑运算。与具体运算阶段相比，此阶段的儿童思维发生了四种变化：

1. 能够进行假设—演绎推理：首先对事物提出一些假设，然后从假设推演出某些逻辑结论。

2. 能够进行命题逻辑思维：能够在摆脱实际内容的情况下，对一系列推理的正确性进行评价，在不受命题性质束缚的情况下建立前提与结论间的逻辑联系。

3. 能够在头脑中把形式和内容完全分开：他们的认识能超越于现实本身，无须具体事物作为中介，把握抽象概念，进行形式推理。

4. 能够形成两种形式运算的认知结构：一是组合系统；二是四群运算。儿童到了这个阶段，已经能够用这些结构形式来解决各种逻辑问题，表明他们的思维已经接近或基本达到成人的成熟水平。

（三）社会性发展

社会性发展是指儿童的情感、处理信息的方式、社会关系和道德机能。

社会性发展（也称为儿童的社会化）是指儿童从一个生物人，逐渐掌握社会的道德行为规范与社会行为的技能，成长为一个社会人，逐渐步入社会的过程。

他是在个体与群体、儿童集体以及同伴的相互作用、相互影响的过程中实现的。

儿童社会性发展的内容

（1）亲子关系

亲子关系是指父母与其亲生子女、养子女或继子女之间的关系。狭义：儿童早期与父母的感情关系——依恋；广义：父母与子女的相互作用方式——父母的教养态度与方式。

（2）同伴关系

①2岁前儿童同伴交往发展的特点：6个月时可以在孩子身上看到同伴之间的交往，这时的婴儿可以相互触摸和观望，甚至以哭泣来对其他婴儿的哭泣做出反应。6个月以后，婴儿之间交往的社会性逐渐加强。

②幼儿游戏中同伴关系发展的特点：儿童在游戏中的交往，主要是从3岁开始的。3岁左右，幼儿常常以独自游戏或平行游戏为主；4岁左右，联系性游戏逐渐增多，并逐渐成为主要游戏形式；5岁以后，合作性游戏开始发展，同伴交往的主动性和协调性逐渐发展。

（3）性别角色的发展

儿童性别角色行为的发展，是在对性别角色的认识的基础上，逐渐形成较为稳定的行为习惯的过程，从而导致儿童之间在心理与行为上的性别差异。

性别角色：是社会对男性和女性在行为方式和态度上期望的总称。性别角色的发展是以儿童性别概念的掌握为前提的，即只有当孩子知道男孩和女孩是不同的，才能进一步掌握男孩和女孩不同的行为标准。

学前儿童角色发展的阶段与特点：第一阶段：知道自己的性别，并初步掌握性别角色知识（2~3岁）；第二阶段：以自我为中心地认识性别角色（3~4岁）；第三阶段：刻板地认识性别角色（5~7岁）。

(4) 亲社会行为的发展

亲社会行为是指一个人帮助或打算帮助他人或群体的行为及倾向。具体包括：分享、合作、谦让、援助，等等。

亲社会行为是儿童良好个性品质形成的基础，是提高集体意识、建立良好的人际关系、形成助人为乐等良好道德品质的重要条件。

①学前儿童移情能力的发展。移情指从他人角度考虑问题。通俗地讲，移情是指个体想象自己处于他人的境地，并理解他人的情感、欲望、思想及活动的能力，即设身处地为别人着想的能力。移情是儿童亲社会行为的前提，也可以作为产生亲社会行为的主要动机。

②学前儿童亲社会行为的发展阶段与特点：亲社会行为的萌芽（2岁左右）；各种亲社会行为迅速发展，并出现明显个别差异（3岁至六七岁）；出现明显的个性差异。

总之，发展是指与年龄有关的生理和心理机能方面发生的系统性的变化。儿童发展的领域：生理发展、认知发展和社会发展及各种环境。如图所示：

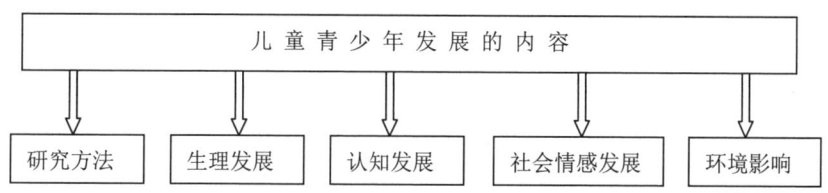

二、儿童发展的基本特征

长期以来，发展心理学家对于儿童和青少年是如何发展的及发展的原因做出了各种各样的解释。其中在关于天性和教养、普遍性和多样性、质变和量变的三大问题争论中，这些观点的重要性各不相同。

1. 天性和教养

（1）生理发展：天性指引着大脑中的某个特定部位按一定的顺序成熟展开。基因也决定着某些生理特性，比如瘦的倾向或易患糖尿病。教养的作用表现在营养的重要性、外在指导的作用及运动技能训练方面。

（2）认知发展：在智力和语言的某些方面好像存在着基因基础。当代许多发展心理学家强调环境的作用，诸如非正式的学习经验、成人的修正和监督、正式的学校教育。

（3）社会性发展：性格方面的个体差异显然部分地受到了遗传（天性）的控制；在自尊心和种族身份方面，环境的影响比较明显。

2. 普遍性和多样性

（1）生理发展：普遍性表现为主要生理特征（比如青春期第二性征的发展）的出现。多样性表现为儿童出现这些主要特征的具体年龄不同。此外还表现在身体的健康状况方面。

（2）认知发展：普遍性表现为人类信息加工系统的构成（比如，学习和记忆的装置）方面。但一些孩子却有比其他人更有效的学习和记忆知识的方法。

（3）社会性发展：与同伴交往的需要再次说明了儿童发展中的普遍性部分。在亲社会行为和攻击性方面存在着相当大的个体差异。

3. 量变和质变

（1）生理发展：生理发展的一些方面（比如，青春期的变化）反映了巨大的变化。然而，在大多数时间里，生理的发展是许多细小变化的结果（比如，小孩子逐渐长高，接着开始经历青少年期的发育高峰）。

（2）认知发展：儿童的逻辑推理技能表现出质的变化。例如，儿童获得了一种新的更为复杂的解决问题的方法。在儿童逐渐获得各种知识的过程中，量的变化便发生了。

（3）社会性发展：一些证据表明，通过适当的社会经历，儿童的道德理解力逐渐发生质变，这种变化常与逻辑推理方面的变化相关。在进一步的质变中，儿童逐渐理解了其他人是如何思考的，发现其他人的知识、信仰和愿望或许与自己的知识、信仰和愿望不同。

三、儿童发展的主要理论

关于儿童的发展，主要有八种理论观点。

1. 成熟论。持成熟论的发展心理学家强调由遗传决定的未展开的发展结构、神经组织和运动能力。历史上最著名的成熟论者是阿诺德·格塞尔，他强调发展变化是自动发生的，无须学习和指导。依据这种观点，当儿童从生理上准备好行走时，他们便能够行走了。当生物钟激起适当激素时，他们便开始进入青春期。

2. 心理动力学理论。持心理动力学理论的心理学家认为早期经验对于后来的特征和行为有重要作用。他们一般是强调社会性和个性的发展及变态发展。西格蒙德·弗洛伊德（Sigmund Freud）是最早的心理动力学家。他强调早期经验的重要性。根据弗洛伊德的理论，一方面，小孩子不断发现自己卷入了性冲动和攻击性的内部冲突之中；另一方面，社会力量又促使他们去获得父母的承认，变得富于建设性。通过与父母的不断交流，儿童经历了一系列的发展阶段，最终学会以社会认可的适当的方式来引导他们的生理冲动。

3. 认知发展理论。认知发展理论强调的重点是思维的过程及思维如何随时间而变化。依据这种观点，儿童在他们自己的发展中起着重要作用：他们寻找有趣的新经历,努力对他们看到和听到的进行解释,积极调节新信息和先前认为是正确的信息之间的差异。在这一过程中,儿童的思维逐渐变得更加抽象化和系统化。让·皮亚杰是最早的也是最著名的认知发展心理学家。在认知发展方面,他研究了儿童逻辑思维过程的实质,其逻辑思维过程诸如数字、生理因素、地理构成及时间观念。

4. 行为学习理论。第四种发展理论是行为学习理论,这一理论与前面所描述的理论形成了鲜明的对比。因为这一理论认为发展变化几乎完全是外在环境作用(教养)的结果。对人类和其他物种(比如狗、老鼠、鸽子)进行研究后,行为学习论者认为,通过适当的环境刺激,可以改变许多行为。例如,他们已经演示了儿童为得到诸如食物、表扬、亲密行为等奖赏而进行积极的活动,同时倾向于避免可能导致惩罚的行为。

5. 进化理论。受查尔斯·达尔文的影响,进化理论则强调先天的行为模式提高了儿童生存和繁衍的机会。提高生存和繁衍机会的特征和行为很可能是以基因的形式传给了下一代。进化理论促使我们把儿童和青少年的行为看作是适应特定环境的表现。

6. 信息加工理论。信息加工理论关注人类认知过程本身——例如,人们是如何对接收到的信息进行转换和记忆的——关注童年时期认知过程是如何变化的。出现于19世纪60年代的早期信息加工理论,以线性的方式(一种计算机运行的方式)模拟了人类思维的过程。然而,近来许多理论家承认计算机和人类的思维方式或许大相径庭。但无论他们是否用计算机来比喻人类的思维,信息加工论者都试图精确地描述儿童和青少年的思维过程。

7. 社会文化历史理论。社会文化历史理论突出了社会文化系统在儿童发展中的作用。布朗芬布伦纳(Bronfenbrenner)描述了童年时期的生态学(或有机体所处的环境),包括儿童的家庭和其广泛意义上的大家庭、四邻、学校、父母的工作环境,媒体、社会服务、社会政治体系及其运行。这些不同的社会系统相互结合起来共同影响儿童的发展。例如,处于家庭环境之外的托儿所帮助父母抚养了儿童,但如果托儿所的环境对于儿童来说是不安全的,缺乏稳定和刺激,且不能对儿童做出敏感的反应,那么父母或许会担心儿童的身心健康。

8. 人生发展理论。人生全程发展理论认为发展变化贯穿人的一生。一些变化是可预测的且与年龄有关,一些变化则依赖于某些特殊的历史事件(比如战争、经济危机),还有一些变化是个体生活事件(比如父母离婚、朋友死亡)所致。人生全程论者把发展看作是成熟、环境及历史文化力量之间动态的相互作用的结果。他们把发展看作是一个过程,且认为人们进入成年后这一过程仍将继续下去。

综合上述,我们介绍了关于儿童发展的各种各样的理论观点。希望你能对这些理论加以选择,寻找每种理论的优点。每种理论都有助于你理解儿童思维和行为的某个方面。每种理论均能给予你有益的启发，即在学习过程中如何才能促进最佳的发展。

思考题：

1. 什么是儿童发展？分析其基本内容。
2. 儿童发展有哪些基本特征？
3. 试论儿童发展的八大理论观点。

第二节　儿童认知发展阶段理论

一、皮亚杰的儿童认知发展阶段论

皮亚杰认为，在个体从出生到成熟的发展过程中，认知结构在与环境的相互作用中不断重构，从而表现出具有不同性质的不同阶段，他把儿童思维的发展分为以下四个阶段，并不是所有儿童都在同一年龄完成相同的阶段。然而，他们通过各个阶段的顺序是一致的。前一阶段是达到后一阶段的前提。阶段的发展不是间断性的跳跃，而是逐渐、持续的变化。

图 7-2-1　让·皮亚杰（1896—1980）

1. 感知运动阶段（0～2岁）

感知运动阶段儿童在认知上有两大成就：

（1）获得了客体永久性。所谓客体永久性是指儿童脱离了对物体的感知而仍然相信该物体持续存在的意识。即当某一客体从儿童视野中消失时，儿童在9～12个月获得客体永久性。

（2）形成了因果联系。

2. 前运算阶段（2～7岁）

皮亚杰以不同形式的运算作为划分阶段的标志。运算指一种内化了的可逆的动作，即在头脑中进行的可以朝相反方向运转的思维活动，或者说运算是指内部化了的观念上的操作。

皮亚杰把前运算阶段又划分为两个阶段：前概念或象征思维阶段（2～7岁）和直觉思维阶段（4～7岁）。这一阶段儿童思维的特点主要体现在以下几个方面：

（1）早期的信号功能：表象符号——延迟模仿与语言符号。

（2）泛灵论和自我中心主义。自我中心主义指儿童完全以自己的身体和动作为中心，从自己的立场和观点去认识事物，而不能从客观的、他人的观点去认识事物的倾向。（皮亚杰的三山实验）

（3）思维活动具有相对具体性，不能进行抽象运算思维。思维具有不可逆性：儿童不能在心理上反向思考他们见到的行为，不能回想起事物变化前的样子。

3. 具体运算阶段（7~12岁）

这一阶段具有以下两个显著特点：

（1）获得了守恒性，思维具有可逆性。可逆性的出现是守恒获得的标志，也是具体运算阶段出现的标志。儿童能反向思考他们见到的变化并进行前后比较，思考这种变化是如何发生的。守恒是指个体能认识到物体固有的属性不随其外在形态的变化而发生改变的特性。儿童最先掌握的是数目守恒，年龄一般在6~7岁，接着是物质守恒，在7~8岁之间出现，而几何重量守恒和长度守恒在9~10岁，体积守恒一般要11~12岁以后。

（2）群体结构的形成。群体结构是一种分类系统，主要包括类群集运算和系列化群集运算。具体运算阶段儿童分类和理解概念的能力都有明显的提高。在解决两类范畴相结合的复合群集的分类任务上，具体运算期与前期运算期的儿童不同，他们能够根据物体各种特性结合的复杂规则进行分类。具体运算阶段的儿童虽然已实现了许多运算的群集，但是，儿童这时进行的运算仍须具体事物的支持，对那些不存在的事物或从没发生过的事情还不能进行思考。

4. 形式运算阶段（12~15岁）

上面曾经谈到，具体运算阶段，儿童只能利用具体的事物、物体或过程来进行思维或运算，不能利用语言、文字陈述的事物和过程为基础来运算。具体运算阶段不能根据文字叙述来进行判断。而当儿童智力进入形式运算阶段，思维不必从具体事物和过程开始，可以利用语言文字，在头脑中想象和思维，重建事物和过程来解决问题。故儿童可以不很困难地答出苏珊的头发黑而不必借助于娃娃的具体形象。这种摆脱了具体事物束缚，利用语言文字在头脑中重建事物和过程来解决问题的运算就叫作形式运算。

除了利用语言文字外，形式运算阶段的儿童甚至可以以概念、假设等为前提，进行假设演绎推理，得出结论。因此，形式运算也往往称为假设演绎运算。由于假设演绎思维是一切形式运算的基础，包括逻辑学、数学、自然科学和社会科学在内，因此儿童是否具有假设演绎运算能力是判断他智力高低的极其重要的尺度。当然，处于形式运算阶段的儿童，不仅能进行假设演绎思维，皮亚杰认为他们还能够进行一切科学技术所需要的一些最基本运算。这些基本运算，除具体运算阶段的那些运算外，还包括这样的一些基本运算：考虑一切可能性；分离和控制变量，排除一切无关因素;观察变量之间的函数关系,将有关原理组织成有机整体等。

认知发展理论是著名发展心理学家让·皮亚杰所提出的,被公认为20世纪发展心理学上最权威的理论。所谓认知发展是指个体自出生后在适应环境的活动中,对事物的认知及面对问题情境时的思维方式与能力表现,随年龄增长而改变的历程。皮亚杰对认知发展研究的特殊兴趣是出于将儿童的认知发展看作是沟通生物学与认识论的桥梁,他认为,通过对儿童个体认知发展的了解可以揭示整个人类认识发生的规律,从而建构起他的整个学说——"发生认识论"。他提出儿童心理发展的四要素并首次概括了心理发展的阶段理论,同时划分心理发展的四大阶段,揭示感知运动、前运算、具体运算以及形式运算的一般规律。因此,皮亚杰极大地丰富和深化了儿童心理学的研究,成为发展心理学史上的一个重要的里程碑。

表7-2-1 认知发展阶段论的对照表

名称	感知运动阶段	前运算阶段	具体运算阶段	形式运算阶段
年龄段	0～2岁	2岁至六七岁	7岁至十一二岁	十一二岁至18岁成人
生长期	婴儿期	幼儿期	儿童期	少年期
学龄期	婴儿	幼儿	小学生	中学生
特征	主要以动作和感知为基础符号,思维未出现	以符号思维和语言为主,但仍难以逻辑的成人方式进行推理	出现成人的逻辑思维,但仅限于对具体事物的推理	逻辑推理过程既用于具体事物,也用于抽象概念

二、思启蒙的儿童发展成长曲线理论

教育理念很重要的一条就是儿童的发展要遵循儿童发展的客观规律。其中以美国的思启蒙博士(D.Y.R.E.Scammon)对教育制度改革影响最大。思启蒙是心理医生,他发现人类有三个最主要的成长曲线:大脑、身体及性(荷尔蒙分泌)。他将这三条曲线画成图表,通称为思启蒙曲线。

他认为人类早期成长最快的是大脑,脑重量从刚出生的300克到6岁的1000克,达到成人脑重(1300～1400克)的85%,身体成长最快阶段是八九岁到十三四岁,这期间身体长高了,而且趋向成熟化,接着13岁以后的"性"成长,荷尔蒙分泌快速增加,使人类从少年进入青少年。

思启蒙博士认为,0～6岁应配合大脑成长进行大脑专门教育,提升其学习能力;10岁以后应重视体能训练;十五六岁以后应重视社会学教育。他认为传统的教育制度完全违反人类科学成长曲线的需要,是造成教育失败,儿童潜能无法完全发挥的最主要原因。

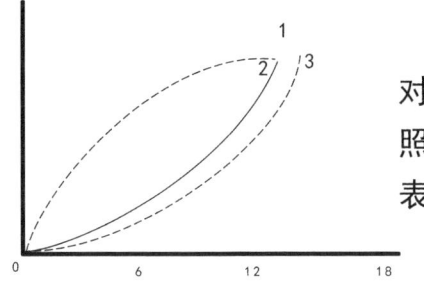

对照表	发育情况	传统教育	科学教育
大脑	6岁前	重保育运动、轻学习	大脑教育
身体	8~13岁	重知识学习、轻运动	体能训练
性	13岁以后	重学习、轻人际关系	社交情操

思启蒙曲线：1—脑，2—身体，3—性

研究表明，儿童少年学习能力从出生开始到18周岁智力高峰时止，总是沿着生理因素、心理因素、认知因素、社会因素、创造力发展的规律而逐步形成和发展的一种认知能力，即我们所说的学习能力。

而人的发展是一个整体发展的过程。从学习能力发展的角度去看，儿童少年在每个发展阶段上都有各种潜能发展的结果：生理潜能——学习基础条件；心理潜能——学习动力；认知潜能——学习基本能力；创造潜能——学习核心目标。这是全面协调智能发展的过程。

思考题：

1. 简论皮亚杰的儿童认知发展阶段论，揭示了儿童怎样的发展规律。
2. 简论思启蒙的儿童发展成长曲线理论对我们教育有何启示。

第三节 多元智能理论

传统智力理论认为语言能力和数理逻辑能力是智力的核心，智力是以这两者整合方式而存在的一种能力。针对这种仅徘徊在操作层面，而未揭示智力全貌和本质的传统的有关智力的狭隘定义，研究者们从20世纪70年代开始，就从心理学的不同领域对智力的概念进行了重新的检验。

一、多元智能理论的内容

20世纪80年代哈佛大学认知心理学家霍华德·加德纳所提出的多元智能理论，定义智能是人在特定情景中解决问题并有所创造的能力。他认为我们每个人都拥有八种主要智能：语言智能、逻辑数学智能、空间智能、

图7-3-1 霍华德·加德纳

运动智能、音乐智能、人际交往智能、内省智能、自然观察智能。他提出了"智能本位评价"的理念，扩展了学生学习评估的基础；他主张"情景化"评估，改正了以前教育评估的功能和方法。加德纳的多元智能理论是对传统的"一元智能"观的强有力挑战，给人以耳目一新之感。

加德纳认为，过去对智力的定义过于狭窄，未能正确反映一个人的真实能力。他认为，人的智力应该是一个量度他的解题能力（ability to solve problems）的指标。根据这个定义，他在《心智的架构》（*Frames of Mind*，Gardner，1983）这本书里提出，人类的智能至少可以分成七个范畴（后来增加至九个）。

这九个范畴的内容如下：

1. 语言智能

这种智能主要是指有效地运用口头语言及文字的能力，即指听说读写能力，表现为个人能够顺利而高效地利用语言描述事件、表达思想并与人交流的能力。这种智能在作家、演说家、记者、编辑、节目主持人、播音员、律师等职业上有更加突出的表现。

2. 逻辑数学智能

从事与数字有关工作的人特别需要这种有效运用数字和推理的智能。他们学习时靠推理来进行思考，喜欢提出问题并执行实验以寻求答案，寻找事物的规律及逻辑顺序，对科学的新发展有兴趣。即使他人的言谈及行为也成了他们寻找逻辑缺陷的好地方，对可被测量、归类、分析的事物比较容易接受。

3. 空间智能

空间智能强调人对色彩、线条、形状、形式、空间及它们之间关系的敏感性很高，感受、辨别、记忆、改变物体的空间关系

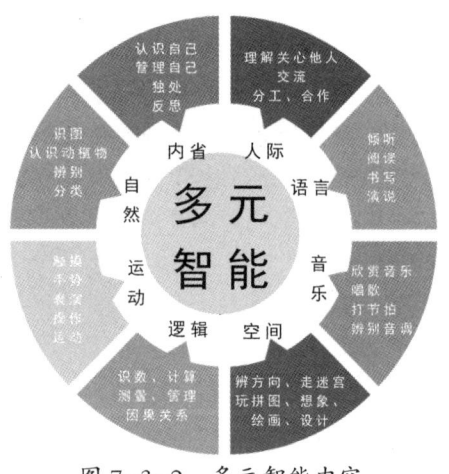

图 7-3-2　多元智能内容

并借此表达思想和情感的能力比较强，表现为对线条、形状、结构、色彩和空间关系的敏感以及通过平面图形和立体造型将它们表现出来的能力。能准确地感觉视觉空间，并把所知觉到的表现出来。这类人在学习时是用意象及图像来思考的。

空间智能可以划分为形象的空间智能和抽象的空间智能两种能力。形象的空间智能为画家的特长，抽象的空间智能为几何学家的特长。建筑学家形象和抽象的空间智能都擅长。

4. 肢体运作智能

善于运用整个身体来表达想法和感觉，以及运用双手灵巧地生产或改造事物

的能力。这类人很难长时间坐着不动，喜欢动手建造东西，喜欢户外活动，与人谈话时常用手势或其他肢体语言。他们学习时是透过身体感觉来思考的。

这种智能主要是指人调节身体运动及用灵巧的双手改变物体的技能。表现为能够较好地控制自己的身体，对事件能够做出恰当的身体反应以及善于利用身体语言来表达自己的思想。运动员、舞蹈家、外科医生、手艺人都有这种智能优势。

5. 音乐智能

这种智能主要是指人敏感地感知音调、旋律、节奏和音色等能力，表现为个人对音乐节奏、音调、音色和旋律的敏感以及通过作曲、演奏和歌唱等表达音乐的能力。这种智能在作曲家、指挥家、歌唱家、乐师、乐器制作者、音乐评论家等人员那里都有出色的表现。

6. 人际智能

人际关系智能，是指能够有效地理解别人及其关系，以及与人交往的能力，包括四大要素：①组织能力，包括群体动员与协调能力。②协商能力，指仲裁与排解纷争能力。③分析能力，指能够敏锐察知他人的情感动向与想法，易与他人建立密切关系的能力。④人际联系，指对他人表现出关心，善体人意，适于团体合作的能力。

7. 内省智能

这种智能主要是指认识到自己的能力，正确把握自己的长处和短处，把握自己的情绪、意向、动机、欲望，对自己的生活有规划，能自尊、自律，会吸收他人的长处。会从各种回馈渠道中了解自己的优劣，常静思以规划自己的人生目标，爱独处，以深入自我的方式来思考。喜欢独立工作，有自我选择的空间。这种智能在优秀的政治家、哲学家、心理学家、教师等人员那里都有出色的表现。

内省智能可以划分为两个层次：事件层次和价值层次。事件层次的内省指向对于事件成败的总结。价值层次的内省将事件的成败和价值观联系起来自审。

8. 自然探索智能

认识植物、动物和其他自然环境（如云和石头）的能力。自然智能强的人，在打猎、耕作、生物科学上的表现较为突出。自然探索智能应当进一步归结为探索智能，包括对于社会的探索和对于自然的探索两个方面。

9. 存在智能

人们表现出的对生命、死亡和终极现实提出问题，并思考这些问题的倾向性。

人的智能还可以从其他角度进行分类：

1. 记忆力：对于事物的记忆力，包括短期和长期的记忆力，形象和抽象的记忆力等。

2. 形象力：在记忆的基础上形成形象的能力，也可以说是感性认识能力。

3. 抽象力：在形象的基础上形成抽象概念的能力，也可以说是理性认识能力。

4. 信仰力：在形象和抽象思维的基础上形成对于人生和世界总的观念的能力。

5. 创造力：形成新的形象、理论、信仰的能力。

二、儿童多元智能的培养

过去的多元智能发展主要集中在幼儿园，因为教育专家认为，培养学生的多元智能发展应该由小做起，并慢慢推广至其他层面。然而，广义来说，多元智能理论的框架不单能在小学及幼儿园的层面推广，在中学、大学甚至研究院或在职培训也是合适的。近年不少国际MBA的课程都加入了创意思维的课程，以加强学生在新时代的适应力和创意方面的开发，这就是加德纳所提出的多元智能的其中一个范畴。而对于中、小学生来讲，多元智能理论的应用有助于改变传统的教育观念：

1. 要改变以往的学生观

在人才观上，多元智能理论认为几乎每个人都是聪明的，但聪明的范畴和性质呈现出差异。"天生我材必有用。"学生的差异性不应该成为教育上的负担，相反，是一种宝贵的资源。我们要改变以往的学生观，用赏识和发现的目光去看待学生，改变以往用一把尺子衡量学生的标准，要重新认识到每位学生都是一个天才，只要我们正确地引导和挖掘他们，每个学生都能成才。

2. 重新定位教学观

在教学方法上，多元智能理论强调应该根据每个学生的智能优势和智能弱势选择最适合学生个体的方法。按照孔子的观点就是要考虑个体差异，因材施教。"因材施教"是孔子创立并在个别教学环境下成功地实施了的，我们要继承这一珍贵的教育遗产，在运用多元智能理论的前提下，更好地实施。我们要关注学生差异，善待学生的差异。在教学中，根据学生的差异，运用多样化的教学模式，促进学生潜能的开发，最终促进每个学生都成为优秀的自己。

3. 教师要改变自己的教学目标

在教育目标上，多元智能并不主张将所有人都培养成全才，而是认为应该根据学生的不同情况来确定每个学生最适合的发展道路。通俗来讲，多元智能理论不是让学生千军万马过独木桥，也不是简单地要求给学生多架几座桥，而是主张给每条学生都铺一座桥，让"各得其所"成为现实。这就是我们所提倡的"让每个学生都来有所学，学有所得，得有所长"。人是手段，更是目的。教育的价值除了为社会培养有用之才，更在于发展和解放人本身。

4. 观念的变化带来教学行为的变化

我们教师备课、上课不能再像以往那样仅仅为了完成教学大纲的要求，而是更多地从关注学生,开发学生潜能,促进学生全面发展方面去考虑问题。我们要采用多种方式和手段呈现用"多元智能"来教学的策略,实现为"多元智能而教"的目的,改进教学的形式和环节,努力培养学生的多种智能。在教学形式上重视小组合作学习和讨论,以利于人际智能的培养。在教学环节上重视最后的反思环节,培养学生的内省智能。力争使课堂教学丰富多彩,课堂互动形式多样,使学生的主体地位更加明显。

思考题:

1. 论述加德纳的多元智能内容。
2. 怎样培养儿童的多元智能?

第四节 建构主义学习理论

建构主义学习理论是历经对皮亚杰、布鲁纳、维果茨基、维特罗克(M.C.Wittrock)等人的早期建构主义思想的不断发展,同时伴随着对认知心理学的批判和发展,于20世纪90年代出现在心理学领域中的一股强大"洪流"。

建构主义学习理论,与认知主义学习理论、行为主义学习理论共为三大学习理论。建构主义的教学观强调要充分发挥学生个体的主观能动性,在整个学习过程中,要求学生能够用探究、讨论等各种不同的方法在头脑中去主动建构数学知识。在知识的有意义建构的过程中,培养学生分析问题、解决问题和创造性的思维能力。作为一种新型的学习理论,建构主义对学习也赋予了新的意义。首先,建构主义学习理论认为学习的过程是学习者主动建构知识的过程,"学习是建构内在心理表征的过程,学习者并不是把知识从外界搬到记忆中,而是以原有的经验为基础,通过与外界的相互作用来建构新的理解"(D.J.Cunnighan,1991)。因此学习活动不是由教师单纯向学生传递知识,也不是学生被动地接受信息的过程,而是学生凭借原有的知识和经验,通过与外界的互动,主动地生成信息的意义的过程。其次,建构主义学习理论对学生所学的知识也提出了新的理解,即知识不再是我们通常所认为的课本、文字、图片以及教师的板书和演示等对现实的准确表征,而只是一种理解和假设。学生对知识的理解并不存在唯一标准,而是依据自己的经验背景,以自己的方式建构对知识的理解,对于世界的认知和赋予意义由每个人自己决定。

一、建构主义学习理论

建构主义的思想来源于认知加工学说,以及维果茨基、皮亚杰和布鲁纳等人的思想。例如,皮亚杰和布鲁纳等的认知观点——解释如何使客观的知识结构通过个体与之交互作用而内化为认知结构,维果茨基的"文化—历史"发展理论的广为流传,都是建构主义思想发展的重要基础。为此,了解上述理论是深刻理解建构主义必不可少的环节。

1. 发展理论

维果茨基所提出的"文化—历史"发展理论认为:人的高级心理机能亦即随意的心理过程,并不是人自身所固有的,而是在与周围人的交往过程中产生与发展起来的,是受人类的文化历史所制约的。为此,就要确定儿童的基本发展水平。儿童发展的两种水平:一是现有的发展水平,二是在有指导的情况下借助成人的帮助可以达到的解决问题的水平,或是借助于他人的启发帮助可以达到的较高水平。这两者之间的差距,即儿童现有水平与经过他人帮助可以达到的较高水平之间的差距,就是"最近发展区"。根据最近发展区的观点,维果茨基提出了"教育要先于发展的思想",这一思想在世界范围内引起了极大的反响,成为维果茨基的非常重要的学习观点。

2. 信息加工理论

许多认知心理学家把认知看作是对信息的加工。奈瑟(Neisser)认为:"认知是指转换、简约、加工、贮存、提取和使用感觉输入的所有过程。"认知信息加工理论一个最重要的术语是"建构"(construction),即认知过程是建构性质的。

认知信息加工学说认为,思维有一种执行控制的机制,就像计算机程序中有一种执行程序一样;认知建构过程中的二级过程的认知运演是习得的,尽管它们部分地受遗传的影响。其中记忆的内容,以及转换和重建内容的策略,也是习得的;同时可以通过对视知觉的类推,来描述和解释记忆和遗忘的过程。

3. 阶段性理论

皮亚杰(Piaget, J.)提出的认知发展的阶段性理论,具有非常广泛和深远的影响。他认为,儿童认知形成的过程是先出现一些凭直觉产生的概念(并非最简单的概念),这些原始概念构成思维的基础,在此基础上经过综合加工形成新概念,建构新结构,这种过程不断进行,这就是儿童认知结构形成的主要方法。

皮亚杰认为,随着儿童年龄的增长,其认知发展涉及图式、同化、顺应和平衡四个方面。其中图式是动作的结构或组织,它们在相同或类似的环境中,会由于重复而引起迁移或概括;所谓同化,就是个体将环境因素纳入已有的图式之中,以加强和丰富主体的动作;所谓顺应,就是个体改变自己的动作以适应客观变化。

个体就是不断地通过同化与顺应两种方式，来达到自身与客观环境的平衡的。图式最初来自先天的遗传，以后在适应环境的过程中，不断变化、丰富和发展，形成了本质不同的认知图式（或结构）。

皮亚杰认为，任何人的认知发展都要经历上述四个连续的阶段，且这种连续发展的先后次序是不变的。这种发展模式具有全球性的意义，在任何文化社会中都一样。每一个阶段都是形成下一个阶段的必要条件和基础。虽然，在两个相继发展的认知阶段之间存在着质的差异，但这种差异是思维发展量变到质变的必然结果。

4. 教育理论

布鲁纳（J.S.Bruner）认为，教育的主要目的是为学生提供一个现实世界的模式，学生可以借此解决生活中的一切问题。这个模式涉及储存信息的内部系统，而信息是通过人与周围环境的相互作用获得的。学习任何一门学科时，总是由一系列的片段所组成，而每一片段（或一个事件）总是涉及获得、转换和评价三个过程。布鲁纳由此认为，学生不是被动的知识接受者，而是积极的信息加工者。

同时，他强调学习是一个主动的过程。应该做出更多的努力使学生对学习产生兴趣，主动地参加到学习中去，并且从个人方面体验到有能力来对待他的外部世界。为激发学生的学习动机，布鲁纳提倡采取发现学习的教学方式。他认为对于学习，了解一般的原理原则固然重要，但尤其重要的是发展一种态度，即探索新情境的态度，做出假设，推测关系，应用自己的能力，以解决新问题或发现新事物的态度。所谓发现，当然不只限于发现人类尚未知晓的事物的行动，还包括用自己头脑亲自获得知识的一切形式。

二、建构学习能力的知识训练体系

什么是"知识体系"？所谓"知识体系"，指的就是把大量却不同的知识点，系统、有序、指向性明确地组合成某种类型的知识架构。

通过这个知识架构，我们可以更好地理解某些问题，解决某些问题。而与之相对的，则是碎片化的知识点。也就是说，知识体系好像蜘蛛网那样，能把不同的知识点，有规则地串联起来，从而塑造出我们看到问题、理解问题的思维模式。

我们整合建构主义理论各个观点，构建儿童学习能力训练知识体系，一方面按照皮亚杰的认知发展的阶段性理论将儿童发展分为0~3岁婴儿期、3~6岁幼儿期、7~12岁小学生期、13~15岁初中生期、16~18高中生期，另一方面又将每个时期学习潜能开发的领域分为生理潜能（学习条件）、心理潜能（学习动力）、认知潜能（学习能力）、智力潜能（习得能力）、创造潜能（核心目标），根据坐标图的原理，精准定位学习能力开发的内容。在学习能力开发内容上，我们既要考虑学习能力发展的阶段性（时间顺序）又要考虑学习能力开发内容的全面性（开发项目内容），于是在由学习能力发展的时间纵轴和学习潜能开发的内容横轴组成的坐标图上确定的坐标，就是我们要确定的具体的学习能力内容。我们以此为依据，经网格化安排，精准设计出学习能力发展坐标图，以此来架构我们的儿童学习能力的训练内容。

例1：婴儿学习能力训练内容

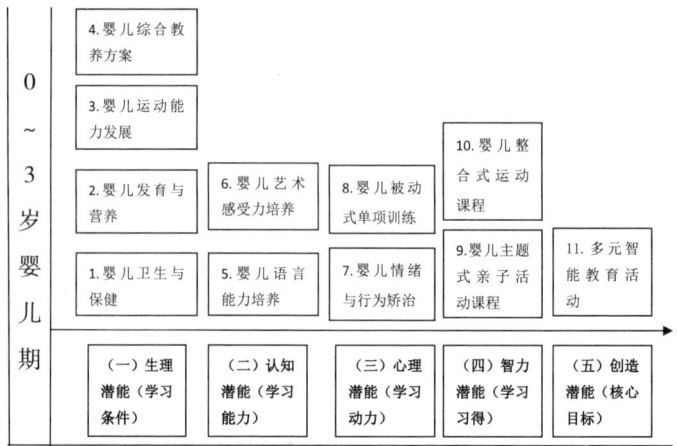

儿童学习能力开发横轴

例2：幼儿学习能力训练内容

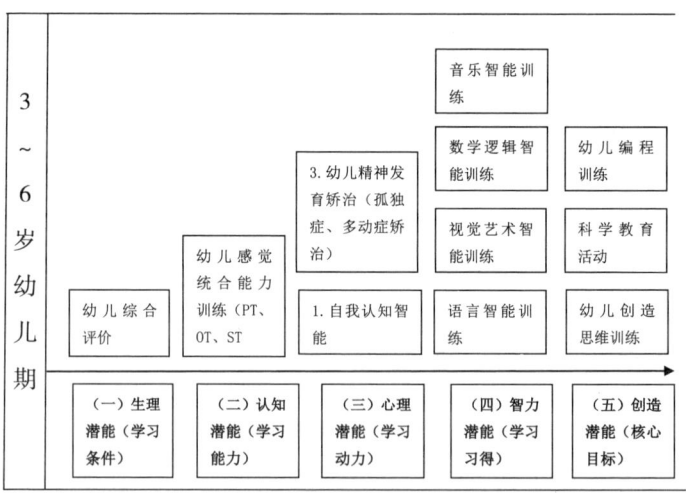

儿童学习能力开发横轴

例3：儿童学习能力训练内容

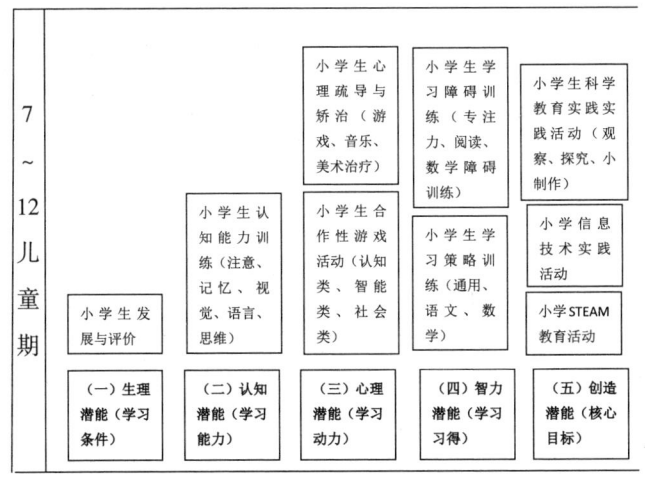

儿童学习能力开发横轴

思考题：

1. 建构主义理论包含哪些思想观点？
2. 怎样构建学习能力知识训练体系？

第五节 教学模式理论

一、教学模式

1. 模式："模式"一词20世纪80年代初出现于教育理论界，之后由苏联介绍到我国，在具体的研究上存在较多的争议。争议的源头是对"模式"的解释有不同的理解认识。

在《汉语大辞典》中，关于"模式"的解释是：事物的标准样式。在《现代汉语词典》中关于"模式"的解释是：某种事物标准形式或使人可以照着做的标准样式。可见模式在汉语中原本含有范式、可供模仿的意思。

模式具有简约性、整体性、操作性、优效性、中介性和开放性等特征。这些特征促进了教学活动的开展，所以美国学者乔伊斯首次将模式引入教学研究中，产生对教学模式的研究。

2. 教学模式：国外有学者认为"教学模式是构成课程和课业、选择教材、提示教师活动的一种计划或范型",并进一步指出"教学模式就是学习模式"。

我国教育界广泛关注教学模式的研究,提出了多种定义。从教学方法上定义认为:教学模式是一种教学方法的动态系统。从教学结构范畴定义认为:教学模式是教学活动的结构方式和范型。这一界定表明:教学模式是指教学过程的结构、顺序。在具体的教学目的、内容、方法和条件下,教学过程表现为一定的时空结构。既包括教学目的、内容、方法和教员、学员等横向方面的联合和组合,同时又表现为一定的时间流程即纵向方面的顺序。

特别要强调的是,进入21世纪以来,信息化已经深入人们生活的方方面面,但是,目前对信息化教学模式的定义及其特征众说纷纭。普遍认为:信息化教学模式是根据现代化教学环境中信息的传递方式和学生对知识信息加工的心理过程,充分利用现代教育技术手段的支持,调动尽可能多的教学媒体、信息资源,构建一个良好的学习环境,在教师的组织和指导下,充分发挥学生的主动性、积极性、创造性,使学生能够真正成为知识信息的主动构建者,达到良好的教学效果。简言之:信息化教学模式的本质就是有效教学。其特征有:一是教学资源丰富,利于教学情境的创设;二是提高学习者的主动性和积极性;三是利于交互性进行因材施教;四是利于协作式学习;五是利于培养创新精神和信息素质的发展。

二、学习能力训练课程的教学模块

我们借鉴教学模式的理论,在构建学习能力的知识训练体系时,设置了儿童学习能力训练体系的教学模式。

教学模式研究是现代教学论发展的一个重要领域。教学模式是指在一定教学理论和教学思想指导下建立起来的,在教学过程中比较稳定的教学程序及其策略、方法体系。

众所周知,教学理论具有高度的概括性和抽象性,教学实践具有丰富的活动性和可操作性。模式可以来源于理性思辨,使某种教育理论或教学思想具体化和操作化,从而保证理论对实践的指导作用,模式也可以来源于教学实践,使实践概括化和集约化,丰富和发展教育理论。因此,教学模式上联系教育理论,是教学思想与教学规律的反映,它指出教学的价值取向和目标,规范了师生的教学活动,实施教学的程序、原则及运用注意事项;教学模式下联系教学实践,它将教学策略、实施程序、教学方式、方法和手段融为一体,把抽象的理论转化为具体的操作程序,它可以使教师明确教学先做什么,后做什么,为什么要这样做,它的处方性和可操作性特点,使教师可以根据教学的实际需要进行选择和运用,因此教学模式可以较好地发挥教学理论具体化和教学实践概括化的中介作用,是教学理论与教学实践的"中介物",即教学模式既是教学实践的产物,相对于实践是升华而高于实践;教学模式又是教学理论的思辨演绎,相对于理论是派生而低于理论。实践证明，在基础教育与中等职业教育中引入教学模式的研究，至少具有以下的理论意义和实践价值：

（1）充分发挥教学理论对实践的指导作用，可以使广大教师对教学理论不再感到"空洞"和"抽象"，能够克服长期以来存在的理论与实践严重脱离的现象。

（2）教学模式研究作为一种手段，它本身具有科学方法论的意义，它既是一种教育科学研究的方法，又是教师一种科学的工作方法，广大教师在"学模、用模"过程中，不但改善了课堂教学状态，提升了教学质量，而且提高了教师自身的专业素养。

（3）教学模式研究又是教学实践和教师行为理性化、概约化的途径，可以使优秀的教学经验得到概括和升华，是经验型教师向更高层次发展的重要中介。正如冯克诚先生在《最新教学模式全书》（1997年版）所指出的："模式和模式化是一项工作成熟、规范的、集中的和形式化的体现，也是课堂教学取得最优效果的技术保障。灵活运用和善于总结教学模式特别是课堂教学模式，有针对性地进行教学工作，既是一个教师的成功保障，也是一个教师成熟的体现。"

（4）教学模式研究有利于调动广大教师参与教学改革的积极性和创造性，特别在模式建构的研究和实验中，理论工作者和一线教师紧密合作，创造性得到激活和开发，十分有利于一批学者型、专家型教师的成长。

这类教学模式具有活动程序特点，用在儿童学习能力开发上，它重点突出了学习模式的程序性和可操作性。我们根据学习能力发展坐标图确定的开发训练内容，分为几大模块，每个基本模块包含测评、能力训练、心理疏导（矫治）三个部分。从测评开始，然后针对测评的结果对儿童进行有目的、有计划的训练，并在训练的同时离不开心理疏导和矫治。智力因素和非智力因素指导相结合，达到测评、机能训练、心理矫治融为一体，使学习能力开发具有完整性和可操作性。

例1　婴儿能力发展课程教学模块

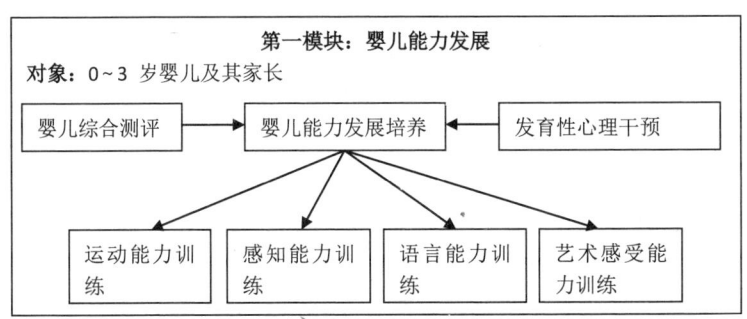

例2 幼儿感觉统合能力训练课程教学模式

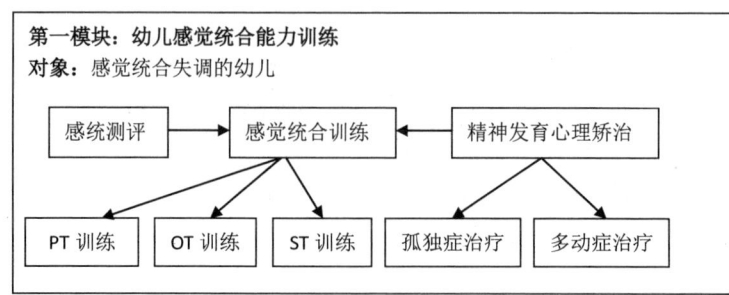

例3 小学生认知能力训练课程教学模块

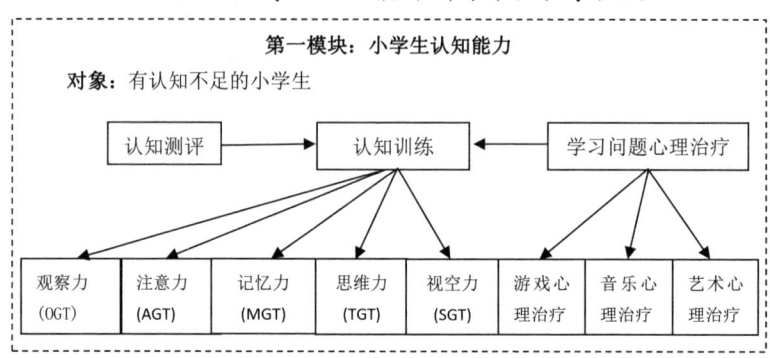

思考题：

1. 什么是教学模式？信息化教学模式有何特征？
2. 教学模式有哪些基本形式？
3. 怎样构建学习能力训练课程的教学模块？

本章参考文献

1. 洪鼎芝著《信息时代：正在变革的世界》世界知识出版社
2. 钟志贤著《信息化教学模式》北京师范大学出版社
3. 哈斯高娃等编著《智慧教育》清华大学出版社
4. [美] 布鲁斯·乔伊斯（Bruce Joyce）著《教学模式》中国人民大学出版社
5. 傅钢善主编《现代教育技术》高等教育出版社
6. 冉新义主编《现代教育技术应用》厦门大学出版社
7. 张筱兰主编《信息化教学》高等教育出版社
8. 何克抗编著《信息技术与课程整合》高等教育出版社
9. 李芒著《信息化学习方式》北京师范大学出版社
10. 钟志贤等著《终身学习的关键能力与培养》中央广播电视大学出版社

11. [美]Jeanne Ellis Ormrod 著《学习心理学》中国人民大学出版社
12. [美]约翰·D.布兰思福特编著《人是如何学习的》华东师范大学出版社
13. 王秀园著《学习大革命》宇宙光书屋
14. [美]乔希·维茨金著《学习之道》中国青年出版社
15. [美]Sam Coldstein 著《开发学习潜力》中国轻工业出版社
16. [美]迈克尔·L.波斯纳著《人脑的教育》教育科学出版社
17. 胡月娟翻译《实用人类发展学》华杏出版股份有限公司
18. [美]特里萨等著《儿童发展与教育》教育科学出版社
19. 刘娟等著《信息化教学模式》吉林人民出版社
20. 广州市教研室编著《中小学信息技术课堂与教学模式研究》新世纪出版社
21. 中国知网，百度，有关高校学报、网站等下载资料

第八章 理念引领之二：人工智能教育理论

这是一个快速变迁的时代。身处这个时代洪流的每一个人，无论是课堂中孜孜以求的学子，还是在家中颐养天年的老人，都在享受着日新月异的便利生活。在这一切便利与舒适的背后，是一场正在深刻地改变着我们的生活与社会的科技浪潮——人工智能。

本章基本概念要点：

● 人工智能是引领未来的战略性技术，已经成为社会和经济发展的重要推动力。

● 人工智能（AI）是一门综合了计算机科学、生理学、哲学的交叉学科，是让生物的自然智能在计算机上得以实现，重在模拟人的思维过程和智能行为的学科，同时人工智能在计算机领域越来越受关注。

● 人工智能主要分为两个种类：一是运用符号思考的人工智能，二是运用神经网络思考的人工智能。

● 通过人工智能，可以学习到多个领域的知识。人工智能的研究方向已经被分成机器学习、模式识别、知识表示等几个子领域。

本章内容网络结构图

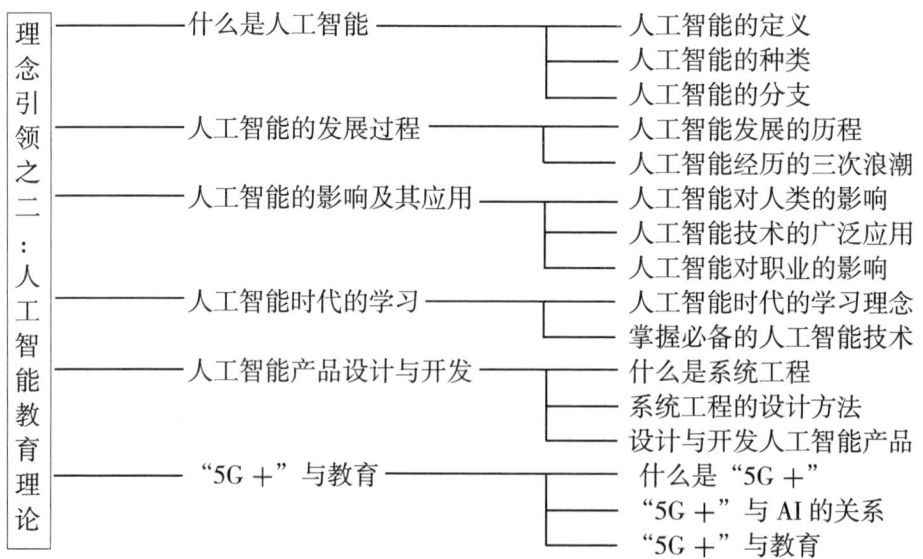

第一节 什么是人工智能

人工智能是引领未来的战略性技术,已经成为社会和经济发展的重要推动力。2017年,我国的《新一代人工智能发展规划》发布,明确了我国新一代人工智能的发展战略目标,到2030年中国人工智能理论技术与应用总体达到世界领先水平,成为世界主要人工智能创新中心。人工智能技术正在迅速渗透到社会的方方面面,深刻改变着人类的生活方式和社会结构,也改变着人们的思维模式。人工智能是一项推动社会发展的颠覆性技术,对人们的学习、生活和工作有着重大影响。

人工智能是计算机学科的一个分支,20世纪70年代以来被称为世界三大尖端技术之一(空间技术、能源技术、人工智能),也被认为是21世纪三大尖端技术(基因工程、纳米科学、人工智能)之一。这是因为近30年来它获得了迅速的发展,在很多学科领域都获得了广泛应用,并取得了丰硕的成果。人工智能已逐步成为一个独立的分支,无论在理论和实践上都已自成一个系统。

一、人工智能的定义

人工智能的定义可以分为两部分,即"人工"和"智能"。"人工"比较好理解,争议性也不大。有时我们会考虑什么是人力所能及制造的,或者人自身的智能程度有没有高到可以创造人工智能的地步,等等。但总的来说,"人工系统"就是通常意义下的人工系统。

关于什么是"智能",这涉及其他诸如意识、自我、思维(包括无意识的思维)等等问题。人了解的智能是人本身的智能,这是普遍认同的观点。因此人工智能的研究往往涉及对人的智能本身的研究。

近十多年来,现代信息技术,特别是计算机技术和网络技术的发展已使信息处理的数量、速度和质量大为提高,能够处理海量数据,进行快速信息处理,软件功能和硬件实现均取得长足进步,使人工智能获得更为广泛的应用。

和许多新兴学科一样,人工智能至今尚无统一的定义,要给人工智能下一个准确的定义是困难的。不同科学或学科背景的学者对人工智能有不同的理解,提出不同的观点。

我们认为,人工智能(Artificial Intelligence,AI)是一门综合了计算机科学、生理学、哲学的交叉学科,是让生物的自然智能在计算机上得以实现,重在模拟人的思维过程和智能行为的学科。人工智能在计算机领域越来越受关注。

二、人工智能的种类

人工智能主要分为两个种类：一是运用符号思考的人工智能，二是运用神经网络思考的人工智能。

1. 运用符号思考的人工智能即符号主义（Symbolism），是一种基于逻辑推理的智能模拟方法，又称为逻辑主义（Logicism）。其原理主要为根据符号和规则来创造智能。一直以来，处在人工智能主导地位的便是符号主义。纽威尔和西蒙提出的"物理符号系统假设"为符号主义的实现打下了基础。该学派认为：人类认知和思维的基本单元是符号，而认知过程就是在符号表示上的一种运算。它把人看成一个物理符号系统，同时计算机也是一个物理符号系统。此时，我们就可以用计算机来模拟人的认知和行为。运用符号思考的人工智能实质在于模拟人的左脑逻辑思维，通过研究人类认知的原理，进而用符号来模拟人类的认知过程。

符号主义学派认为人工智能源于数学逻辑，并且认为功能模拟方法才应是人工智能的研究方法。通过分析人类认知系统的功能，用计算机模拟这些功能，进而实现人工智能。然而，符号主义主张用逻辑方法建立人工智能体系时，却遇到了"常识性"问题的障碍，对于那些不确定的事物的知识表示和难以表达的问题，符号主义不能提供好的解决办法，因此，受到其他学派的批评与否定。

2. 运用神经网络思考的人工智能即人工神经网络，是一种针对人脑神经元网络进行抽象建立的简单模型，它按照不同的链接方式进而组成不同的网络（见图8-1-1）。神经网络是一种运算模型，由大量的神经元相互链接而成。在最近的十几年来，人工神经网络取得了非常大的进步。主要应用于模式识别、自动控制、生物、医学等领域。

人工神经网络的基本特点如下：

（1）具有自学习能力：例如，图像识别，先把不同的图像样板和素材输入人工神经网络，此时网络就会通过自己的自学能力，渐渐学会分析识别相似的图片。这种自学能力对于预测功能有重大的帮助。预测人工神经网络也为经济、市场、效益等方面提供远大的前景。

（2）联想存储功能：记忆并不像计算机里的存储器，记忆只是训练后，各个神经网络的权值和偏置。记忆数据已经固化到一个具有某功能的神经网络结构中。这整个被训练好的神经网络，就是记忆。人脑记忆不能离开神经网络单独存在。要移植记忆，就要重构神经网络，不像下载到计算机硬盘那么简单，它是功能性的。例如，一个

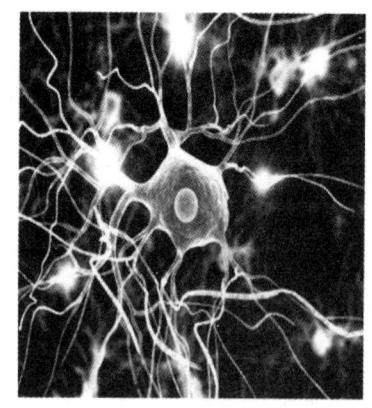

图 8-1-1 神经突触

叫小李的人的手机号码，小李1-3-5-4-6-4-2-2-1-9-1，小李是第一个神经元的输入，然后输出是1，1是下一个神经元的输入，然后3是输出，以此类推，如此便形成了联想链。

（3）快速寻找优化解的能力：当我们在找一个复杂问题的解决方案时，总会需要大量的计算，为此，设计一个针对特定问题的人工神经网络，能更加有效地提高运算能力，更快地找到问题的最优解决方案。

虽然人工神经网络的理论和算法还需要进一步地改进和完善，但是由于它的学习规则简单，可以轻松地在计算机上实现，并且有强大的记忆能力和自学能力，使其在市场上得到了更多的应用。

三、人工智能的分支

通过人工智能，可以学习到多个领域的知识。人工智能的研究方向已经被分成几个子领域，以下列出人工智能中重要的一些话题。

（一）机器学习

机器学习，即机器本身在学习，是在研究计算机怎样模拟或实现人类的学习行为，使它学习到新的知识和技能。机器通过已有的知识结构，将它重新组织，进而不断完善自身的性能。机器学习的应用十分广泛，例如，大家熟知的搜索引擎、医学诊断、语音和手写识别、战略游戏等领域。机器学习现在也成为数据分析领域的一个热点，在大多数人的平时工作中都或多或少涉及机器学习算法。现在我们来简单介绍机器学习的三种学习方式：监督学习、无监督学习和半监督学习。详见本章第二节有关监督学习和无监督学习内容。

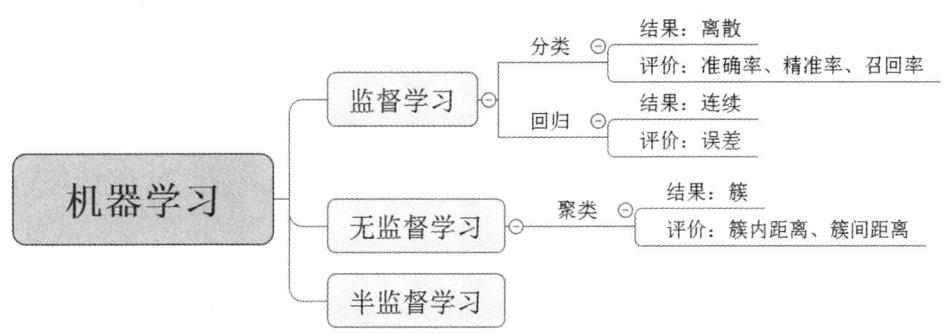

图8-1-2 机器学习的三种学习方式

（二）模式识别

模式识别是一门交叉学科，源于自动控制与计算机技术。同时又和人工生命、机电等学科紧密联系。模式识别是对事物或现象的各种信息进行处理分析，同时对这些事物或者现象进行分析解释的过程。例如，汽车车牌号的辨识涉及图像处理分析等技术。简言之，模式识别能让计算机认识到周围的事物，使人类与计算机能更自然方便地沟通。

模式识别系统的基本构成

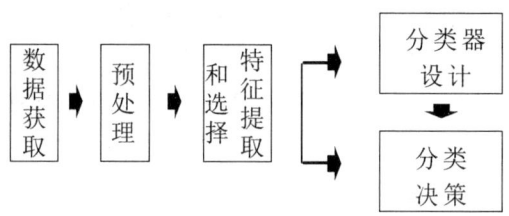

图 8-1-3　模式识别系统

模式识别包括文字识别、语音识别、自然语言理解、计算机图形识别等。下面我们来重点了解一下文字识别和语音识别。

（1）文字识别：一般包括信息的采集、分析、处理及分类判断等过程，是一种计算机自动识别字符的技术，也是模式识别的一个重要应用领域。汉字已经承载了数千年的历史，同时也是使用人数最多的文字。我们在日常的生产和生活中，要处理大量的文本、图标，这些事情琐碎又麻烦。为了减轻人们的劳动，将文字方便、快速地输入计算机中，已经成为现如今一个重要的问题。目前，汉字的输入主要分为人工键盘输入和机器自动识别输入两种。人工键盘输入是最常见的一种，速度慢而且劳动强度也很大。机器自动识别输入又分为汉字识别输入和语音识别输入。从技术角度来看，识别手写体的难度高于印刷体，在识别手写体时，脱机手写体的难度远超于联机手写体识别。

（2）语音识别：近二十多年来，语音识别取得了非常大的进步，已经从实验室走入了市场。其目标是将人类语音中的词汇转成计算机可读的输入。语音识别技术主要包括语音拨号、语音文档检索、听写数据的录入、语音导航等。所涉及的领域有信号处理、发声机理和听觉机理等。近年来，语音识别在移动端的应用也十分火热，许多公司都对其投入了大量的人力和物力。例如，国内的科大讯飞语音助手、百度语音等系统都运用了最新的语音识别技术。语音识别也会日益成为人们日常生活和工作中特别重要的技术。

模式识别的研究主要集中在两个方面：一是在特定的条件下，怎样让计算机实现模式识别的理论和方法；二是研究人类和其他一些生物体是怎样感知对象的，这一点属于认知科学的范围，是生理学家、生物学家和神经学科学者的研究内容。而第一点主要是数学家、计算机科学研究人员研究的内容，并且他们经过几十年的不懈努力，已经取得了系统的研究成果。模式识别可用于文字和语音识别、遥感和医学诊断等方面。

（三）知识表示

知识表示是人工智能最基础的概念，是指对人工智能的知识形态的表述。知识与知识表示是人工智能中的一项基本技术，且这项技术非常重要，决定着人工智能如何进行知识学习，算是最底层也最基础的部分。

1. 知识的概念

知识是信息接受者通过对信息的提炼和推理而获得的正确结论，是人对自然世界、人类社会以及思维方式与运动规律的认识与掌握，是人的大脑通过思维重新组合和系统化的信息集合。

2. 知识的分类

从便于表示和运用的角度出发，可将知识分为四种类型。

（1）事实：反映某一对象或一类对象的属性，如北京是中国的首都，鸟有双翼。

（2）事件和事件序列：有时还要提出时间、场合和因果关系，如鉴定会将于明天举行，这次鉴定会要鉴定的机器是中国自行设计制造的。

（3）办事、操作等行为：如下棋、证明定理、医疗诊断等。

（4）元知识：知识的知识，关于如何表示知识和运用知识的知识。以规则形式表示的元知识称为元规则，用来指导规则的选用。运用元知识进行的推理称为元推理。

3. 知识表示的方法

人工智能中知识表示方法注重知识的运用。知识表示方法可粗略地分为叙述式表示和过程式表示两大类：

（1）叙述式表示法

叙述式表示法把知识表示为一个静态的事实集合，并附有处理它们的一些通用程序，即叙述式表示描述事实性知识，给出客观事物所涉及的对象是什么。对于叙述式的知识表示，它的表示与知识运用（推理）是分开处理的。

叙述式表示法易于表示"做什么"。

（2）过程式表示法

过程式表示法将知识用使用它的过程来表示。即过程表示描述规则和控制结构知识，给出一些客观规律，告诉怎么做，一般可用一段计算机程序来描述。

例如，矩阵求逆程序，其中表示了矩阵的逆和求解方法的知识。这种知识是隐含在程序之中的，机器无法从程序的编码中抽出这些知识。过程式表示法一般是表示"如何做"的知识。

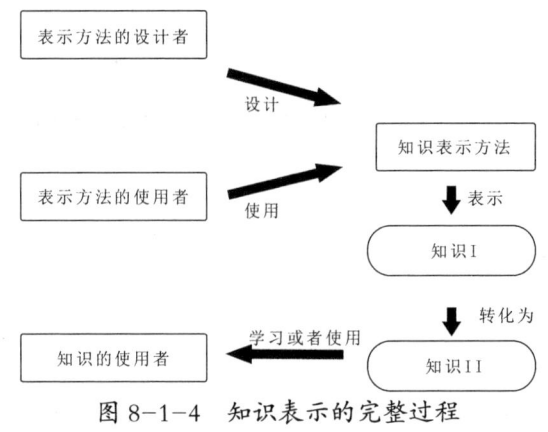

图 8-1-4 知识表示的完整过程

思考题：

1. 什么是人工智能？如何理解此定义？

2. 人工智能主要分为哪两个种类？说出它们的区别。

3. 人工智能的研究方向已经被分成哪几个子领域？能否说出人工智能中一些重要的话题？

第二节 人工智能的发展过程

能够制造出像人类一样思考的机器是科学家们最伟大的梦想之一。人工智能之梦开始于少数几位 20 世纪初期的数学家。1900 年，数学家大会在法国巴黎如期召开，数学家大卫·希尔伯特庄严地向全世界数学家宣布了 23 个未解决难题。而当中的第二个问题和第十个问题与人工智能密切相关，并促成了计算机的发明。

20 世纪 50 年代初，科学家们就想着把刚刚发明不久的计算机变成具有智能的机器。"人工智能"这个词首次出现在 1955 年 8 月召开的一个研讨会上。1956 年 8 月，在美国汉诺斯小镇的达特茅斯学院中，约翰·麦卡锡（John McCarthy）、马文·闵斯基（Marvin Minsky）、克劳德·香农（Claude Shannon）等科学家正聚在一起，讨论着一个完全不食人间烟火的主题：用机器来模仿人类学习以及其他的智能方面。大家还为会议讨论的内容起了一个名字：人工智能。因此，1956 年也就成为人工智能元年。从此人工智能技术在 60 多年的发展历程中经历了四个时代。

一、人工智能发展的历程

1. 人工智能 1.0 时代：图灵的计算王国

20 世纪 40 年代到 60 年代是人工智能 1.0 时代，在这个时期里出现的一个人和一件事几乎撑起了整个人工智能科学的大厦，这个人就是图灵，而这件事正是著名的达特茅斯会议。也正是在这个时期里，计算机在使用推理和搜索来解决特定问题上取得了巨大的进展。

（1）人工智能之父：阿兰·图灵

阿兰·图灵是美国逻辑学家、数学家，除了这两个身份，他还有两个更加显赫的头衔——计算机之父和人工智能之父。

1912 年，阿兰·图灵在英国伦敦出生，虽然他的家庭并不是科学世家，但是这丝毫不影响上帝赐予他一个聪明的大脑。1927 年，年仅 15 岁的阿兰·图灵就开始研究爱因斯坦的相对论，并撰写了爱因斯坦一部著作的内容提要。这时，他异于常人的数学思维和科学理解能力就已经突显出来了。

图 8-2-1　阿兰·图灵

1931 年，阿兰·图灵考入剑桥大学，在这里，他的数学能力得到了充分培养和发挥。4 年之后，他的第一篇数学论文《左右殆周期性的等价》发表于《伦敦数学会》杂志。同年，他还写出《论高斯误差函数》一文。这一论文使他由一名大学生直接当选为国王学院的研究员。次年，也就是 1936 年，阿兰·图灵顺利从剑桥大学毕业，并成为国王学院声名显赫的毕业生之一。

1936 年 5 月，图灵向伦敦的一所数学杂志社投递了文章《论数字计算在决断难题中的应用》，该文正是图灵的成名之作。这篇文章发表之后引起了社会的巨大反响。在论文的附录里，图灵描述出了一种可以辅助数学研究的机器，这台机器就是闻名世界的"图灵机"。"图灵机"之所以久负盛名就是因为它是第一台将纯数学符号逻辑和实体世界建立联系的概念机，之后逐渐演变出的计算机和人工智能都是根据"图灵机"研制而成的（见图 8-2-2）。

如果说图灵的一生仅仅有这些成就，那么他就不会被冠以"全世界最应该记住的人之一"之名了。1939 年开始的第二次世界大战打断了图灵潜心研究的人生轨迹，这年秋天他应召

图 8-2-2　图灵机模型

到英国外交部通信处从事军事工作。当时德军的凶猛众所周知，硬件上不能强攻，就从软件上进行突破。通过长时间的研究，图灵和他的团队研制出了可以破解德军复杂密码的"计算机"，从而让盟军取得了先机。图灵也因此获得了1945年英国政府的最高奖章——OBE勋章。虽然我们无法具体量化图灵在第二次世界大战中的贡献，但是从另外一个角度来看，图灵的研究成果至少拯救了几百万人的性命。

1945年，图灵结束了在外交部的工作，开始潜心研究战前钻研的计算机科学。正是因为有了第二次世界大战的经验，图灵的计算机研究开始变得顺利起来。同年，图灵进入国家物理研究所担任研究员，并且着手将理论中的自动计算机（ACE）变为现实。1946年，图灵发表论文阐述了存储程序计算机的设计。同期，约翰·冯·诺依曼也发表了一篇关于离散变量的文章。图灵的自动计算机与诺依曼的离散变量自动电子计算机都采用了二进制，都以"内存储存程序来运行计算机"，这在当时几乎刷新了所有人的世界观，也为后来的计算机科学奠定了坚实的基础。

1949年，由于图灵在计算机领域的杰出贡献，他受邀到曼彻斯特大学担任计算机实验室的副院长。也正是在这里，图灵研发出了曼彻斯特1号机的储存程序所需的软件。次年，他又发表了一篇名为《计算机器与智能》的论文，并提出了著名的"图灵测试"。这个"测试"提到：如果第三者无法辨别人类与人工智能机器反应的差别，就可以论断该机器具备人工智能。这个结论著名到什么程度？直到今天，"图灵测试"都是科学家们判断人工智能的主要依据。也就是说，"图灵测试"几乎成为人们对于机器是否属于人工智能的判断标准。

为了纪念图灵这位伟大的科学家及其对计算机科学的巨大贡献，美国计算机协会在1966年设立了一年一度的"图灵奖"，以此来表彰在计算机科学中做出突出贡献的人，而"图灵奖"也被称为计算机界的"诺贝尔奖"，阿兰·图灵被后人尊称为"人工智能之父"。

（2）"人工智能"术语的起源

坐落于美国新罕布什尔州汉诺威小镇的达特茅斯学院建立于1769年12月13日，它是美国历史最悠久的学院之一，美国有很多政府高级官员均毕业于此。2015年，达特茅斯学院在全美综合排行榜上排名第12位。闻名世界的达特茅斯会议便是在这里举行的。

提到人工智能，稍对其有所研究的人不会不知道1956年的达特茅斯会议，因为正是这场会议提出了"人工智能"的概念。

参加达特茅斯会议的还有发起者约翰·麦卡锡，致力神经网络研究的麦卡洛克，以及英国的控制论代表人物阿什比等人。会议开始时，参与会议的各界重量级人物对"人工智能"一词并没有取得共识，很多人都认为一旦加上"人工"两个字，这门科学就变味儿了。其中，纽厄尔和西蒙主张用"复杂信息处理"这个词。因为从某种意义上说，他们两个人更注重这种技术的功能性。而发起会议的麦卡锡则认为应该使用"人工智能"这个词。

图 8-2-3　达特茅斯学院外景图

除了确定"人工智能"这个词之外，与会的科技界"大腕"们还将自己的研究成果拿出来分享、讨论。但是，这次会议最主要的成果还是确定下"人工智能"这个概念。虽然只是简简单单的一个术语，但是其中包含了用机器人承载人类思维的设想。

达特茅斯会议结束之后的第一个月，也就是 1956 年 9 月，IRE（电气和电子工程师协会）在麻省理工学院召开了信息论年会，在这次会议上，参与达特茅斯会议的"大腕"们再一次将自己的著作拿出来分享。直到这时，这些理论才开始真正震惊世人。除了"逻辑理论家"这样的"作品"外，像《人类记忆和对信息的储存》《语言描述的三种模型》等为后世人工智能发展打下基础的著作也被公布出来。从参与者的角度来说，这次会议的重大意义甚至超过了达特茅斯会议。

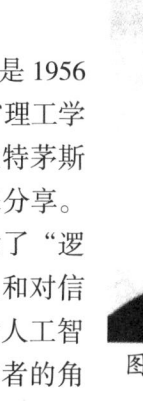

图 8-2-4　约翰·麦卡锡

2. 人工智能 2.0 时代：知识，让计算机更聪明

人机对话的出现使人工智能从 1.0 时代跨越到 2.0 时代。尽管在 2.0 时代里，人工智能经历了野蛮生长，但是"过度繁荣"的背后却未必就是顺利的发展。尽管人工智能已经有了极强的理论基础，但要解决一个又一个现实问题还是要一步一个脚印地向前走。

（1）人机对话

在人工智能 1.0 时代，人工智能已经能够解决一些诸如迷宫、梵塔问题等所谓的"玩具问题"。但是在解决这些问题的同时，人工智能的很多局限性也逐渐显现出来。对人类来说，如果人工智能只能解决"玩具问题"，那么它的价值也就不那么大了，因此人工智能研究在 20 世纪 70 年代一度变得极为萧条、冷寂。到了 20 世纪 80 年代，由于一款程序的出现，人类的目光再次被吸引到了人工智能上，人工智能也因此得以卷土重来，这位功臣就是我们前文中提到的 Eliza。

在人工智能 1.0 时代里，人工智能主要是通过推理和搜索等简单的规则来处理问题，但是到了 2.0 时代，人工智能已经进化到了利用知识来武装自己。我们将知识的载体从图书转变成人工智能，这样它所能解决的就不再是"玩具问题"，并且看上去好像也变得更加聪明、实用。比如，如果我们想让人工智能取代厨师，只需要输入大量的菜品知识即可；如果我们想让人工智能取代医生，只需要输入大量的病理知识即可（见图 8-2-5 和图 8-2-6）。

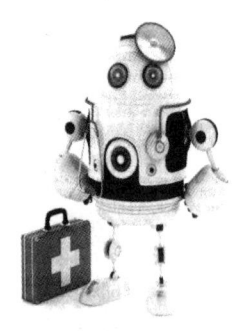 

图 8-2-5　人工智能医生　　　　图 8-2-6　人工智能厨师

Eliza 是由系统工程师约瑟夫·魏泽堡和精神病学家肯尼斯·科尔比在 20 世纪 60 年代共同编写的。在当时自然语言技术还没有突破性进展的前提下，Eliza 的出现是一件让人"费解"的事情。

由于 Eliza 的瓶液中流淌着精神病学的血统，因此它首先被应用于精神类疾病的治疗。令人惊讶的是，在 Eliza 与病患聊天的时候，它不仅能够听懂病人的话，而且富有同情心，会像知心朋友那样给予人安慰。

很多心理学家和医生都想让 Eliza 为病人进行心理治疗，甚至有些病人与它谈话后，对它的信任程度已经远远超过了人类医生。它虽然不懂人类的喜怒哀乐，却能够让人类和它进行友好、亲密的交谈。

从技术角度来说，Eliza 与人类的对话并不是在理解句子意思的基础上进行的，但人类却对这个系统青睐有加，甚至很多人为此着迷。据说，当时有人想查阅 Eliza 的对话记录时，它还会"生气"地说："你这是在侵犯别人隐私！"这实在是太有意思了。

虽然 Eliza 的运行原理没那么高深，但是人们却产生了兴趣，即使它只是利用单纯规则展开对话，也不影响人们在使用时的乐趣。人工智能从一种只有科学家之间才聊的话题变成了一种人们茶余饭后的谈资。直到现在，在微博或网络游戏中，有很多被称为 BOT 的账号，这些账号可以说是 Eliza 的进化体，它们通过一定的计算规则不断地堪比专家具有的专家系统性能。

（2）堪比专家的专家系统

在人工智能 2.0 时代里出现的专家系统堪称"明星选手"。专家系统是指一种人工智能系统，其中包含着某个领域大量专家水平的知识和经验。通过已经编程好的知识，专家系统能够处理这个领域中普通甚至是棘手的问题。也就是说，专家系统可以根据某一个领域已有的知识和经验进行推理和判断，最终做出模拟人类专家的决策，以此解决需要人工判断的问题。

20世纪70年代末期研发出来的MYCIN系统也是人工智能2.0时代中"专家系统"的典型代表。MYCIN系统是一种能够帮助医生对血液感染患者进行诊断，并且提供抗菌素类药物选择的人工智能。

20世纪70年代初期，美国斯坦福大学的科研人员利用人工智能1.0时代的研究理论——LISP语言编写了"专家系统"。这个系统从控制结构上可以分为两个部分：第一个部分是通过患者的病史、病症和化验结果等原始数据，利用数据库中的专业医疗知识进行推断，找出导致感染的病菌。如果是因为多种病菌感染，就用0到1的数字表示出每种可能导致感染的病菌的出现概率。第二个部分是在第一个部分的基础上，结合数据库中的药理数据提供针对这些病菌的治疗药方。

专业医师根据患者描述的病情和化验结果等信息进行判断时，主要是结合自己的临床经验做出决策，这与MYCIN系统的推导过程相似。因此在某种程度上，MYCIN系统在感染学上已经可以替代一部分人工治疗。

除此之外，虽然"专家系统"有很多成功的案例，但是也存在一些必须面对的问题：如果需要人类将知识传输给人工智能，那么研究者就必须倾听一个或多个领域多位专家的所有讲解，从他们那里获取知识后，再输入人工智能系统，这样做会产生非常高的成本，实际操作起来也有一定的难度。与此同时，如果知识数量不断地增加，那么在实际运行的规则多达成千上万条后，有些规则之间就可能发生矛盾或冲突，所以对这种系统还需要进行维护和管理。

虽然"专家系统"具有一定的缺陷，但是俗话说"人无完人"，我们又怎能去苛求一台机器。以当时的技术水平来说，"专家系统"在处理特定领域的知识上有着得天独厚的优势。除了医疗，"专家系统"还被应用于生产、人事、金融、会计等领域。比如，银行采用的"专家系统"可以通过信用卡申请人提交的申请材料判断该申请人是否具备相应资质，以便减少流程，节约成本。

据统计，到了20世纪80年代，美国100强企业中，有2/3的大型企业都在日常工作中使用了"专家系统"。我们不难想象，人工智能发展到3.0的时候，将会掀起多大的波澜。

3. 人工智能3.0时代：悄然兴起的"机器学习"

1989年3月，英国的蒂姆·伯纳斯-李博士正式提出了万维网的设想。次年12月25日，他又在日内瓦的欧洲粒子物理实验室开发出了世界上第一个网页浏览器。在随后的10年里，互联网得到了快速发展，并且逐渐成为人们日常生活不可分割的一部分。在人工智能 2.0 时代的"寒冬"里，人工智能最大的发展障碍就是缺乏获取知识的途径，互联网的出现正好解决了这一难题。人工智能终于从"寒冬"中走出来，进入一个新的发展时代。

（1）数据激增与机器学习的兴起

在以知识为主导的人工智能 2.0 时代，我们只要为计算机灌输一定的知识，这些机器就能为我们做一些事情，如工业生产、数学计算等，但是，这些机器仅仅能够完成这些知识范围之内的事情。从某种角度来说，当时的人工智能只能为人们节省一些时间或体力。如果我们想要扩展人工智能的用途，就需要不断地向它灌输知识，除此之外，将人类的自然语言输送给计算机本身就是一件比较复杂的事情，让计算机掌握人类的语言更是难上加难，因此人工智能进入了发展瓶颈期。

虽然人工智能进入到了发展瓶颈期，但另外一项技术却得到了快速发展——互联网。

1990 年，"互联网之父"——蒂姆·伯纳斯-李开发出了世界上第一个网页浏览器。1993 年，伊利诺伊大学美国国家超级计算机应用中心的学生马克·安德里森又开发出了 Mosaic 浏览器。后来这款浏览器被推向市场，互联网从此进入爆发性发展阶段。

到了 1998 年，随着谷歌搜索引擎的出现（见图 8-2-7），人们开始重视对数据的搜集和利用，而这种重视在无形中解决了人工智能所面临的一大难题——知识的积累。除此之外，受互联网技术的影响，人工智能研究者也开始逐步对自然语言的处理有了新的认识，人工智能终于再度从"寒冬"中走出来，得以继续发展。

图 8-2-7　谷歌搜索页面

在激增数据的支持下，人工智能从推理、搜索升华到知识获取阶段后，又一次进化到了机器学习阶段。早在 1996 年，人们就已经定义了机器学习，它是人工智能的一个研究领域，其主要研究对象是人工智能，特别是在经验学习中如何改进具体算法的性能。到了 1997 年，随着互联网的发展，机器学习被进一步定义为"一种能够通过经验自动改进计算机算法的研究"。在充分利用数据的基础上，人工智能的相关研究取得了巨大的进展，从谷歌的发展历程中我们能够窥见人工智能发展的影子。谷歌这个统计自然语言处理学领域的探索者和权威代表经过 16 年的发展，在完成各项人工智能项目开发的同时，还成为世界 500 强企业，市值超过了 5000 亿美元。正是这样一位先驱者，让人工智能 2.0 时代中已经濒临绝望的人们再度燃起了对人工智能的热情。

（2）学习即区分

当人们将机器学习归纳为人工智能发展的下一个阶段时，也对人工智能的发展方向有了新的看法。早期人工智能以推理、演绎为主要目的，但是随着研究的深入和方向的改变，人们发现人工智能的核心应该是使计算机具有智能，使其学会归纳和综合总结，而不仅仅是演绎出已有的知识。

学习是人类智能的一个重要表现，但究竟什么是学习？长期以来众说纷纭，它包含了心理学、生物学、数学、计算机科学等各方面的内容。就连人类的学习都如此难以定义，更不要说给人工智能的学习下一个准确的定义了。但是为了研究方便，又必须给人工智能的这种行为下一个定义，即便这种定义是不充分或不完全的。于是，人们将人工智能的学习定义为模拟人类学习的过程，严格一点的话，可以解释为：机器学习是一门研究机器获取新知识和新技能，并识别现有知识的学问。

在人工智能3.0时代，结合各种学习方法，通过取长补短等方式集成的学习系统逐步兴起，特别是一些链接学习符号可以很好地处理知识与技能之间的断点，这样就可以使计算机获得更好的性能。因此，机器学习越来越受到人们的重视。

机器学习的基本结构可以总结为：环境向学习系统提供信息，而学习系统利用这些信息修改知识库。

在具体应用中，学习系统利用这些信息修改知识库后，执行系统就能提高完成任务的范围和效能，执行系统根据知识库完成任务之后，还能把在执行任务过程中获得的信息反馈给学习系统，让学习系统得到进一步扩充（见图8-2-8）。

从图中不难看出，最终先影响到机器学习的是学习系统，而最能影响学习系统的是环境信息，更确切地说是从环境中流入的信息的质量。因为在知识库中的引导规则往往是一般原则，且比较单一，但环境向学习系统提供的信息是多种多样的。如果信息质量比较高，与引导规则相匹配或者说两者能够融合，那么学习系统就能轻易处理这部分信息。但是在实际环境中，不可能所有的信息都适用于现有的规则，大多数时候学习系统提供的信息都是杂乱无章的具体信息。当学习系统获得这样的信息时，

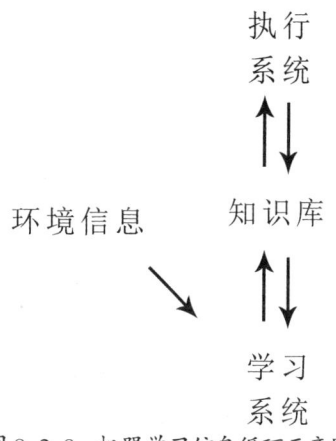

图8-2-8 机器学习信息循环示意图

就需要足够的数据支撑才能做出判断，简单来说就是进行信息区分。

学习的本质便是对某一事物进行判断和识别，如果人工智能能够进行学习，那么就必须对已有的信息进行区分，然后根据区分后的信息进行判断，最终采取相应的行动。但是对于人工智能来说，一旦拥有了海量的数据做基础，这种细致

的区分或许正是发展的必经之路。从这一点来看，人工智能确实已经有了人类思维的影子。

现在回过头来看机器学习，因为学习系统获得的信息往往是不完全的，所以根据这些信息推理出的规则既可能是正确的，也可能是不正确的，这就需要通过执行效果加以验证。若执行效果反馈成功，并验证某一条规则是正确的时候，系统就会将其区分为"是"，而对不正确的规则就会反馈为"否"，并对这部分规则进行修改或直接从数据库中删除。机器学习就是在这种对海量数据进行处理的过程中，自动学习区分方法，以此不断消化新知识。

（3）有监督学习与无监督学习

在人工智能3.0时代，机器懂得了学习，但这种学习行为完全是由人类教授给它们的吗？从这一角度来看，我们可以将机器学习分为有监督学习、无监督学习和半监督学习三类。

①有监督学习，就是我们常说的分类，也就是通过已有的信息获得一个最优的处理模式，再利用这个模式将所有输入的信息处理成输出信息，计算机通过对输出信息的简单判断将已有信息分成不同的种类，这样人工智能就有了对未知数据进行分类的能力。比如，家长经常教育孩子香蕉是能吃的，石头是不能吃的。"香蕉""石头"就是输入信息，而家长所下的判断，即"能吃"与"不能吃"就是相应的输出信息。当孩子的认知能力达到一定的水平时，就会逐步形成一种通用或泛化的模式，这种模式就是通过有监督学习训练出来的。当孩子遇到与石头相同的事物时，就知道这是不能吃的。邻近算法就是理论比较成熟的有监督学习的应用。

②无监督学习。在研究者眼中，无监督学习更具有探索价值。它与有监督学习的不同之处在于：在机器学习的时候，我们并没有放置任何可以参考的样本或者已经分类的参考目标，机器需要直接对已有数据建立模型。我们不禁会问，没有样本的话，计算机如何自己建立模型？在人类运用思维的过程中，无监督学习时常发生。比如，我们对音乐完全不懂，但是能听出来哪些音乐比较欢快，哪些音乐比较哀伤。尽管我们不知道什么是轻音乐，什么是摇滚音乐，但我们能自发地将其进行分类，这就是无监督学习。并没有人给予我们模型将听到的音乐进行分类，但是我们依然能够将不同风格的音乐区分开。当我们根据某些事物的特性将其归为一类时，使用的就是无监督学习中的聚类分析法。

当有足够的数据支撑时，无监督学习中的聚合能力就会被无限放大，特别是当一个聚类分析中的目标具有附加数据时。这些附加数据能不断构建出一个又一个新模型，所产生的结果也会以几何级数增加。

③半监督学习，是监督学习与无监督学习相结合的一种学习方式。意在利用少量的标签进行训练和分类学习。这种学习方式可以用来进行预测，通过应用于

分类和递归等地方，对未标记的数据进行建模，在此基础上对标记的数据进行预测。

4. 人工智能 4.0 时代："深度学习"打破沉寂

自从人工智能领域迎来了机器学习之后，真正的人工智能已经从"人类的美好梦想"变成了"通过努力可以实现的理想"，至少通过"图灵测试"已经变得不是那么可望而不可即了。从 1.0 到 3.0，在人工智能发展的道路上，我们克服了一个又一个难题，就在即将看到曙光的时候，又一条鸿沟横在了我们与理想之间，人工智能的发展再度陷入沉寂。直到"深度学习"的出现，这种沉寂再次被打破。

（1）深度学习开创新时代

2006 年，杰弗里·希尔顿等人提出了"深度学习"（Deep Learning）概念，这是人工智能领域发生的一件大事。

什么是深度学习？深度学习是机器学习的一种，而机器学习是实现人工智能的必经路径。深度学习的概念源于人工神经网络的研究，含多个隐藏层的多层感知器就是一种深度学习结构。深度学习通过组合低层特征形成更加抽象的高层表示属性类别或特

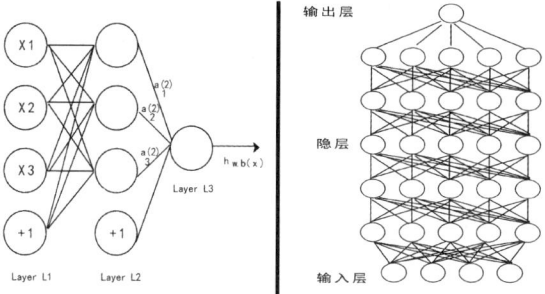

图 8-2-9　含多个隐层的深度学习模型

征，以发现数据的分布式特征表示。研究深度学习的动机在于建立模拟人脑进行分析学习神经网络，它模仿人脑的机制来解释数据，例如图像、声音和文本等。

从一个输入中产生一个输出所涉及的计算可以通过一个流向图（flow graph）来表示：流向图是一种能够表示计算的图，在这种图中每一个节点表示一个基本的计算以及一个计算的值，计算的结果被应用到这个节点的子节点的值。考虑这样一个计算集合，它可以被允许在每一个节点和可能的图结构中，并定义了一个函数族。输入节点没有父节点，输出节点没有子节点。

这种流向图的一个特别属性是深度（depth）：从一个输入到一个输出的最长路径的长度。

传统的前馈神经网络能够被看作拥有等于层数的深度（比如对于输出层为隐层数加 1）。SVMs 有深度 2（一个对应于核输出或者特征空间，另一个对应于所产生输出的线性混合）。

人工智能研究的方向之一，是以所谓"专家系统"为代表的，用大量"如果—就"（If-Then）规则定义的，自上而下的思路。人工神经网络（Artificial Neural Network），标志着另外一种自下而上的思路。神经网络没有一个严格的正式定义。

它的基本特点，是试图模仿大脑的神经元之间传递、处理信息的模式。

（2）深度学习的特点

区别于传统的浅层学习，深度学习的不同在于：

①强调了模型结构的深度，通常有5层、6层，甚至10多层的隐层节点；

②明确了特征学习的重要性。也就是说，通过逐层特征变换，将样本在原空间的特征表示变换到一个新特征空间，从而使分类或预测更容易。与人工规则构造特征的方法相比，利用大数据来学习特征，更能够刻画数据丰富的内在信息。

通过设计建立适量的神经元计算节点和多层运算层次结构，选择合适的输入层和输出层，通过网络的学习和调优，建立起从输入到输出的函数关系，虽然不能100%找到输入与输出的函数关系，但是可以尽可能逼近现实的关联关系。使用训练成功的网络模型，就可以实现我们对复杂事务处理的自动化要求。

（3）深度学习典型模型

典型的深度学习模型有卷积神经网络（convolutional neural network）、DBN和堆栈自编码网络（stacked auto-encoder network）模型等，下面对这些模型进行描述。

①卷积神经网络模型

在无监督预训练出现之前，训练深度神经网络通常非常困难，而其中一个特例是卷积神经网络。卷积神经网络受视觉系统的结构启发而产生。第一个卷积神经网络计算模型是在福岛邦彦的新认知机中提出的，基于神经元之间的局部连接和分层组织图像转换，将有相同参数的神经元应用于前一层神经网络的不同位置，得到一种平移不变的神经网络结构形式。后来，Le Cun等人在该思想的基础上，用误差梯度设计并训练卷积神经网络，在一些模式识别任务上得到优越的性能。至今，基于卷积神经网络的模式识别系统是最好的实现系统之一，尤其在手写体字符识别任务上表现出非凡的性能。

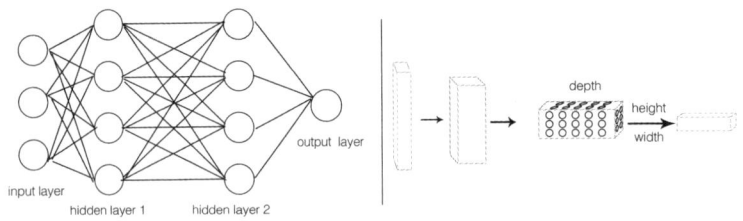

图8-2-10　卷积神经网络模型

②深度信任网络模型

DBN可以解释为贝叶斯概率生成模型，由多层随机隐变量组成，上面的两层具有无向对称连接，下面的层得到来自上一层的自顶向下的有向连接，最底层单元的状态为可见输入数据向量。DBN由若2F结构单元堆栈组成，结构单元通常为RBM（Restricted Boltzmann Machine，受限玻尔兹曼机）。堆栈中每个RBM

单元的可视层神经元数量等于前一 RBM 单元的隐层神经元数量。根据深度学习机制，采用输入样例训练第一层 RBM 单元，并利用其输出训练第二层 RBM 模型，将 RBM 模型进行堆栈通过增加层来改善模型性能。在无监督预训练过程中，DBN 编码输入到顶层 RBM 后，解码顶层的状态到最底层的单元，实现输入的重构。RBM 作为 DBN 的结构单元，与每一层 DBN 共享参数。

③堆栈自编码网络模型

堆栈自编码网络的结构与 DBN 类似，由若干结构单元堆栈组成，不同之处在于其结构单元为自编码模型（auto-en-coder）而不是 RBM。自编码模型是一个两层的神经网络，第一层称为编码层，第二层称为解码层。

（4）深度学习训练过程

2006 年，Hinton 提出了在非监督数据上建立多层神经网络的一个有效方法，具体分为两步：首先逐层构建单层神经元，这样每次都是训练一个单层网络；当所有层训练完后，使用 wake-sleep 算法进行调优。

将除最顶层的其他层间的权重变为双向的，这样最顶层仍然是一个单层神经网络，而其他层则变为了图模型。向上的权重用于"认知"，向下的权重用于"生成"。然后使用 wake-sleep 算法调整所有的权重。让认知和生成达成一致，也就是保证生成的最顶层表示能够尽可能正确地复原底层的节点。比如顶层的一个节点表示人脸，那么所有人脸的图像应该激活这个节点，并且这个结果向下生成的图像应该能够表现为一个大概的人脸图像。wake-sleep 算法分为醒（wake）和睡（sleep）两个部分。

wake 阶段：认知过程。通过外界的特征和向上的权重产生每一层的抽象表示，并且使用梯度下降修改层间的下行权重。

sleep 阶段：生成过程。通过顶层表示和向下权重，生成底层的状态，同时修改层间向上的权重。

①自下上升的非监督学习

就是从底层开始，一层一层地往顶层训练。采用无标定数据（有标定数据也可）分层训练各层参数，这一步可以看作是一个无监督训练过程，这也是和传统神经网络区别最大的部分，可以看作是特征学习过程。具体的，先用无标定数据训练第一层，训练时先学习第一层的参数，这层可以看作是得到一个使得输出和输入差别最小的三层神经网络的隐层，由于模型容量的限制以及稀疏性约束，使得得到的模型能够学习到数据本身的结构，从而得到比输入更具有表示能力的特征；在学习得到 n-1 层后，将 n-1 层的输出作为第 n 层的输入，训练第 n 层，由此分别得到各层的参数。

②自顶向下的监督学习

就是通过带标签的数据去训练，误差自顶向下传输，对网络进行微调。基于第一步得到的各层参数进一步优调整个多层模型的参数，这一步是一个有监督训练过程。第一步类似神经网络的随机初始化初值过程，由于第一步不是随机初始化，而是通过学习输入数据的结构得到的，因而这个初值更接近全局最优，从而能够取得更好的效果。所以深度学习的良好效果在很大程度上归功于第一步的特征学习的过程。

（5）深度学习的应用领域

①计算机视觉

香港中文大学的多媒体实验室是最早应用深度学习进行计算机视觉研究的华人团队。在世界级人工智能竞赛 LFW（大规模人脸识别竞赛）上，该实验室曾力压 Facebook 夺得冠军，使得人工智能在该领域的识别能力首次超越真人。

②语音识别

微软研究人员通过与 hinton 合作，首先将 RBM 和 DBN 引入语音识别声学模型训练中，并且在大词汇量语音识别系统中获得巨大成功，使得语音识别的错误率相对减低 30%。但是，DNN 还没有有效的并行快速算法，很多研究机构都是在利用大规模数据语料通过 GPU 平台提高 DNN 声学模型的训练效率。

在国际上，IBM、Google 等公司都快速进行了 DNN 语音识别的研究，并且速度飞快。

国内方面，阿里巴巴、科大讯飞、百度、中科院自动化所等公司或研究单位，也在进行深度学习在语音识别上的研究。

③自然语言处理等其他领域

很多机构在开展研究，2013 年，发表论文建立 word2vector 模型，与传统的词袋模型（bag of words）相比，word2vector 能够更好地表达语法信息。深度学习在自然语言处理等领域主要应用于机器翻译以及语义挖掘等方面。

二、人工智能经历的三次浪潮

风云际会，潮起潮落，在数十年的发展中，人工智能有过高潮，也有过低谷，但是人类的希望之火从未熄灭，其间也经历过三次浪潮。

1. 人工智能的第一次浪潮（1956—1980）

达特茅斯会议之后，人工智能获得了井喷式的发展，好消息接踵而至。1966—1972 年，美国斯坦福国际研究所研制出移动机器人 Shakev，其能够寻找木箱并将它推到指定的位置。1966 年，美国麻省理工学院发明了一个可以和人对话的小程序 Eliza，它能够根据病人的问题找到答案。弗兰克·罗森布拉特（Frank

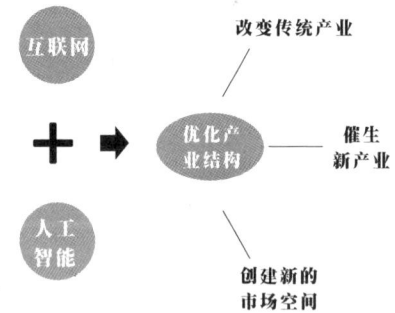

图 8-2-11 人工智能的发展历程

Rosenblatt)发明了第一款神经网络——感知器模型,将人工智能的研究推向了第一次高峰。

这一时期,人们对人工智能的理解是"智能=推理,只要计算机可以做出推理,那么它就具有智能"。由于当时计算机的计算能力没有突破,随着计算任务的复杂性不断加大,人工智能问题难以在当时的计算机上实现。人工智能研究受到质疑,各国政府削减或停止对人工智能研究的资助,人工智能的发展陷入低谷期。

知识链接:

图灵测试

如何才能判断机器是否具有智能?1950年,阿兰·图灵(Alan Turing)发明了一个迄今为止仍被称为智能终极测试的思想实验——图灵测试。图灵测试指测试者与被测试者(一个人和一台机器)在隔开的情况下,通过一些装置(如键盘和显示器)向被测试者随意提问。只要有30%的人类测试者在5分钟内无法分辨出被测试对象是人还是机器,那么这台机器就通过了测试,并被认为具有人类智能。图灵预测,到2000年,机器思考能力能达到30%的标准。2014年6月12日,一个名为"尤金"的聊天程序成功地在5分钟内蒙骗了30%的人类测试者,从而达到了图灵当年提出来的标准。

图8-2-12 Shakey机器人

Shakey机器人

世界上第一个能够推理自己行为的通用移动机器人。Shakey可以分析命令并将其分解为单独的模块执行。该项目结合了机器人技术、计算机视觉和自然语言处理方面的研究成果,是第一个融合逻辑推理和物理行为的智能机器人。

Eliza对话程序

人工智能历史上最早的与人对话的程序,是世界上第一个真正意义上的聊天机器人。它能够通过语言推理你的心情。

2. 人工智能的第二次浪潮(1980—1993)

经历了短暂的挫折之后,人工智能的研究者们开始痛定思痛。研究者们分析传统的人工智能之所以会陷入僵局,就是因为忽略了具体的知识。于是,一个新的领域——专家系统出现了。20世纪80年代中期,许多新技术使大规模人工神经网络变得更加实用,人工智能进入了第二次高峰发展期。

这一时期,人们对人工智能的理解是"智能=知识,只要计算机承载了大量的知识,它就具有智能"。然而好景不长。专家系统开发成本高,在知识获取、推理能力等方面存在不足,并且,当时的计算机水平还难以模拟复杂度高且规模大的人工神经网络，均使得人工智能的应用仍有一定局限性。人工智能的发展又一次进入了低谷期。

知识链接：

专家系统是人工智能的一个研究领域。专家系统就是利用计算机化的知识进行自动推理，从而模仿领域专家解决问题。比如医疗专家系统可以辅助医生推理出治疗方案。

人工神经网络，简称神经网络，是一种模仿生物神经网络的结构和功能的数学模型或计算机模型。人工神经网络是实现人工智能的一种重要方法。

3. 人工智能的第三次浪潮（1993年至今）

在20世纪80年代，人们发现，如果让计算机自己学习知识，而不是让专家们设计出知识来，就可以很好地解决知识获取问题。于是，机器学习一下子成为人们关注的焦点，各种机器学习方法被应用在人工智能技术中。1997年，IBM的深蓝（Deep Blue）战胜国际象棋世界冠军，这是人工智能的一次具有里程碑意义的成功。2006年，杰夫·辛顿（Geoffrey Hinton）教授提出的深度学习方法使得人工智能的研究取得了突破性的进展。

从2010年开始，在大数据和深度学习的带领下，人工智能进入爆发式的发展阶段，各种智能产品不断涌现。2016年，阿尔法围棋战胜了人类，获围棋冠军。近年来，人工智能的研究越来越受到重视，各大研究机构、高校和企业纷纷建立人工智能实验室。

这一时期，人们对人工智能的理解是"智能＝学习，期望机器能够像人类一样通过自主学习获得智能"。

知识链接：

阿尔法围棋战胜了人类

人们很早就开始研究如何让机器下棋。1951年，英国曼彻斯特大学编写了第一个会下西洋跳棋的计算机程序。1962年，IBM开发的西洋跳棋程序，战胜了一位盲人跳棋高手。1997年，由IBM打造的计算机"深蓝"在六局棋的对抗赛中，战胜国际象棋世界冠军卡斯帕罗夫。2016年，横空出世的阿尔法围棋以4：1的成绩战胜围棋世界冠军李世石。

第一个击败人类职业围棋选手、第一个战胜围棋世界冠军的人工智能机器人，由谷歌开发，其主要工作原理是"深度学习"。2015年，阿尔法围棋击败樊麾，成为第一个无须让子即可在19路棋盘上击败围棋职业棋手的电脑围棋程序。2016年，阿尔法围棋通过数万盘的自我对弈进行强化练习，以4：1击败顶尖职业棋手李世石，成为第一个不借助让子而击败围棋职业九段棋手的电脑围棋程序。2016年，再度强化的阿尔法围棋以"Master"为名，借非正式的网络快棋对战进行测试，挑战东亚的诸多一流围棋高手，测试结果为60战全胜。在中国乌镇围棋峰会上，最新的强化版阿尔法围棋和世界第一围棋手柯洁以及其他顶尖九段棋手比试获得了全胜战绩。

思考题：

1. 人工智能发展经历哪四个时代？说出每个时代发生的事件。
2. 人工智能经历哪三次浪潮？每次浪潮会出现什么新生事物？

第三节 人工智能的影响及其应用

在第三次浪潮的引领下，人工智能应用的范围很广，对人类产生巨大的影响。

一、人工智能对人类的影响

人工智能的发展已对人类及其未来产生深远影响，这些影响涉及人类的经济利益、社会作用和文化生活等方面。

1. 人工智能对经济的影响

人工智能系统的开发和应用，已为人类创造出可观的经济效益，专家系统就是一个例子。随着计算机系统技术水平的提高和价格的继续下降，人工智能技术必将得到更大的推广，产生更大的经济效益。主要有：（1）专家系统的效益。成功的专家系统能为用户带来明显的经济效益。用比较经济的方法执行任务而不需要有经验的专家，可以极大地减少劳务开支和培养费用。由于软件易于复制，所以专家系统能够广泛传播专家知识和经验，推广应用数量有限的和昂贵的专业人员及其知识。某些领域专业人员（如医生）难以同时保持最新的实际建议（如治疗方案和方法），而专家系统却能迅速地更新和保存这类建议，使终端用户（如病人）从中受益。（2）人工智能推动计算机技术发展。人工智能研究已经对计算机技术的各个方面产生并将继续产生较大影响。人工智能应用需要繁重的计算，促进了并行处理和专用集成片的开发。算法发生器和灵巧的数据结构获得应用，自动程序设计技术将开始对软件开发产生积极影响。所有这些在研究人工智能时开发出来的新技术，推动了计算机技术的发展，进而使计算机为人类创造更大的经济实惠。

2. 人工智能对社会的影响

就像任何新技术一样，人工智能在给它的创造者、销售者和用户带来经济利益的同时，它的发展也带来许多新问题。（1）劳务就业问题。由于人工智能能够代替人类进行各种脑力劳动,将会使一部分人不得不改变他们的工种,造成失业,甚至不得不改变自己的工作方式。(2)社会结构变化发展会引起新的社会问题。近十多年来,社会结构正在发生一种静悄悄的变化。"人—机器"的社会结构终将为"人—智能机器—机器"的社会结构所取代。(3)思维方式与观念的变化。人工智能的发展与推广应用,将影响人类的思维方式和传统观念,并使它们发生改变。例如,传统知识一般印在书籍、报刊上,因而是固定不变的,而人工智能系统知识库的知识却是可以不断修改、扩充和更新的。

3. 人工智能对文化的影响

(1)改善人类知识:在重新阐述我们的历史知识的过程中,哲学家、科学家和人工智能学家有机会努力解决知识的模糊性以及消除知识的不一致性。这种努力的结果,可能导致知识的某些改善,以便能够比较容易地推断出令人感兴趣的新的真理。(2)改善人类语言:随着人工智能原理日益广泛传播,人们可能应用人工智能概念来描述他们生活中的日常状态和求解各种问题的过程。人工智能能够扩大人们交流知识的概念集合,为人们提供一定状况下可供选择的概念、描述人们所见所闻的方法以及描述人们的信念的新方法。(3)改善文化生活:人工智能技术为人类文化生活打开了许多新的窗口。例如,图像处理技术必将对图形艺术、广告和社会教育部门产生深远的影响。又如,现有的智力游戏机将发展为具有更高智能的文化娱乐手段。

综上分析可知,人工智能技术对人类的社会进步、经济发展和文化繁荣都有巨大的影响。随着时间的推进和技术的进步,这种影响将越来越明显地表现出来。还有一些影响可能是我们现在难以预测的。可以肯定,人工智能将对人类的物质文明和精神文明产生越来越大的影响。

二、人工智能技术的广泛应用

人工智能技术在制造、家居、教育、交通、安防、医疗、物流、军事等领域获得了广泛的应用。

1. 智能制造

智能制造,源于人工智能的研究。一般认为智能是知识和智力的总和,前者是智能的基础,后者是指获取和运用知识求解的能力。

智能制造应当包含智能制造技术和智能制造系统,智能制造系统不仅能够在实践中不断地充实知识库,还具有自学习功能,还

图 8-3-1 智能制造管理系统

有搜集与理解环境信息和自身的信息,并进行分析判断和规划自身行为的能力。

智能制造系统(Intelligent Manufacturing System,IMS)是一种由智能机器和人类专家共同组成的人机一体化系统,它突出了在制造诸环节中,以一种高度柔性与集成的方式,借助计算机模拟的人类专家的智能活动,进行分析、判断、推理、构思和决策,取代或延伸制造环境中人的部分脑力劳动。同时,收集、存储、完善、共享、继承和发展人类专家的制造智能。由于这种制造模式,突出了知识在制造活动中的价值地位,而知识经济又是继工业经济后的主体经济形式,所以智能制造就成为影响未来经济发展过程的制造业的重要生产模式。智能制造系统是智能技术集成应用的环境,也是智能制造模式展现的载体。

智能技术包括以下方面:

(1)新型传感技术——高传感灵敏度、精度、可靠性和环境适应性的传感技术,采用新原理、新材料、新工艺的传感技术(如量子测量、纳米聚合物传感、光纤传感等),微弱传感信号提取与处理技术。

(2)模块化、嵌入式控制系统设计技术——不同结构的模块化硬件设计技术、微内核操作系统和开放式系统软件技术、组态语言和人机界面技术,以及实现统一数据格式、统一编程环境的工程软件平台技术。

(3)先进控制与优化技术——工业过程多层次性能评估技术、基于大量数据的建模技术、大规模高性能多目标优化技术、大型复杂装备系统仿真技术,以及高阶导数连续运动规划、电子传动等精密运动控制技术。

图 8-3-2　传感机械手

(4)系统协同技术——大型制造工程项目复杂自动化系统整体方案设计技术以及安装调试技术、统一操作界面和工程工具的设计技术、统一事件序列和报警处理技术、一体化资产管理技术。

(5)故障诊断与健康维护技术——在线或远程状态监测与故障诊断、自愈合调控与损伤智能识别以及健康维护技术,重大装备的寿命测试和剩余寿命预测技术,可靠性与寿命评估技术。

(6)高可靠实时通信网络技术——嵌入式互联网技术,高可靠无线通信网络构建技术,工业通信网络信息安全技术和异

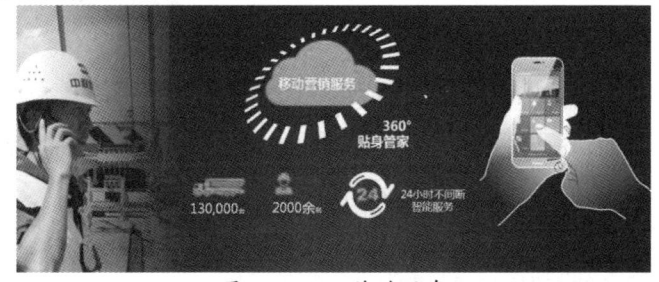

图 8-3-3　移动服务

构通信网络间信息无缝交换技术。

（7）功能安全技术——智能装备硬件、软件的功能安全分析、设计、验证技术及方法，建立功能安全验证的测试平台，研究自动化控制系统整体功能安全评估技术。

（8）特种工艺与精密制造技术——多维精密加工工艺，精密成型工艺，焊接、粘接、烧结等特殊连接工艺，微机电系统（MEMS）技术，精确可控热处理技术，精密锻造技术等。

（9）识别技术——低成本、低功耗RFID芯片设计制造技术，超高频和微波天线设计技术，低温热压封装技术，超高频RFID核心模块设计制造技术，基于深度三维图像识别技术，物体缺陷识别技术。

发展前景：

（1）人工智能技术。因为IMS的目标是计算机模拟制造业人类专家的智能活动，从而取代或延伸人的部分脑力劳动，因此人工智能技术成为IMS关键技术之一。IMS与人工智能技术（专家系统、人工神经网络、模糊逻辑）息息相关。

（2）并行工程。针对制造业而言，并行工程是一种重要的技术方法学，应用于IMS中，将最大限度地减少产品设计的盲目性和设计的重复性。

（3）信息网络技术。信息网络技术是制造过程的系统和各个环节"智能集成"化的支撑。信息网络同时也是制造信息及知识流动的通道。

（4）虚拟制造技术。虚拟制造技术可以在产品设计阶段就模拟出该产品的整个生命周期，从而更有效、更经济、更灵活地组织生产，实现了产品开发周期最短、产品成本最低、产品质量最优、生产效率最高的保证。同时虚拟制造技术也是并行工程实现的必要前提。

（5）自律能力构筑。即收集、理解环境信息和自身的信息并进行分析判断和规划自身行为的能力。强大的知识库和基于知识的模型是自律能力的基础。

（6）人机一体化。智能制造系统不单单是"人工智能系统"，而且是人机一体化智能系统，是一种混合智能。想以人工智能全面取代制造过程中人类专家的智能，独立承担分析、判断、决策等任务，是不现实的。人机一体化突出人在制造系统中的核心地位，同时在智能机器的配合下，更好地发挥人的潜能，使达到一种相互协作平等共事的关系，使二者在不同层次上各显其能，相辅相成。

（7）自组织和超柔性。智能制造系统中的各组成单元能够依据工作任务的需要，自行组成一种最佳结构，

图8-3-4 智能制造生产线

使其柔性不仅表现在运行方式上,而且突出在结构形式上,所以称这种柔性为超柔性,类似生物所具有的特征,如同一群人类专家组成的整体。

针对持续升级和扩大信息消费,2019年工信部要支持可穿戴设备、消费级无人机、智能服务机器人、虚拟现实等产品创新,推动消费类电子产品智能化升级,引导各地建设一批新型信息消费示范城市。此外,2019年还将加快5G商用部署,扎实做好标准、研发、试验和安全配套工作,加速产业链成熟,加快应用创新。

2. 智能家居

智能家居让我们的生活更有品质,只要我们给出语音命令,就可以实现卧室窗帘自动打开、新风系统自动开启、背景音乐在设定的时间自动播放、电视自动打开、美味佳肴按照预定的时间做好等功能。

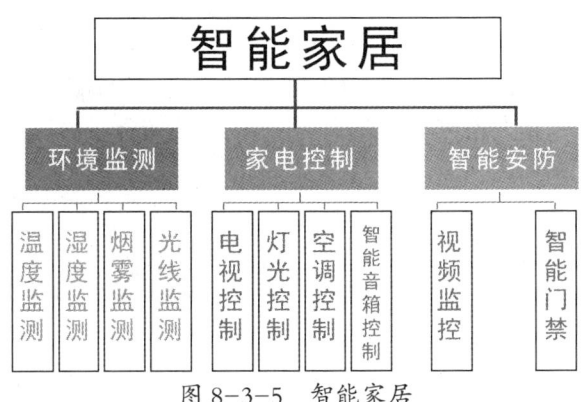

图 8-3-5 智能家居

3. 智能教育

引入新的基于人工智能的技术将深深影响教育世界。教育对我们整个社会产生巨大影响,是人类进化的基石之一。在20世纪,学习和教学的科学发生了重大变化,在教育中更多地使用人工智能当然具有改善学习和教学的巨大潜力。

根据最近的报告,仅在美国市场,该行业的增长预计到2021年将达到47.5%。一些最大的科技巨头已经在用于帮助学生完成任务的工具中添加了机器学习。在中国,半有感机器人已经被用于自动化分级过程,减少了教师的工作量。他们聪明的人工思维可以理解一篇文章的一般逻辑和意义,并对其质量产生几乎像人类一样的判断。至少有6万所学校已经实施了这些学校并取得了明显的成果。

AI最明显的好处之一是能够自动

图 8-3-6 人工阅卷

执行琐碎操作，加快许多管理和组织任务。检查家庭作业，评分论文，以及准备报告卡只是教育工作者花费大部分时间的任务的一些例子。人工智能可以在几分钟内完成几乎没有错误的任务。人工智能还可以帮助数字化教科书，为所有年龄段的学生创建可订制的"智能"内容，帮助他们记忆和学习。虚拟角色和增强现实可以由 AI 提供动力，以创建可信的社交互动，例如南加州大学（USC）创意技术研究所尝试的那些。这些虚拟环境可用于帮助学生完成学习和学习过程，或替代辅导老师、讲师和助教。

人工智能正在承担教师的部分任务，比如，让计算机代替教师去批改试卷——智能阅卷。智能阅卷能够避免人为的错误，保证阅卷的客观公正，也让教师节省出更多的时间和精力去教学。

目前，人工智能教育还存在不足，主要表现在：A. 人工智能可以帮助学生实现个性化学习，但缺少情感；B. 人工智能能够快速给学生打分，但是忽略了闪光点；C. 人工智能缺乏创新能力。

人工智能可以从一定程度上改变教育的方式，但想要完全取代教师几乎是不可能的。等到人工智能技术真正成熟的时候，老师的工作可能会变得比较轻松，角色上

图 8-3-7　机器人

会有一些变化，像是知识的传递和技能的训练完全可以交给人工智能来做。而在对学生创新思维的引导上，对学生疑难困惑的解决上，教师可以投入大量的精力。相信在未来，有了人工智能的帮助，教师可以花更多的时间去研究怎么培养一个优秀的学生，优秀的人才会变得越来越多。

4. 智能交通

智能交通系统，简称 ITS，是未来交通系统的发展方向，它是将先进的信息技术、数据通信传输技术、电子传感技术、控制技术及计算机技术等有效地集成运用于整个地面交通管理系统而建立的一种在大范围内、全方位发挥作用的，实时、准确、高效的综合交通运输管理系统。ITS 可以有效地利用现有交通设施、减少交通负荷和环境污染、保证交通安全、提高运输效率，因而日益受到各国的重视。

智能交通系统具有以下两个特点：一是着眼于交通信息的广泛应用与服务，二是着眼于提高既有交通设施的运行效率。

与一般技术系统相比，智能交通系统建设过程中的整体性要求更加严格，这种整体性体现在：

（1）跨行业特点。智能交通系统建设涉及众多行业领域，是社会广泛参与的复杂巨型系统工程，从而造成复杂的行业间协调问题。

（2）技术领域特点。智能交通系统综合了交通工程、信息工程、通信技术、控制工程、计算机技术等众多科学领域的成果，需要众多领域的技术人员共同协作。

（3）政府、企业、科研单位及高等院校共同参与，恰当的角色定位和任务分担是系统有效展开的重要前提条件。

（4）智能交通系统将主要由移动通信、宽带网、RFID、传感器、云计算等新一代信息技术做支撑，更符合人的应用需求，可信任程度提高并变得"无处不在"。

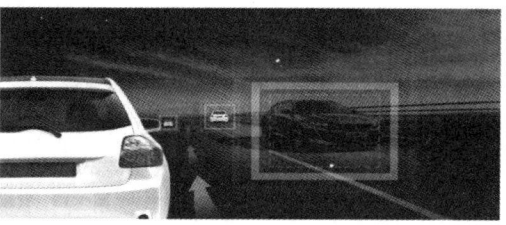

图 8-3-8 智能交通

5. 智能安防

智能安防系统具备火灾报警、防盗报警、视频监控报警、出入口控制报警、保安人员巡更报警、车辆报警管理、110报警联网传输等功能，就像无声的"保镖"守护着我们的人身和财物安全。

6. 智能医疗

医疗科技逐渐走向成熟人工智能医疗技术。当你在社区医院注射疫苗时，顺便用几秒的时间拍了张眼底照片，几秒以内人工智能便可以告诉你是否患上了白内障或者其他慢性病，甚至可以准确预测儿童何时会近视。这样如同科幻电影中的设备，如今却发生在现实当中。

现在，一个好的医疗服务价格非常昂贵。但是人

图 8-3-9 智能安防

工智能可以优化医疗系统，可以以一种相对低廉的价格让广大患者更快速地享受到更优质的医疗服务，使更多人从中受益。

我国的医疗科技在很多方面已经达到了世界领先水准，其中有深层次的原因：首先，中国具有人口优势，因此在数据收集上可以十分丰富和全面，而这一点在其他国家难以达到；其次，我们对于人工智能有着强烈的需求，比如在三线及三线以下城市医生与一线城市医生有着极大的差距，而人工智能在这方面能够极大弥补这些差距，因此AI有着非常大的应用前景。

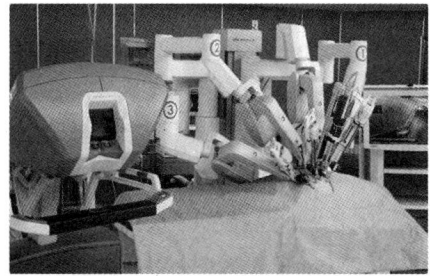

图 8-3-10 智能医疗机器人

人工智能将对医疗带来极大帮助。第一是技术的进步，比如在眼科、皮肤科、癌症早期病症的发现等已经有临床验证；第二则是政府部门的监管，预计在今年将会有几家医疗科技企业能够拿到CFDA药监局的认证，这代表着国家对于国内医疗科技行业的认可。通过人工智能技术把慢性病或者无症状的疾病及时找出，并解决问题。而现在的主要产品是在通过眼底拍照的慢性病筛查，而这种方式也是当前最成熟并且可以很快应用到临床的技术。通过观察眼底上面血管及神经的变化，可以从中分析得出高血压、糖尿病及动脉硬化等慢性病的情况，也可以把这些数据收集起来在后台进行分析对比，能够更准确地进行慢性病的判断、辅助诊断和长期管理。

在影像辅助诊断的帮助下，患者不但能快速完成健康检查，同时也能获得更精准的诊断建议和个性化的治疗方案；智能医疗机器人可以在医生的操作下灵巧地给患者做手术；借助大数据技术，人们能够进行疫情监测，及时有效地预测并防止疫情的进一步扩散和发展。

多模数据分析帮助准确判断病症。如何能够准确判断这些病症，这需要运用到多模数据分析（MRT）。通过人工智能算法，可以同时对几十组甚至上百组数据进行详细的分析揭示疾病的内在规律，找到更好的诊疗方法，这是人类自身的能力所达不到的。并且当数据足够多时，也可以通过查找这些数据之间

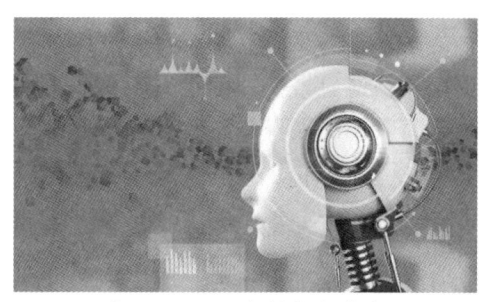

图8-3-11　多模数据分析

的关联，找到一些疾病与关键因素之间的关系。比如可以通过多模态分析判断病人的发病与饮食、生活习惯、基因等直接关联性有多少，这对于疾病的攻克与治疗有非常积极的意义。

7. 智能物流

智能物流就是利用条形码、射频识别技术、传感器、全球定位系统等先进的物联网技术，通过信息处理和网络通信技术平台广泛应用于物流业运输、仓储、配送、包装、装卸等基本活动环节，实现货物运输过程的自动化运作和高效率优化管理，提高物流行业的服务水平，降低成本，减少自然资源和社会资源消耗。物联网为物流业将传统物流技术与智能化系统运作管理相结合提供了一个很好的平台，进而能够更好更快地实现智能物流的信息化、智能化、自动化、透明化、系统化的运作模式。智能物流在实施的过程中强调的是物流过程数据智慧化、网络协同化和决策智慧化。智能物流在功能上要实现六个"正确"，即正确的货物、正确的数量、正确的地点、正确的质量、正确的时间、正确的价格，在技术上要

实现：物品识别、地点跟踪、物品溯源、物品监控、实时响应。

主要技术有：

（1）自动识别技术：是以计算机、光、机、电、通信等技术的发展为基础的一种高度自动化的数据采集技术；

（2）数据挖掘技术：数据仓库出现在 20 世纪 80 年代中期，它是一个面向主题的、集成的、非易失的、时变的数据集合，数据仓库的目标是把来源不同的、结构相异的数据经加工后在数据仓库中存储、提取和维护，它支持全面的、大量的复杂数据的分析处理和高层次的决策支持；

图 8-3-12 智能物流

（3）人工智能技术就是探索研究用各种机器模拟人类智能的途径，使人类的智能得以物化与延伸的一门学科；

（4）GIS 技术：GIS 是打造智能物流的关键技术与工具，使用 GIS 可以构建物流一张图，将订单信息、网点信息、送货信息、车辆信息、客户信息等数据都在一张图中进行管理，实现快速智能分单、网点合理布局、送货路线合理规划、包裹监控与管理。

智能物流未来的发展方向：运输成本在经济全球化的影响下，竞争日益激烈。如何配置和利用资源，有效地降低制造成本是企业所要重点关注的问题。要实现这种战略，没有一个高度发达的、可靠快捷的物流系统是无法实现的。随着经济全球化的发展和网络经济的兴起，物流的功能也不再是单纯为了降低成本，而是发展为提高客户服务质量以提高企业综合竞争力。当前，物流产业正逐步形成七个发展趋势，它们分别为信息化、智能化、环保化、企业全球化与国际化、服务优质化、产业协同化以及第三方物流。

8. 智能军事

世界上第一台可编程的"巨人"计算机诞生于二战期间的英国，其目的就是为了帮助英军破译德军密码。自那时以来，信息技术的发展应用使得军事领域发生着日新月异的革命性变化。

人工智能武器具有自主敌我识别、自主分析判断和决策的能力，自主多用途作战机器人能够像个人类士兵一样判定敌情，深入敌方阵地，独立自主地完成任务：自动情报与图像识别系统通过情报分析和计算机视觉技术，对敌方情报及图像进行识别、分类和信息处理。

人工智能最早被用于军事方面，主要是为了执行一些危险任务，例如扫雷、深入敌后执行侦察任务等。为了保证士兵的安全，现在许多发达国家的军队采用人工智能机器人与工兵相结合的方式进行扫雷，这就大大降低了工兵在扫雷过程中误触地雷丧生的概率。

其实，目前人工智能更多用于无人机技术，无人机主要进行敌后侦察和攻击的任务。通过无人机进行侦察，利用无人机身形微小的特点，不容易被发现和击落。即便被击落，无人机也能通过飞机上的装置在被破坏之前将信息反馈给总部。

图 8-3-13 无人机

当然，人工智能在军事上的利用不仅是这些。以美国为代表的世界军事强国，预见到人工智能技术在军事领域的广阔应用前景，认为未来的军备竞赛是智能化的竞赛，并已提前布局了一系列研究计划，发布"第三次抵消战略"，力求在智能化上与潜在对手拉开代差。

美国五角大楼将把人工智能应用于军事的计划正在形成之际，中国的研究人员也正在这一新兴技术领域进行如火如荼的探索。中国已开始研发具备"高水平"人工智能的巡航导弹系统。该导弹被称作远程反舰导弹，或 LRASM。对它的描述是"半自动"武器，这意味着尽管攻击目标由士兵人为选取，但导弹会利用人工

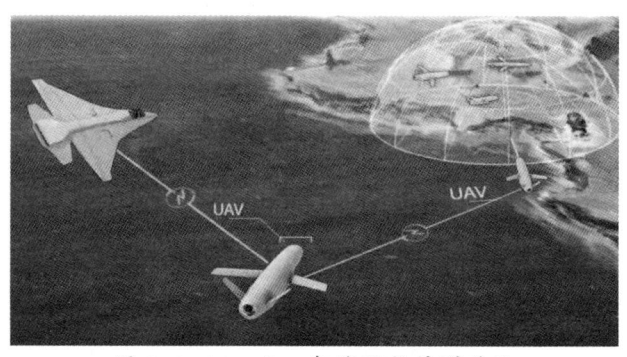

图 8-3-14 人工智能巡航导弹系统

智能技术避开防御，并做出最终的确定攻击目标决定。

三、人工智能对人类职业的挑战

1. 人工智能改变产业结构

人工智能热潮带来的知识创新和技术进步将会成为经济增长、产业结构升级的重要动力。

（1）推动传统产业的跨越式发展

"互联网+"的热潮还未退去，人工智能的浪潮就汹涌而来。前两年的"互

联网+传统行业"的理念给传统行业的发展提供了新鲜血液,如今"互联网+人工智能"深度结合以改造传统行业又会有怎样的前景呢?人工智能具有强大的辐射力和产业溢出效应,它与传统行业的结合可以实现传统行业的互联网化和智能化,从而实现跨越式发展。例如"互联网+人工智能"与传统家居行业的结合形成了智能家居,人工智能与传统汽车制造产业结合产生无人驾驶智能汽车等。

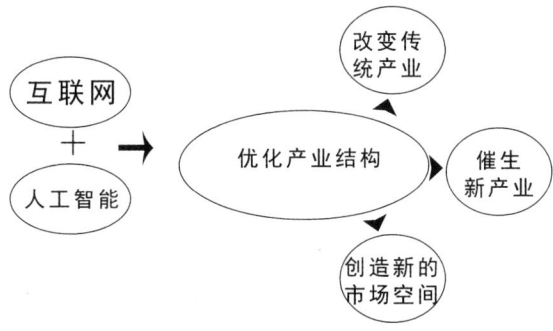

(2)创造新的市场空间

"互联网+人工智能"可以为我们提供产业发展新方向以及消费市场的突破口。随着人工智能技术和移动互联网的应用与发展,新的智能产品将会出现,而与人工智能相关的新消费需求也将被大大激发出来。更大的市场在前方等着我们,而由内需拉动经济增长的方式也将会促使产业经济良性发展(见图8-3-15)。

(3)催生新产业

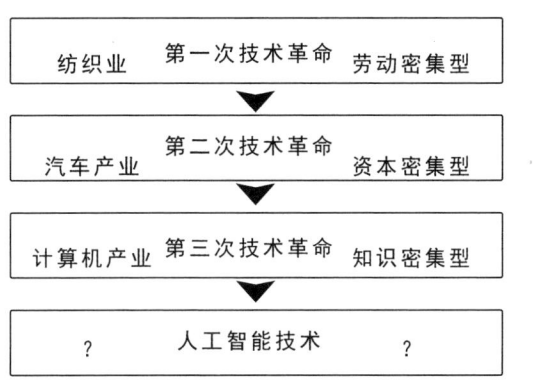

图8-3-15 技术革命带来了产业、生产要素的变化

人工智能技术的涌现和相关产业的崛起,为知识经济提供了技术基础,对产业结构升级产生了重大影响。历史上每一次技术革命都会推进产业由劳动密集型向资本和技术密集型转变。第一次技术革命中的纺织工业属于劳动密集型;在第二次技术革命中发展起来的汽车、化工、钢铁等产业群具有资本密集型的特征;第三次技术革命中发展起来的新产业,如计算机、航天则属于知识密集型或资本密集型产业。新技术使不同生产要素在产业结构中的地位发生了变化,促进了产业结构的优化和升级。

2. 人工智能对人类职业将产生巨大变化

工业革命代替了大量体力劳动,人工智能的感知力将进一步替代体力劳动,而且人工智能还有快速进化的强大判断力,几乎所有思考模式可以被理性推算的工作岗位,在有足够数据支撑的时候,都会被取代。因此有专家判断十年之内一半的工作会消失,还有专家判断十五年之内一半的工作会消失,这些预测必须引起我们的高度重视。

据研究人员预测,人工智能的应用将几乎遍布所有行业。在拥有人工智能相关技能的专业人员数量方面,软件行业依然名列第一,教育和学术研究、硬件和网络、金融、制造业等领域的增长势头也很强劲。但在过去五年就业量下降最快的职业则包含许多可以高度自动化的职业,例如行政助理、客服代表、会计以及电气、机械技术员。如果某个职业从业人员的受教育程度和技能水平普遍较低,这个职业面临的自动化风险就会上升。自动化风险最高的职业包括食品加工助理、清洁工和助手,以及采矿、建筑、制造业和交通行业的劳工。

图 8-3-16 技术使人失业示意图

2016年世界经济论坛上发布的报告称:未来五年,人工智能技术的发展将使全球劳动力市场出现颠覆性变革,全球15个主要国家的就业岗位将会减少710万个,上千万人将会面临失业。人工智能技术发展迅猛,工作中可以自动化、计算机化的任务越多,智能机器设备就越容易上手。

世界经济论坛报告称,办公岗位和行政岗位更容易被人工智能技术所取代。此外,司机、建筑工人、裁缝、快递员、保安、家政保姆等职业也有可能在不久的将来被人工智能技术所取代。另外,一些有危险性的工作也可以由人工智能设备代替人类承担。

如果这么多工作都可以由人工智能来代劳,人类将位于何处?在人工智能的浪潮下,还有哪些职业可以安枕无忧?其实我们也不必过于担心,即便是人工智能发展到了能够模拟人类智慧的地步,一些职业也不会被其替代。

智能设备也许可以让我们获得更多的知识,但是它无法取代我们的老师;它们也许可以更快速、更标准地画图,但无法取代艺术家的灵感;它们也许能够跟人类进行简单交流,但无法替代心理医生对感情、心理的掌控;它们也许可以参演电影,但无法超越导演的创作。人工智能可以应用到医疗手术,但是如果没有医生,谁会放心把自己的性命交与机器手中?人工智能可以辅助警察搜集证据、追踪嫌疑人,但大概没有哪个国家会把执法权完全交付给机器。将来,也许记者、编辑甚至播音主持都可以由人工智能来替代,但是策划、领导之权仍会掌握在人类手中;而作为科学技术的产物,人工智能也毫无取代人类科学家的可能(见图

8-3-17）。

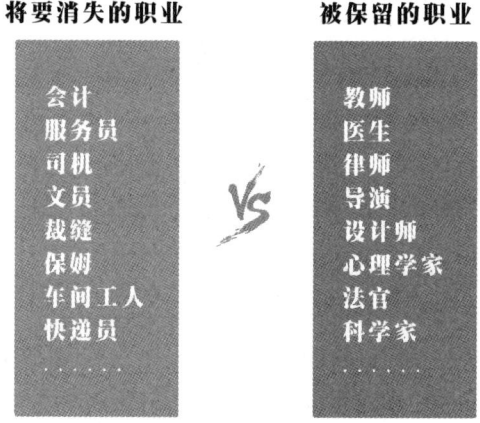

图 8-3-17 职业发展趋势

人工智能技术的发展对人类的工作起着一定的优化作用，虽然它淘汰了某些工作，但同时又催生了新的职业。例如，计算机取代了以前的人工计算，而后产生了各种以计算机为依托的工作。人工智能的发展也将会如此，它将带来新的职位。

机器导致人类失业的帷幕已经拉开，人工智能技术的发展更会使一些脑力工作岗位岌岌可危。尽管现在机器的智能还有很大局限，但据调查，美围统计学家追踪的工作类型中将有一半会受到智能机器的影响。

与其担忧我们的工作会不会被人工智能抢走，不如思索如何才能更好地发展自己。谁也不想去做低级的工作，具备前瞻性的眼光，培养创新意识，你的才华终有用武之地！

3. 人工智能存在的缺陷

人类作为自然界千百万年漫长演化的产物，智慧且美丽，但并不完美；人工智能作为人造产物，其存在历史不到百年，虽然十分强大，但同样存在不少缺陷。

（1）缺乏创造力：机器人中出不了金庸

鉴于人类对自身的创造力还不甚理解，思考机器的创造力就更为困难了，科学家提出新假设，记者发现好故事，厨师发明新式菜肴，乔布斯和他的同事们推测出我们更需要哪种平板电脑……智能机器可以参与到这些创造性活动中，弥补人原本不擅长的定量思维，把人们从重复性劳动中解放出来，有更多的时间去想象和创造。但人工智能不能创造新的问题，没有哪项创造性活动是由机器驱动的。

机器进行文艺创作，目前仅是"小荷才露尖尖角"，今后其能力将不断提高。需要强调的是，人工智能写诗、写小说、作曲，这些所谓的创造性是在预设的模板和方向上走，其创作本质上是逻辑计算，而人的想象力具有无限可能性。人工智能在文艺领域的主要作用是帮助作家和艺术家，使他们的创作更上一层楼。

（2）无法复杂沟通：情商是硬伤

毫无感情是人工智能的优势，也是它的缺陷：智能机器不懂"赢了有什么感受"，也不懂"为什么围棋好玩"，更不懂"人为什么要下棋"。今天的智能机器无法理解人的七情六欲、信任尊重、价值观、美和爱、幽默感，这显然会降低它对很多事情的判断水平。人是理性动物，同时也是情感动物，有爱有恨，会伤心会快乐，会追求使命，会寻求意义，而人工智能本质上是不理解情感和意义的，这就导致人工智能缺乏复杂沟通的能力。

（3）弱人工智能：不能一脑万用

人工智能的发展依然处于初级阶段。"没有人工，就没有智能"，人工智能程序需要专家手动优化，而专家们还没能创造出可以解决多种多样不同类型问题的通用人工智能。尽管阿尔法狗学会了下围棋，但这个程序却不能用来掌握象棋；要让能够解答数学题的智能程序去解答语文题也有很多技术难题需要克服。目前绝大部分人工智能系统都只能解决单一的问题。

人的大脑是一个通用智能系统，可以举一反三、融会贯通、一脑万用。强人工智能能像人类那样思考，在各方面都能和人类比肩，人类能干的脑力活它都能干。

弱人工智能没有自我意识，只能按照人类设定的程序在特定领域做事，不具备独立意愿或自我诉求。比如除草机器人不会在某天工作的时候，突然想去建摩天大楼；又比如机器人不会因"屈居人下"而深感屈辱，从而树立联合起来统治人类的共同使命。

人工智能学界普遍的共识是人工智能还处于非常低智的阶段，而且将长期处于"弱人工智能"阶段。

这轮工作革命的冲击将是巨大的。农业社会的农民和手工业者被机器淘汰了，还可以去工厂和办公室；今天那些需要机械重复、精准操作的工厂工作正在日益自动化，律师、金融分析师、医生、会计师等坐办公室的职业，未来也将部分或全部实现自动化。未来的人类劳动力的出路在哪里？

思考题：

1. 人工智能的发展对人类产生了哪些深远影响？
2. 人工智能技术在哪些领域得到广泛应用？分析说明有关具体项目。
3. 人工智能对人们的职业会产生哪些影响？

第四节 人工智能时代的学习

教育是培养劳动者的。要培养新时代所需的新型劳动者,就要启动教育革命。农业社会的传统教育培养不了现代工人,工业社会的教育同样不适合培养信息社会所需的人才。未来的劳动力应对人工智能时代的总体策略是既竞争又合作:所谓合作,就是要发展利用人工智能技术的能力;所谓竞争,就是要培养人工智能不擅长的能力,这就是教育改革的大方向,也是当代人必须学习的任务。

一、人工智能时代的教育理念

人工智能时代的教育要培养什么样的人,应具备什么样的素质?怎样培养?首先,要明确以下的教育理念。

1. 人工智能时代的必备素质

不同的时代对劳动者有不同的要求。简单来说,工业时代依赖IQ(智力商数),信息时代赢在EQ(情绪商数),人工智能时代必备AIQ(Artificial Intelligence Quotient,人工智能商数)。

有专家把人工智能时代所需的劳动者素质总结为"三层金字塔"模型,IQ位于金字塔的底部,EQ位于金字塔的中部,AIQ位于金字塔的顶部。

(1)工业时代依赖IQ(智力商数)

工业时代是人类征服自然、改天换地的大时代,要提高处理"人与物"关系的效率,必须具备相当的智商。普通人的中等智商为100,美国物理学博士的平均智商为140,科学家的智商就更高了。研究表明,牛顿的智商高达190,伽利略为185,开普勒为175,达尔文为165,哥白尼为160。

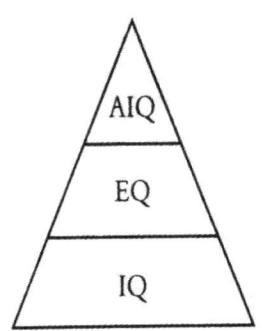

图8-4-1 "三层金字塔"

即便不搞科学研究,进现代工厂做一个普通工人,也应当具备一定的科学文化知识,因为文盲无法高效处理与机器、原材料等"物"的关系。在建立现代义务教育体系的过程中,智商的概念被提了出来。

法国政府为此成立了专门的委员会,调查智力在正常水平之下的孩子的情况。1905年,著名的比奈-西蒙智力测验法被发明出来。通过10岁年龄段智力测试的孩子,"智力年龄"就是10岁,如果他的生理年龄是8岁,10除以8是1.25,再乘以100,他的智商就是125。

美国斯坦福大学的心理学家刘易斯·特曼把智商分成许多等级。智商在140以上的，超过了99.6%的人，属于天才或近乎天才；120~140属于超强智商；110~119属于高智商；90~109属于中等智商；80~89属于低智商；70~79属于智能不足；70以下属于智障。特曼对1000个孩子进行了智商测试，发现大多数人的得分在90~109之间，属于中等智商，智商极高或极低的都属于极少数。

在人工智能时代，人类依然要处理好"人与物"的关系，因此智商位于"三层金字塔"的底部，是一个人成功的基础。

（2）信息时代赢在EQ（情绪商数）

第二次世界大战后，美国率先从工业时代进入信息时代，故对劳动力素质有了更高的要求。哈佛大学的心理发展学家霍华德·加德纳在1983年提出了"多元智能理论"。他认为语言智能和逻辑数理智能属于智力的范畴，在其他六大智能中，人际交往智能和自知自省智能在信息时代具有很强的普适意义，得到了持续的研究和推广。

1990年，美国心理学家约翰·梅耶和彼得·沙洛维提出了比较系统的情商理论，引发全球性的情商研究与讨论热潮。2002年，联合国教科文组织向全球140个国家的教育部发布了实施SEL（社交与情绪学习）的十大基本原则，开始在全球范围内推广SEL，情商成为不少国家的基础教育内容。

戈尔曼和其他研究者认为，情商是由五种特征构成的，包括自我意识、控制情绪、自我激励、认知他人情绪和处理相互关系。

如果说智商是处理"人与物"的关系，那么情商就是处理"人与人"的关系，包括人与他人的关系，以及人与本人的关系。

在信息时代，大多数劳动力不再从事农业或制造业，而是从事诸如贸易、金融、健康医疗、学术研究、教育和管理等行业，掌握知识的专业与技术人员阶级处于主导地位，管理学大师德鲁克把他们称为"知识工作者"。

在工业时代，体力工作的管理者的职责只不过是正确下达命令，要求下属执行而已，他们对待工人就像是对待机器。但对知识工作者来说，光有智商是不够的，因为他们面对的不再是机械执行命令的下属，而是性格与价值观各不相同的地位平等的工业人员，准确把握他人情绪，处理好相互关系，才能实现有效的分工合作，共同完成团队任务。

此外，在信息时代，产能的过剩、渠道的多元和信息的对称，使得消费者掌握了主动权，真正成了上帝，用互联网思维来说就是"用户为王"。知识工作者必须用心揣摩用户的心思，学会与用户有效互动：既要处理好与组织成员的关系，也要处理好与用户的关系，高情商因此成为信息时代的必需品。

丹尼尔·戈尔曼在《情商：为什么情商比智商更重要》一书中总结道："智商高、情商也高的人，春风得意；智商不高、情商高的人，贵人相助；智商高、情商不高的人，怀才不遇；智商不高、情商也不高的人，一事无成。"

人工智能智商高而情商不高，擅长处理"人与人"的关系，将是未来社会非常重要的竞争优势。因此，情商位于"三层金字塔"的中部，是一个人成功的必要条件。

（3）人工智能时代必备AIQ（人工智能商数）

人工智能时代对劳动者的素质要求将会进一步提高。因为在这个时代，不仅人与人之间的竞争会继续存在，人和智能机器的竞争也会浮出水面。

在人工智能时代，劳动者不仅要具备IQ、EQ，还要进一步具备AIQ。人工智能技术走向成熟意味着地球出现了另一种高等智能体，AIQ要处理的就是"人与AI"的关系。

简单来说，AIQ就是利用人工智能技术的能力。人工智能这个超级工具理应为我们所用，它可以快速提升我们的生产力，显著改善我们的生活。人工智能时代，那些具备较高AIQ、善用先进智能工具的人将在众多新职业中获得丰厚回报。比如美国威斯康星州的一位18岁女高中生，通过对乳腺癌患者的760万个大数据的深度分析，设计了一种确定乳腺癌癌细胞位置的算法，预测准确率高达96%，超过了所有专科医生的水平。这样具备高AIQ的年轻人就是人工智能时代最抢手的人才。

在互联网时代，在媒体工作方面，善于用搜索引擎的人和不会用搜索引擎的人完全就是两个物种，效率天差地别。在人工智能时代，高AIQ的人和低AIQ的人也将成为两个不同的物种，他们的前途和命运将大不相同。因此AIQ位于"三层金字塔"的顶部，是一个人在人工智能时代成功的关键条件。

2. 人工智能普及从娃娃抓起

人工智能时代的劳动力可以被分为截然不同的两类：高AIQ的（擅长利用智能机器，技能与智能机器互补）和低AIQ的（不擅长利用智能机器，技能与智能机器无法互补，甚至正面竞争）。

高AIQ的人才需要新一轮教育革命来培养。比如德国普及了初等教育，发展了高等教育，才得以成为第二次工业革命的领导国家之一；再比如邓小平1984年提出"计算机普及要从娃娃抓起"，20年后中国互联网的崛起就受益于此。因此，面向人工智能时代的教育革命也需要提前20年布局。

每一次时代转型，本质上都是一次知识转型。今天我们面临新一轮时代的转型，向全民尤其是向儿童少年普及人工智能知识，实现新一轮知识转型，是全社会顺利进入人工智能时代的奠基性工程。

美国、日本、新加坡等发达国家都已经意识到AI教育进课堂的必要性。

美国白宫科技政策办公室在《为人工智能的未来做好准备》中介绍，美国各个级别的教育机构都在设立和发展人工智能项目。大学院校甚至中学都在扩充人工智能和数据科学课程。白宫科技政策办公室还建议在中学乃至小学就引进数据科学课程。

日本的知名人工智能专家松尾丰呼吁，让日本国民都能通过基础科目学习掌握人工智能知识。日本的机器人教育开展得比较早。福冈县有个机器人广场，人们可以看到143种机器人，还可以和很多有趣的机器人互动。比如会卖萌眨眼的海豹机器人、古代侍女机器人、Hello Kitty机器人以及陪老年人聊天的机器人，让人大开眼界。感兴趣的孩子们还可以参加培训班，学习一些与机器人制作有关的知识。2009年的"机器人世界杯"共有来自全球的15支参赛队伍入围，其中有6支队伍来自日本，在这6支队伍中，又有3支队伍来自福冈的机器人广场培训班。由此可见，日本的"机器人教育从娃娃抓起"是走在世界前列的。

2014年7月，新加坡教育部部长王瑞杰宣布，未来3年，新加坡将有1万名中小学生参加机器人设计计划，学习编写机器人的程序。

新加坡资讯通信发展管理局与新加坡理工学院联合推出机器人设计计划（RMA），希望通过趣味游戏培养中小学生的计算机思维及掌握基本的编程技能，造就未来的科技专才，为新加坡成为"智慧国"的愿景铺路。

中国也开始有了"人工智能普及从娃娃抓起"的意识。

2016年5月，中国召开了全国科技创新大会、两院院士大会和中国科协第九次全国代表大会，会议强调了科学普及的重要性。习近平在大会讲话中指出："科技创新、科学普及是实现创新发展的两翼，要把科学普及放在与科技创新同等重要的位置。没有全民科学素质普遍提高，就难以建立起宏大的高素质创新大军，难以实现科技成果快速转化。"

中国科技企业领军人物任正非在大会发言中，强调了面向智能时代的教育改革的必要性：他指出"科技革命引发工作革命，工作革命需要教育革命"。新一轮教育革命的基础是科技普及，让孩子们准备好迎接将要到来的人工智能时代。我们可以把这一轮教育革命的使命概括为：培养人工智能时代的青少年。

2017年，国务院印发《新一代人工智能发展规划》，提出"实施全民智能教育项目，在中小学阶段设置人工智能相关课程，逐步推广编程教育"。特别强调"加快人工智能创新应用"。文件要求："利用智能技术加快推动人才培养模式、教学方法改革，构建包含智能学习、交互式学习的新型教育体系""开展智能校园建设，推动人工智能在教学、管理、资源建设等全流程应用""广泛开展人工智能科普活动""实施全民智能教育项目，在中小学阶段设置人工智能相关课程""支持开展人工智能竞赛，开发立体综合教学场、基于大数据智能的在线学习教育平台"。这就对人工智能教育提出了新的任务。

2018年，教育部进一步明确，要"构建人工智能多层次教育体系，在中小学阶段引入人工智能普及教育"。

2019年1月，在北京举办的中小学人工智能教育项目成果发布会上，中小学人工智能装备、中小学人工智能教育装备配备方案、中小学人工智能课程指南3项成果同时发布。

目前，不少地方都已经开始探索在义务教育阶段开展人工智能教育，但各地基础和条件各不相同，也面临缺少智能装备支撑、缺少地方教育行政部门、教育教研部门共同参与的顶层设计等难点和问题，通过"政产学研用"的合力尝试，有望推动人工智能教育朝着更加系统化、科学化的方向发展。

二、掌握必备的人工智能技术

人工智能的发展历史是和计算机科学技术的发展史联系在一起的。除了计算机科学以外，人工智能还涉及信息论、控制论、自动化、仿生学、生物学、心理学、数理逻辑、语言学、医学和哲学等多门学科。人工智能学科研究的主要内容包括：知识表示、自动推理和搜索方法、机器学习和知识获取、知识处理系统、自然语言理解、计算机视觉、智能机器人、自动程序设计等方面。本章着重介绍人工智能技术在大数据、视觉、语音和自然语言处理中的应用。

（一）大数据

大数据（big data）是指无法在一定时间范围内用常规软件工具进行捕捉、管理和处理的数据集合，是需要新处理模式才能具有更强的决策力、洞察发现力和流程优化能力的海量、高增长率和多样化的信息资产。

在维克托·迈尔－舍恩伯格及肯尼斯·库克耶编写的《大数据时代》中，大数据指不用随机分析法（抽样调查）这样的捷径，而采用所有数据进行分析处理。

1. 什么是大数据

到底什么是大数据？我们需要了解几个基本概念。

（1）计算机"脑"中的数据

在日常生活中，数据往往与数字对应，一个单位有多少个人、有多少间办公室、多少张桌椅等，而对于类似个人档案（文字、照片、视频）、设计图纸、病例、影像等，不能用数字表示的我们通常称为资料或材料。但计算机不认识这些资料或材料，它们必须经过数字化后转换成数据才能被计算机认识与处理。对于计算机来讲，它认为通过各种方式输入进来的文字、照片、视频等都是数据。

所以，计算机中的数据是指所有能输入计算机并被计算机处理的数字、字母、符号等的通称，基本单位是字节（byte）。

在计算机系统内部，需要将输入计算机的各类资料，采用二进制（"0"和"1"两个基本数字）来进行表示和运算处理，如图所示。

通过扫描仪等设备将各类　　计算机将输入的数　　计算机处理各种类
资料输入计算机变成数据　　据转换成二进制　　　型的数据

图 8-4-2　计算机中的数据

（2）数据与信息的关系

数据是信息的载体，通过对数据的分析，我们可以发现数据中所蕴含的信息。例如，树木的年轮数据搭载了大量的信息，通过数一棵树的年轮，就能知道这棵树的年龄，还可以从中获取当年的降水量等其他有价值的信息。

科学家们通过大量研究，已经明确树木年轮与当年的气候变化存在对应关系。由此，科学家建立了 A 地区有气象记录以来 A 种树的年轮与降水量、气温等变化情况的关系。

（3）大数据的特征

天气预报是最成功的大数据应用案例。我们可以通过不同的设备和系统采集大量的各种类型的气象数据，这些数据有下面四个特征，如图 8-4-3 所示。

A. 数据量大：大数据具有非常大的数据容量。例如，我国有近 58 000 个地面气象观测站，假设每个地面气象观测站每隔 10 分钟采集一次气温数据，那么全国一次采集的气温数据就有近 58 000 条，一天就有 800 多万条。再加上其他各种类型的气象数据，以及来自国际间的交换数据，数据量就非常大了。为了能够准确预报天气，国家气象部门还需要将过去几天、几个月甚至几年的数据汇总到一起，那么数据量就特别巨大了。

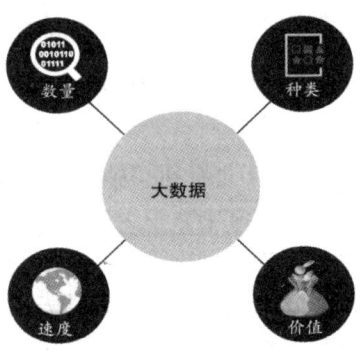

B. 数据类型多：大数据处理的数据除了数　　图 8-4-3　大数据的四个特征
字、文字类型以外，还有图像、声音、视频等其他类型的数据。例如，在天气预报中，要采集并处理气温、气压、风速、风向、湿度、卫星云图等各种类型的数据。

C. 数据变化快：大数据的产生速度非常快，对数据的处理也要求非常快。例如，天气情况时时刻刻在变化，会不断地产生新的气象数据，这些新数据需要及时分析和处理。现代的天气预报需要超级计算机来分析气象数据，才能提前准确预报天气。再比如，据 2017 年统计，微信朋友圈每天发送文本消息 380 亿条、语音次数 61 亿次、发布视频次数 6800 万次，这些新产生的大量数据就需要快速处理。

D. 数据价值密度低：虽然有海量的数据，但真正有用的数据可能只有一小部分。例如，在城市交通方面，十字路口的摄像头会 24 小时不间断地记录路口的交通状况，但是路口出现交通违章的数据只有几秒。对于处理交通违章来说，就需要从大量的视频数据中提取出这几秒的数据。

2. 大数据技术的工作流程

城市交通、天气预报等大数据应用都会采集大量的数据。在这些应用中，采集数据并不是目的，分析数据中所包含的信息，为人们的生产生活服务才是大数据应用的目的。

大数据应用的处理过程包括数据采集、数据预处理、数据分析与数据挖掘、数据可视化四个环节。

我们先来看一个例子。某公司研发了一款手机软件，它可以每隔 20 分钟采集一次用户的位置数据，并自动上传至某公司。表 8-4-1 是 A、B 两个用户在当天 20:00 至次日 20:00 的位置数据汇总，其中 A1 是当天 20:00 点用户 A 的初始位置，用户 A 和 B 在其他时刻的位置都通过 A1 来表示。

表 8-4-1 位置数据样例

时间	用户 A 位置数据	用户 B 位置数据	时间	用户 A 位置数据	用户 B 位置数据
当天 20:00	A1.	B1=A1+30m	次日 8:20	A38=A1+16.3km	B38=B1+17.1km
当天 20:20	A2=A1	B2=B1+5m	次日 8:40	A39=A1+16.3km	B39=B1+17.1km
当天 20:40	A3=A1+6m	B3=B1+5m	次日 9:00	A40=A1+16.31km	B40=B1+17.14km
当天 21:00	A4=A1+2m	B4=B1+5m	次日 9:20	A41=A1+16.3km	B41=B1+17.14km
当天 21:20	A5=A1+3m	B5=B1+5m	次日 9:40	A42=A1+16.3km	B42=B1+17.14km
当天 21:40	A6=A1+3m	B6=B1+5m	次日 10:00	A43=A1+16.5km	B43=B1+17.14km
当天 22:00	A7=A1+2m	B7=B1+5m	次日 10:20	A44=A1+16.3km	B44=B1+17.14km
当天 22:20	A8=A1+6m	B8=B1+5m	次日 10:40	A45=A1+16.32km	B45=B1+17.14km
当天 22:40	A9=A1+8m	B9=B1+3m	次日 11:00	A46=A1+16.3km	B46=B1+17.14km
当天 23:00	A10=A1+8m	B10=B1+3m	次日 11:20	A47=A1+16.3km	B47=B1+17.1km
当天 23:20	A11=A1+8m	B11=B1+3m	次日 11:40	A48=A1+17.6km	B48=B1+17.1km
当天 23:40	A12=A1+8m	B12=B1+3m	次日 12:00	A49=A1+17.6km	B49=B1+17.5km
次日 00:00	A13=A1+8m	B13=B1+3m	次日 12:20	A50=A1+16.8km	B50=B1+17.5km
次日 00:20	A14=A1+8m	B14=B1+3m	次日 12:40	A51=A1+16.3km	B51=B1+22.6km

续表

时间	用户A 位置数据	用户B 位置数据	时间	用户A 位置数据	用户B 位置数据
次日 00:40	A15=A1+8m	B15=B1+3m	次日 13:00	A52=A1+16.3km	B52=B1+22.63km
次日 1:00	A16=A1+8m	B16=B1+3m	次日 13:20	A53=A1+16.3km	B53=B1+22.63km
次日 1:20	A17=A1+8m	B17=B1+3m	次日 13:40	A54=A1+16.3km	B54=B1+17.1km
次日 1:40	A18=A1+8m	B18=B1+3m	次日 14:00	A55=A1+16.5km	B55=B1+17.1km
次日 2:00	A19=A1+8m	B19=B1+3m	次日 14:20	A56=A1+16.5km	B56=B1+17.11km
次日 2:20	A20=A1+8m	B20=B1+3m	次日 14:40	A57=A1+16.32km	B57=B1+17.1km
次日 2:40	A21=A1+8m	B21=B1+3m	次日 15:00	A58=A1+16.3km	B58=B1+17.1km
次日 3:00	A22=A1+8m	B22=B1+3m	次日 15:20	A59=A1+16.3km	B59=B1+17.11km
次日 3:20	A23=A1+8m	B23=B1+3m	次日 15:40	A60=A1+16.3km	B60=B1+17.1km
次日 3:40	A24=A1+8m	B24=B1+3m	次日 16:00	A61=A1+16.31km	B61=B1+17.4km
次日 4:00	A25=A1+8m	B25=B1+3m	次日 16:20	A62=A1+16.8km	B62=B1+17.4km
次日 4:20	A26=A1+8m	B26=B1+3m	次日 16:40	A63=A1+16.3km	B63=B1+17.4km
次日 4:40	A27=A1+8m	B27=B1+3m	次日 17:00	A64=A1+16.3km	B64=B1+17.4km
次日 5:00	A28=A1+8m	B28=B1+3m	次日 17:20	A65=A1+16.3km	B65=B1+17.4km
次日 5:20	A29=A1+8m	B29=B1+3m	次日 17:40	A66=A1+16km	B66=B1+17.1km
次日 5:40	A30=A1+8m	B30=B1+3m	次日 18:00	A67=A1+2.6km	B67=B1+9.8km
次日 6:00	A31=A1+6m	B31=B1+3m	次日 18:20	A68=A1+1.4km	B68=B1+4.2km
次日 6:20	A32=A1+6m	B32=B1+3m	次日 18:40	A69=A1+300m	B69=B1+1.7km
次日 6:40	A33=A1+1km	B33=B1+6m	次日 19:00	A70=A1+4m	B70=B1+200m
次日 7:00	A34=A1+13km	B34=B1+4m	次日 19:20	A71=A1+5m	B71=B1+6m
次日 7:20	A35=A1+15km	B35=B1+10m	次日 19:40	A72=A1	B72=B1+5m
次日 7:40	A36=A1+16.2km	B36=B1+15km	次日 20:00	A73=A1+2m	B73=B1+4m
次日 8:00	A37=A1+16.3km	B37=B1+17.4m			

（1）数据采集

常用的方法有传感器、日志文件和"网络爬虫"。

A. 认识传感器

传感器是一种电子器件，它可以感受到被测对象的信息，并能将感受到的信息，按一定规律变换成为电信号等形式的数据。常见的传感器包括烟雾传感器、声音传感器、图像传感器、压力传感器、温湿度传感器、定位传感器、重力感应传感器和加速度传感器等。我们的手机中也安装了各类传感器，比如话筒是声音传感器，摄像头是图像传感器，有些手机里面还有重力感应传感器、加速度传感器等，可以测量用户的姿态。

了解传感器的用途。

请同学们查阅资料，将一些常用传感器的用途填写到表8-4-2中，如果发现有传感器没被列到表中,也请将其补充到表中。

表 8-4-2 常见传感器的用途

种 类	用 途
烟雾传感器	
声音传感器	
图像传感器	
压力传感器	
温湿度传感器	
定位传感器	
重力感应传感器	
加速度传感器	

B. 认识日志文件

日志文件是广泛使用的数据采集方式之一,几乎所有在智能设备上运行的应用程序都会使用日志文件来采集数据。比如,它可以记录网站用户的点击、键盘输入、访问浏览行为等数据。

C. 认识"网络爬虫"

"网络爬虫",又称网络机器人,是一种按照规则自动抓取互联网各类信息的程序。比如,它可以将网站中的评论信息和相关图片大批量抓取下来,用于后期的数据分析。可以看出,数据采集就是从自然界、计算机、互联网等获取数据的过程。

(2)数据预处理

一般来说,通过数据采集方法得到的数据是毫无顺序、没有逻辑关系的,在进行数据分析与挖掘之前,需要将这些数据进行预处理,以降低数据分析与挖掘的复杂性。在前面的例子中,某公司采集的位置数据非常多,在数据分析时,需要对这些数据进行分类,将有关系的数据组织起来。

例如,我们想要分析用户 A 在次日 14:20 到次日 17:20 的位置数据,就需要将这一时段的数据从表 8-4-1 中提取并组织起来。

常用的数据预处理技术主要包括数据抽取(Extract)、数据转换(Transform)和数据加载(Load),如图 8-4-4 所示。在数据预处理的过程中,首先要从数据中抽取出待分析处理的数据。例如在学习活动 8-4-2 的任务 1 中,我们利用数据预处理抽取了所需时间段的位置数据。抽取的数据不一定完全满足要求,比如数据重复、数据格式不一致、数据输入错误、数据不完整等。这时候就需要对抽取出来的数据进行转换,以满足分析处理的要求。例如,在学习活动 8-4-2 的任务 2 中,可以利用数据转换去除位置不变化的数据,最后将抽取并转换后的数据加载到数据库或文件中保存起来,以便后续运用。

图 8-4-4 数据抽取、数据转换和数据加载过程

（3）数据分析与数据挖掘

在前面年轮的例子中，我们知道年轮数据中包含大量有用的信息：那么，我们从表 8-4-1 中的位置数据中又能分析出哪些有用的信息呢？实际上，我们从表 2.3 中可以分析用户的许多信息。例如，我们从学习活动 8-4-1 中知道，在当天 22:40—次日 6:00，用户 A 的位置数据没有发生变化，说明用户 A 的手机没有移动，我们可以推测这段时间用户 A 待在某一个固定的地方。推理可知，如果我们拿到 A 一个月或一年的每天同时段的数据，我们就能够确定他的常住地。

3. 数据可视化

数据可视化就是把数据分析和数据挖掘的结果用图表的方式形象、直观地呈现出来，使人们能够清晰、有效地理解分析和挖掘的结果。实际上，我们身边有大量的数据可视化的例子。例如，电视台的天气预报节目和手机上的天气预报应用软件就是利用数据可视化技术呈现天气预报信息的。

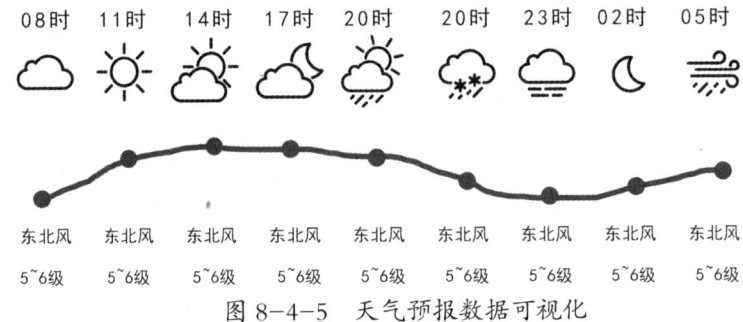

图 8-4-5 天气预报数据可视化

4. 大数据技术的应用

随着互联网、物联网、云计算的飞速发展，人们所接触和关注的数据出现爆炸式增长，数据的极其丰富和复杂成为当今社会的重要特征。对大数据分析和处理的技术也越来越丰富和完善，大数据技术在各行各业获得了广泛的应用。

新时代下的大数据：预计到 2020 年，人均拥有的数据将达到 5.247TB。为了应对增长如此迅速、形式庞大繁杂的数据资源，与大数据相关的技术、工程和应用迅速成为世界各国的热点问题，并得到国家政府部门、经济领域以及科学领域的广泛关注。

2015 年国务院正式发布了《促进大数据发展行动纲要》来大力支持中国大

数据产业发展；2016年的《"十三五"规划纲要》中，大数据被提升为国家战略。目前，我国建立了中国教育大数据研究院，建立了与大数据相关的重点实验室和工程实验室，提升大数据技术在我国农业、医疗、交通和教育等众多领域的发展。

（1）大数据在农业中的应用

利用大数据技术，能够帮助农民预测市场对农产品的需求，从而指导农产品生产，以防止"菜贱伤农"问题出现。大数据技术会帮助农民依据消费者的消费习惯来决定增加或者减少哪些品种的种植，提高单位种植面积的产值。大数据技术也可以精准预报天气，帮助农民做好自然灾害的预防工作。

（2）大数据在医疗中的应用

医疗行业拥有大量的病例、病理报告、治愈方案、药物报告等数据，可以利用这些数据建立疾病数据库。医生在诊断时，根据病人的疾病特征、化验报告和检测报告，同时参考疾病数据库，来快速帮助病人确诊、制订治疗方案。借助大数据技术，可以预测流感暴发，也能帮助发现药物的副作用。在一些医院中，已经采用了借助于大数据技术的辅助医疗系统，能够收集和存储治疗所需的各种数据，并通过分析这些数据辅助医生诊断。

（3）大数据在交通中的应用

目前，交通大数据主要应用在两个方面：一方面，可以利用大数据来了解车辆通行密度，合理进行道路规划；另一方面，可以利用大数据实现即时信号灯调度，提高已有线路的运行能力。各类地图软件也可以利用海量的实时交通数据和累积的历史数据为用户提供准确及时的路况信息、车辆通行密度，合理进行道路规划；另外，可以利用大数据实现即时信号灯调度，提高已有线路的运行能力。各类地图软件也可以利用海量的实时交通数据和累积的历史数据为用户提供准确及时的路况信息。

（4）大数据在教育中的应用

利用大数据技术，可以跟踪和关注教师和学生的教学、学习过程，记录教师和学生的课堂及课后表现，通过大数据分析为每一位学生提供个性化的学习内容和学习指导。利用大数据技术可以帮助学生填报高考志愿，还能对学生的厌学等负面情况进行早期预警。正在推进的新高考改革鼓励学生根据自己的兴趣爱好和未来规划选择考试科目，学生的自主选择权更大。然而，不少学生却因为不知道自己究竟适合哪门学科而苦恼。利用人工智能技术及大数据建模分析，能够为学生提供全面科学的分析结果，助力科学选科。

5. **大数据与人工智能的关系**

人类的大脑接收和处理的数据远多于其他生物，所以人比其他生物聪明。目前的人工智能主要通过机器学习来实现。深度学习作为机器学习的利器，拓展了人工智能的应用领域,是人工智能的未来。任何拥有大数据的领域,我们都可以找到深度学习一展身手的空间,都可以做出高质量的人工智能应用。

阿尔法围棋已经达到了人类围棋选手无法达到的境界,这是因为阿尔法围棋在不断学习。阿尔法围棋不但从人类专业选手以往的数百万份棋谱中学习,还可以从自己和自己的对弈棋谱中学习,这些都是阿尔法围棋赖以学习提高的大数据。

大数据和深度学习结合后,可以完成以前需要数万名人类警察才能完成的任务。计算机可以通过预先学习成千上万张人脸图片,掌握认识和分辨人脸的基本规律。然后,计算机和全国的安防系统连接起来,只要通缉犯在公共场合一露面,计算机就可以通过监控摄像头采集的图像将通缉犯辨认出来。

6. 大数据安全的思考

大数据能够促进人工智能的发展,实现智慧城市、智慧交通、智慧医疗、智慧安防和智慧教育等。我们在享受大数据技术带来的便利的同时,也要关注大数据技术潜在的风险。

在现代社会,人们几乎无时无刻不暴露在智能设备面前,时时刻刻都在产生数据。当你在不同的网站上注册了个人信息后,这些信息可能已经被扩散出去了;当你莫名其妙接到各种邮件、电话、短信的骚扰时,你的电话号码、电子邮箱、出生日期、购买记录、收入水平、家庭住址、亲朋好友等私人信息早就被各种商业机构非法存储或贱卖给其他任何有需要的企业或个人了。另外,一些信息技术本身就存在安全漏洞,可能导致数据泄露、伪造、失真等问题,影响信息安全。

(二)机器学习技术

机器学习是一门多领域交叉学科,涉及概率论、统计学、逼近论、凸分析、算法复杂度理论等多门学科。专门研究计算机怎样模拟或实现人类的学习行为,以获取新的知识或技能,重新组织已有的知识结构使之不断改善自身的性能。它是人工智能的核心,是使计算机具有智能的根本途径。

1. 什么是机器学习技术

生产模拟人类的意识与思维过程,能够像人类一样学习、思考与行为的智能计算机,是人类智能专家的愿望,但目前仍有不少需要解决的难题。机器学习就是一种试图让计算机像人类一样学习获得知识与技能,并像人类一样感知世界、认识世界的技术。

2. 机器学习的方法

机器学习的方法包含监督学习、无监督学习和强化学习等。这里重点介绍监督学习。要想理解监督学习,我们先来看看人是如何进行监督学习的。小孩认识猫的例子中,小孩看到一只猫,却认为这不是一只猫,其他人会纠正他的错误,并告诉他猫的详细特征。小孩通过其他人对他的纠正，逐步修正大脑中猫的特征模型的过程，就是人的监督学习的过程。

波斯猫　　　俄罗斯蓝猫　　美国短毛猫　　英国短毛猫

图 8-4-6　不同种类的猫

计算机进行监督学习形成猫的外貌特征模型需要以下三个核心环节。

（1）准备数据。需要准备大量用于训练猫外貌特征模型的图片。

（2）训练模型。当我们把大量猫的图片输入计算机的同时，还要把每张图片标记为"是猫"，计算机会把"是猫"这种标记对应到所有输入的图片上。这些标记过的图片形成了计算机猫的特征模型的训练数据。计算机提取训练数据的特征，并且建立特征和标记之间的关系：具有这些特征的图片是猫的图片。给计算机输入图片数据并标记"是猫"的过程就是监督学习的过程。

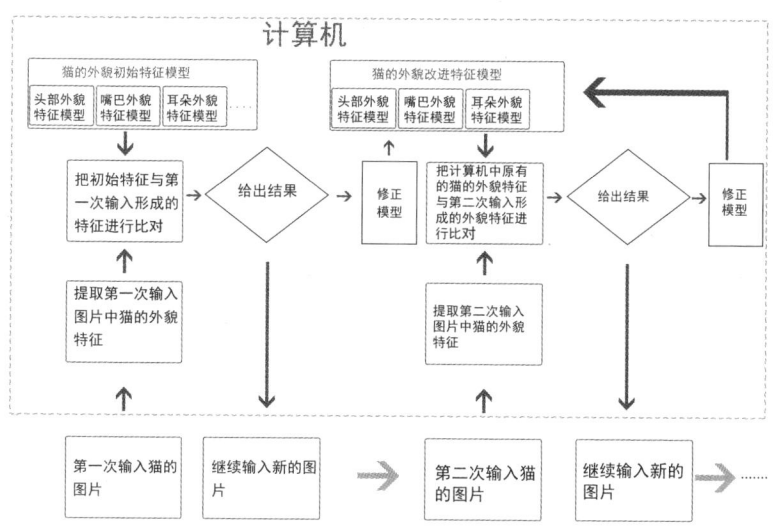

图 8-4-7　计算机中猫的外貌特征模型的训练过程

（3）验证模型。模型训练完成后，我们再给计算机输入不做任何标记的图片数据。这些不做标记的图片数据叫作测试数据。计算机提取测试数据特征，然后与最近一次的猫的外貌特征模型进行对比，判断新输入图片的特征是否在猫的外貌特征模型识别的范围内，根据对比结果输出是否是猫的判断。我们根据计算机的判断结果做出猫的特征模型是否训练成功的结论。

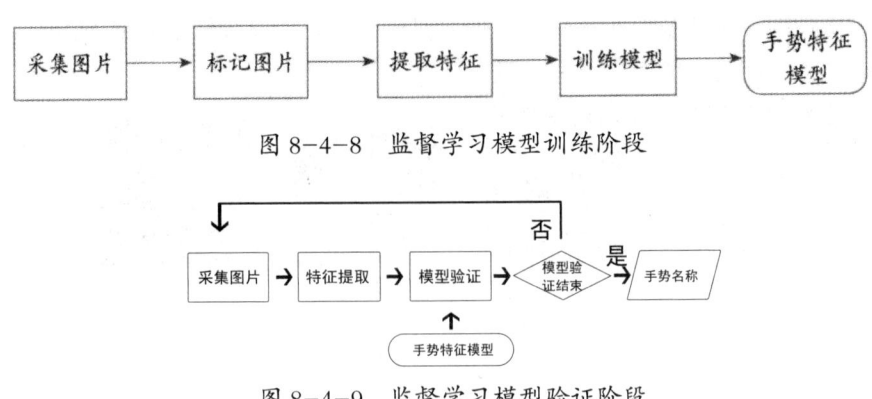

图 8-4-8　监督学习模型训练阶段

图 8-4-9　监督学习模型验证阶段

3. 机器学习的技术

计算机采用什么样的技术实现机器学习呢？人工神经网络和深度学习是实现机器学习的技术。

（1）人工神经网络

人体内有大量神经细胞，也叫神经元。神经细胞通过相互联系构成了一个功能强大、结构复杂的信息处理系统——人体神经系统。人能够思考并从事各种各样的复杂工作，是因为我们身体内部微小的神经细胞起着作用。

科学家受到人体神经细胞的启发，把每个神经细胞抽象成一个叫作神经元模型的基本信息单元，把许多这样的信息单元按一定的层次结构连接起来，就得到人工神经网络。如图 8-4-10 所示，通过输入层给人工神经网络输入大量数据，由神经元模型构成的多层神经网络对这些数据进行计算，从而得到需要输出的结果。例如，给计算机输入猫的图片数据，需要计算机输出是否是猫的判断。

我们将图片数据输入给人工神经网络，第一层神经网络会提取图片的初始特征，然后输入给第二层神经网络；第二层神经网络会把上一层提取的特征通过参数调节的方式进一步细化，再输入给下一层神经网络；以此类推，经过多层神经网络的处理，最终得到猫的特征模型，利用特征模型做出是否是猫的判断。

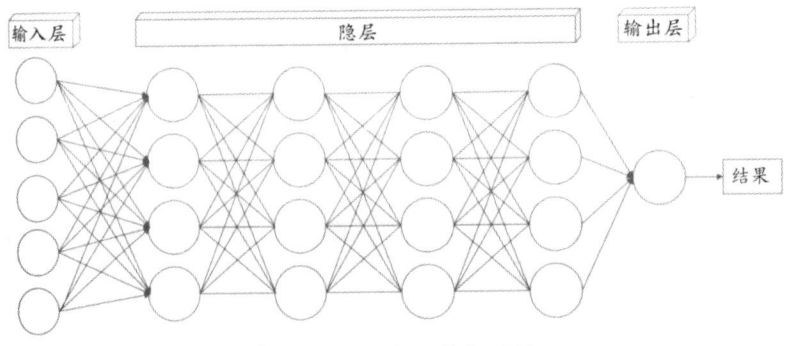

图 8-4-10　人工神经网络

(2) 深度学习

深度学习是机器学习训练模型的一种算法，是人工神经网络算法的拓展。典型的深度学习模型就是多层神经网络。深度学习模型的结构如图 8-4-10 所示，就像人工神经网络一样有输入层、输出层，中间是神经网络构成的隐层。隐层的工作流程是一个一层一层不断递进的处理过程。一般情况下，我们把超过四层的人工神经网络称为深度学习。深度学习通过构建具有很多隐层的机器学习模型和海量的训练数据，来学习更有用的特征，从而最终提升计算机处理新数据的准确性。

4. 机器学习技术的发展

人工智能技术在 60 年的发展中分为四个阶段：萌芽期、第一次浪潮、第二次浪潮和第三次浪潮。作为人工智能核心的机器学习在这期间有什么样的突出发展呢？

（1）机器学习的萌芽期

20 世纪 40 年代也是人工智能的萌芽期。心理学家莫克罗和数理逻辑学家彼特氏引入生物学中的神经元概念（神经细胞），在分析神经元基本特性的基础上于 1943 年提出了神经元模型。这是人类最早对于人脑功能的模仿，开创了人工神经网络研究的时代。

（2）简单人工神经网络的诞生

简单人工神经网络诞生于 20 世纪 50 年代中期至 60 年代中期，此时正处于人工智能的第一次浪潮。美国神经学家罗森布拉特提出了最简单的人工神经网络用来解决分类问题，并首次把神经网络的研究付诸工程实践。这种人工神经网络被广泛应用于文字、声音、信号识别、学习记忆等领域。

（3）人工神经网络种类的丰富

20 世纪 70 年代中期至 80 年代末期，处于人工智能的第二次浪潮，机器学习领域的最大突破是人工神经网络种类的丰富，多种神经网络在该时期得到迅猛发展。多种神经网络可以让计算机承载大量的知识，进而具备一定的智能。

（4）机器学习的多元发展

20 世纪 90 年代后，处于人工智能的第三次浪潮，人们发现，如果让计算机自己学习知识，就可以很好地解决知识获取问题。因此，除了人工神经网络外，机器学习中的其他方法在这个时期都得到较大的发展。基于人工神经网络深度学习的技术成为这个时期非常热门的技术，受其影响，各种人工智能产品不断涌现。

5. 机器学习技术的应用

今天，在计算机科学的诸多分支领域中都能找到机器学习技术的身影，尤其是计算机视觉、智能语音、自然语言处理等计算机应用技术领域，机器学习已成为最重要的技术进步源泉之一。

(1) 计算机视觉

机器学习给计算机视觉应用带来巨大的性能提升，其中包括人脸识别、图片分类、物体识别等诸多应用，为计算机视觉技术在医疗、教育、工业等领域的应用提供了强大的技术支持。例如，机器学习将人脸识别的准确度提升至很高的级别，大大拓展了人脸识别的应用场景：人脸识别支付随处可见，人脸识别安防系统遍布我们的工作生活中，基于人脸识别的智能家居也迅速崛起……

(2) 智能语音

智能语音技术已经存在很多年了，为什么近年来智能语音才渐渐成为人与计算机交流的主要方式呢？因为机器学习将智能语音技术在普通环境下的准确度，提高到了一个足以投入实际生活应用的高度。在语音识别方面，智能语音系统在机器学习的帮助下，可以让计算机在噪声较多的环境中，依然能够准确识别某人的声音，从而慢慢接近人分辨声音的能力。在语音合成方面，智能语音系统在机器学习的帮助下，可以把指定的文字内容，以不同人的声音读出。这些进步使得智能语音渐渐成为人与计算机主要的交流方式。

(3) 自然语言处理

机器学习使自然语言处理系统的性能得到显著提高。随着互联网的普及，自然语言信息的数字化也日益提高。海量的自然语言数据给机器学习提供了充足的学习资源，从而使自然语言处理技术飞速提升，出现了大批能够应用于实际工作生活的应用，如搜索引擎、对话机器人、机器翻译等，甚至高考机器人、办公智能秘书；它们都开始在人们的日常生活中扮演越来越重要的角色。

6. 机器学习技术与人工智能的关系

机器学习是人工智能领域的核心技术，是使计算机具有智能的重要途径，其应用遍及人工智能的各个领域。在大量数据的支撑下，人工智能系统通过机器学习的各种方法对数据进行深层次分析，从而完成学习。通过学习，人工智能系统获得了归纳推理和决策的能力，机器学习作为人工智能的最有效的实现方法，已经在工业、医疗、教育等众多领域得到了广泛应用。

(三) 计算机视觉技术

计算机视觉作为人工智能的一项关键技术，受到了广泛重视，得以快速发展。计算机视觉技术目前已有很多常见的应用，融入了我们的生活。例如，人脸识别、智能配货等的功能就是计算机视觉技术在发挥作用。

1. 什么是计算机视觉技术

计算机视觉技术是人工智能的重要组成部分。人类外部世界获得的大部分信息来自人的视觉，视觉系统对于人类了解外部世界起到了重要的作用。计算机视觉技术就是计算机模拟人类观察外部世界、获取外部世界信息的人工智能技术。计算机视觉的最终目标是使计算机能像人一样通过视觉观察和理解世界。

2. 计算机视觉是如何形成的

计算机并不能直接处理物理图像，在用计算机处理前，物理图像必须转化为数字图像。计算机视觉技术的主要任务是对采集的数字图像进行处理以获得相应事物的信息，进而像人类一样理解事物。摄像头接收到自然界的光线形成数字图像，并将数字图像传递给计算机，计算机通过机器学习技术完成对数字图像的理解，进而实现对事物的理解，如图 8-4-11 所示．

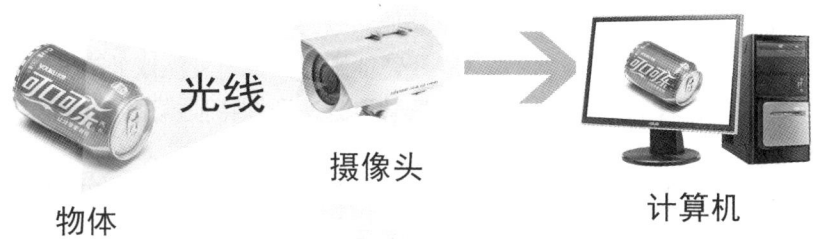

图 8-4-11　计算机视觉的形成

3. 计算机视觉技术的工作流程

计算机视觉技术的工作流程由四个基本环节构成：图像采集、特征提取、模型训练与模型输出，如图 8-4-12 所示。其中，特征提取与模型训练是利用机器学习技术完成的，是计算机视觉技术的人工智能核心。

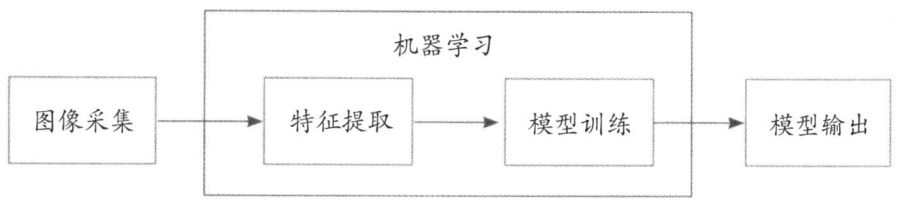

图 8-4-12　计算机视觉技术的工作流程

（1）图像采集

图像采集流程如上图所示，是指照相机、摄像头、扫描仪等成像设备从自然界获取物体发出或反射的光线并对其进行数字化，进而形成数字图像，供计算机进行保存和处理。照相机可以通过拍照的方式获取单张照片图像，摄像头可以通过摄像的方式获取连续或实时的视频图像，扫描仪可以通过激光扫描的方式获取纸质文档的数字图像。

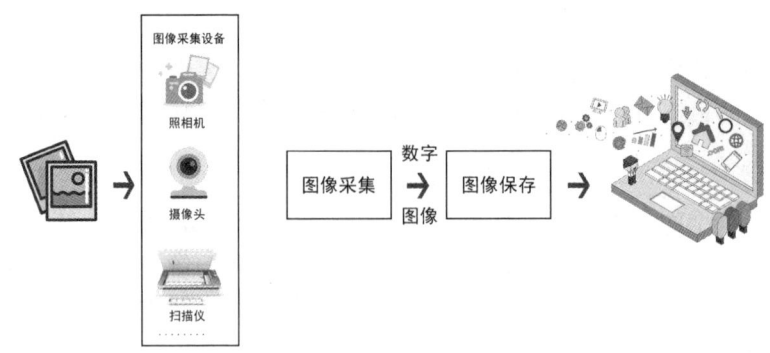

图 8-4-13 图像采集流程

（2）特征提取

对于每一幅图像而言，具有区别于其他图像的自身特征，有可以直观感受的自然特征，如颜色、轮廓、纹理等，有些特征则需要通过变换或处理才能得到。提取图像特征后，计算机就可以利用机器学习方法训练特征模型，从而实现对图像的理解。

（3）特征模型训练

第一个案例，智能检票系统利用身份证照片形成识别某位乘客的人脸特征模型，从而实现了对乘客身份的验证，保证了乘客是购买车票的人。第二个案例，智能配货系统利用提前训练好的水果识别特征模型，实现了对水果的识别，从而完成了顾客订单的配货功能。只要有特征模型，计算机视觉技术就能识别各种对象。特征模型的训练步骤如下图所示。计算机从图片库中抽取训练图片，提取图片的特征，利用机器学习技术和每一张图片的特征反复训练，直到获得最终特征模型。

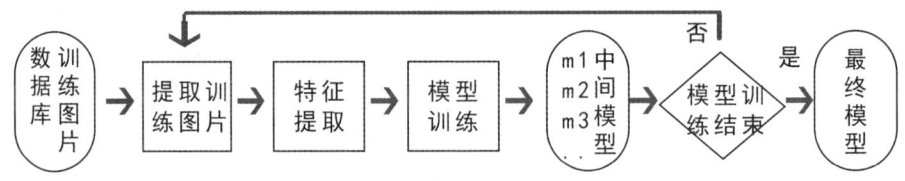

图 8-4-14 特征模型训练过程

特征模型训练完成后，还需要进行测试，以确保正常运行。特征模型测试过程如图 8-4-15 所示。提取测试图片，将测试图片输入给计算机；计算机提取测试图片的特征，并将特征输入给训练好的特征模型进行测试；在测试程序的驱动下反复输入测试图片直到测试完成；统计特征模型识别图像的正确率，如果正确率达到标准，就确定模型训练成功，反之，就确定模型训练失败，需要重新训练模型才可以使用。

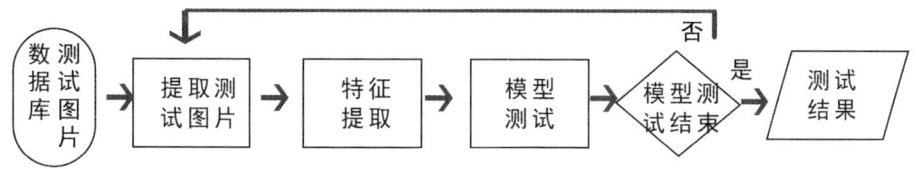

图 8-4-15 特征模型测试的过程

当已经植入了特征模型的计算机视觉产品采集到新的图像时，机器就会提取图像的特征，然后与特征模型进行识别判断，匹配成功则输出相应的识别结果。计算机视觉产品会根据识别结果做出相应的反馈，如打开闸机口、完成配货、解锁手机等。

4. 视觉技术的应用

计算机视觉技术在工业、交通、医疗、安全、娱乐等领域得到广泛应用。

（1）智能安全

计算机视觉技术在智能安全领域的作用越来越大，人脸识别、指纹识别等技术正逐渐成为身份认证的不可或缺的技术。例如，许多国家的公共安全系统都采用人脸识别和指纹识别技术；许多国家的大使馆在办理签证时会采集照片、指纹信息；公安系统也会建立犯罪记录人员的人脸库，利用人脸库和公共摄像头对犯罪嫌疑人进行识别和布控。

（2）智能交通

计算机视觉技术在智能交通领域的应用越来越广泛。利用计算机视觉技术，实现了无人驾驶，自动识别车牌号，自动完成车辆违章检测、停车场管理、不停车收费、被盗车辆稽查等任务，还可以自动分析和判断路口交通流量，为交通警察出警、红绿灯时间间隔的动态设置等提供支持．

（3）工业生产

在工业生产领域，计算机视觉技术能够有效提高生产效率和产品质量。例如，利用图像识别技术检测产品的缺陷和划痕；对生产线上的产品进行自动识别分类、产品智能包装、筛选不合格产品等；大规模集成电路生产线上的自动连接引线、对准芯片和封装等；在汽车生产领域，计算机视觉技术在汽车生产线上的应用，提高汽车生产的自动化和智能化水平，从而实现无人生产。

（4）游戏娱乐

在游戏娱乐领域，计算机视觉技术可以让游戏的交互更加自然，使游戏有更强的沉浸感。例如，在游戏设备上会用到一种特殊的摄像头，用于获取场景到摄像头距离的信息，实现人与游戏场景的交互，应用手势识别、人脸识别、人体姿态识别等技术，用来接收玩家指令或和玩家互动。另外，现在较为流行的很多虚拟现实和增强现实游戏产品，计算机视觉技术也起到了十分重要的作用。

（5）体育运动

在体育运动领域，基于计算机视觉技术的智能辅助裁判和智能训练辅助系统，已经广泛应用于各种体育赛事和体育训练中。例如，球类运动中，裁判员可以结合时间数据和计算机视觉技术做出进球判断、落点判断、出界判断等；具有视频分析功能的智能辅助训练系统，可以帮助运动员在训练过程中尽快掌握动作技术要领、减少盲目重复、较大地提高训练效率、降低受伤的可能性，从而达到最佳的训练效果。

（6）医疗

在医疗领域，计算机视觉技术能够迅速分析医疗影像资料，给出高准确率的诊断结果。例如，我国某公司研发的智能医疗平台，采用计算机视觉技术对肺癌和乳腺癌的医学影像进行辅助诊断，已经达到了全国三级甲等医院医生的平均水平。

5. 计算机视觉技术的发展

从人工智能诞生起，计算机视觉就是该领域内科学家研究的方向。如人工神经网络初期模型最早应用就是通过20像素×20像素的传感器用于字母识别。计算机视觉正式成为一个研究领域，要追溯到1963年美国计算机科学家拉里·罗伯茨（Larry Roberts）在美国麻省理工学院的博士毕业论文《三维固体的机器知觉》。在这篇论文中，拉里·罗伯茨根据加拿大科学家大卫·休伯尔（David Hunter Hubel）和瑞典科学家托斯坦·维厄瑟尔（Torsten Nils Wiesel）对猫视觉皮层的研究，提出计算机视觉识别和生物识别类似，计算机视觉的目的是让计算机理解图像的内容。

1966年，麻省理工学院人工智能实验室的马文·明斯基发起了一个"暑期视觉项目"。目的是集中暑假期间的闲散研究者解决计算机视觉问题，力争产出计算机视觉技术里程碑式的结果。最初明斯基只是让组里一个本科生把计算机和照相机连起来，并尝试用暑假的时间实现让计算机描述看到了什么。虽然这个项目没有成功，但计算机视觉作为一个专门研究课题出现在了历史舞台上。

自从开始计算机视觉的相关研究，到20世纪70年代，人们关心的热点都偏向从图像中获取构建三维世界的信息，如三维建模、立体视觉等。到了20世纪1979年夏天，马尔完成了视觉计算理论框架的梳理，并初步整理成书。1980年，马尔获得了麻省理工学院的终身教职。不幸的是，就在该年冬天，年仅35岁的马尔因白血病去世。马尔去世后，在他的学生的帮助下，麻省理工学院出版社于1982年出版发行了他的《视觉计算理论》一书。这本书中马尔提出了对计算机视觉非常重要的观点，标志了计算机视觉成为正式的研究领域。从1987年开始，国际计算机视觉大会开始给计算机视觉领域做出重要贡献的人颁发奖项，奖项名字就叫"马尔奖"。

在视觉计算理论提出后，计算机视觉在 20 世纪 80 年代进入了最蓬勃发展时期。同时从 20 世纪 80 年代起，这个领域开始慢慢脱胎于神经科学，更多偏重计算和数学的方法开始发展起来，相关的应用也变得更加丰富。计算机视觉技术的研究伴随着人工神经网络的复兴变得更加受到重视。

进入 20 世纪 90 年代，伴随着各种机器学习算法的提出，机器学习对计算机视觉在识别、检测和分类等应用起到了重要支撑作用。各种识别和检测技术迎来了大发展，人脸识别在这个时期迎来了一个研究的小高潮。各种刚来描述图像特征的方法也不断被提出。

进入 21 世纪之后，计算机视觉已经成为计算机学科一个非常重要的研究领域。国际计算机视觉的相关学术会议已经是人工智能领域，乃至是整个计算机领域的大型盛会，甚至出现了一些新的子方向，如计算摄影学等。基于特征的图像识别越来越得到关注。美国斯坦福大学的李飞飞教授牵头创立了一个非常庞大的图像数据库，包含 1400 万张图像，超过 20000 个类别。基于这个数据库，自 2010 年开始，每年举办一次大规模的视觉识别挑战比赛。

（四）智能语音技术

语音是人类交流最自然、最便捷的方式。人工智能系统如果具备了听说能力，人和机器之间的交流就可以变得像人和人之间的交流一样方便自然。如何让机器具备人的听说能力？

1. 什么是智能语音技术

智能语音，即智能语音技术，是实现人机语言的通信，包括语音识别技术（ASR）和语音合成技术（TTS）。

自动语音识别技术（Automatic Speech Recognition）是一种将人的语音转换为文本的技术。语音识别是一个多学科交叉的领域，它与声学、语音学、语言学、数字信号处理理论、信息论、计算机科学等众多学科紧密相连。由于语音信号的多样性和复杂性，语音识别系统只能在一定的限制条件下获得满意的性能，或者说只能应用于某些特定的场合。语音识别系统的性能大致取决于以下四个因素：A. 识别词汇表的大小和语音的复杂性；B. 语音信号的质量；C. 单个说话人还是多个说话人；D. 硬件。

语音合成是通过机械的、电子的方法产生人造语音的技术。TTS 技术（又称文语转换技术）隶属于语音合成，它是将计算机自己产生的或外部输入的文字信息转变为可以听得懂的、流利的汉语口语输出的技术。

语音合成和语音识别技术是实现人机语音通信，建立一个有听和讲能力的口语系统所必需的两项关键技术。使电脑具有类似人一样的说话能力，是当今时代信息产业的重要竞争市场。和语音识别相比，语音合成的技术相对来说要成熟一些，并已开始向产业化方向成功迈进，大规模应用指日可待。

（1）使用语音输入法

语音输入法之所以能够将语音转换成文字，是因为它采用了智能语音技术中的语音识别技术，能够识别出语音对应的文字。语音识别技术是机器学习技术的一种应用，它首先利用大量说话人的语音训练获得语音识别的声学模型。有了声学模型，我们就可以从输入的语音中提取出特征，进而通过与声学模型匹配，识别出文字，基本流程如图8-4-16所示。

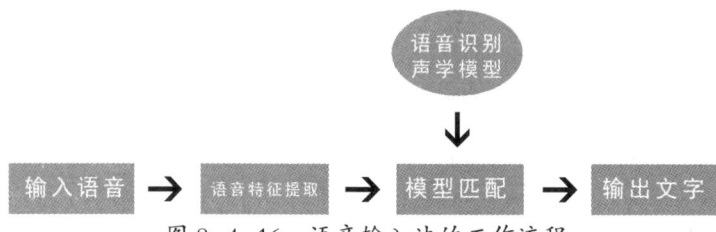

图8-4-16 语音输入法的工作流程

（2）让计算机朗读文字

语音朗读软件采用了智能语音技术中的语音合成技术来实现朗读功能。语音合成技术能够将文字转换成语音，又叫文语转换技术。现在的语音合成技术同样也是机器学习技术的一种应用，它利用大量的语音训练获得声学模型。有了训练好的声学模型，我们就可以对输入的文本经过文本分析、模型匹配等步骤，转换成语音输出，基本流程如图8-4-17所示。其中，文本分析是将文本变成文本特征的过程，文本特征包括每个字的发音符号及其上下文信息。

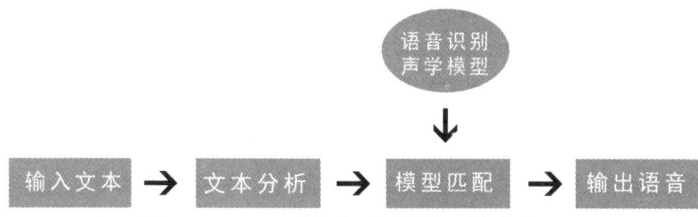

图8-4-17 语音朗读软件工作流程

（3）与智能音箱对话

智能音箱之所以能够跟我们对话，是因为它综合应用了语音识别技术、语音/成像技术和对话管理技术，如图8-4-18所示。在智能音箱中，语音识别技术将输入的语音转换成文本，然后利用对话管理技术获得应答文本，再用语音合成技术将应答文本朗读出来，完成人和音箱的对话。

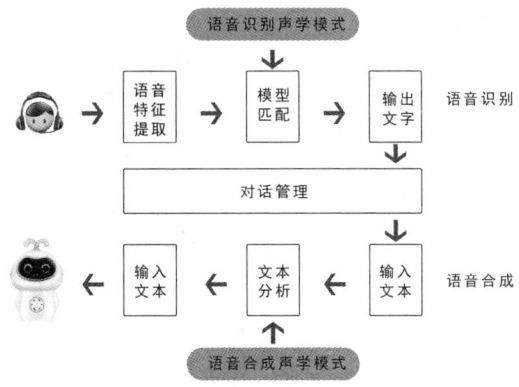

图 8-4-18　智能音箱基本工作流程

2. 智能语音技术的基本原理

机器的听说过程是通过语音识别技术和语音合成技术来实现的。就像人通过学习获得听说能力一样，计算机也可以通过机器学习来获得听说能力。

（1）语音识别技术

语音识别技术是一种让机器从语音中获取语言内容的技术，能够将语音转变成文字，使机器能够听懂人说的话。在语音识别中，通过麦克风等设备采集的语音信号转换为数字语音数据；从数字语音数据中提取讲话人的声学特征，并利用机器学习方法进行声学模型的训练，最后输出训练好的声学模型；声学模型训练好之后，我们就可以利用模型准确地识别出语音的内容了。基本流程如图 8-4-19 所示。

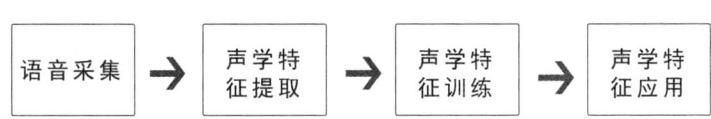

图 8-4-19　语音识别的基本流程

A. 语音采集

计算机通过话筒或者麦克风阵列等设备采集讲话人的语音，对采集到的语音进行数字化处理，转换为数字语音保存在计算机中，如图 8-4-20 所示．在计算机中，用二进制保存数字化的语音。我们可以把保存在计算机中的语音画出来，叫波形。图显示了采集的语音"西北师范大学"的波形，其中，蓝色竖线和棕色竖线之间是每个字的发音。可以看出，每个字的波形各不相同。

图 8-4-20　语音的采集过程

 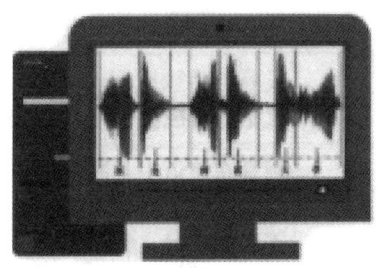

(a) 语音在计算机中的表示　　　　　　(b) 语音的波形

在语音识别中，为了训练出识别性能好的声学模型，需要录制大量的录音人的语音，每个录音人要录制大量的语句。录音时，先要设计好录音文本，让录音人一句一句朗读录音文本录制语音。录音完成后，把所有录音人的录音及对应的录音文本保存到一个数据库中，用来作为模型训练的训练样本，叫作训练语料。

B. 声学特征提取

采集的语音数据需要进一步提取特征，才能利用机器学习技术进行声学模型的训练。语音的特征又叫声学特征，是进行各种语音处理的基础。常见的声学特征包括基频、能量、时长、共振峰、梅尔频率倒谱系数、广义梅尔倒谱系数等。前三个特征又叫韵律特征，后三个特征又叫频谱特征，如表8-4-3所示。

表8-4-3　常用语音声学特征的物理意义

基频	发音时声带振动的频率。汉语中的声调和语调就是基频变化情况的反映。基频是现代语音合成技术中采用的主要特征之一。
能量	语音的能量取决于发音时从肺部发出的气流强度。声音的大小与能量相关。
时长	发音的持续时间。语速与时长有关，同一个字，时长越短，语速越快。现代语音合成技术中一般也要采用时长特征。
共振峰	声音在声道中共振，能量变强的频率成分就叫共振峰，反映了声道(共振腔)的物理特性。每个人声道不同，发同样音的共振峰也不相同。同一个人发不同的音时，由于口腔形状和舌位不同，声道形成不同，共振峰也不相同。
梅尔频率倒谱系数	考虑了人耳的听觉特性提取的声学特征。该特征模拟了人耳对不同频率的语音的感知能力，是语音识别、讲话人识别中最常见的声学特征。
广义梅尔倒谱系数	反映声道变化的声学特征。利用基频和广义梅尔倒谱系数可以生成语音，因此广义梅尔倒谱系数也是现代语音合成技术和语音转换技术中最常见的声学特征。

C. 声学模型训练

在声学模型训练阶段，从语料库中抽取一句一句的训练语料，包括录制语音所用的录音文本和录制的语音，分别提取语音的声学特征和录音文本的文本特征。语音的声学特征一般采用梅尔频率倒谱系数，录音文本的文本特征一般是句子中每个字的发音符号（如汉语拼音）。将每一句训练语料的声学特征和文本特征输入机器学习算法反复训练，直到获得最优的声学模型后，将模型保存到模型库中，形成最终的语音识别声学模型库，如图8-4-21所示。

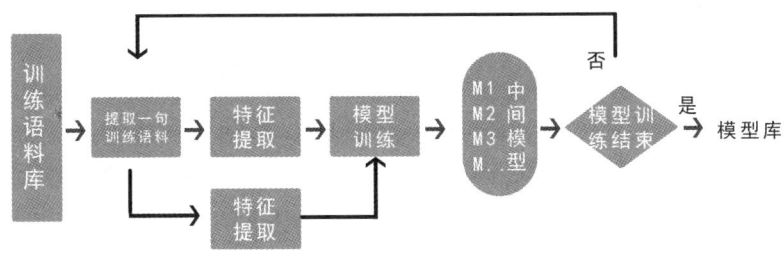

图 8-4-21 语音识别中模型训练的过程

D. 声学模型的应用

声学模型训练好之后，我们就可以把这个模型应用到不同的产品中去完成各种语音识别任务了。例如，我们可以把声学模型应用到智能音箱中，让智能音箱能够听懂我们的讲话；也可以把声学模型应用到语音输入法中，实现语音输入功能。在利用训练好的声学模型进行语音识别时，同样要经过语音采集、数字化的过程，将输入的语音变成数字语音保存到计算机中。之后，对数字语音进行预处理，包括检测出语音的开始和结束位置，并对语音进行一些便于特征提取的处理。最后从数字语音中提取声学特征，并与声学模型匹配，获得识别结果。

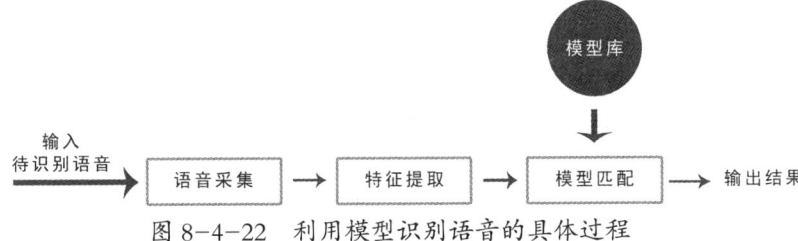

图 8-4-22 利用模型识别语音的具体过程

E. 讲话人识别技术和孤立词识别技术

讲话人识别又叫声纹识别，是从语音中识别讲话人身份信息的技术。孤立词识别是识别一段语音是哪个孤立词的过程。孤立发音的字或词叫孤立词，例如学习活动中朗读的"啊"和"诗"是孤立词，如果我们单独朗读"向下""向左"，它们也是孤立词。

讲话人识别要为每个讲话人训练一个声学模型。每个讲话人的声学模型的训练过程与语音识别的声学模型的训练过程类似，也要采集讲话人的训练语料，进行特征提取和模型训练，直到训练出最优的声学模型。与语音识别的模型训练不同的是，在讲话人识别中，一般不需要文本，也不需要提取文本特征，训练每个讲话人的声学模型的训练语料也不需要很多。

所有讲话人的声学模型都训练好之后，将它们保存到声学模型库中。在识别阶段，首先采集未知讲话人的语音，并进行特征提取，然后利用提取的特征在各个讲话人的声学模型上进行匹配，得分最高的声学模型对应的讲话人就是最终的识别结果。讲话人识别的基本流程如图 8-4-23 所示。

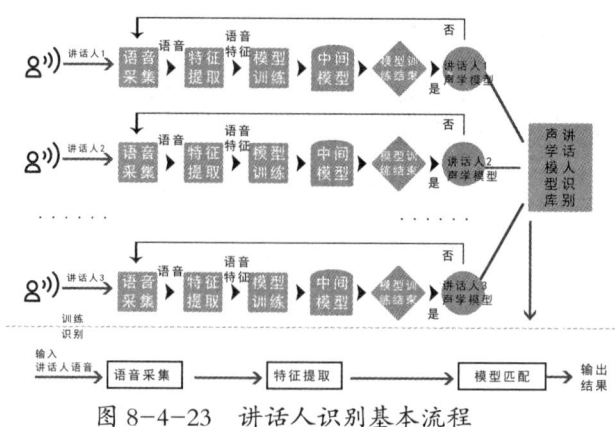

图 8-4-23 讲话人识别基本流程

孤立词识别原理与讲话人识别相似，对每个孤立词训练一个声学模型。在识别过程中，对读入的未知孤立词，首先进行语音采集，然后提取声学特征，最后将声学特征在各个孤立词模型上进行匹配，得分最高的声学模型对应的孤立词就是最终的识别结果。孤立词识别的基本流程如图 8-4-24 所示。

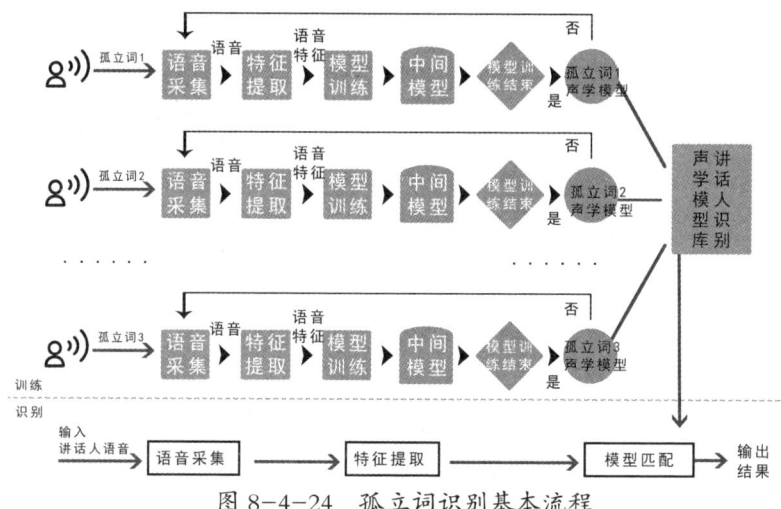

图 8-4-24 孤立词识别基本流程

（2）语音合成技术

语音合成技术也称为文字转换技术，是一种把文字转变成语音的技术，能够让机器像人一样"开口说话"。现代语音合成技术与语音识别技术类似，也需要用语音数据和对应的文本数据训练一个语音合成的声学模型。

A. 语音采集

与语音识别类似，为了合成高质量的语音，现代语音合成技术也需要利用大量的训练语料训练高质量的声学模型。与语音识别不同，语音合成的声学模型训练中，需要录制少量录音人的语音，每个录音人要录制大量的高质量的语句，一般在录音棚中完成录音工作。为了能够合成出自然的语音，需要标注出每个录音语句的发音信息和韵律信息，包括每个字的发音符号（普通话用汉语拼音表示发音）、声调、语句中词和短语的边界等信息，然后将录音及标注信息保存到语料库中，构成训练数据。

B. 特征提取

在语音合成声学模型的训练中，需要提取句子的文本特征和语音的声学特征：句子的文本特征就是标注的语句的发音符号、声调、词和短语的边界信息等。最常用的声学特征包括基频、广义梅尔倒谱系数和时长。

C. 声学模型训练

语音合成的声学模型的训练过程与语音识别在声学模型训练阶段。

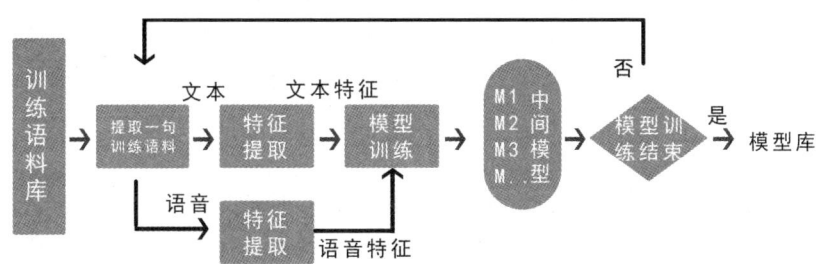

图 8-4-25　语音合成的声学模型训练过程

首先，从语料库中抽取出一句句的训练语料（包括句子的标注信息和对应的语音），句子的标注信息作为文本特征，从语音中提取声学特征；其次，将每一句训练语料的文本特征和声学特征输入机器学习算法，反复训练声学模型，直到获得最优的声学模型；最后，将训练好的声学模型保存到模型库中。语音合成的声学模型训练过程如图 8-4-25 所示。

D. 声学模型的应用

声学模型训练好之后，我们就可以把这个模型应用到不同的产品中去完成各种语音合成任务。例如，我们可以把声学模型应用到智能音箱中，让智能音箱给我们播报信息；也可以将声学模型应用到朗读软件中，把文本朗读出来。

在利用训练好的声学模型进行语音合成时，计算机首先把输入的文本转换成文本特征，然后将文本特征与声学模型匹配，利用参数生成算法，从匹配的声学模型中生成声学特征参数（如基频、时长和广义梅尔倒谱系数），最后利用语音生成算法将声学特征参数转换成语音，如图 8-4-26 所示。

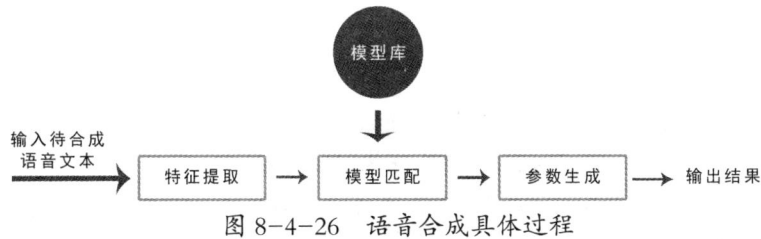

图 8-4-26　语音合成具体过程

3. 智能语音技术的应用

（1）语音评测

利用语音识别技术，可以自动评测讲话人的发音水平。例如，我们在普通话水平测试中，正逐步用语音识别技术代替人来自动评测讲话人的普通话水平；在英语听说能力考试过程中，也可以采用语音识别技术评测考生的口语水平；在外语学习中，语音识别技术也能够自动检测出学生的发音错误，并利用语音合成技术进行纠正。

（2）语音转写

利用语音识别技术，可以将录音转换成文本，再利用自然语言处理技术对文本进行处理，为后期数据分析和数据挖掘提供基础。例如，医生在临床诊断时可以将口述的诊断资料转化成文字录入医院的信息管理系统。诊断结束后，医生只须做简单修改即可形成电子病历，方便后续查询和复诊，提高工作效率。

（3）语音翻译

语音翻译能将一种语言的口语翻译成另外一种语言的口语，是综合运用语音识别、自然语言处理、语音合成等技术的人工智能应用。例如，中英语音翻译能够快速、准确地实现中英口语间的即时互译。

（4）智能客服

智能客服代替了传统的人工客服。智能客服利用语音识别技术获取客户的要求，并利用语音合成技术进行反馈，实现语音导航、语音交易、业务办理等服务。此外，还可以将客户的语音数据转化为文本，利用自然语言处理技术对文本进行自动分类，建立客服大数据，为企业提供大数据分析和数据挖掘等服务。

（5）智能语音助手

智能语音助手能够让你利用语音完成各种操作，已在智能手机、计算机中得到了广泛的应用。利用智能语音助手，我们可以用语音命令手机拨打电话、收发短信、信息查询等任务，也可以用语音控制智能家居设备，甚至可以让其陪我们聊天。

（6）导诊机器人

导诊机器人利用语音识别、语音合成和自然语言理解等技术，为患者提供导航、导医、咨询等服务，支持语音、图像等多种交互方式，改善就医体验，提高医疗服务质量。

4. 智能语音的历史

如何让机器开口说话，并让机器听懂我们说什么，是人类几千年来梦寐以求的愿望。在我国唐朝，就有木和尚说话化缘的记事。

但有实物、可行技术文档可参考的语音技术发展史，只能追溯到 18 世纪 70

年代。最开始，人们进行语音合成技术的研究，但因受限于当时的科学技术水平，并未获得有实际价值的成果。后来，随着机器学习等新技术的兴起，智能语音技术才得以真正实现。

18世纪70年代，俄国科学家通过将一根共鸣管和风琴管连接起来，制造了一个能够发出类似元音的机械设备。此时，匈牙利发明家沃尔夫冈·冯·肯佩伦（Wolfgangvon Kempele）已经有了构建讲话机器的意图。随后，他发明了一台类似人类发音器官的语音机器，后人将它称作"讲话机"，如图8-4-27所示，西方人把发明讲话机作为语音合成技术的起点。肯佩伦的讲话机器不仅能产生一些元音和辅音，而且能发出完整的词和短语。

图 8-4-27 肯佩伦"讲话机"的复制品

20世纪初叶，无线电技术的进步使得用电子方法合成语音成为可能。1939年，美国科学家用电子元器件设计了一个叫 VODER 的装置，能够通过人工操纵发出语音，引起了科学界的轰动。相比之前的机械式语音合成，电子式语音合成在模拟人的说话的基本概念上不同。机械式语音合成利用机械模拟人的发音器官，对人的发音过程进行仿真，要有"扮演"肺输送气流的器件，有模仿声道中的气流在不同条件下流通的器件。而电子式语音合成不需要这些器件，它利用电子元器件产生信号，发出语音。

20世纪计算机技术迅猛发展，语音合成技术进入了计算机语音合成的新时代。同时，语音识别技术进入了萌芽发展阶段。20世纪50年代，美国贝尔实验室实现了第一个可识别10个英文数字的语音识别系统——Audrv 系统。

20世纪80年代至20世纪末期，随着个人计算机的推广和应用，以及隐马尔可夫模型在语音研究中的应用，语音识别技术和语音合成技术逐渐成熟。

进入21世纪，随着计算机存储容量和计算能力的不断突破，以及深度学习技术的兴起，语音识别技术和语音合成技术进入了快速发展的新时代。智能语音技术逐步完善，在不同领域获得了广泛的应用。

（五）自然语言处理技术

人工智能系统具有了人的语言能力，就能理解人的意图，也能与人用自然语言交流。如何才能让计算机正确、有效地理解和处理人类的语言？

1. 什么是自然语言处理技术

自然语言处理技术是指利用计算机分析和处理人类自然语言的技术。要用自然语言与计算机交流，计算机既要能理解自然语言的意义，也要能用自然语言来表达意图和思想。前者称为自然语言理解技术，后者称为自然语言生成技术。

如果给机器人增加语音识别和语音合成功能，它就从能翻译句子的"笔译"变成了能翻译口语的"口译"。它首先利用语音识别技术把口语识别成句子，然后利用机器翻译技术把句子翻译成其他语言的句子，最后再利用语音合成技术把翻译后的句子读出来，如图 8-4-28 所示。

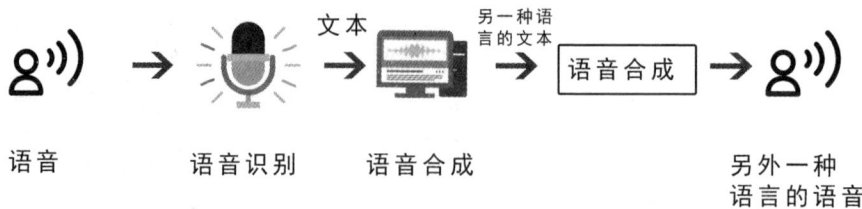

图 8-4-28　口语翻译过程

文字和语音是人类自然语言的两个最基本的属性。自然语言包括书面语（也就是文字语音）和口语（也就是语音语言）。口语的处理离不开书面语处理技术的支持。

需要让计算机处理人类自然语言的应用都离不开自然语言处理技术的支持。像机器翻译、输入法、拼写检查、信息检索、手写体识别、垃圾邮件过滤、计算机写作、人机对话等都需要利用自然语言处理技术来实现。智能音箱之所以能用口语与我们交流，除了需要具备语音识别和语音合成功能，也离不开自然语言处理技术的支持，如图 8-4-29 所示。

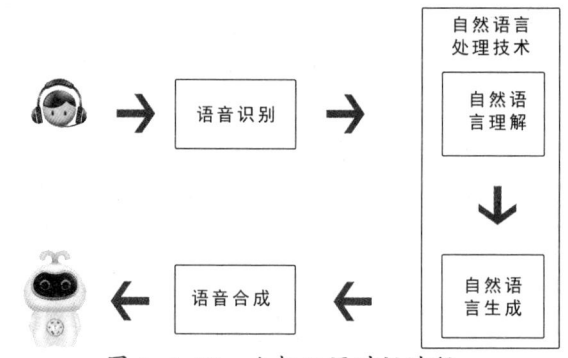

图 8-4-29　人机口语对话过程

语音识别技术和语音合成技术本身也离不开自然语言处理技术的支持。在语音识别中，需要利用语言模型将从语音中识别出来的发音符号组合成字、词、句子。语言模型就是采用自然语言处理技术从大量的语句中训练获得的，它能够反映词与词之间的关系。在语音合成中，需要利用文本分析程序把输入的语句变成发音符号。文本分析程序也是一个典型的自然语言处理应用，能把句子自动划分成短语、词、字，从而能够获得每个字的发音符号和上下文信息。

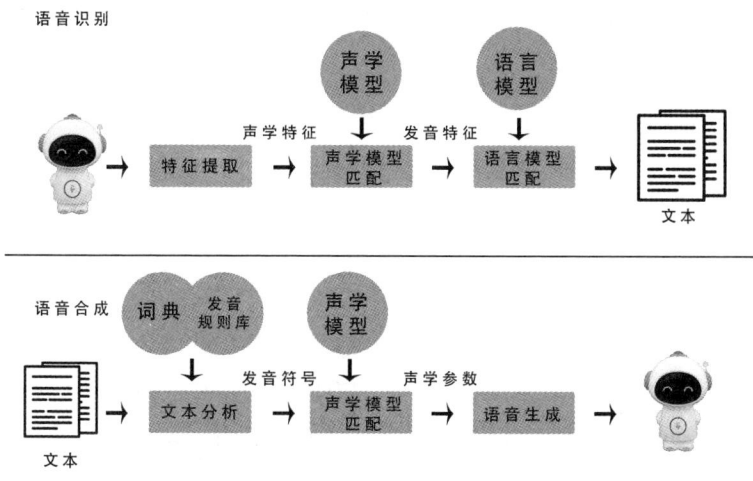

图 8-4-30　语音识别和语音合成中的自然语言处理

2. 自然语言处理的基本方法

（1）中文分词

许多自然语言处理技术都要以词为单位进行书面语言的处理。把句子划分为一个一个的词，叫文本分词或自动分词，简称分词，是自然语言处理的基础，也是其他各种自然语言处理的基本模块。

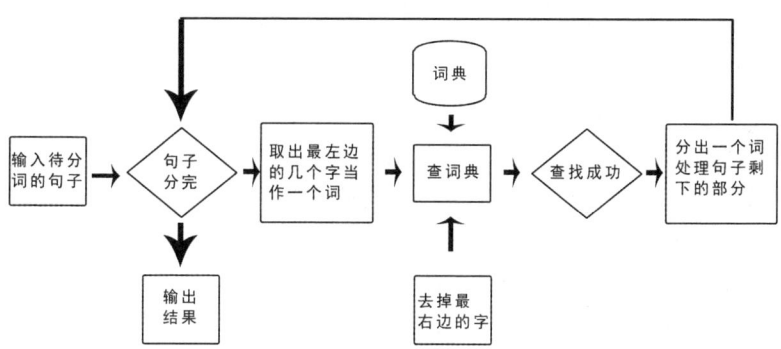

图 8-4-31　正向最大匹配算法分词的过程

（2）文档分类

分类就是给定文档的分类标准，让计算机自动根据内容，将文档判别为事先定义的若干个类别中的某一类或某几类的过程。在自然语言处理中，文档分类是很重要的一种技术。利用文档分类技术，我们可以实现垃圾邮件过滤、新闻分类等各种应用。如何让计算机自动对文档进行分类呢？我们在阅读文章的时候，根据文章中的一些关键词，就可以判断文章的类别。例如，如果文章中大量出现"航空母舰""辽宁号"等词，就可以判断这篇文章讲的是军事类的内容。

文档分类首先利用大量的训练样本文档，采用有监督的机器学习方法训练一个文档分类器,再利用文档分类器对待分类文档进行分类,过程如图8-4-32所示,包括文档预处理、特征提取、分类器训练、用分类器进行分类等步骤。

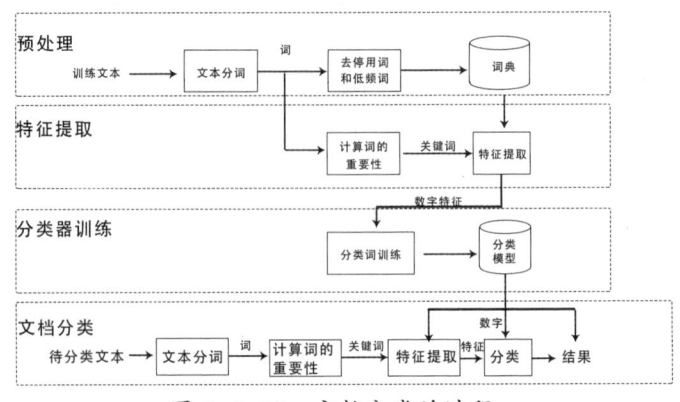

图 8-4-32　文档分类的过程

3. 自然语言处理技术的应用

近年来,随着科学家们的不断努力,自然语言处理技术日益成熟,并在许多领域获得了应用。

自然语言处理技术的应用十分广泛,涉及人类语言的任何应用都需要自然语言处理技术的支持。例如,我们在前面学过的语音识别技术,机器先要把人的语音识别成文字,再分析和理解文字,从而听懂人说的话。

（1）文档分类

我们前面讲过的文档分类是对文档的主题或者主旨进行分类,有广泛的应用。利用文档分类技术,除了能根据题材对文档分类以外,也可以用来过滤垃圾邮件;利用文档分类技术,电商可以分析用户对某些商品的评价是积极的还是消极的,从而通过分析结果给用户提供感兴趣的商品;聊天机器人可以利用文档分类技术获得用户聊天的主题,从而能更加准确地提供信息。

（2）语言建模

我们可以利用机器学习方法建立语言模型,用来反映词和词之间的关系。在智能拼音输入法中,一串拼音就会对应符合语法习惯的句子,这就是语言模型的功劳。在语音识别中,语言模型的作用与智能拼音输入法类似,就是根据识别出来的一串发音,给出这串发音最有可能组合出的句子。利用语言模型,可以让计算机生成新的句子或段落进行创作,也可以根据图片识别的结果自动生成对图片的说明。

（3）机器翻译

机器翻译是从一种语言到另一种语言的文本或者语音的自动翻译,是自然语言处理中最重要的应用之一。随着经济全球化及互联网的飞速发展,机器翻译技术在促进政治、经济、文化交流等方面起到越来越重要的作用。目前，机器的口语翻译水平基本可以满足人们日常语言交流的需要。

（4）文档摘要

文档摘要又叫自动文摘，能够根据文本创建文档的标题和相对简短的摘要。文档摘要技术应用最广的领域是新闻领域，可以让用户用最短的时间了解最多有价值的新闻内容。在搜索引擎中，利用文档摘要技术也可以帮助用户尽快找到感兴趣的内容。

（5）问题回答

问题回答又叫问答系统，是信息检索的高级形式，能够用准确、简洁的自然语言回答用户用自然语言提出的问题。

（6）作文自动评分

作文自动评分是一项使用计算机进行作文评分的新技术。评分过程中，计算机作为评分员自主评分，不需要人为干预。目前，作文自动评分技术已经在一些大规模的国际性英语考试中得到了应用，而国内一些省份在中考和高考阅卷中也采用了这种技术。作文自动评分技术的优点是不但可以节省人力、物力和提高效率，而且评分更客观，评分标准定义清楚，不受人为因素影响。

（7）光学字符识别

光学字符识别是对印刷体或手写体等文字进行自动识别，将其转换成计算机可以处理的电子文本的技术。例如，把手机摄像头对准菜单上的法语菜名，屏幕上实时显示出翻译好的中文菜名；批量扫描书籍，将全世界图书馆的藏书转化为电子书；街景车游走于大街小巷，拍摄街景的同时也从图像中自动提取文字标志，让地图信息更丰富准确……这些场景的背后都有一项共同的关键技术——光学字符识别。

4. 自然语言处理的历史

自然语言处理是人工智能最基础、最重要的问题，它的发展过程与人工智能的发展过程一致，也经历了三个阶段。

第一个阶段是20世纪50—70年代，是科学家们研究自然语言处理技术走弯路的阶段。当时，科学家们对计算机处理自然语言的认识，都局限在人类学习语言的方式上，主要利用专家制定的规则来处理自然语言。基于规则的方法依赖于专家的知识，只能处理典型的句子。而在自然语言中，一些词的含义依赖于上下文和常识，很难用固定的规则来描述。20世纪70年代，一些科学家开始认识到基于规则的方法的弊端，这一方法很快就走到了尽头。

于是，科学家们又找到了基于统计方法的自然语言处理方法，自然语言处理技术的发展进入第二个阶段。统计自然语言处理主要采用机器学习中的各种算法，从大规模、信息丰富的真实文本中自动学习到处理自然语言所需的规则，能够解决基于规则的方法所面临的难题。

进入 21 世纪后，自然语言处理技术的发展进入第三个阶段。深度学习技术的发展促使自然语言处理技术逐步开始广泛应用。相比于统计方法，深度学习有更强的学习能力，能够更好地处理各种复杂的语言问题。

思考题：

1. 人工智能时代应必备什么样的素质？分析"三层金字塔"模型的深刻含义。
2. 论述人工智能技术的应用，举例说明某一领域人工智能技术的概念、工作原理、发展历史及应用范围。

第五节　人工智能产品设计与开发

一、什么是系统工程

在设计和开发人工智能产品时，需要将人工智能产品看成是一个由很多相互联系、相互制约的组成部分构成的总体，叫作系统。在开发过程中，需要对构成系统的各个组成部分进行分析、预测、评价，最后将各个组成部分综合到一起，完成系统开发，并使系统达到最优。

以都江堰为例，都江堰水利工程由鱼嘴分水堤、飞沙堰溢洪道、宝瓶进水口三个主体工程及其他一些附属工程组成，这些工程有机结合起来，就形成了具有引水灌田、分洪减灾等特定功能的有机整体。都江堰水利工程就是一个系统工程。

系统是由两个或两个以上相互区别、相互依赖和相互制约的组成部分结合起来的具有特定功能的有机整体。系统的组成部分又叫模块、要素或单元，我们在此用模块来表示。系统工程是从整体出发，合理开发、设计、实施和运用系统的工程技术。例如，一辆自行车是系统，由车架、轮胎、脚蹬、车把、座椅等模块组成，制造一辆自行车是系统工程。在设计自行车时，要分析影响自行车骑行舒适性的因素，设计出自行车的车架结构、轮胎大小、脚蹬和车把的位置、座椅的形状，以及各个部分的材料和颜色，以满足美观、舒适和轻便的要求。在设计时，也要考虑意外伤害和错用时产生的风险，以及产品是否便于清洗、保养和修理等。设计完成自行车的各个模块之后，将它们加工生产出来并组装在一起，就完成了自行车的生产。

系统工程有大有小，一个大系统可以拆分成若干个子系统。例如，我国于

2004年正式启动，目前仍在有序推进的以"嫦娥"为代号的月球探测工程（简称为"嫦娥工程"）就是一项伟大的系统工程，已经完成的"嫦娥二号"探月工程由绕月探测卫星、运载火箭、发射场、测控和地面应用五大子系统组成。

为偏远山区的同学们建造一间教室，这同样可以视为一项较小的系统工程。我们可以将整个系统分解为建筑工程、结构、安装、室外工程等模块，让不同的人完成不同的模块，分工协作，最终完成教室的建造。

二、系统工程的设计方法

在日常的学习工作中，可以尝试用系统工程的思想去处理、解决问题。我们假设把"事物"看成是一个由若干模块组成的系统：

第一步系统工程思维是可以通过抽象思维把事物拆分成不同的模块；

第二步系统工程思维是研究这些模块的组成，了解这些模块的作用，分清楚各个模块的轻重主次，掌握模块与模块之间的关系；

第三步系统工程思维是如何对这些模块施加影响，从而使得模块的运转朝着我们自己希望的方向发展。下面我们通过实例学习系统工程设计方法。

实例："智能家居"

工程师在设计"智能家居"系统时，也需要按系统工程的方法进行。

首先进行需求分析，确定系统设计目标：智能家居应该具有环境监测、家电控制和智能安防三大功能。

在系统的总体设计（概要设计）阶段，根据系统设计目标，可以将"智能家居"分为环境监测、家电控制、智能安防三大子系统，如图 8-5-1 所示。环境监测子系统包括温湿度监测、烟雾监测、光线监测等模块；家电控制子系统包括电视控制、灯光控制、空调控制、智能音箱控制等模块；智能安防子系统包括视频监控、智能门禁等模块。对于较为复杂的系统可由多人协作完成，因此在这个阶段还需要确定人员分工及工作进度。

在系统详细设计阶段，根据系统的设计目标和概要设计，分别完成各个模块的详细设计方案。比如，需要完成智能家居的温湿度监测、烟雾监测、光线监测、电视控制、灯光控制、空调控制、智能音箱控制、视频监控、智能门禁等模块详细设计方案。

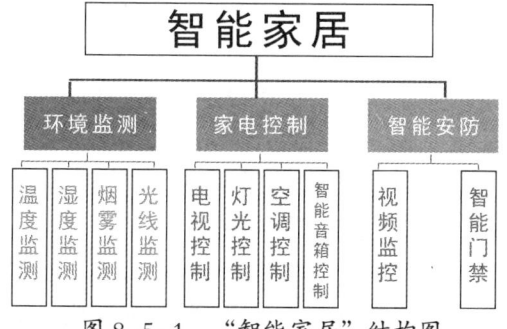

图 8-5-1 "智能家居"结构图

在系统方案实施阶段，依据设计方案调试各个模块，对设计过程中出现的各种错误进行修正，并将各个功能正确的模块按照一定的原则组合成一个相互联系、协同工作的系统。比如，在智能家居系统中,首先,按照设计方案调试温湿度监测、烟雾监测、光线监测等模块,并组合成环境监测子系统;其次,按照设计方案调试灯光控制、空调控制、智能音箱控制等模块,组合成家电控制子系统;再次,按照设计方案调试视频监控、智能门禁等模块,组合成智能安防子系统;最后,将环境监测子系统、家电控制子系统、智能安防子系统组合成一个完整的智能家居系统。

接下来,工程师对所完成的系统进行整体测试,并完成效果分析与评价。如果达到系统设计目标,就可以投入使用了。

在这个实例中,我们将"智能家居"视为一个系统,而将如何设计各个模块并整合成一个相互联系、协同工作的整体过程称为系统工程。

通过前面系统工程设计的实例,我们总结系统工程设计的一般方法如图8-5-2所示,主要包括需求分析、系统概要设计、系统详细设计、系统方案实施、效果分析与评价、交付用户并运行等阶段。

(1)需求分析

需求分析的目标是梳理产品的需求功能,确定系统设计的总体目标,并且用通俗易懂的文字描述出来。例如,在"智能家居"实例中,目标就是让智能家居系统具有环境监测、家电控制和智能安防三大功能。

(2)系统概要设计

依据系统需求和功能,将系统分解为逻辑上正确合理的组成模块,并据此确定人员分工,确定系统开发的进度计划和测试计划。例如,在"智能家居"实例中,将整个系统划分为环境监测、家电控制、智能安防三大子系统及其相应的模块,并可根据需要安排项目实施进度及人员分工。

(3)系统详细设计

根据系统需求分析和系统概要设计的结果,分别完成各个模块的详细设计方案,形成系统详细设计报

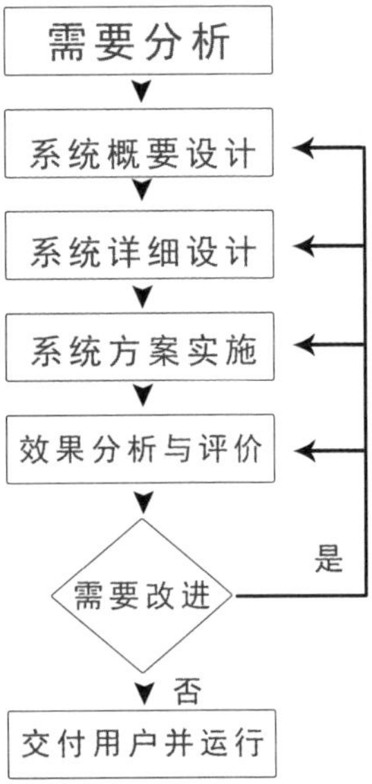

图8-5-2 系统工程设计流程

告。例如,在"智能家居"实例中,我们则须完成温湿度检测、光线监测、灯光控制、空调控制、智能音箱控制等模块的详细设计方案。

(4)系统方案实施

按照系统概要和详细设计方案,考虑各模块实施的各种因素,选择合理的资源,完成各模块的设计目标,并完成系统集成和测试。在这一阶段,需要对系统开发过程中出现的各种错误进行调试。必要时,需要重新回到系统方案设计阶段,重新设计并实施方案。例如,在"智能家居"实例中,依据设计方案,选择合适的电子元器件实现各个模块,对设计过程中出现的各种错误进行调试,并将各个

模块按照一定的原则组合成一个相互联系、协同工作的整体。

（5）效果分析与评价

运行系统，对系统的运行结果进行分析与评价。例如，在"智能家居"实例中，工程师对所完成的系统进行整体测试并完成效果分析与评价。

（6）交付用户并运行

将达到性能指标的系统交付给用户使用。

三、设计与开发人工智能产品案例

（一）识人机器人

如何才能让机器人只听你的话、只完成你的命令呢？首先得让它认识你、记住你。我们可以让它记住你的声音或脸，只要听到你的声音或者看到你的脸，它就会被唤醒，并完成你交给它的任务。请你根据学过的智能语音技术和计算机视觉技术，利用人工智能实验室的实验设备，完成一个具有语音唤醒、人脸识别、声纹识别和语音播报的识人机器人。

任务目标

设计一个识人机器人，能够识别实验者的人脸或声纹，并且利用语音播报识别结果（如当系统检测到实验者的人脸或者发出的语音信息时，语音播报"您是小飞"或"对不起，我以前没见过您哟！"）。

任务内容

1. 实现语音唤醒功能：当实验者靠近机器人，并准确说出唤醒词时，系统调用语音唤醒模块进入工作状态。

2. 实现人脸识别功能：利用图像采集模块录制人脸图像并进行训练，完成人脸识别模块的设计。

3. 实现语音合成功能：设计一个语音合成模块，对识别结果进行语音播报（如人脸图像对应的人名）。

4. 实现声纹识别功能：加入声纹识别功能，让机器人同时具有声纹识别和人脸识别的能力。

5. 系统实现：将设计的各个功能模块进行集成，完成系统功能。

实现要求

1. 需求分析

确定系统的总体设计目标，明确系统输入、输出及功能。

2. 概要设计

（1）根据任务的实现目标和内容，将任务分解成不同的模块，如语音唤醒、语音合成、人脸识别、声纹识别等模块，明确各个模块之间的相互关系，画出系统总体方案流程图。

（2）确定人员分工。要求小组内的每个成员完成1~2个模块的设计，最后一位同学负责将完成的各个模块组合成完整的系统。

（3）为了保证在规定的时间内顺利完成任务，需要合理安排各个模块以及整体系统的开发时间进度。

（4）制订各个模块和系统的测试方案。

3. 详细设计

小组成员分别完成各个模块的详细设计方案并画出流程图。

4. 方案实施

根据系统概要设计和详细设计的方案，挑选合理的功能模块，实现系统。

5. 方案评价

在小组内先进行评价方案并改进，形成最终设计方案。最终设计方案，应包括需求分析、概要设计、详细设计、实现结果、方案评价等内容。各小组在全班展示方案书，并相互进行评价，借鉴别人的优点，不断完善本组的方案。全班同学可按照表8-5-1给各个方案设计打分。

表8-5-1 系统方案评分表

功能\得分	优 （90分~ 100分）	良 （80分~ 89分）	中 （70分~ 79分）	及格 （60分~ 69分）	差 （0分~ 59分）
语音唤醒					
语音合成					
人脸识别					
声纹识别					

（二）智能垃圾桶

任务目标

采用人工智能实验室提供的各个功能子模块，将机器人改造成一个智能垃圾桶，体会人工智能技术给人们，尤其是行动不方便者的日常生活带来的便利。

任务内容

1. 实现语音唤醒功能：当实验者靠近智能垃圾桶，并说出"小飞小飞，我要扔垃圾"时，智能垃圾桶才正式进入工作状态。

2. 实现个性化提示功能：智能垃圾桶进入工作状态后，可以发出个性化的语音提示，如"请扔准哦""谢谢"等。

3. 实现语音控制垃圾桶移动的功能：当实验者发出"过来""回去""前进""后退""左转""右转"等命令时，智能垃圾桶可按照相应的语音命令执行动作。

4. 实现声纹识别功能：只有实验者才能通过语音命令控制智能垃圾桶的移

动。当识别结果不符合设定人时，智能垃圾桶会发出"您不是我主人"的语音提示。

5. 系统实现：将设计的各个功能模块进行集成，完成系统功能。

实现要求

1. 需求分析

确定系统的总体设计目标，进一步明确系统输入、输出及功能。

2. 概要设计

（1）根据任务的实现目标和内容，可将任务分解成不同的模块，如语音唤醒、语音合成、命令控制机器人移动、声纹识别，明确各个模块之间的相互关系，画出系统总体方案流程图。

（2）确定人员分工。要求小组内的每个成员完成1~2个模块的设计，最后一位同学负责将各个模块组合成完整的系统。

（3）为了保证在规定的时间内顺利完成任务，需要合理安排各个模块以及整体系统的开发时间进度。

（4）制订各个模块和系统的测试方案。

3. 详细设计

小组成员分别完成各个模块的详细设计方案并画出流程图。

4. 方案实施

根据系统概要设计和详细设计的方案，熟悉实验平台各个功能模块的使用及操作方法，挑选合理的功能模块，实现系统。

5. 方案评价

同学们在小组内先进行评价方案并改进，形成最终设计方案。最终设计方案，应包括需求分析、概要设计、详细设计、实现结果、方案评价等内容。各小组在全班展示方案书，并相互进行评价，借鉴别人的优点，不断完善本组的方案。全班同学可按照表8-5-2给各个方案设计打分。

表 8-5-2　系统方案评分表

功能＼得分	优（90分~100分）	良（80分~89分）	中（70分~79分）	及格（60分~69分）	差（0分~59分）
语音唤醒					
语音合成					
人脸识别					
声纹识别					

（三）聊天机器人

任务目标

采用人工智能实验室的实验设备，设计一个可与我们进行简单会话的聊天机器人。

任务内容

1. 实现语音唤醒功能：当实验者靠近机器人，并说出"小飞小飞"时，才可以和聊天机器人对话。

2. 实现角色语音合成功能：可根据需要设置对话的人物角色（如畅畅、言言），并能够合成这些角色的语音。

3. 实现对话功能：利用语音识别技术识别语音、用自然语言处理技术生成对话语句，并用语音合成技术合成对话语音。如：

问：你叫什么名字？
答：我叫小飞。
问：今天天气怎么样？
答：今天是晴天。

4. 系统实现：将设计的各个功能模块进行集成，完成系统功能。

实现要求

1. 需求分析

确定系统的总体设计目标，进一步明确系统输入、输出及功能。

2. 概要设计

（1）根据任务的实现目标和内容，将任务分解成不同的模块，如语音识别、语音合成、自然语言理解，明确各个模块之间的相互关系，画出总体方案流程图。

（2）确定人员分工。要求小组内的每个成员完成1～2个模块的设计，最后一位同学负责将各个模块组合成完整的系统。组内成员应既要有美术功底好的同学，也要有喜欢编程的同学，互为搭档，这样可以设计自己喜欢的聊天机器人形象。

（3）为了保证在规定的时间内顺利完成任务，需要合理安排各个模块以及整体系统的开发时间进度。

（4）制订各个模块和系统的测试方案。

3. 详细设计

小组成员分别完成各个模块的详细设计方案并画出流程图。

4. 方案实施

根据系统概要设计和详细设计的方案，挑选合理的功能模块，实现系统。

5. 方案评价

同学们在小组内先进行方案评价并改进，形成最终设计方案。最终设计方案应包括需求分析、概要设计、详细设计、实现结果、方案评价等内容。各小组在全班展示方案书，并相互进行评价，借鉴别人的优点，不断完善本组方案。

全班同学可按照表8-5-3给各个方案设计打分。

表8-5-3 系统方案评分表

功能＼得分	优（90分~100分）	良（80分~89分）	中（70分~79分）	及格（60分~69分）	差（0分~59分）
语音识别					
语音合成					
对话内容复杂度					
外观					

（四）情报传递机器人

任务目标

采用人工智能实验室的实验设备，利用智能机器人实现情报的传递。情报传递过程为：情报发送者将要传递的情报信息以文本或语音形式输入机器人，机器人可自由行走，当机器人接收到"接头暗号"（特定人的固定词汇）后，语音播报或通过屏幕显示情报信息。

任务内容

1. 实现"语音唤醒"功能：当实验者靠近机器人，并说出"小飞小飞"时，才能正式激活机器人。

2. 实现声纹识别功能：智能机器人能够利用声纹识别技术识别特定人的身份，身份识别成功才可通过语音播报或通过屏幕显示情报信息。

3. 实现人脸识别功能：当人脸识别成功之后，智能机器人通过语音播报或通过屏幕显示情报信息。

4. 系统实现：将设计的各个功能模块进行集成，完成系统功能。

实现要求

1. 需求分析

确定系统的总体设计目标，进一步明确系统输入、输出及功能。

2. 概要设计

（1）根据任务的实现目标和内容，将任务分解成不同的子模块，如语音识别、语音合成、声纹识别、人脸识别，明确各个模块之间的相互关系，画出系统总体方案流程图。

（2）确定人员分工。要求小组内的每个成员完成1~2个模块的设计，最后一位同学负责将完成的各个模块组合成完整的系统。

（3）为了保证在规定的时间内顺利完成任务，需要合理安排各个模块以及整体系统的开发时间进度。

（4）制订各个子模块和系统的测试方案。

3. 详细设计

小组成员分别完成各个模块的详细设计方案并画出流程图。

4. 方案实施

根据系统概要设计和详细设计的方案，挑选合理的功能模块，实现系统。

5. 方案评价

同学们在小组内先进行方案评价并改进，形成最终设计方案。最终设计方案应包括需求分析、概要设计、详细设计、实现结果、方案评价等内容。各小组在全班展示方案书，并相互进行评价，借鉴别人的优点，不断完善本组的方案。

全班同学可按照表8-5-4给各个设计方案打分。

表8-5-4 系统方案评分表

功能 \ 得分	优（90分～100分）	良（80分～89分）	中（70分～79分）	及格（60分～69分）	差（0分～59分）
语音唤醒					
语音合成					
人脸识别					
声纹识别					

（设计与开发人工智能产品案例详见人工智能教育系列教材）

附件：

2017年7月国务院《新一代人工智能发展规划》

2019年2月中小学人工智能教育装备配备方案

思考题

1. 什么是系统工程？举例说明。

2. 结合案例，说明系统工程设计方法。

3. 自主选择项目，设计并开发人工智能产品。

第六节 "5G +"与教育

5G作为一项重大革命性技术，其影响已经超越技术本身，5G将真正开启万物互联和智能化的新时代，全面助力智能经济形成，支撑智慧社会发展，并深刻改变我们的生产和生活方式，包括我们的教育方式和学习方法。为了推动5G与经济社会各领域充分融合，最大限度地释放5G对各领域的放大、叠加、倍增效能，中国移动将全面实施"5G+"计划，使5G成为社会信息流动的主动脉、产业转型升级的加速器、数字社会构建的新基石，助力综合国力提升、经济高质量发展和社会转型升级。当前，以数字化、网络化、智能化为主要特征的第四次工业革命正在孕育兴起，而"5G+"正是构筑第四次工业革命竞争新优势的关键所在，谁掌握了"5G+"的发展先机，谁就有可能赢得未来发展的主动权。

一、什么是"5G +"

5G不是简单的"4G + 1G"，而是开启泛在智能时代的重要标志。全球移动通信系统协会（GSMA）的数据显示，从1G到4G，移动通信实现了全球35亿用户的普遍互联，建立起了紧密相连、互通互融的信息网络，全方位渗透生活各领域，成为人民生活不可或缺的重要组成部分。每一代通信技术都在前一代的基础上不断演进，但5G并不是在4G基础上的简单改变，而是打破了信息传输的空间限制，让实现的应用场景不受想象力限制。

在1G到4G的基础上，5G拓展超大带宽、超广连接、超低时延置大新型特性，为人与人、人与物、物与物之间的永续互联打下基础。5G的强连接特性将促使数据信息在更大范围内充分流动，推动人工智能、物联网、云计算、大数据和边缘计算等新技术在经济、社会各领域全面落地。

5G网络能够承载VR、AR、4K/8K超高清视频等大流量移动宽带业务，更好地服务于基于海量机器类通信的大规模物联网，对智能制造、自动驾驶等一些需要低时延、高可靠性的业务也能够提供更好的支撑。基于5G网络，各行各业可以开展更多基于大数据、人工智能的技术创新、产品创新和商业模式创新，推动更多垂直领域的高质量发展。

作为全面构筑经济社会数字化转型的关键基础设施，5G将推动传统行业转型、数字经济创新，成为未来10年乃至更长时间内的发展新引擎，更好地支撑和服务数字中国建设，促进经济社会发展。

因此，5G发展也将是一项社会性、系统性工程。放眼未来，推动5G从多个维度与社会方方面面实现跨领域、全方位、多层次的深度融合，将充分释放赋能（"5G+"）效应，创造更大价值。

5G是一种通用目的的技术。通用目的技术具有多项特征，其中最显著的两大特征就是与其他技术之间的强烈互补性和应用领域的广泛性，因此5G既可以与其他前沿技术交叉融合创新，又可以应用到各行各业实现生态创新。

"+"的含义包含了连接、聚合与赋能。

"连接"意味着5G连接一切，即通过5G进一步突破连接时空的限制，实现万物更广泛的互联和永远在线；

"聚合"意味着5G聚合一切，即以5G为基础融会贯通其他信息技术，实现聚合创新，构建全新的信息基础设施；

"赋能"意味着5G赋能一切，即5G促进各类生活生产场景产生颠覆式变革，构建无线化的全新生活生产方式。

因此，"5G+"就是以5G为基础，通过连接万物、聚合平台、赋能产业，不断满足人民美好生活的信息消费需要，为经济发展打造新动能、拓展新边界，助力产业转型升级和经济高质量发展，是促进经济社会发展的质量变革、效率变革和动力变革的新范式。

"5G+"不是一个口号，而是一个真正的实施计划，根据当前产业的发展情况，它的构成主要包括"5G+4G""5G+AICDE""5G+Ecology""5G+X"。通过推进"5G+4G"协同发展、"5G+AICDE"融合创新、"5G+Ecology"生态共建，实现"5G+X"应用延展，使5G真正成为社会信息流动的主动脉、产业转型升级的加速器、数字社会建设的新基石。

"5G+X"的核心内涵是"应用是根本"。通过前面三个"5G+"来实现"5G+X"，加速推动5G在更广范围、更多领域的应用，实现更大的综合效益。通过聚焦与5G结合最紧密、示范效应及规模效应最强的重点场景，与各行业深入合作，发挥5G在关键领域关键环节的赋能效应，共创新业态、新模式，加速各行业数字化进程，助力各行各业质量、动力、效率变革，共创发展机遇，共促产业繁荣。

二、"5G+"与AI的关系

5G和AI是当前两个比较热门的领域，两者不期而至，彼此之间却存在一定的联系。概而言之，5G和AI相互融合，相互促进，共同带来社会经济和人民生活的巨大改变。

第八章 理念引领之二：人工智能教育理论

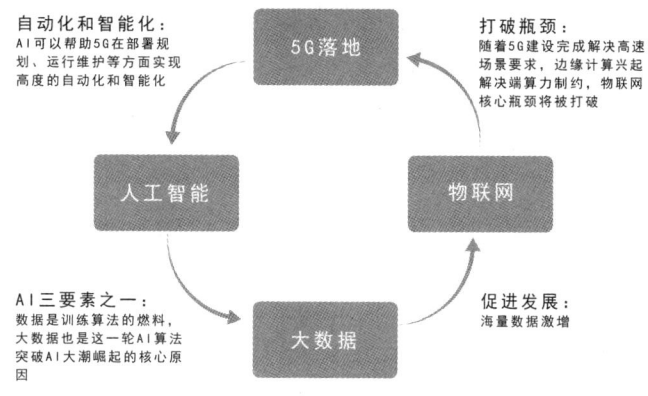

图 8-6-1 "5G +" 与 AI 的关系

AI 可以帮助 5G 在部署规划、运行维护等方面实现高度的自动化和智能化。随着 5G 建设完成解决高速场景要求，边缘计算兴起解决端算力制约，物联网核心瓶颈将被打破，5G 的落地会直接促进物联网的发展。

物联网的发展会进一步促进大数据行业的发展，因为物联网是大数据的主要数据来源，占到了大数据整体数据份额的 90% 以上，没有物联网就没有大数据。

而大数据又是 AI 发展的三要素之一，更多的数据会使 AI 更准确更智能。由此看来，5G 的落地对于 AI 的发展有积极的意义。

5G 和 AI 的发展有一个共同点，都对算力发展提出了更高的需求，因此以算力为生命线的智能芯片技术将迎来更广泛的市场机遇。智能芯片是推动 5G 和 AI 产业协同发展的破局关键，芯片必须提供更高标准的功能和性能。

5G+AI 不仅是两代新技术的结合，而是将传统产业数字化、云化、智能化的关键技术，是高质量可用的物联网、车联网、XR、智慧家庭、智慧城市的前提，其想象空间巨大。

三、"5G +" 与教育

首先，5G 结合 VR、AR、全息投影等技术的沉浸式教学让知识更易懂、学习更快乐。5G 能够有效解决教室光纤覆盖周期长、成本高、无法灵活开课等问题，同时弥补了基于 Wi-Fi 导致的远程区播卡顿、不稳定和虚拟教学的交互体验差等问题。5G 的大带宽、低时延以及边缘计算与网络切片可以让沉浸式教育走出科技馆，走向真实的课堂，走入普通的院校，从而服务广大师生。天文、地理、生物、化学等不易于用文字描述的知识将通过 VR、AR、全息等新型技术更生动地进行传播，学生将拥有看待世界的全新视角，将所学变为所感、所见，甚至所做，走向深度学习。

其次，5G 让教育摆脱了时间、空间的限制，让教育公平、终身学习成为现实，地区差异带来的资源配置差异是社会发展的必然结果，由此带来的教育公平是教育的头等难题。没设备、没教师、没资源都是追求教育公平路上的艰难石阶，破解这些难题将成为教育公平的前提基础。在5G时代，偏远山区的孩子可以通过远程接入学习重点学校的课程并与名师实时互动，将一块移动的"黑板"平面体验变成全景的移动"课堂"，实现最有效、最直接的精准扶贫，让贫困地区的孩子掌握知识、改变命运、造福社会。除了学生，上班族可以随时随地享受"网上课堂"的学习乐趣，老年人也可以足不出户地通过高速网络在家学习"老年大学"的课程。

下面我们将从终身学习、智慧教育两个教育分类来体验5G将给教育带来的改变。

（一）5G终身学习——随时随地享受高质量教育资源

终身学习是指社会每个成员为适应社会发展和实现个体发展的需要，终身持续地学习。在此过程中，由于学习者所在情境的多样，其学习需求多样，所以匹配其情境和个体特征并为其提供沉浸式的服务至关重要。5G环境下的万物互联可以为学习者提供精准的情境感知能力，基于感知的内容为其提供个性化的服务内容。本书中的终身学习主要涉及移动学习和慕课。

应用场景1：移动学习，让知识随处可在、随时可得

移动学习是实现终身学习的重要方面。参与终身学习的社会成员的背景和学习环境复杂多样，需要移动泛在的环境，随时随地接入学习资料，并与课堂互动，所以移动场景是终身学习的重要环节。

移动学习的典型场景包括VR科普馆。VR科普馆将科技馆、博物馆等馆内的展览展示、科普教学内容和一些科普教育知识，用4K/8K全景摄像机等设备采集转化为VR视频内容或通过数字化手段制作成VR应用内容，通过云平台进行内容的存储、管理和分发。展馆现场课堂中，学生将跟随展馆老师的讲解在必要处戴上VR头显沉浸式体验课程内容。在异地学校的学生将全程看到老师上课的实时场景画面，并跟随老师的指令，与展馆现场听众一样同时戴上VR头显体验。这一过程在5G的支持下，不论是老师授课的视频画面还是VR头显内体验的内容，都将完全与现场同步、零延时。在没有直播教学时，用户也可以通过终端访问云平台，观看学习VR科普馆上丰富的虚拟科普内容。

利用5G网络实现VR指标教学的解决方案如图8-6-2所示，摄像头采集现场画面并完成拼接，通过5G网络推流至云端服务器，服务器再通过5G网络将实时画面推送到头显端。老师可通过控制端（如平板电脑）对受控终端进行统一的控制，完成教学。

应用场景2：慕课教育，高端知识有效交互

中国教育资源的地区性不平等由来已久，在线教育直播产品主要是将更低价、

更高质的普惠教育资源提供给教育水平相对较低地区的群体，在传统在线教育基础上，5G 激发了慕课的快速发展，在普惠教育的基础上实现了高端知识的有效交换。

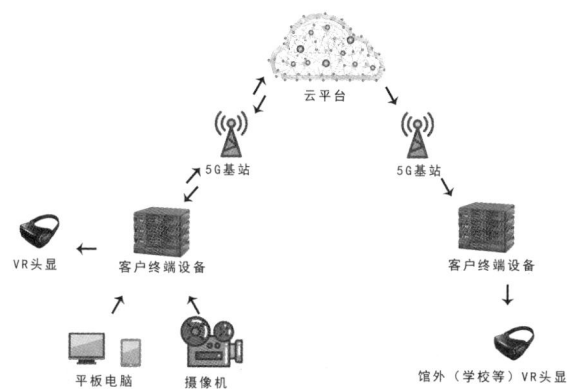

图 8-6-2　5G 博物馆 VR 直播教学解决方案

慕课是大规模开放的在线课程，有三大特点：一是大规模。与传统课程只有几十个或几百个学生不同，一门慕课课程在线受众学生动辄上万人，最多达 16 万人。二是开放。以兴趣为导向，凡是想学习的，都可以进来学，不分国籍，只需一个邮箱就可注册参与。三是在线。学习在网上完成，无须旅行，不受时空限制。慕课适用于专家培训、各学科间的交流学习以及特别教育的学习模式网络课堂，可以给你带来很多益处，让每个人都能免费获取来自名牌大学的资源，可以在任何地方用任何设备进行学习，这便是慕课的价值所在。

由于慕课教育服务往往不在固定区域或者教育基础设施完备的地点进行，基于的承载网络往往是 Wi-Fi 或热点等，无法保证通信质量。基于 5G 低时延、高带宽的网络基础，在线教育产品可以变得比以往任何时候都具备更强的互动性。地理距离将不再是制约教育传递的天堑，相距千里的老师与学生仿佛面对面一般，学生的每一个表情都逃不过老师的眼睛。学生学习数据实时上传，配合适当的模型，实时反馈学生学习状态，反向指导教师教学重点与速度也将成为可能。基于 5G 万物互联与低时延的特性，远程实操也将成为现实，传统职业教育可以打破地域限制，提高实训效率，降低实训成本。除此之外，也能够大大降低传统职业教育中实训教育的安全风险。5G 慕课教育的解决方案如图 8-6-3 所示。

（二）5G 智慧课堂——丰富教学内容，让被动学习变主动学习

传统智慧课堂的数据网络承载依赖校园网内的有线网络、Wi-Fi 覆盖，物联层面则通过蓝牙、ZigBee、窄带物联网等实现。这几种方式存在如下痛点：设备未实现无缝互联，不能智能化信息采集与控制，智慧化发展遇到障碍；网络终端无法有效管控；学习行为比较集中，网络并发访问高，需要网络访问质量控制服务与边缘服务缓冲服务。

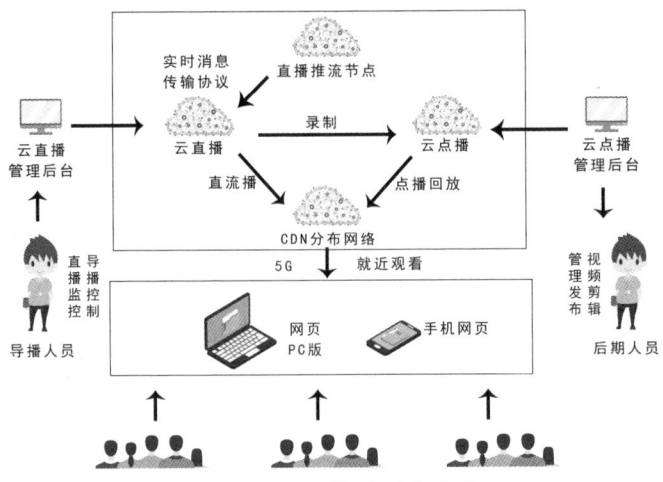

图 8-6-3　5G 慕课解决方案

相较于传统智慧课堂，5G 智慧课堂通过硬件终端的 5G 化，充分利用 5G 网络与生俱来的技术和业务优势，带给学校用户更快、更好、更流畅的体验。网络承载统一，学校不再需要部署多种网络；超高带宽，保证了智慧课堂中的交互显示终端设备、信号传输及处理终端设备，不仅能够完美再现 4K 级别的画面效果，而且能够承载即将到来的 8K 交互终端设备，支持大规模用户并发，相比传统 Wi-Fi 等方式具备更强的扩展性，适用于更广泛的教学场景，保证教学体验。保证了智慧课堂中常态化录播，在远程授课时，远端会场可以毫无延迟感知地体验到"名师优课"高达 4K 甚至更清晰的课堂画面；在教育教学上产生了新的应用场景，如游戏化课程、VR 实验环境、虚拟现实控制环境、高清立体显示、远程考试监测、学习行为追踪和挖掘、智能实验系统和智能教学系统等。

应用场景 1：5G 远程双师课堂，打破教育资源不均衡

双师课堂是远程教学的主要场景，主要解决乡村教学点缺师少教、课程开设不齐的难题，促进城乡教育均衡发展。

针对现有双师课堂采用有线网络承载业务存在的建设工期长、成本高、灵活性差等问题，以及采用 Wi-Fi 网络承载业务导致的音频延迟、卡顿等问题，5G 网络的高带宽、低时延等特性可以实现可移动性的灵活开课，随需随用。同时，可以支撑 4K 高清视频传输以及低时延互动的沉浸式双师课堂应用，有效解决传统双师的交互体验问题，为双师课堂的长远发展提供有力保障。

从能力的角度来说，5G 网络带宽、时延能满足低时延交互的需求，从部署的角度来说，双师课堂部署的终端设备只须嵌入 5G 通信模块，即可随时随地接入 5G 网络，相比传统的 Wi-Fi 方式，部署更加灵活、快速。双师课堂解决方案如图 8-6-4 所示。

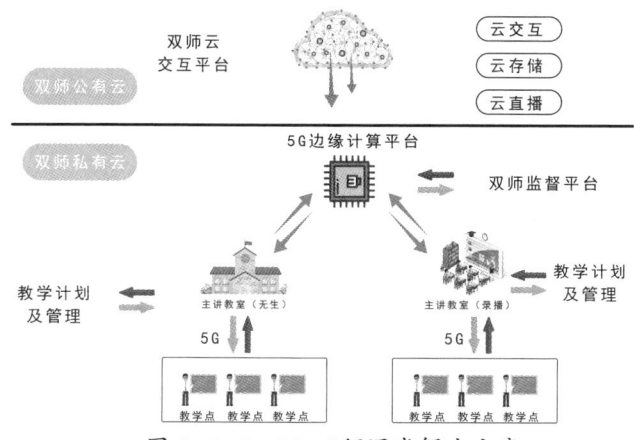

图 8-6-4 5G 双师课堂解决方案

应用场景 2：5G 全息教学，延展新颖教学内容

针对中国教育资源分配不均问题，通过 VR、AR 技术，以全息投影的方式，将名校名师的真人影像以及课件内容通过裸眼 3D 的效果呈现在远端听课学生面前，实现自然式交互远程教学。将"5G+ 全息投影"技术应用于教学：一是可以让书本上的知识活起来，可以充分调动学生的主观能动性。二是可以打破目前中心学校与教学点资源不均，校校连接难以全面打通的局面。以全息技术为基础的智慧教学场景，通过一对一远程教学，同时可以一对多、多对一及多对多直播互动的模式，实现多地共享优质资源。三是实现了不改变师生交互习惯的远程教学，教学适应性强。

从部署的角度来说，全息投影的终端设备只须嵌入 5G 通信模块即可随时随地接入 5G 网络，相比传统的 Wi-Fi 方式，部署更加灵活、快速。

应用场景 3：5G 多终端交互教学，教学个性化，师生互动信息化

5G 多终端交互教学是在传统各种类型、各种布局的智慧课堂中，将其必要组成软硬件模块进行 5G 化处理，从原来的有线网络、Wi-Fi、蓝牙、ZigBee、窄带物联网等网络承载，转变为高带宽、高速率、高安全、低延时，集网络数据传输与服务于一体的 5G 网络承载，在安全可靠、稳定持续、响应速度、免维护等层面带给学校师生全新的使用体验。

5G 多终端交互教学的核心是智慧课堂中各个必要的硬件模块像手机终端一样进行 5G 化匹配。

相较于传统智慧课堂，5G 多终端交互教学通过各组成硬件终端的 5G 化，充分利用 5G 网络与生俱来的技术和业务优势，带给学校用户更快、更好、更流畅的体验。5G 多终端交互教学对网络的具体需求见下表。

表 8-6-1　多终端交互教学对网络的需求

通信需求				
业务名称	上行速率	下行速率	通信时延	连接数
多终端交互教学	80Mbps	80Mbps	100 毫秒	每间教室 100 个学习终端 30 个并发

从能力的角度来说，5G 能力不仅满足多学生、多用户的并发，而且满足多设备的并发，低时延也满足了交互的需求。从部署的角度来说，多终端设备只须嵌入 5G 通信模块即可随时随地接入 5G 网络，相比传统的 Wi-Fi 方式，部署更加灵活、快速。

应用场景 4：5G XR（扩展现实）教学，强互动沉浸式教学体验

基于 5G 的大带宽、低时延等特性，将 VR/AR 教学内容上传云端，利用云端的计算能力实现 VR/AR 应用的运行、渲染、展现和控制，并将 VR/AR 画面和声音高效编码成音视频流，通过 5G 网络实时传输至终端。通过建设 VR/AR 云平台，开展 VR/AR 云化应用，包括虚拟实验课、虚拟科普课、虚拟创课等寓教于乐的教学体验，将知识转化为可以观察和交互的数字化虚拟事物，让学习者可以在现实空间深入了解所要学习的内容，并对数字化内容进行可操作化的系统学习。

相比 5G 智慧课堂等其他类型应用来说，5G VR/AR 教学对于内容集成和渲染有了更高的要求。在近端进行叠加处理，5G 提供的边缘计算能力是一个很好的解决手段，具体方案示意如图 8-6-5 所示。

从能力的角度来说，5G 能力不仅满足多学生、多用户的并发，超低时延也满足了 VR/AR 级的强交互需求。从部署的角度来说，终端设备只须嵌入 5G 通信模块即可随时随地接入 5G 网络，相比传统的 Wi-Fi 方式，部署更加灵活、快速。

2019 年 5 月，面对山区孩子求知的渴望和教育资源落后的矛盾，在天府七中校园内的墨池前和马鞍山上，中国移动用"5G+VR"技术为凉山州昭觉县万达爱心学校的学生送去了两堂情景交融的精彩课程，让孩子们第一次身临其境地接触到了优质的教育环境。

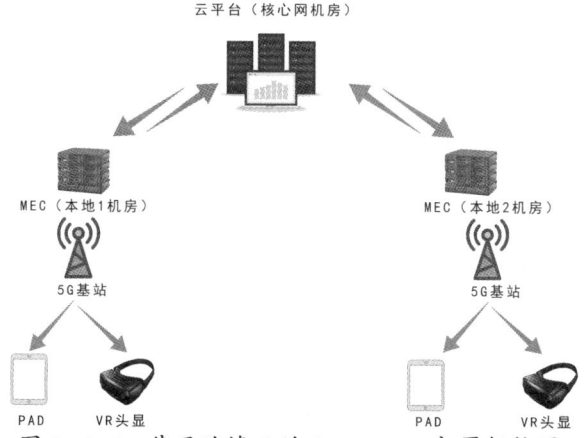

图 8-6-5　基于边缘云的云 VR/AR 部署架构图

本章参考文献

1. 蔡自兴、蒙祖强编著《人工智能基础》（第 2 版）高等教育出版社
2. 丁亮、姜春茂编著《人工智能基础教程》（青少年版）清华大学出版社
3. 王作冰著《人工智能时代的教育革命》北京联合出版公司
4. 朱永新、袁振国主编《人工智能与未来教育》山西教育出版社
5. 李连德著《一本书读懂人工智能》（图解版）人民邮电出版社
6. 汤晓鸥、陈玉琨主编《人工智能基础》（高中版）华东师范大学出版社
7. 蔡耘、郭绍青主编《人工智能》（初中版）北京师范大学出版社
8. 蔡自兴等著《人工智能及其应用》（第五版）清华大学出版社
9. 尼克著《人工智能简史》人民邮电出版社
10. 水木然著《工业 4.0 大革命》电子工业出版社
11. 蒋宗礼著《人工神经网络导论》高等教育出版社
12. 周志华著《机器学习》清华大学出版社
13. [日] 松山贵之编《一本书读懂人工智能》东方出版社
14. [日] 山下隆义著《图解深度学习》人民邮电出版社
15. 秦建军等主编《小学人工智能基础》（上下册）科学普及出版社
16. 项立刚著《5G 时代》中国人民大学出版社
17. 李正茂等著《5G + 5G 如何改变社会》中信出版集团
18. 中国知网，百度，有关高校学报、网站等下载资料

第九章　服务路径

研究成果要转化为应用项目才有使用价值,即将具有创新性的技术成果从科研单位转移到使用地,使当地劳动者的素质、技能或知识得到增加,劳动工具得到改善,劳动效率得到提高,经济得到发展。

而研究成果转化要借助服务平台才能向外辐射。这个服务平台就是基于生活服务行业并为之服务的一种比较完善的商务形式。它分为线下实体服务平台和线上虚拟服务平台两种类型。

本章基本概念要点:

● 信息化学习能力开发线下服务平台有随班就读资源教室、心理辅导室、学习能力训练馆等类型。

● 信息化学习能力开发线上云服务平台,包括互联网+母婴教育、互联网+幼儿教育、互联网+素质教育、互联网+职业技能教育、互联网+心理健康等。

本章内容网络结构图

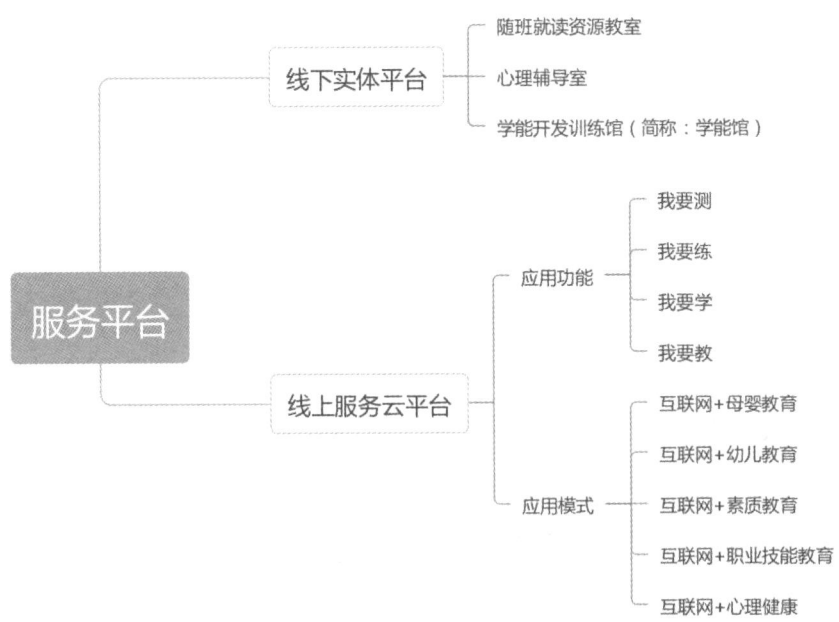

第一节 线下实体服务平台

根据不同的功能，信息化学习能力开发线下实体服务平台有以下几个类型。

一、资源教室

（一）资源教室的概念

1. 什么是资源教室

资源教室（resource room），或称资源方案（resource Program，省略 room），国外更有称之为 Pull-out Program 或 set aside 者。我国台湾地区设置此类特殊教育措施时，为符合教育行政的要求，一律称之为资源班。虽然名称不一，但其内涵却相同。

资源教室方案的理念萌芽于 1913 年。Irwin 将之用于协助视觉障碍学生，期望他们借此方案顺利在普通学校就学，其后类似的安排也用之于重听学生，但由于配合条件不够，成效不彰，没有继续被采用。20 世纪中期资源教室方案则被用于协助学习数学、阅读有困难者。1968 年 Dunn 发文探讨智能不足学生安置在自足式特殊班的缺失后，资源教室方案再度受到重视，成为安置特殊学生的主要措施之一。

资源教室（resource room）是在普通学校或特殊教育学校建立的集课程、教材、专业图书以及学具、教具、康复器材和辅助技术于一体的专用教室；它具有为特殊教育需求儿童提供咨询、个案管理、教育心理诊断、个别化教育计划、教学支持、学习辅导、补救教学、康复训练和教育效果评估等多种功能，其目的是满足具有显著个别差异儿童的特殊教育需求。

在一般情况下，"资源教室"和"资源中心"的概念常常会不加区别地使用。为了更加明确"资源教室"的内涵，在本书中对"资源教室"与"资源中心"做一定的区别。资源教室是指建立在一所学校内，主要为校内的学生提供特殊教育服务的特殊教育部门；资源中心主要是指建立在学校之上的学区（包含数所学校）、区级和市级，可以为多所学校提供专业服务的特殊教育单位（机构）。但两者并不存在十分严格的界限，如果一所学校的资源教室的专业能力强，功能全，不仅可以为本校学生服务，同时也可以为其他学校提供服务，这样的资源教室也被认为是资源中心。

2. 我国资源教室的发展历史

20世纪80年代末到90年代初，当特殊儿童随班就读在我国逐步兴起时，资源教室作为一种对随班就读的补充形式开始启动。资源教室在我国的发展可以大体分为三个阶段。

（1）初起阶段

从20世纪80年代末到90年代初，我国随班就读兴起。一些地区在尝试随班就读的同时，也在思考如何提高随班就读的教学质量，资源教室作为随班就读的补充形式在一些地区发展起来。例如1990年前后，山东省一些地方在开展随班就读的学校开始尝试建立资源教室。当时的资源教室比较简陋，也无专业人员。

（2）探索阶段

20世纪90年代中期到后期，资源教室在一些地区得到发展。例如北京和上海的一些开展随班就读的学校开始建立资源教室。这一阶段，资源教室有一些专用的特殊教育设施、设备，最常见的就是感觉统合器材和专用的玩教具，但是对资源教师和资源教室还缺乏系统规定。

（3）规范发展阶段

2000年以后，资源教室的设置开始逐步规范化，其标志是教育部和一些地方教育行政管理部门将资源教室的建设纳入特殊教育的规划。特别是教育部办公厅关于印发《普通学校特殊教育资源教室建设指南》的通知明确了目的：为更好地推进全纳教育，完善普通学校随班就读支持保障体系，提高残疾学生教育教学质量，并在总体要求、功能作用、基本布局、场地及环境、区域设置、配备目录、资源教师、管理规范方面有了明确要求。这一时期的资源教室建设进入正规化阶段。

3. 资源教室的类型

（1）部分时间资源教室

部分时间资源教室是初级形式的资源教室。这种资源教室类似一个设立在普通学校的特殊班，只是部分时间为有特殊需要的儿童开放（也可以称为"部分时间的特殊教育班级"）。儿童在这里得到个别补救教学、康复训练和心理咨询辅导。这种资源教室功能比较简单，易于经营和管理，但容易成为"收容所"，一些本应在正常教育环境中接受教育的有特殊教育需求的儿童被送到这里来，被常态学生的教育圈所排斥。

（2）专门类型资源教室

专门类型资源教室特指为某一类特殊儿童开设的资源教室。例如专门为视力障碍儿童开设的资源教室。这种资源教室具备与视力障碍有关的设施和资源，如点字图书、有声资料、辅助阅读器、盲文复印机、盲人专用电脑等供盲人或低视力学生使用的专门资源。也有为听觉障碍儿童设立的专门资源教室，它主要配备听力检测和语言训练方面的设施和资源。专门类型的资源教室主要建立在特殊教育学校，如盲人学校、聋人学校或培智学校等，而不适宜在普通学校建立。

（3）支持性资源教室

支持性资源教室是建立在为普通学校中的特殊儿童提供支持的理念上的。它的服务对象不限于某类特殊儿童，而是面向所有具有特殊教育需求的儿童；它的服务范围不局限于学生，也为所有的教师提供特殊教育的专业支持和资源，同时还为家庭和社区服务；它不仅包括特殊教育，也包括康复训练和支持服务等。

在我国现有条件下，资源教室正在成为随班就读支持保障系统中重要的专业环节。根据随班就读发展的需要，我们在普通学校建立的资源教室不宜简单地称为"部分时间的特殊班级"，也不适宜建成某类儿童专用的资源教室。我们需要的资源教室，在服务对象上更具有广泛性，在运行的机制上不是对少数学生的"收容"，也不是对随班就读的简单补充，而是对整个学校中有特殊教育需求学生、班级和教师提供相应的专业性支持和资源。

本书中所要讨论的资源教室就是这种"支持性资源教室"。

（二）资源教师

从前面的介绍可以看出，资源教室不仅要成为一个集中各种特殊教育资源的物理空间，更重要的是要有效地利用这些丰富的特殊教育资源，建立一定的机制，发挥出这些资源的相应功能。而建立这种机制，实现这些功能，关键要素就是资源教师。

1. 资源教师的概念

资源教师是指规划、建设、运用和管理资源教室的特殊教育以及相关专业的人员。资源教师是资源教室的核心和灵魂。资源教师的基本素养和专业能力决定资源教室的功能和质量。

2. 资源教师的素养

合格的资源教师必须具备以下方面的教育素养、专业能力和教育经验。

资源教师应该具备先进的教育理念、良好的教学素养，善于哲学思考，富有教育之爱。对所有的学生给予人性化的关怀，能够接纳具有各种个性特征的儿童；具有敏锐的教育洞察力、灵活的教育机智，善于应对和处理各种教育情景，驾驭复杂局面，有因材施教的能力。

资源教师还应该有扎实的学科教学的基础知识和技能，还应该具备发展心理学、教育心理学、心理辅导咨询方面的扎实基础，教育学、课程和教学论的理论修养，课程评价、选择和发展的能力，具有根据课程、学生和环境确定最佳教学模式的能力，具有利用现代教学理念、高科技教学资源、依据学生能力特点来设计教学活动的能力。

资源教师应该具备丰富的教育教学经验，善于处理各种教育现状的挑战，与学生进行有效沟通，善于从复杂教育情景中把握学生心理需求，处理心理情绪问题、处置危机状态等。

3. 资源教师的要求

资源教师要求具备以下基本的专业能力和技能：

规划、设计、建设资源教室；建立资源教室的运作机制；使用标准和非标准教育心理测评工具，进行教育诊断；进行个案综合分析，拟订和编制个别化教育计划和个别转衔计划；设计教学活动，实施教学和辅导；行为管理和行为支持；协调和整合特殊教育与相关专业的能力；善于与家庭和社区沟通，寻求自然支持的能力；善于利用政策法规，为学生及其家庭争取社会资源，开拓机会的能力。

4. 资源教师团队

一个资源教室不仅需要各级各类的专业人才，更需要实现这些专业人员之间的合作和协同，形成一个具有整合观念和协作机制的专业团队。这个团队应该具有以下方面的组织形态：

（1）资源教室主持人

资源教室主持人是统领资源教室工作的专家，是资源教师团队的核心。他是一位"教练型"的资源教师。所谓"教练型"资源教师，不仅自己能做得好，还有责任和义务去辅导资源教室其他团队成员。因此，要求"教练型"资源教师不仅自身具有很强的专业能力和十分丰富的实践经验，还要具备优秀的组织协调能力，带领资源教室所有人员形成团队，将各种相关专业整合在一起。

（2）各类专业型资源教师

专业型资源教师是指具备特殊教育或某一相关专业能力和经验的专业人才。专业型资源教师包括以下类型：

特殊教育专业的资源教师：受过系统的特殊教育专业训练，具有丰富的处理特殊需要儿童的实际教育经验，在各类课程（学科课程和个别化课程）和个别化教育方面具有专业优势。

相关专业的资源教师：包括经过系统训练的物理治疗专业、作业治疗专业、语言治疗专业、心理辅导咨询专业和社会工作专业训练的人员等。

辅助技术专业的资源教师：包括受过系统训练的电化教育技术和科技辅助技术方面的专业人才。

鉴于目前我国相关专业人才十分缺乏，依据国内现有专业人才培养的专业资源，一个资源教室应该首先配备特殊教育和心理辅导方面的专业人才，他们最好具备普通教育、特殊教育或心理辅导咨询的一线经验。在我国资源教室初创期间，我们一方面需要从有实践经验的专业人才中寻求和培养具有"教练"能力的种子专家，同时也在现有特殊教育专业的基础上，结合资源教室的探索与实践，建立资源教师的专业方向，逐步完善资源教师的培养方案。

（三）服务对象

我国资源教室的服务对象经过以下三个阶段的发展，逐步从为特定的特殊儿童提供服务发展到为发展性障碍儿童提供服务，直到为有特殊教育需求儿童提供综合服务。

1. 以三类残疾儿童为服务对象

我国最初建立的资源教室主要是满足视觉障碍儿童、听觉障碍儿童和智力障碍儿童特殊教育和随班就读的需要。刚开始的时候，资源教室服务对象比较单一，主要是视觉障碍儿童或听觉障碍儿童，如特殊学校最初建设的资源教室，聋校的为听觉障碍儿童服务，盲校的为视觉障碍儿童服务，所以具备的功能主要是为这两类儿童提供辅导和服务。

随着弱智教育的开展，一些普通小学建立了主要为随班就读的弱智学生服务的资源教室。初建的资源教室主要将自己的服务对象局限在少数的几类特殊需要儿童。这是资源教室的初级形态。当资源教室仅为少数特定的残疾儿童提供服务时，资源教室的功能十分有限，投入的资源与产生的效益不成比例，其建立和产生的效益也会因此受到质疑。

2. 以发展性障碍儿童为服务对象

随着特殊教育将发展性障碍儿童作为特殊教育的主要对象，资源教室的服务对象也相应地调整，逐步将发展性障碍儿童列为自己的服务对象。发展性障碍儿童主要包括智力障碍、自闭症、学习障碍和多动症的儿童。这些儿童的主要特点是心智障碍发生在发育阶段。随着义务教育法的实施，所有的适龄儿童都必须进入小学学习，普通学校应该接收当地社区的所有儿童进入学校，一些具有发展性障碍的儿童成为普通中小学校的学生，于是普通学校的资源教室将不仅要为三类残疾儿童随班就读提供辅导帮助，还必须将原来视为差生的学生（其实很多就是发展性障碍儿童）也纳入自己的辅导范围。因此，资源教室的形态和功能均变得日益复杂，逐步形成一些新模式。这一阶段的资源教室的投入产出比明显提高，资源教室的功能日益显著，资源教室的做法逐步为大家认同。

3. 以有特殊教育需求儿童为服务对象

随着社会进步，现代特殊教育的服务对象有了新的扩展，除了上面所涉及的残疾儿童以外，还要为肢体残疾（如脑瘫）、具有多元文化背景和智力超常的儿童服务。过去认为不能上学的各类儿童今天成了受教育者。例如一些留学生的孩子出生在国外，中文的语言和交流有比较严重的阻碍，还有文化背景方面的差异，在北京、上海等大城市或中心城市里，这类儿童逐步成为资源教室的服务对象。具有优异才能或特殊才能的学生也成为资源教室的重要服务对象。服务对象的多样化对资源教室也提出了新要求，于是"支持性资源教室"开始出现，并逐步成为基础教育和特殊教育融合的一种渠道，逐渐成为各级学校教育教学的新机制。我国资源教室建设和资源教师培养开始进入制度化的阶段。

通过对资源教室服务对象的分析，我们可以十分清楚地看到，资源教室的生命力根本在于服务对象的多寡以及为这些儿童服务质量的高低。这不仅预示着支持性资源教室在我国具有强大的生命力，同时也面临着挑战。

（四）资源教室的设备

结合实际设置，资源教室的设备主要包括以下几类：

1. 常规设备：属于资源教室的常规设备。
2. 办公设备：资源教师日常办公使用。
3. 视听设备：用于资源教师自我学习提高和日常补救性教学。
4. 康复训练设备：针对各类具有康复需要的学生进行配置。

（五）资源教室的各类资源

1. 测查评估专业资源，包括各类水平、症状、障碍测评，如心理测评、学习障碍测评等。

2. 图书音像资源：
（1）特殊教育专业图书和期刊。
（2）一般教育专业图书。
（3）教师专业用书。
（4）音像资源：教育类，康复类，特殊教育培训类，特殊教育、教学经验类，音乐、艺术治疗类，欣赏类。

3. 学具、教具、玩具资源：
（1）学具类：用于开展学习能力的训练。
（2）教具类：配置诸如蒙氏教具、福氏教具等。
（3）玩具类：可以包括各类益智类玩具。

（六）资源教室的管理

资源教室的管理工作包括资源教室的设备管理、资源管理、档案管理、学生管理、业务工作管理等。做好管理工作是保障资源教室按照规程正常运作的关键，是一项重要的工作。要做好管理工作，应明确学校领导班子中的责任人，规定其主要责任；制定详细、责任分明、严格的管理制度；选择责任心强、有工作能力、身体健康的管理人员；经常检查管理工作的情况，查漏补缺，完善管理工作。

一般学校的管理工作应该包括以下内容：

1. 建立资源教室的管理系统

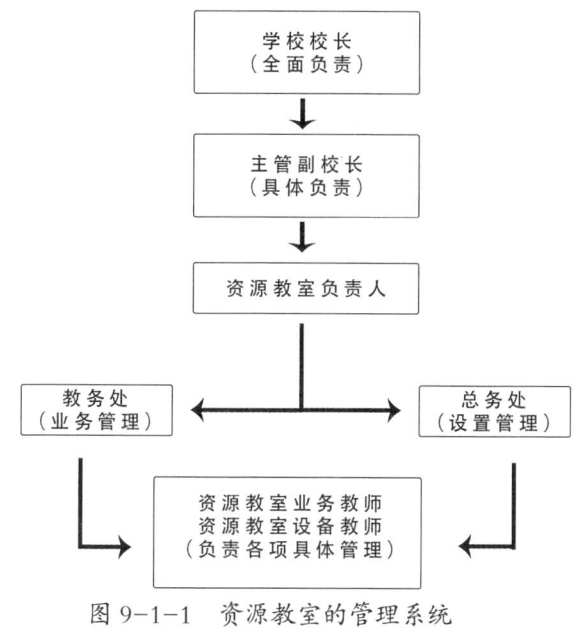

图 9-1-1　资源教室的管理系统

2. 制定资源教室的各项规章制度

包括：资源教室的工作流程，资源教室的使用，资源教室的资源管理，资源教室的图书、器材、软件的借阅、借用，资源教室的设备保管、维修、报废、添置，资源教师的服务，其他。

3. 建立资源教室的活动日志

包括教师工作日志，教学训练日志，康复训练日志，其他活动日志。

4. 确保资源教室的安全

严格管理，杜绝外人进入资源教室；教学训练与康复训练要有一位资源教师参加辅导或陪伴，杜绝一切事故；学生在资源教室活动、训练期间，不得随意外出；每次参加活动、训练人数不要太多，加强监控；随时检查训练器材、学具、玩具的安全性，定期维修、更换，保持完好；领导每周都要认真检查、巡视，发现并解决问题。

5. 资源教室的对外服务

包括对学生家长的服务，对学校一般教师的服务，对社区残疾儿童、少年、成人的服务，对服务区域内有特殊教育需求人士的服务。

（七）资源教室方案的实施

1. 什么是资源教室方案

资源教室的服务要落实到每一个儿童，要为每一个儿童制订一个以个别化教育计划为核心的教育支持方案，并依据这一方案实施资源教室服务。我们把为以儿童个案为线索的资源教室服务的具体措施称为"资源教室方案"。

2. 资源教室方案流程

资源教室方案经过图 9-1-2 的流程进行，其中的关键环节包括：咨询接案（将做出实施特殊教育或普通教育的重要决策）、个案建立、拟定 IEP、实施 IEP 和评估—转介服务等。

3. 资源教室方案实施

（1）咨询与接案

一个儿童是否需要进入资源教室方案，首先需要经过咨询。教师和家长需要就儿童的有关问题与资源教师进行询问和讨论，资源教师也需要对儿童进行直接观察，并与儿童有所交流和互动。经过上述过程，资源教师对儿童的情况会有比较清楚的了解，根据儿童的表现和教师、家长提供的基本资料确定该儿童是否需要提供资

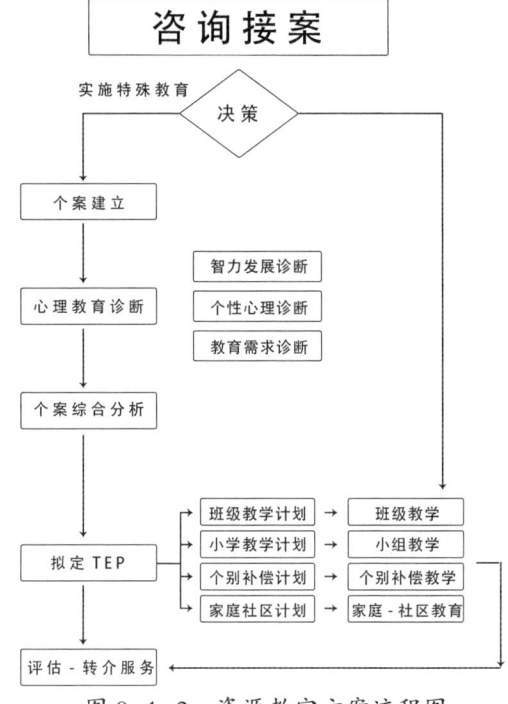

图 9-1-2　资源教室方案流程图

源教室的服务方案。这就是图中的决策过程。有的儿童经过咨询，问题已经得到解决，可以在普通教育中继续接受教育；有的儿童则需要提供特殊教育服务，于是进入接案、建立资源教室服务方案的过程。

（2）个案分析

接案以后，需要对儿童进行个案分析。包括以下过程。

①个案资料的建立：一般来讲，个案应包括以下内容：

学生基本情况；有关残疾类别、残疾程度的检测、评估资料；学前及家庭教养情况；学生重要的考试、测验试卷及作业样品；学生受到的各种奖励或曾出现过某些严重问题的记录；转介资料。

②心理教育诊断：资源教室对需要服务的儿童进行的心理教育诊断，包括能

力发展、个性心理特征和教育需求测评。

③个案综合分析：根据已有的资源与诊断评估的结果对学生进行综合分析，为制定 IEP 做好前期准备工作。

（3）制订个别化教育计划

个别化教育计划的核心是确定出适合儿童当前教育需要的长期目标和短期目标。

（4）个别化教育计划的实施

个别化教育计划可以在班级教学、小组教学和个别补救教学中实施。

（5）评估教育效果

①活动评估：活动评估是指每次教学或训练活动结束后进行的评估，它的评估目标是短期目标。

②阶段评估：阶段评估是一个学期进行的对个别化教育计划完成效果的评价。它的评估目标是个别化教育计划中的长期目标。

③总结评估：总结评估是指一个儿童结束现有资源教室服务方案时进行的评估。它的评估对象是对儿童进入资源教室服务方案后的总体评价。总结评估可以建立在若干次阶段评估的基础上，对儿童开始"进行转介服务"。

（6）转介服务

转介是指根据随班就读学生成长发展需要转入或转出资源教室，包括校内转介和校外转介。

转入资源教室。一般应履行三个步骤：由新转入的随班就读学生家长向学校提出书面申请；学校主管领导将申请通知资源教师，责成资源教师审阅该随班就读学生原校（或家长）提供的背景资料并对其进行简易测评，在此基础上由资源教师提出是否应转入资源教室的建议；学校对申请批复，如同意转入应通知资源教师着手办理转入手续，否则应通知该生班主任向申请人转达学校意见并做说明。

转出资源教室。一般应履行三个步骤：由学校通知资源教师随班就读学生应转出资源教室学习的意见并做情况说明；由资源教师复制该生需要保存的资料（存档），然后整理好该生的全部个案呈交学校主管领导核准；由学校责成教务处将此个案资料随同该生的毕业或转学资料一并转入该生将去的机构。

二、心理辅导室

（一）心理健康概述

所谓心理健康，就是一种良好的、持续的心理状态与过程，表现为个人具有生命的活力，积极的内心体验，良好的社会适应，能够有效地发挥个人的身心潜力以及作为社会一员的积极的社会功能。

世界卫生组织提出的心理健康标准为：

1. 具有健康心理，人格完整；自我感觉良好；情绪稳定，积极情绪多于消极情绪；有较好的自控力，能保持心理平衡；自尊、自爱、自信且有自知之明。

2. 在自己所处的环境中，有充分的安全感，并能维持正常的人际关系，受别人的欢迎和信任。

3. 对未来有明确的生活目标。脚踏实地，不断进取，有理想和事业上的追求。

心理健康至少应包括两层含义：其一是无心理疾病；其二是具有一种积极发展的心理状态。"无心理疾病"是心理健康的最基本条件，心理疾病包括所有各种心理及行为异常。具有"积极发展的心理状态"则是从积极的、预防的角度对人们提出要求，目的是要保持和促进心理健康，消除一切不健康的心理倾向，使心理处于最佳的发展状态。也就是说，应将心理健康看作是一种心理上的正常状态，处于这种正常状态，能使个体实现内外平衡，从而更好地调控心理以维持内外的协调，合乎常规地应付环境与交往。

在我国，许多研究者对小学生的心理健康状况进行了考察，结果虽然表明多数学生的心理发展是健康的，但问题也是存在的。小学生的各种心理健康问题的检出率在10%～15%，主要表现在以下几个方面：一是学习方面的问题，10%～15%的学龄儿童有程度不等的学习功能障碍。二是情绪方面的问题，比较明显的情绪失调儿童占学生总数的10%～15%。三是社会适应的问题，具有较明显的社会适应不良的儿童在10%左右。四是行为问题，各种行为问题的检出率在10%～20%，其中城市高于农村，男生多于女生，小学三年级时行为问题表现得最突出。研究者对中学生心理健康状况的调查也表明，大约10%的中学生存在各种明显的心理健康问题。

综合上述研究可以看出，学生的心理健康问题有些是小学生特有的，有些是中学生特有的，有些则是中小学生共有的。了解这些问题，预防矫治这些问题，将有助于学生的全面发展和健康成长。

（二）心理辅导概述

心理健康辅导是辅导老师与来访者之间建立一种具有咨询功能的融洽关系，以帮助来访者正确认识自己，接纳自己，进而欣赏自己，并克服成长中的障碍，改变自己的不良意识和倾向，充分发挥个人潜能，迈向自我现实的过程。

1. 心理辅导的目的

（1）给予被辅导者情感支持。

（2）激励被辅导者摆脱生活困境的信心和勇气。

（3）让被辅导者更全面准确地了解自己。

（4）让被辅导者学会管理自己，建立良好的生活习惯。

（5）纠正被辅导者的错误观念，提高其对现实问题的分析水平。

（6）获得积极情感的体验。

2. 心理辅导的内容
（1）耐心倾听被辅导者的倾诉，给予相应的安慰和鼓励。
（2）进行必要的心理测查。
（3）对被辅导者的理论学习进行辅导。
（4）对被辅导者的日常生活进行督促。
（5）进行现场演练以提高被辅导者的生活技能和情感体验水平。
（6）帮助被辅导者及时化解生活中遇到的困惑。

3. 心理辅导的分类
心理辅导模式是体现某种心理辅导思想、目标定向，促进其心理辅导功能发挥的操作思路。心理辅导基本模式的确立是我国心理辅导发展过程中的一个重要理论问题。心理辅导模式的分类会因为不同学派的理论、不同技术、不同的服务对象而有所不同。根据在心理辅导中采取的技术和理论可以划分为：个人中心辅导模式、心理分析治疗模式、认知行为治疗模式、交互分析治疗模式等。

（1）按学科划分有：医学（生理）模式、教育学模式、心理学模式；
（2）按服务的对象和目标不同，还可以分为：障碍性心理辅导模式、适应性心理辅导模式、发展性心理辅导模式。

4. 学校心理辅导
学校心理辅导，是指教育者运用心理学、教育学、社会学、行为科学乃至精神医学等多种学科的理论与技术，通过集体辅导、个别辅导、教育教学中的心理辅导以及家庭心理辅导等多种形式，帮助学生自我认识，自我接纳，自我调节，从而充分开发自身潜能，促进其心理健康与人格和谐发展的一种教育活动。学校心理辅导应有以下几方面的内容：

（1）学习辅导
学习辅导有广义与狭义之分。广义的学习辅导是对学习者学习过程中发生的各种问题（如认知技能、知识障碍、动机，情绪等）进行辅导；狭义的学习辅导是对学生经历了学习挫折和困难时产生的心理困扰和行为障碍进行辅导。从培养学生良好的心理素质意义上讲，广义学习辅导更具有积极意义，它符合学校心理辅导以发展性目标为主的精神。值得注意的是，这里的学习辅导与现时家长请"家教"帮助孩子"补缺"或"加压"是完全不同的两个概念。也和教师课后对学生进行辅导有区别，但后者是学习辅导的一小部分。学习辅导主要是对学生的学习技能、学习动机、学习情绪与学习习惯进行训练与辅导。

（2）人格辅导

这里的人格是指个人对己、对人、对事方面的个性心理品质。它着重对学生的自我意识、情绪的自我调适、意志品质、人际交往与沟通，以及群体协作技能进行辅导，以培养学生良好的个性心理与社会适应能力。

（3）生活辅导

它主要是通过休闲辅导、消费辅导和日常生活技能辅导等，培养学生健康的生活情趣、乐观的生活态度和良好的生活技能。这对于学生将来获得幸福而充实的生活具有潜在的影响，同时对他们发展个性、增长才干、提高学习效率也具有有力的迁移作用。

（4）职业辅导

升学与择业是人生发展的必然过程，是事关个人前途的重要事件。职业辅导是为学生未来的生活做准备的教育活动，旨在帮助学生在了解自己的能力、特长、兴趣和社会就职条件的基础上，确立自己的职业志向，进行职业的选择和准备，为今后顺利地踏上社会打下良好的基础。

学习心理辅导是学校心理辅导的一个重要课题，其主要对象是因心理问题而引起的学业不良的学生。研究与事实表明，中小学生大量的心理问题，都与其学习心理有关。

学业不良学生学习动机的培养。动机是指引起个体活动，维持已引起的活动，并引导使该种活动朝向某一目标进行的一种内在的历程。严格地说，动机不能像兴趣、情感、意志、性格那样去培养。通常所说的培养动机，并不是指对动机本身的培养，而是指通过一定的途径或措施，去激发、转化和强化动机。

学习动机水平低是学业不良学生普遍存在的问题。他们在学习态度、动机、意志以及自我意识方面存在较多的障碍，他们的能力更多为学习动机的不足所抑制。如何调动这类学生的学习积极性，帮助他们树立积极的自我概念，激发学习动机是一个关键。

（三）心理辅导室

心理辅导室是开展心理辅导工作的场所。近年来，国家教育部十分重视心理辅导室的建设，先后下发文件，如2012年，教育部关于印发《中小学心理健康教育指导纲要（2012年修订）》（教基一〔2012〕15号）指出，心理辅导室是心理健康教育教师开展个别辅导和团体辅导，指导帮助学生解决在学习、生活和成长中出现的问题，排解心理困扰的专门场所，是学校开展心理健康教育的重要阵地。在心理辅导过程中，教师要树立危机干预意识，对个别有严重心理疾病的学生，能够及时识别并转介到相关心理诊治部门。教育部将对心理辅导室建设的基本标准和规范做出统一规定。

2014年，教育部办公厅下发《关于实施中小学心理健康教育特色学校争创计划的通知》，颁布《中小学心理健康教育特色学校标准（试行）》，要求学校要有完备的心理辅导场所、设施，专人负责，运作正常。心理辅导室要有个别辅导室、团体辅导室、心理拓展训练等功能空间及相应的设备设施，能满足学生心理辅导的需要。心理辅导室或学校图书馆要配备心理健康教育类的报刊、图书。

2015年7月29日，教育部办公厅关于印发《中小学心理辅导室建设指南》的通知，对心理辅导室又做出了具体要求，例如对心理辅导中心功能区要根据学校实际情况做出具体规划。

1. 走廊展示区

走廊的设计需要体现心理辅导中心的鲜明特色，体现心理辅导中心的整体风格，让学生了解中心的情况。可以设计具有鲜明特点的形象墙；悬挂各类宣传展板，展示中心介绍等；配置心理信箱，供学生投递信件；悬挂提示牌于门前，提示来访者是否在辅导中。

2. 接待办公区

承担日常接待学生的来访预约和等待辅导，并达到心理知识宣传教育的功能。需要配置电话总机、传真、电脑、办公桌椅等办公设备；摆放沙发及靠垫、茶几、插花及花瓶、饮水机、心理挂画、挂饰、绿植、台历；悬挂挂表；放置书架，配置心理健康专业书籍、报纸和杂志；放置移动资料架，提供心理知识宣传折页、心理刊物、心理活动宣传等材料免费发放；墙壁悬挂咨询中心人员介绍、服务介绍、预约流程、心理援助服务单位介绍等展板为来访者介绍中心人员、服务情况；提供心理辅导老师访谈时间列表，方便来访者选择辅导老师和访谈时间；开辟学生作品展示区，展示学生短文、漫画、手工作品、涂鸦作品，让学生分享同伴的成果和感受。

图 9-1-3　心理测评室

3. 心理测评区

对学生进行心理素质测评，建立心理档案、开展心理探究和心理潜能开发的主要场所。可以配置干净防尘的仪器柜展示和存放心理仪器；配置各类心理测评仪器，如心理云平台、心理测评系统、心理自助测评仪器、心理专项测评仪器等。

图 9-1-4　沙盘游戏室

4. 个案辅导区

为学生提供个体心理面谈辅导服务的主要场所。可以配置柔软、舒适的座椅，使来访学生容易放松。沙发前面摆放茶几，准备必要的纸巾、开水，以备来访学生使用。挂表放在来访学生的背后，老师容易看见的地方。室内摆放一些盆栽，美丽的盆景具有高雅、亲切、宜人的视觉效果，可以改善环境气氛，增加美的因素，对人的神经产生一种良性刺激，使人皮肤降温、呼吸均匀、精神放松。

5. 沙盘辅导区

学生提供心理沙盘游戏辅导的主要场所。常规配置沙箱、玩具、玩具架、桌椅、沙发、墙壁挂饰、摄像机、挂表、室外悬挂免干扰牌、盆栽植物等。玩具架、沙箱的摆放位置，桌椅的放置、墙壁的挂饰符合心理咨询辅导的专业要求，让咨询双方感到轻松舒适。

图 9-1-5　情绪宣泄室

6. 情绪宣泄区

学生面临着来自学业、同学相处等方方面面的压力，尤其需要学校给予疏导和帮助。

学校设立心理情绪宣泄室，让学生在安全、受保护的空间中尽情释放心中的不良情绪，达到身心放松的目的，促进心理健康水平的提高。常规配置各类宣泄器具，同时，为确保学生宣泄过程的安全，室内需要将墙壁进行软包化处理，地面做防滑处理。建议房间设置在一楼，如须在高层，建议加装防护窗。

7. 减压放松区

结合心理音乐艺术辅导理论、心理催眠辅导理论和生物反馈训练理论，利用音乐对情绪和心理的影响，设计适应听者不同的音乐欣赏习惯和放松场景，利用语言和特定的音乐背景引导听者产生一个放松平静的情境想象，达到初步放松；轻松美妙的音乐使人的左脑得到休息，右脑得到良性刺激，并引导出重要的 α 脑波。人在音乐的旋律和节奏中可以化解焦虑、抑郁等不良情绪，消除和缓解紧张，促进身心的放松。

图 9-1-6　减压放松室

借助催眠器具，促进学生深度彻底的精神放松，消除学生的悲观、压抑、紧张等不良情绪。

利用高科技生物反馈技术，引导学生积极主动地开展心理训练，学会自主有效的自助式放松。

8. 团体心理辅导区

团体心理辅导是以团体为对象，运用适当的辅导策略或方法，通过团体成员的互动，促使个体在人际交往中认识自我、探索自我、接纳自我，调整改善和他人的关系，学习新的态度与行为方式，增进适应能力，以预防或解决问题并激发个体潜能的助人过程。

心理辅导老师组织团体成员通过参与游戏活动、拓展训练、专题培训、小型讲座、讨论吧、放松训练等各种形式的辅导活动，在成长训练的过程中进行自我探索，提升环境适应、人际沟通、意志责任方面的认识和能力，培养创新能力，合作意识，促进其人格的健康发展。

9. 学能开发训练区

用于对学生进行学习能力评估与训练。主要借助于量表评估方式、生物反馈技术、脑电采集技术、体感互动技术等多种前沿技术，对于儿童青少年学习能力进行个性化评估，给出科学训练方案，进行针对性训练，有效辅助老师日常学科能力的培养和训练。

（四）心理咨询师

心理咨询师，是运用心理学以及相关知识，遵循心理学原则，通过心理咨询的技术与方法，帮助求助者解除心理问题的专业人员。

心理咨询师是开展好心理辅导工作的关键。2012年，教育部关于印发《中小学心理健康教育指导纲要》（2012年修订）（教基一〔2012〕15号）中指出：要重视教师的心理健康教育工作。各级教育行政部门和学校要关心教师的工作、学习和生活，从实际出发，采取切实可行的措施，减轻教师的精神紧张和心理压力。要把教师心理健康教育作为教师教育和教师专业发展的重要方面，为教师学习心理健康教育知识提供必要的条件，使他们学会心理调适，增强应对能力，有效地提高其心理健康水平和开展心理健康教育的能力。

在心理辅导过程中，教师要树立危机干预意识，对个别有严重心理疾病的学生，能够及时识别并转介到相关心理诊治部门。

2014年，教育部办公厅《关于实施中小学心理健康教育特色学校争创计划的通知》中《中小学心理健康教育特色学校标准（试行）》要求配齐配好教师。在核定的编制范围内，学校对小学、初中、高中每个学段至少配备一名专职心理健康教育教师，并根据学生人数需要配备兼职心理健康教育教师。心理健康教育教师要有相关心理学教育背景或取得相关资格证书，经过岗前培训，能够胜任心理健康教育教学工作。

加强培养培训。将心理健康教育列入师资培训内容，每学期至少组织一次全体教师的心理健康教育培训。每年对专兼职心理健康教育教师和班主任的心理健康教育的培训不少于 10 课时。定期开展心理健康教育学习交流和教研活动。

保障教师待遇。专兼职心理健康教育教师开展心理健康教育教学活动和心理辅导要计入工作量。保证心理健康教育教师在评优评比、工资待遇、职务评聘等方面享受班主任同等待遇。关注教师心理健康，制定维护和调适教师心理的相关措施。

2015 年 7 月 29 日，教育部办公厅关于印发《中小学心理辅导室建设指南》的通知，具体要求心理辅导室至少应配备一名专职或兼职心理健康教育教师，并逐步增大专职人员配比。专兼职教师原则上须具备心理学或相关专业本科学历，取得相关资格证书，经过岗前培训，具备心理辅导的基本理论、专业知识和操作技能，并定期接受一定数量的专业培训。心理健康教育教师享受班主任同等待遇。

三、学习能力训练馆

（一）什么是学习能力训练馆

学习能力训练馆（简称：学能馆），是基于信息化的环境下，为实现一体化教育的要求，更好地贯彻全纳教育和融合教育的理念，实施信息化学习能力开发方案而开展儿童少年学习能力评估、学习能力训练的专业场所。其可以根据脑科学、学习科学、信息科学的基本理论，运用现代信息技术，开发儿童少年潜能，提高其学习能力。

根据学校教育、家庭教育发展的需要，为实现一体化教育的要求，更好地贯彻全纳教育和融合教育的理念，实施信息化学习能力开发方案，我们在研究资源教室和心理辅导室的基础上，研究并推出儿童学习能力训练馆。

（二）学能馆的功能

学能馆按其功能可以设若干区域：

（1）学能评估区。借助于软件化、量表式的评估模式，针对儿童青少年进行学习能力的综合评估；发现儿童的学习障碍，提供科学合理的训练方案。

（2）学能训练区。主要结合学科能力评估结果，开展针对性的学习能力训练。通过丰富的学科教育资源整合，有效地辅助学生语文、数学、英语等学科学习水平的提升。

（3）感觉评估训练区。结合儿童身心发展规律，通过最新的穿戴式设备为儿童营造出的虚拟康复训练环境，根据训练项目，提供科学的训练器材，使教学内容丰富多彩、形式多样，有效提高儿童的触觉、前庭感觉和本体感，实现大脑与身体各种机能的联系与协调，从而促进儿童感知觉的综合、协调。

（4）创新能力训练区。结合国际领先的 STEAM 创新教育理论，融合红外体感技术、脑电传感技术、物联网传感技术、VR/AR 技术、3D 打印技术、4D 虚拟现实技术和基础编程技术等方式，开展学生创新能力评估和训练。

（5）情绪训练区。主要结合心理学原理，帮助孩子引导疏解不良情绪。学会自我的情绪释放，学会自助调节。

（6）认知能力训练区。通过专业仪器，配套专业课程，开展注意力、记忆力、逻辑思维力、观察力、想象力等专项训练。

（7）智慧阅读区。引入智能阅读评估体系，帮助儿童选择最适合自己年龄特点的阅读资源，养成良好的阅读习惯，提升其阅读水平。

（三）学习能力指导师

学习能力指导师是根据信息化学习能力开发理论，融合学习科学、脑科学、信息科学等学科知识于一体，具有一定教育学、心理学等基础；以学生学习能力发展特点为出发点，开展学习能力开发训练的专业人员。经过系统培训后，可以通过参加工业和信息化部教育与考试中心组织的专业技术人员岗位胜任能力（信息化学习能力指导师）认证取得证书。（详见师资培训章节）

（四）学能馆的服务范围

学能馆可以为有特殊需要教育的儿童服务，也可以为所在地区的学校服务。学校与学能馆签订协议，可以安排学生来馆接受专业技能训练，也可派学能馆老师去学校讲课指导，共享资源，相互交流技术与经验。学能馆还能为社区的家庭服务，可以派老师上门指导服务，也可以组织家长及孩子来馆参加讲座、咨询、测查、训练等活动。学能馆还可以应社区的要求参与社区组织的宣传、咨询等活动。其双向活动如图9-1-7。

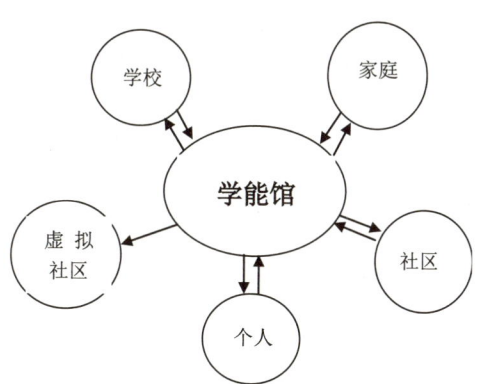

图9-1-7 学能馆的服务范围

思考题：

1.什么是资源教室？怎样实施资源教室？

2.心理健康问题在学生中主要表现在哪些方面？心理辅导室有哪些功能

训练？

3. 学能训练馆有哪些功能训练区？举例说明学能馆的服务范围。

第二节　线上信息化学能服务平台

"互联网＋教育"是随着当今科学技术的不断发展，互联网科技与教育领域相结合的一种新的教育形式。信息化技术已经渗透到社会的各个方面。教育领域中，一场信息化的颠覆性变革正悄悄地发生着。在现代信息社会，互联网具有高效、快捷、方便传播的特点，在中小学生的学习和生活中发挥着不可替代的重要作用，并成为中小学生学习的好帮手。这不但有利于提高中小学生上网学习和交流的能力，帮助孩子增长知识、开阔视野、启迪智慧，还能更有效地刺激孩子们的求知欲和好奇心，更能有效地养成中小学生独立思考、勇于探索的良好行为习惯，全面教育和培养祖国未来的建设者和接班人。

线上的信息化学能服务平台"互联网＋教育"是创新应用模式的一种，它不仅是传统教育网络化，还包括学生、教师、学校、教育管理者在内的等多方主体的提供者，是由线上学习资源开发、资源的获取和利用、学生形成知识和技能、对学生的服务、对学生形成的知识和技能评估与认证、质量监控与保障等多部分内容组成的完整生态系统。

党的十九大以来，我国确立了新时代教育信息化由融合应用向创新发展转变的发展方向，随着我国教育信息化2.0时代的到来，扎实推进"互联网＋"环境下的教育信息化，需要在互联网、物联网技术的支撑下，将大数据分析和云计算技术有效应用在日常的教育教学过程中，从而达到对于教育教学过程和效果的科学有效的量化评估。

有别于学科教育，线上信息化学能服务平台是基于大数据云平台（简称"学能平台"）的互联网＋学习能力教育模式。着眼于面向不同年龄阶段的学生，通过"我要测""我要练""我要学"和"我要教"四大模块，打通线上学习能力评估、学习能力训练、学科素养培养以及专业师资优化分级机制，促进信息化学习能力开发训练水平和效果的提高。

一、平台应用功能

1. 我要测

主要是针对个体进行的能力水平测试，测试内容根据学生学习能力和学科能力发展的规律设计。

以线上量表式能力评估为主，可结合线下的评估硬件；通过自评和他评两种科学的评价方式，针对个体进行综合评价。测评包括婴儿教养评估、感觉统合能力评估、认知能力评估、学习障碍评估、创新能力评估、职业能力评估，等等。

以线上学科能力自适应式评估为主。通过不同学科、学段、教材版本、学期等建立评估数据库，结合自适应式评估，准确定位学生学科能力水平，为学校和家庭针对学生学科能力提升，学科补救性措施提供依据。

2. 我要练

可通过线下交互方式开展。结合学习能力的综合评估结果，由学能指导师和心理咨询师共同针对个体制订个性化训练方案，借助于信息化学能训练设备进行训练，达到查漏补缺、自助提升、发现潜能、培养特质的目的。例如通过脑波学习能力训练系统和脑电学习状态评估训练系统进行个体和团体认知方面能力的评估与训练，借助于脑电反馈技术进行评估和训练过程中的脑电数据的采集、分析、汇总；通过心脑协调训练系统，可以进行情绪行为的矫治，对于紧张、激动、易怒、考试压力等典型性情绪问题进行评估和训练。

3. 我要学

着力打造线上学习平台，汇总全国各地教学一线的老师针对即时教材知识点，学习方法，身心健康常识讲座等资源，帮助学生认识自我，学会学习，学会生活，树立自信。同时，也可借助线下的设备进行同步训练，训练数据和报告及时保存在个体档案中，作为个体学习能力提升的档案中的一块，供老师和家长教育参考。

4. 我要教

为众多一线教师和教育专家打造一个展示自我，实现价值的平台。该平台联合工信部，共同打造庞大的系统师资体系，建立可实时反馈的高水平远程师资队伍，该师资团队必须经由学能指导师培训并取证上岗。同时，基于此平台，老师所提供的专业化的指导和服务可以根据学生和家长的反馈得到相应的奖励，增加了老师的积极性和责任心。

二、平台应用模式

1. 互联网+母婴教育

母婴教育主要指母婴育儿教育，面向的人群为0~6岁儿童的主要家庭成员，如母亲、父亲、祖父母亲等。母婴教育可以为备孕，以及0~6岁儿童家长提供包括育儿知识咨询及资讯、育儿经验分享交流、婴幼儿产品推荐等相关服务。

随着我国二胎政策的开放，母婴市场前景再一次引发热议，加上新生代年轻父母成为母婴消费主体,其新潮的育儿观念加上与日俱增的消费能力,让母婴市场一度成为当下热点。据罗兰贝格相关数据预测,中国作为母婴消费大国,其市场需求将以每年15%的速度增长,截至2020年,中国整体市场规模有望接近3.6万亿元。

80后父母逐渐成为主流,其可用于接受母婴教育的固定时间较少,但对于科学育儿需求很大,且相比传统课堂更乐于接受生动灵活的育儿教育新模式,互联网+母婴教育则恰好能够满足80后父母的这一需求。互联网+母婴教育将互联网与母婴教育相结合,使育儿的知识与服务的获得更为灵活、便利,因而更容易获得用户的青睐。

如今,虚拟社区模式更有生命力。互联网母婴社区已经成为绝大多数年轻父母获取孕婴知识和交流育儿经验的主要平台。社区为每个人提供意见表达的平台,让知识的学习和分享更轻松;同时,帮助用户剔除冗余信息,筛选有价值的知识,降低学习的时间成本。正是凭借这些优势,社区模式成功积累了大量的忠实用户。

2. 互联网+幼儿教育

幼儿教育主要指的是对3~6岁年龄阶段的幼儿所实施的教育,即学前教育或早期教育的后半阶段,与基础教育相衔接,是一个人教育与发展的重要而特殊的阶段。3~6岁的孩子对于课堂教育的注意力难以集中,互联网生动形象的知识表达方式显然更符合孩子的认知规律,因此互联网+幼儿教育的产品通常在体验性上占优势。3~6岁的孩子正处于启蒙的关键阶段,互联网+幼儿教育可以满足儿童在潜能开发、兴趣培养以及识文读字等多方面的教育需求;再一方面,3~6岁孩子尚不具备良好的自主学习能力,互联网+幼儿教育可以实现良好的家园互动,与线下的幼儿园教育形成良好的联动关系。

3. 互联网+素质教育

与学科教育相辅相成,基于大数据云平台(简称"学能平台")的互联网+教育模式,着力面向7~18岁儿童少年,打通线上学习能力评估、学习能力训练、学科素养培养以及专业师资优化分级机制,促进信息化学习能力开发训练水平和效果的提高。

重视人的思想道德素质、能力培养、个性发展、身体健康和心理健康教育。是以全面提高人的基本素质为根本目的,以尊重人的主体性和主动精神,以人为本的性格为基础,注重开发人的智慧潜能,注重形成人的健全个性为根本特征的教育。素质教育,是社会发展的实际需要,要达到让人正确面临和处理自身所处社会环境的一切事物和现象的目的。

4. 互联网＋职业教育

职业教育是指让受教育者获得某种职业或生产劳动所需要的职业知识、技能和职业道德的教育，如职工就业培训、职业高中、中专、技校教育等，学能指导师也属于职业教育的范畴。依托高校线下职业发展中心，融合"教、学、练、用"四位一体的职业发展教育新模式，基于线上职业云平台开展职业能力评估、职业素养训练、职业生涯规划、职业体验模拟、人岗匹配推荐等功能，有效提高高校职业发展教育水平和效果。以培养应用人才和具有一定文化水平及专业知识技能的劳动者为目标，相比普通教育和高等教育，更重视实践技能和实际工作能力的培养。传统职业教育存在培训成本较高、形式单一、范围狭窄、内容固化等问题，而信息技术的发展为职业教育带来了一些具有积极意义的改变，传统的职业教育开始转型成为互联网＋职业技能。

互联网＋职业技能教育突出表现在以下三个方面：第一，将线下的课堂式教学拓展到线上，不仅打破了时间的限制，使用户可以在工作之余利用零碎的时间实现自我提升；更通过 VR 等技术，操作实践更加便利、生动、安全。第二，互联网时代下职业教育的具体内涵得到拓展，增加了传统课堂不易教授，而职场生活迫切需要的技能方面的培训。第三，教育的形势更加多样化，不仅包括课程教育，还包括通过社区、论坛等交流互动形式实现教育的目的。

5. 互联网＋心理健康

基于互联网环境，通过云计算、智能物联、人机交互、语音识别等先进的信息化技术手段搭建心理健康教育大数据平台，构建融心理咨询、心理训练、心理服务于一体的心理健康教育服务生态圈，着力推进我国心理健康教育工作的跨越式发展。

思考题：

1. 什么是互联网＋教育？试析其特点及作用。
2. 线上信息化学能云平台有哪些应用功能？请详细叙述。
3. 线上信息化学能云平台有哪些应用模式？请详细叙述。

本章参考文献

1. 哈斯高娃等编著《智慧教育》清华大学出版社
2. 王运武著《实现智慧教育的必由之路》电子工业出版社
3. 王晨著《互联网＋教育》中国经济出版社
4. 赵龙刚等著《智慧教育：互联网＋时代的教育大转型》北京电子工业出版社

5. 杨剑飞《"互联网+教育":新学习革命》知识产权出版社
6. 唐斯斯等《智慧教育与大数据》科学出版社
7. 何铬涛等《智慧教育》清华大学出版社
8.《教育信息化十年发展规划(2011—2020)解读》人民教育出版社
9. 教育部办公厅关于印发《普通学校特殊教育资源教室建设指南》的通知(教基二厅〔2016〕1号)
10. 教育部关于印发《中小学心理健康教育指导纲要》(2012年修订)的通知(教基一〔2012〕15号)
11. 教育部办公厅《关于实施中小学心理健康教育特色学校争创计划的通知》中《中小学心理健康教育特色学校标准(试行)》
12. 教育部办公厅关于印发《中小学心理辅导室建设指南》的通知

第十章　技术支撑

"工欲善其事，必先利其器。"人类文明的进步与技术的发展息息相关。数字化时代，信息技术是学习的基本工具。俗话说，"没有金刚钻，别揽瓷器活""拳头再硬也比不上锤子""手中无网看鱼跳"。作为人体肢体和大脑的延伸，技术是支撑学习能力发展的利器。

本章基本概念要点：

●所谓学习工具，是指有益于学习者查找、获取和处理信息，交流协作，建构知识，以具体的方法组织并表述理解和评价学习效果的中介。

●学习工具有如下两个基本特性：中介特性、认知特性。

●信息技术作为学习工具主要表现为六大工具：效能工具、信息工具、情境工具、交流工具、认知工具和评价工具。

●所谓信息技术与课程整合就是指将信息技术以工具的形式与课程融为一体。

●信息技术与课程整合的常用教学模式有接受式教学模式、探究式教学模式和研究式教学模式等类型。

●对学习潜能开发的评价往往通过具体的测评工具来确定，一般有脑功能测定、心理测试。

●儿童学习能力从低级到高级有三个层面，而测评顺序是从高级往低级层层测查，找出产生问题的结症，从而开展有针对性的矫治和训练。

本章内容网络结构图

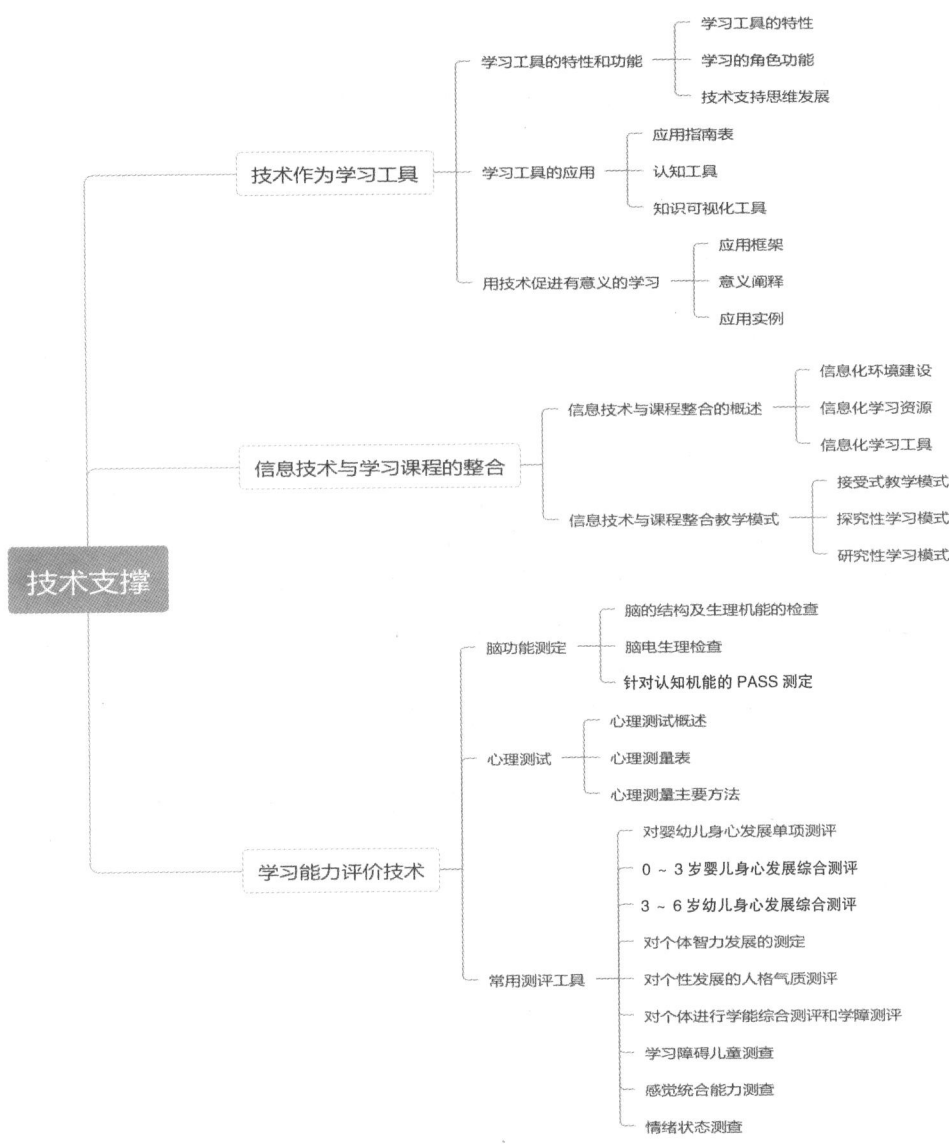

第一节 技术作为学习工具

一、学习工具的特性和功能

1. 学习工具的特性

所谓学习工具,是指有益于学习者查找、获取和处理信息,交流协作,建构知识,以具体的方法组织并表述理解和评价学习效果的中介。学习工具包括物质工具和智能形态的工具,在学习活动中担负着一定的认知功能。学习工具有如下两个基本特性。

(1) 中介特性。学习者通过学习工具与学习环境互动,更好地获取、加工和交流知识。

(2) 认知特性。学习工具延伸和拓展了人的认知能力,学习者与工具之间进行了某种认知分工,共同完成特定的认知任务。

2. 学习的角色功能

在信息化学习中,国际上比较强调信息技术作为学习工具的设计与应用。乔纳森认为,信息技术作为学习工具主要表现为六大工具:效能工具、信息工具、情境工具、交流工具、认知工具和评价工具。各种工具具有多样化的角色功能,如图10-1-1所示。

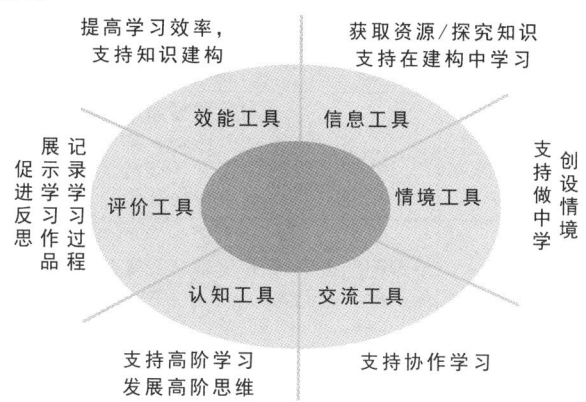

图10-1-1 技术作为学习工具的角色功能

3. 技术支持思维发展

技术支撑学习的终极目的是促进学习者的思维发展。技术是学习者思维发展的参与者和帮助者。在学习过程中,技术可以通过如下方式促进学习者的知识建构和思维发展，如表 10-1-1 所示。

表 10-1-1 促进知识建构和思维发展的方式

工具角色	支持方式	活动作用
作为知识建构工具	在建构中学习	学习者表述观点、理解和看法；形成组织化、多媒体化知识库
作为信息搜寻工具	在建构中学习	学习者自由获取必需信息；比较不同观点、看法和世界观
作为情境创设工具	在实践中学习	学习者描述、模拟有意义的现实问题，创设相关情境或背景；表现他人的观点、看法或论点；定义问题空间
作为交流媒介	在交流中学习	学习者与他人协作；与学习共同体成员一起讨论、争辩或达成共识；支持知识建构共同体的内部和外部交流
作为智能伙伴	在反思中学习	学习者清晰地解释和表达所知；反思学习结果和学习过程；进行内部协商和意义建构，建构个人化的意义；支持高阶思维的发展

二、学习工具的应用

1. 应用指南表

根据技术的角色功能，技术作为学习工具的应用主要表现在六大方面。我们将其应用种类、内涵、功能和实例总结成一个应用指南表，如表 10-1-2 所示。需要指出的是，根据技术支持思维发展的终极目的，在上述这些工具中，我们认为，学习者尤其要关注"认知工具"的理解和掌握，因为它与人的思维发展密切相关。

表 10-1-2 技术作为学习工具的应用指南表

种类	定义/内涵	功能	实例
效能工具	提高学习、工作效率的工具	提高效率	文字处理软件（如 Word）、作图工具、数据处理工具（如 Excel）、桌面出版系统、计算机辅助设计软件等
信息工具	获取信息资源的工具	查找资源	各种搜索引擎、搜索工具和搜索策略、方法等，如百度搜索引擎、谷歌、中国知网、高校图书馆，以及运用网络工具查找数字化资源
情境工具	用于创设丰富的、情境化的问题空间，引导学习者进行问题探究、建构知识的工具	呈现问题或学习任务，提供范例等	专题学习网站、图示化表征工具、游戏化学习工具、虚拟现实工具；基于案例/问题/项目的学习，"微世界"等，让学习者在模拟、游戏化的情境中学习
交流工具	支持师生之间、学生之间交流、协商、对话的工具	交流观点	各种同步交流工具（如 QQ、微信、视频会议、网络聊天）和异步交流工具（如 E-mail、listserv、BBS）等

续表

种类	定义/内涵	功能	实例
认知工具	发展高阶思维能力（如批判性思维、问题求解、决策和创造性思维或综合思维能力）的软件系统	提供认知支持，促进学习者认知、思维过程的发展	数据库、电子报表、语义网络工具、专家系统、计算机化通信等，如概念图能让学习者个性化地组织信息；心智模式表达工具能帮助学习者将各领域的知识联系起来，或者跨领域思考问题；模板和程序应用有助于学习者以自己独特的形式表现知识
评价工具	记录学习者学习过程、方式和结果，支持反思、经验总结监控学习进程或策略的工具	记录、评价学习过程，促进学习者反思	电子绩效评估系统（EPSS）、电子学档（E-Learning Portfolio，ELP）等

2. 认知工具

所谓认知工具（cognitive tools），是指帮助学习者发展思维能力的软件系统，如发展批判性思维、创造性思维和综合性思维等。这些系统工具主要包括数据库、电子报表、语义网络、专家系统、多媒体建构工具、"微世界"、动态建模工具、视图化工具和计算机会议系统等。

学习者将技术作为认知工具，对促进高阶思维发展具有一系列的意义，因为它引发了学习者角色活动的一系列变化。

（1）学习者是设计者。学习者在学习过程中需要分析现象，获取信息，解释和组织个人知识，并清晰地陈述、表现和反思自己的知识。

（2）正确使用认知工具需要学习者投入高阶思维。首先，要运用批判性思维评价信息、分析信息和贯通相关观点；其次，在投入创造性思维活动的同时产生新知识；最后，必须运用复杂的思维解决问题和表征知识，包括问题求解、产品设计和决策。

（3）认知工具能达到事半功倍的效果。认知工具通常是价格低、常用、易学的软件。它能恰当地分配认知处理，帮助学习者超越大脑局限，如记忆、思维或问题求解。

（4）学习者通过学习新语言来进行思考。认知工具提供多种形式化方式表征知识，其中许多都是高度结构化和视觉化的。例如，用语义网络描述观念之间复杂关系的视觉地图。

（5）技术是学习者的智能伙伴。技术成为智能工具包，包括系列表征知识和观点的工具。学习者运用这些工具反思所学，培养深层次的批判性思维能力，表征所知，从而拓展了思维功能，促进了更丰富的理解。

3. 知识可视化工具

知识可视化工具是促进学习或思维发展的常用认知工具类型，值得学习者认真关注。这类工具应用既可以是数字化的,也可以是手工的,简便有效。

所谓知识可视化(knowledge visualization),是研究如何运用视觉表征促进知识在两个人及以上之间的创新和传播的理论、技术和方法,是指所有用来建构和传达复杂意识的图形形式。知识可视化的优势主要表现在社会、情感和认知三大方面,如表10-1-3所示。

表10-1-3 知识可视化的优势

优势	行为	行为意义
社会优势	协调(coordination)	有助于协调知识生产者间的传播
情感优势	动机(motivation)	促使受者主动地解释和探究图形的意义
认知优势	注意(attention)	有助于提高知识创新和迁移的意识和兴趣
	回忆(recall)	促进记忆并培养新知识的应用
	解释(elaboration)	知识可视化的过程可引导概念和观点的深入理解和正确评价
	新见解(new insights)	能呈现先前知识的联系,引发顿悟

常见的知识可视化工具主要有以下几种:

(1)知识地图(knowledge map),主要用于学习者探索概念之间的关系,连接特定情境中的复杂观念,从某个既定的情境中产生新的想法以及理解背景信息。知识地图有许多别称,如称蛛网地图、概念地图、图形笔记、簇群地图、语义网络、思维导网、主题地图等。

(2)图画(picture),也称为变换性图画、解释性图画、表征性图画和组织性图画。随着信息技术的发展,利用计算机可完成比传统手法更加精致的图画,绘制者不一定要经过特别的美术训练,借助软件工具栏即可完成图画绘制。

(3)矩阵图(matrix),是一种用带标注的行和列来表示两个或三个维度的表格。它呈现的是一个包含文本意义的纵、横坐标的框架。

(4)维恩图(venn diagram),是显示两个元素间重叠关系的可视化形式。其通常用圆来代表被比较的事物,将两个或两个以上的事物进行类比或对比,概念之间的共同特征(相似点)写在两个圆重叠的区域内,独有的特征(不同点)则写在相应的圆中重叠区域之外的部分。维恩图种类繁多,如概念圆形维恩图、概念维恩图、树形维恩图、静态维恩图、图标维恩图和生物维恩图等。

(5)流程图(flowchart),也叫过程地图,是解释完成(执行)某任务的程序或步骤的知识可视化形式。通常,流程图用一种相互关联的线性连接线把方框里的文本连接起来。

(6)树形图(tree),是一种表现主题之间层级关系的可视化形式,有时也叫"层级图",其通常从一个高级概念开始,再将这个概念分成诸多次级从属概念,直至从属概念不能再分为止。

(7)鱼骨图(fishbone map),是一种描述影响、产生某种结果的诸因素或事物因果关系的知识可视化形式,也称为因果图。通常鱼骨图的表示方式是先把结果或问题写在"鱼头"的位置上,再将所认识的影响因素按属类和层级关系分别标记在相应的"鱼刺"上。

(8)组织图(organizer),是一种包括了标志、名称、步骤和图形的可视化形式,可帮助学习者理解既定信息的"整体面貌"。

三、用技术促进有意义的学习

1. 应用框架

要有效地实现信息技术作为学习工具,关键是学习者必须自觉地结合有意义的学习的特性,运用信息技术促进有意义的学习。为此,学习者可以参照如图10-1-2所示的应用框架进行学习。

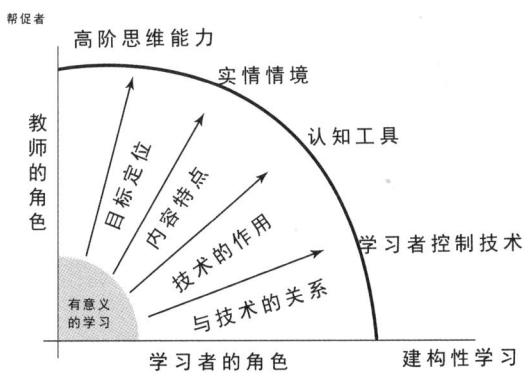

图 10-1-2　运用信息技术促进有意义的学习的应用框架

图 10-1-2 所示的应用框架说明,要实现有效运用信息技术支持有意义的学习的目的,必须把握如下几方面:

(1)以有意义的学习为出发点和归宿。
(2)以促进学习者高阶思维能力为目标。
(3)投入真实的学习情境,开展情境学习。
(4)发挥信息技术作为认知工具的作用。
(5)学习者与信息技术之间的关系是智能伙伴关系。
(6)学习者的学习角色必须转型。

2. 意义阐释

根据上述运用信息技术支持有意义的学习的应用框架,我们可以进一步展开相应的论述。

A. 目标定位：促进高阶思维发展

所谓高阶思维，是发生在较高认知水平层次上的心智活动或较高层次的认知能力。包括问题求解、决策、批判性思维和创造性思维。

B. 内容特点：浸入真实的学习情境

所谓真实的学习情境，简单说来，就是知识和技能在现实中怎么用就怎么学。这种学习有助于学习者沉浸在真实世界的情境中，理解为什么要学习相关的技能，并且知道在什么时候应用这些技能，有意愿去掌握有用的知识，更自然地将知识应用到新的情境中去，提高学习的迁移能力。

C. 把握关键：发挥认知工具作用

认知工具对促进高阶思维发展的意义是多方面的，如有利于认知技能的培养、发展和习得（认知留存），这一点在使用计算机软件进行写作、绘图、计算、编程、设计的过程中尤为明显；有利于反思所知结果和求知过程，建构知识；可作为组织观点和过程的有效设计和分析工具；可表征观念的深层复杂性，拓宽看问题的视角，以及发展创新和实践能力。

D. 智能伙伴：学习者与技术的生态关系

学习者应既不被技术所控制，也不惧怕技术，而是自觉地控制技术，与技术形成一种智能互补、共担认知责任、共同作用于学习的生态化的人机关系。

作为智能伙伴，信息技术可以完成以下工作。

（1）承担学习者认知负荷的转移，如记忆、检索、字处理、数据统计等。

（2）充当学习者与他人互动来完成各种认知活动任务的社会文化工具或交流中介。

（3）作为学习者的"外脑"、外部记忆库或资源库。

（4）作为智能工具包，即进行交流、思考和表征观点的工具，促进学习者转变传统的学习角色。

E. 重新定位：学习者角色的转型

学习者的角色必须从被动的知识接受者转变为学习的管理者、探究者、认知学徒和知识的生产者。

（1）学习的管理者：能有效地计划、监控、调节和反思自己的学习进程与结果，有效地管理自己学习的时间、环境、情绪，以及努力程度和外援，有高度的学习主人翁感。

（2）探究者：通过与自然界、技术和他人的互动，探究概念之间的联系，并运用相关的技能，为学习者的决策能力培养提供机会。

（3）认知学徒：在教师、同伴或技术的指导下学习相关观点和技能，模拟专业人员的角色，从事真实的学习，锻炼解决问题的思维能力。

（4）知识的生产者：通过整合，为自己或学习共同体生成知识产品，提高生产知识的能力，如交流学习体会、贡献观点等。

3. 应用实例

信息技术在促进有意义的学习方面有许多具体的应用实例，如表10-1-4所示。

表10-1-4　信息技术促进有意义的学习的应用实例

学习特性	活动举例	技术工具举例	应用实例
主动的（积极/自觉）	思维活动，知识表征、呈现，与他人交流	效能工具 认知工具 情境工具	自主考试学习系统、"打字通"、电子教室等
有意图的（反思/调节）	获取信息，建构个性化的理解，明晰自己学到什么，内部（自我）协商，反思所学（内容、过程、结果）	认知工具 交流工具 信息工具 评价工具	Mind Map、Inspiration等思维导图技术、Windows Project、书签工具、语义网络等
建构的（阐释/反思）	明晰的目标，内部（自我）协商，执着追求学习成就，付诸心智努力、坚持不懈，真实的（复杂/情境化）	认知工具 交流工具	网络搜索引擎、博客指南、博客、QQ空间、维客、QuestMap、Belvedere等
真实的（复杂/情境化）	完成真实的任务，解决有意义的、复杂的问题，建构情境特定的图式，界定、操作特定的问题空间	信息工具 情境工具	贾斯珀系列、"微世界"、娱教技术、Rational Rose、Matlab、3DMAX等
协作的（协作/交流）	社会协商，形成学习者（实践者）共同体，知识建构共同体，与他人沟通、交流	交流工具 评价工具 信息工具	即时通信工具、博客，QQ空间，维客、播客、H8S、结构化计算机会议工具等

思考题：

1. 什么是学习工具？它有何特性和功能？
2. 怎样掌握学习工具的应用？
3. 怎样用技术促进有意义的学习？

第二节　信息技术与学习课程的整合

一、信息技术与课程整合的概述

所谓信息技术与课程整合就是指将信息技术以工具的形式与课程融为一体，

它不是简单地将信息技术和训练课程的功能叠加，也不仅是工具或技术手段层面的应用，而是将信息技术融入课程教学体系各要素中，使之成为教师的教学工具、学员的认知工具、重要的教材形态、主要的教学媒体。

信息技术与学科课程整合的三个基本属性：营造信息化教学环境、实现新型教与学方式、变革传统教学结构。

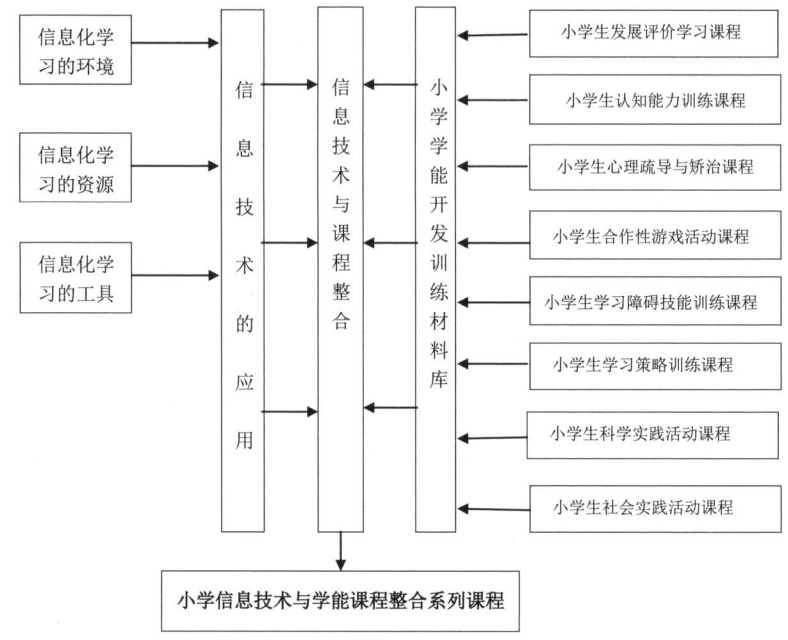

图10-2-1　信息技术与学习能力开发训练课程的整合模式（以小学为例）

信息技术在教育教学过程中的广泛应用，使得学习环境、学习资源、学习方式都向信息化方向发展，形成信息化的学习环境、信息化的学习资源和信息化的学习方式。全面实施信息技术与儿童学习能力开发训练课程的整合，其中，环境建设、资源开发和整合方法是三个基本的出发点。

（1）信息化环境建设

所有教和学的活动都是在一定的教学环境中展开的，信息技术与课程整合内涵的其中一个重要方面就是创造生动的数字化教学环境。

所谓环境，是指人们生活的一切外部条件的综合。这个外部条件的综合，包括人在社会生活中的条件和社会关系的总和，也包括人们生活的自然条件的总和。教学环境是一种特殊的环境。概括地说，教学环境就是学校教学活动所必需的诸客观条件的综合。它是按照发展人的身心这种特殊需要而组织起来的环境。

我们认为教学环境主要由三个要素组成：①物理教学环境，包括各种物理因素、各种教学设施、教室空间布局等内容；②技术教学环境，包括教/学平台、教/学工具、教/学资源等内容；③情感教学环境，包括教师与学生的交互、学生与学生的交互、学校/教室氛围建设等。

随着信息技术的迅速发展，学校教学环境的组成要素在不断发生变化，多媒体教室、语言教室、网络教室、电子备课室、教学资源、各类教学平台与工具等不断应用于教学，与此同时，教师与学生、学生与学生的交互方式也变得更丰富。由于信息技术在学校教学中的广泛应用，教学环境也具有丰富的内容和表现形式。

（2）信息化学习资源

信息化学习资源是信息时代的产物，从广义上讲，它涵盖上述对学习资源定义的所有方面，即在信息技术支持下的学习资源，包括信息化教学材料、信息化支持系统、信息化教学环境。然而在信息技术与课程整合过程中，在很多场合，信息化学习资源属于信息资源的范畴，是从狭义理解上的一种特殊的信息资源，是"经过选取、组织，使之有序化的，适合学习者发展自身的有用信息的集合"。例如，一个课件、一个专题网站中的专题材料等。

①信息化学习资源的分类

根据《教育资源建设技术规范》（征求意见稿），我国目前可建设的信息化资源主要包括九类，分别是：媒体素材（又包括文本、图形/图像、音频、视频和动画）、试题、试卷、课件与网络课件、案例、文献资料、常见问题解答、资源目录索引、网络课程等。另外，还可根据实际需求，增加其他类型的资源，如：电子图书、工具软件和影片等。我们将这些信息化学习资源概括为三大类型：

一是素材类学习资源，主要包括文本、图形、图像、音频、视频和动画等媒体素材。

二是集成型学习资源，这些资源一般是根据特定的教学目的和应用目的，将多媒体素材和资源进行有效的组织，是一种"复合型"的资源。按照这些资源的实际应用形态，我们又可以将其分为以下类别，即课件与网络课件、案例、操作与练习型、虚拟实验型、微世界、教育游戏类、电子期刊类、教学模拟类、教育专题网站、研究性学习专题、问题解答型、信息检索型、练习测试型、认知工具类和探究性学习对象等。

三是网络课程，指通过网络表现的某门学科的教学内容及实施的教学活动的总和。它包括两个组成部分：按一定的教学目标、教学策略组织起来的教学内容和网络教学支撑环境。其中网络教学支撑环境特指支持网络教学的软件工具、学习资源以及在网络教学平台上实施的教学活动。网络课程顺应人们需要终身学习这一趋势，给人们随时获取新知识提供了便利和强有力的支持。

②信息化学习资源的特点

信息化学习资源的技术基础是网络与多媒体技术相结合的超媒体技术。超媒体不是各种信息媒体的简单复合，它是一种把文本、图形、图像、动画和声音等形式的信息通过超文本的形式结合在一起，并可通过计算机网络广泛传播的新型信息组织方式。信息化学习资源有如下基本特征：处理数字化、存储海量化、管理智能化、显示多媒化、传输网络化、教学过程智能化、超媒体非线性组织等。

（3）信息化学习工具

我们要运用现代信息网络技术手段进行科学、高效、愉悦的学习，促进学习能力的提高，必须配置相应的工具和设备。其核心领域有：心理测量技术，特别是脑电图、脑电波测试；心理治疗技术，如游戏治疗、艺术治疗、阅读治疗、音乐治疗、行为治疗等技术；视音频等多媒体编制技术，把学习内容设计成适合向学生展示的集文字、图片、声音、声像等于一体的学习情境，可以设计网络辅助教学平台和网络教学资源库系统；动漫游戏技术，游戏是儿童的本性，游戏将促进儿童的身体、认知、社会性、情绪情感等方面的发展。运用动漫手法，寓学于乐，让儿童在游戏中学习体验各种生活情景，有助于儿童掌握基础知识，培养动手操作能力及创造力。

在每个课程里，我们对基本的技能都有明确要求，在实施过程中，一边是传统的训练内容与方法，一边是需要配套的信息化、数字化的学能开发训练工具及相关设备。两相对照，通过排查，有三种类型供我们选择：

（1）有的工具和设备符合传统的训练要求并已实现数字化、信息化的可以成为方案的信息化训练工具；

（2）有的工具和设备虽有相符的信息化功能，但没有符合项目要求的训练内容，可以"旧瓶装新酒"将该项目训练内容编入进去；

（3）有项目训练内容，但没有相应的信息化训练工具，可以根据项目训练内容的要求开发相应的产品。

二、信息技术与课程整合的常用教学模式

教学模式是在一定的教育思想、教学理论和学习理论指导下，为完成特定的教学目标和内容而围绕某一主题形成的，比较稳定且简明的教学结构理论框架及其具体可操作的教学活动方式。

基于不同的角度可将信息技术与课程整合的教学模式分为不同的类型。从教学过程的角度可分为课内模式与课外模式；从技术支撑环境的角度可分为基于多媒体教室和多媒体网络教室的整合教学模式；基于教学策略的不同又可分为接受式教学模式、探究式教学模式和研究式教学模式等类型。

（1）接受式教学模式，也称为讲授式教学模式，是传统教学的主要模式，计算机在课堂教学中的应用使接受式教学模式得到新生。接受式教学的思想主要来源于美国教育心理学家奥苏贝尔提出的有意义接受学习。该模式的实施流程为：呈现先行组织者，呈现新的学习内容，正确运用教学内容组织策略，迁移——运用新学知识。

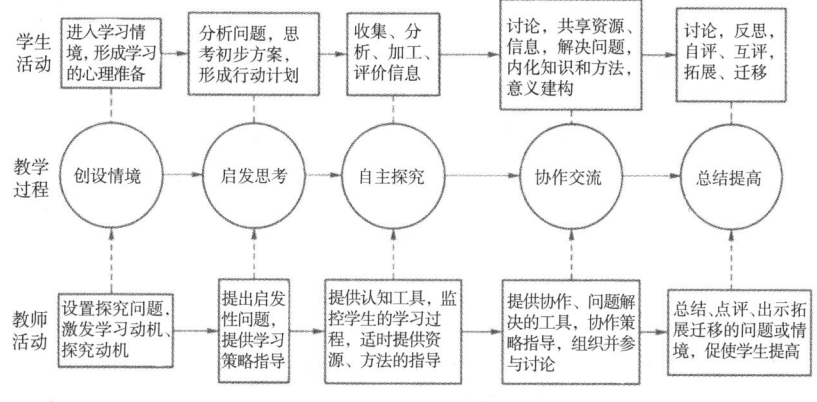

图 10-2-2 接受式教学模式

（2）探究性学习是指通过对教学目标中有关知识点的认真思考，主动探究和协作交流，使学生更好地达到课程标准关于认知目标和情感目标要求的一种学习方式。探究式教学模式是高度概括的一种教学模式，信息技术与课程整合的大部分常规课堂教学都可采用此模式。探究式教学模式的运用能有效地促进课程标准中认知目标和情感目标的达成。探究性学习通常包含创设情境、启发思考、自主探究、协作交流、总结提高五个环节。该模式在中小学各学科得到广泛运用，目前已积累了丰富的案例。

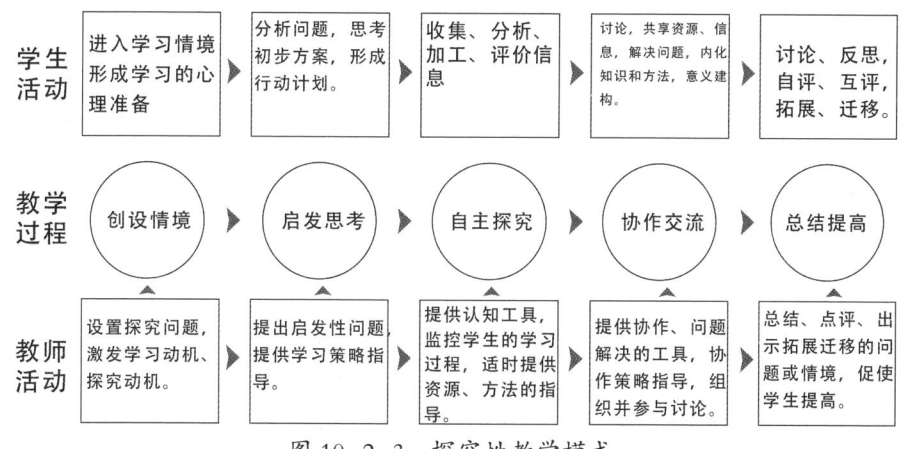

图 10-2-3 探究性教学模式

（3）研究性学习是指，通过对社会生活中某个真实问题的研究和解决，训练学生综合运用所学知识解决实际问题能力的一种学习方式。研究性学习模式在操作上包括以下五个环节：提出问题、分析问题、解决问题（深入调查研究、广泛收集信息，形成解决问题方案；并通过小组协作交流优化解决问题方案）、实施方案、评价总结（形成性评价、总结性评价；自我/总结、小组总结、教师总结）。

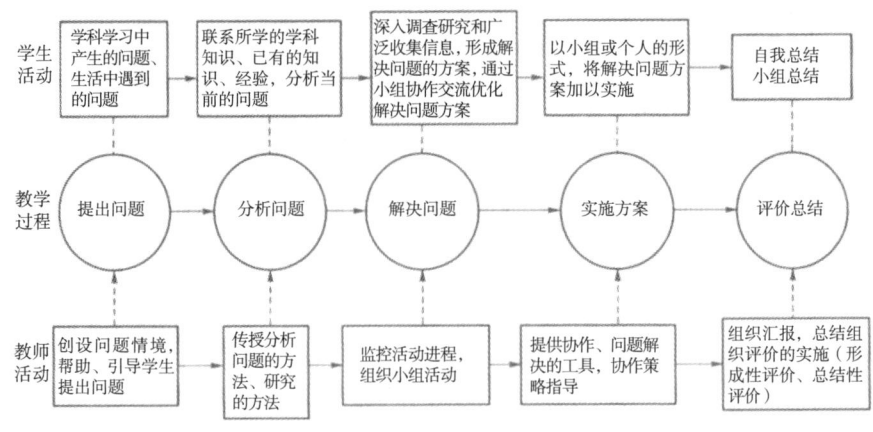

图 10-2-4　研究性教学模式

思考题：

1. 简论信息技术与课程整合的概念及内涵。
2. 信息技术与课程整合有哪些常用教学模式？

第三节　学习能力评价技术

对学习潜能开发的评价往往通过具体的测评工具来确定，一般有以下几种类型：

一、脑功能测定

现代脑机能的测定包括下面几个方面的内容：一个是脑影像的检查，一个是脑生物电的测定，最后还有神经心理学的测定。

大脑是个相当复杂的系统，这个系统可在不同的层次上出现问题，对不同层次上的障碍检查的方法也不一样。有的病人或患儿确实有问题应该做脑的结构和生理机能上的检查，但亲属和家长们却不一定能认识到有这个需要，结果会影响及时的治疗。有的学生正相反，他们的大脑其实没有什么问题，但却过于担心脑子里是不是出了什么问题而反复地要求做各种检查。这实在是没有必要。因此我们应该了解清楚哪些人需要做检查以及在哪些情况下应该做哪些检查。

（一）脑的结构及生理机能的检查

脑的影像学检查：脑的影像学检查主要是 CT、MRI、EEG 检查。

1. CT 是英文"Computerized Tomography"的缩写，其中文全称是电子计算机断层扫描。这是用 X 射线对人体做体层扫描，测得不同层面、不同组织对 X 射线吸收系数的信息，然后将这些信息用电子计算机处理，从而再组成该体层面图像。由于 CT 具有高度灵敏性，即使有千分之一的密度差别都可以在图像上表现出来，故而在临床上有广泛的应用。特别是在神经科，对脑部疾病的诊断现在已是一种常规检查。有时为了更早地了解脑的变化，CT 检查也成了正常体检的一部分，成了大脑健康保健的一个内容。

2. MRI 是英文 "Magnetic Resonance Imaging" 的缩写。中文名称是磁共振成像。这是将核物理原理和技术应用到医学实践而在临床诊断上创造的继 CT 后的又一项重大突破。MRI 的原理是利用单数质子原子核自行运动的特点，使用磁场改变原子核运动的方向，再用射频脉冲激发原子核而产生磁共振现象。停止射频脉冲发射后被激发的原子核恢复到原来的平衡状态，并将吸收的能量释放出来，这些能量信号由 MRI 机的探测器接收，再通过电子计算机处理，最后获得完整和清晰的图像。MRI 比 CT 更为灵敏，特别是可以分辨出大脑的白质和灰质，对于大脑病变的诊断更为有效。

（二）脑电生理检查（EEG 检查）

EEG 即电脑图，它是一种无创性的对脑的电活动进行的记录。脑在新陈代谢和进行各种生理机能活动的时候伴随着生物电现象，EEG 记录的正是这种自发的生物电活动即脑波。一个脑波是许多神经元在同一时刻的电位差的综合表现。脑电的电压很低，以微伏计。在头皮上记录的脑电波是电极放置部位成千上万个脑细胞生物电活动的总和，然后再经过几百万倍的放大才成了我们在临床检测所见到的脑电图。

人的脑波有个发育的过程，它随着年龄的增长而逐渐成熟，而且是同脑的发育状况紧密地联系着的。因此，对 EEG 的检查可以帮助我们评定孩子大脑的发育状况和成熟程度。研究发现，儿童脑波的波率发展与儿童脑的重量的增加呈平行关系。频率由慢变快，由 δ 到 θ 到 α。波幅由低至高又降至正常，波形由不规则变为规则，由不对称向对称变化，基线由漂移不定渐至平稳。

一般来说，儿童的脑电图异常检出率比成人高，所以 EEG 测定是一种灵敏实用的检查脑机能的方法。EEG 异常与智能障碍的程度有一定的关系，智商低下者 EEG 异常率比较高。

（三）针对认知机能的 PASS 测定

脑功能测评还有一种实用有效的方法，叫作神经心理学测评。神经心理学测评是依据脑与心理的相互关系，通过大量的临床和实验的研究，总结出来哪些机能活动的变化反映了脑的结构或机能的改变，这样就可以根据测出来的结果来推知脑的功能状态。对于脑功能的开发来讲，这是一种比较实用的测评手段。神经心理学测评有很多种方法，这里介绍一种新近开发出来的主要针对认知功能测定的方法——PASS。

PASS 主要针对的是认知机能，为什么要强调认知机能？因为智商测定已不能准确反映大脑的功能状态，并且对于家长或老师来说，最需要的是那些可以用来指导教学和提高学业的测评参数。因此，作为了解学生学习活动的基础的认知机能评定就十分必要了。

PASS 量表：PASS 是"Planning-Attention-Simultaneous-Suc-cessive Process"的缩写，代表的是"计划—注意—同时性操作—继时性操作"这样一个系统过程，这是关于人类认识和学习机能的一个全新的理论。这个理论基于脑的结构与机能的联系，从现代神经心理学的高度对认知机能做了系统和深入的探讨，将人的复杂的认知活动过程科学地分解为几个主要的相互关联的部分，提出了全新的认知结构模型，从而可以深入认知过程的核心，全面地包含人的认知活动的各个方面，这对于了解学生的认知机能和全面提高学生的能力，科学地开发大脑潜能有着十分重要的意义。

二、心理测试

心理测量是通过科学、客观、标准的测量手段对人的特定素质进行测量、分析、评价。这里的所谓素质，是指那些完成特定工作或活动所需要或与之相关的感知、技能、能力、气质、性格、兴趣、动机等个人特征，它们是以一定的质量和速度完成工作或活动的必要基础。

（一）心理测试概述

1. 概念

测量就是依据一定的法则使用量具对事物的特征进行定量描述的过程。心理测量（psychometrics）是指依据一定的心理学理论，使用一定的操作程序，给人的能力、人格及心理健康等心理特性和行为确定出一种数量化的价值。广义的心理测量不仅包括以心理测验为工具的测量，也包括用观察法、访谈法、问卷法、实验法、心理物理法等方法进行的测量。心理测量是通过科学、客观、标准的测量手段对人的特定素质进行测量、分析、评价。这里的所谓素质，是指那些完成特定工作或活动所需要或与之相关的感知、技能、能力、气质、性格、兴趣、动机等个人特征，它们是以一定的质量和速度完成工作或活动的必要基础。

2. 作用

（1）测量可以从个体的智力、能力倾向、创造力、人格、心理健康等各方面对个体进行全面的描述，说明个体的心理特性和行为。同时可以对同一个人的不同心理特征间的差异进行比较，从而确定其相对优势和不足，发现行为变化的原因，为决策提供信息。

（2）心理测量可以确定个体间的差异，并由此来预测不同个体在将来活动中可能出现的差别，或推测个体在某个领域未来成功的可能性。

（3）心理测量可以评价个体在学习或能力上的差异，人格的特点以及相对长处和弱点，评价儿童已达到的发展阶段等。

心理测量的结果可以为客观、全面、科学、定量化地选拔人才提供依据。因为它可以预测个体从事某种活动的适宜性，进而提高人才选拔的效率与准确性。心理测量可以了解个体的能力、人格和心理健康等心理特征，从而为因材施教或人尽其才提供依据。如学校可以依据学生的能力水平分班分组，部队可以依据每个人的特长分配兵种，企业可以将职员配置到与其能力、人格相匹配的部门等。

（4）心理测量可以为升学就业咨询提供参考，帮助学生了解自己的能力倾向和人格特征，确定最有可能成功的专业或职业，进而做出最佳选择。心理测量可以为心理咨询或治疗提供参考，帮助人们查明心理问题、障碍或疾病的表现及其原因，进而有针对性地给予心理辅导、咨询或治疗。

3. 分类

通常心理测量依据测验的功能，可以分为能力测验、智力测验和人格测验。常用的智力测验量表有韦氏量表和瑞文心理测验；按测验的方式分类有个别测验和团体测验。

常见的心理测试可以分为以下几种：

（1）能力测验：包括智力测验和特殊能力测验。前者主要测量人的智力水平，后者多用于升学、职业指导服务（如绘画、音乐、手工技巧、文书才能、空间知觉能力等）。

（2）人格测验：主要测量人的性格、气质、兴趣、态度等个性特征和各种病理个性特征。

（3）记忆测验：包括短时间记忆测验和长时间记忆测验，主要用于外伤引起的记忆损害和老年人记忆减退。

（4）适应行为评定：评估人们社会适应技能，包括智慧、情感、动机、社交、运动等因素。

（5）职业咨询测验：随着心理测验的发展，许多年轻人希望在未来竞争中既能发挥自己的潜能、气质，又能适应自己的兴趣、爱好，因此在择业前往往求助心理学家。

4. 测量的单位

不同测量的单位是不同的。理想的测量单位应当具备两个条件：一个是要有确定的意义，即对同一单位来说所有人的理解是相同的。二是要有相等的价值，即单位与单位之间的距离是相等的。但是教育与心理测量中的单位往往很难达到这个要求，它远不如其他测量中使用的单位成熟和完善。

（二）心理测量量表

心理测量的量表就是有参照点和单位的连续体。

1. 量表的种类

量表是由人来制定的，依单位和参照点的不同，量表的种类也不一样。根据测量精度高低，斯蒂文斯将量表分为四个水平，由低到高分别为：命名量表、顺序量表、等距量表和等比量表。

（1）命名量表只是用数字来代表事物或对事物进行分类。命名量表中的数字没有任何数值意义，不能做量化分析。无大小意义，只表明类别。无参照点和单位。无法比较大小或进行任何数学方法运算。

（2）顺序量表表明类别的大小或某种属性的多少。主要用于分等论级和分类。数字仅表示等级并不表示某种属性的真正量或绝对值。无参照点（没有绝对零度）和单位。无法进行数学方法运算。

（3）等距量表存在大小关系。无绝对零度，但存在相对零点。可以进行数学运算，有相等单位。

（4）等比量表是最精确的测量。大多是物理量表。而心理量表只能达到等距量表水平。

2. 常用表

用于心理测量的各种心理测验和心理量表有二三百个，但是临床上和心理咨询工作中常用的只有一二十种，这些常用量表中许多不对非专业人员公开。

（1）人格测试量表

主要有卡特尔16项个性因素测试（16PF）；气质测试；性向测试；明尼苏达（MMPI）多相人格测试；心境投射测验。

（2）智力测试量表

主要有韦氏智力测验（儿童）；画人智力测验；瑞文智力测验；韦氏智力测验（成人）；幼儿智力测验；比内-西蒙智力测验。

（3）心理健康量表

主要有90症状清单（SCL-90）；抑郁状态量表；康奈尔医学指数（CPI）；焦虑自评量表；简明精神病量表；社会功能缺陷评定量表。

（4）心理状态测量量表

主要有成人人际关系量表；成人心理压力量表；社会适应能力量表；心理适量表；社会支持问卷；心理年龄量表；情商（EQ）测试。

头贝壳和其他类等。包含了现实和想象中的物品，能够用于表达各种生活、心理的层面原型和象征的意义。

2. 房树人绘画心理测验（简称HTP）作为典型的心理投射测试方法

房树人绘画心理测验是目前国际上比较标准的一套心理投射法测验。通过画图者所画的房子、树和人，可以了解其潜意识的心态、情绪、性格、人际交往状态、家庭关系情况、心理能量等。可以具有以下功能：

（1）系统采用经典的"房树人（HTP）"测试，通过心理投射测验，可投射出个人的心理状态，系统地把绘画者的潜意识释放出来。

（2）系统具有绘画轨迹记录和回放功能，老师通过绘画轨迹回放，清晰了解绘画者的绘画过程，结合系统选项，针对性地进行作品分析；同时，系统具有实时录音功能，绘画者本人可以针对作品进行简述录音，以方便老师进行更加准确的分析。

（3）系统可以结合绘画分析数据，进行自动汇总，生成绘画报告。报告包括基本信息、作品记录、录音记录、分析数据、结果解释等。老师可以针对报告结果进行指导。

（4）系统引入专业心理测评手段，通过专业量表针对绘画者心理健康状况、情绪水平等影响其身心发展的方面进行评估。作为绘画测试的有效补充手段，可以帮助老师更全面了解学生的心理健康状况。

（5）系统针对绘画者自测的量表自动生成测试报告，报告包括基本信息、作品记录、录音记录、分析数据、结果解释等。老师可以针对报告结果进行指导。

3. 仪器测量

通过科学的仪器对被试进行测试，以了解被试心理活动的一种科学方法。随着科技的发展，测量心理活动的仪器越来越多，如注意力集中训练仪、记忆力训练仪、动作稳定训练仪等，这些仪器在测量人的认知、学能、情绪等方面有很大作用。目前国内常用于仪器测量的设备主要有：

（1）注意力集中训练仪

注意力集中性是指个体将注意指向于特定事物并维持一定时间的能力；抗干扰能力是指在注意集中状态下，大脑对目标之外的分心因素进行抑制的能力；手眼协调能力是指用眼睛

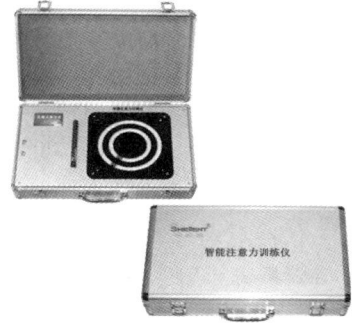

图 10-3-2　注意力集中训练仪

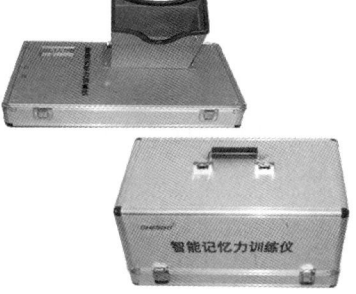

图 10-3-3　记忆力训练仪

对单手的动作进行指引及两者配合的能力。

仪器可用于判断个体的注意稳定性,衡量青少年注意力集中性和抗干扰能力。教师可以结合个体的外部表现进行辅助训练,引导学生放松身心,排除干扰,促进集中能力的提高,对提高他们学习的心理指向稳定性有明显作用,尤其在提高注意力的保持时间方面大有裨益,同时对改善注意力有缺陷学生的分心现象也有积极意义。

(2)记忆力训练仪

按信息加工的视角,人们把记忆分为三个阶段:瞬时记忆、短时记忆和长时记忆。瞬时记忆为时长不超过 2 秒,以感觉映像形式的短暂停留;短时记忆为时长不超过 1 分钟,注意和复述的小部分信息保持在短时记忆中;长时记忆为时长 1 分钟以上乃至终生的记忆系统,是短时记忆中贮存的信息与个体经验建立意义联系后,转入的长时的记忆属性。记忆内容分为空间记忆、数字记忆、言语记忆等。通过训练,即可判断个体多种记忆能力和注意广度的优劣。这些测试项目除了可以让学生了解自身的记忆和注意特点,还能为学习能力诊断、学习方法指导和职业选择提供科学依据。通过训练可提高学生的注意广度,从而提高学习效能。

(3)动作稳定仪

动作稳定性是动作技能、技巧的一种基本特性,是指动作实现时,需要动作的力量、方向、幅度、速度等要素以特定的方式结合、合乎规律地完成,且不因环境因素的影响而发生波动或失误。动作稳定性是人在长时期练习过程中获得、巩固或暂时的联系系统,同时极容易受到情绪状态影响。

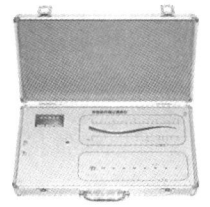

仪器对训练青少年动作稳定性有明显效果。 图 10-3-4 动作稳定仪
尤其对提高手臂、手掌和手指的肌肉恒定性大有裨益,对改善青少年普遍存在的"多动"现象更有积极意义。通过动作稳定的测试,比较同一个体在不同情绪状态下的动作稳定性评估,进行有针对性的训练,放松情绪。

三、常用测评工具

1. 对婴幼儿身心发展单项测评

对课程的评价往往表现在婴幼儿个体发展上,而对婴幼儿发展的评价要依据婴幼儿的个体发展目标,通过观察婴幼儿的活动来评估判断其发展水平。教师在实施教育活动时根据个体发展目标要求来记录婴幼儿的发展状况。教师根据婴儿动作、语言、认知、生活自理能力和社会交往能力几个方面要求来制定评价记录表格。在动作、语言、游戏等活动中可以做好课堂记录,在情感、社会性和行为习惯方面，可以在日常生活环节观察记录。教师对每个孩子进行观察记录，未能达到要求的要注意个别帮助，促其发展并记录达到的时间，通过对记录的分析可以判断制定的教育目标是否恰当，活动的内容和组织是否合适，从而及时调整。

在对婴幼儿个体发展的评价上。一般采用六大能区分别测评：

（1）大肌肉的活动能力测评，从评测的身体部位来说，有头部、身躯、四肢的运动能力及其控制能力；从活动的形态来说，有静态的卧、坐、站，有动态的翻身、爬行、走、跑、跳跃等，主要测评有生理功能目标，有大肌肉群的相互协调运作能力，即平衡、方向、肌力、协调、韵律、速度、松弛、变化的运作能力。

（2）精细动作测评。精细动作是指手部的活动力度，也称小肌肉活动，主要评测伸手、抓握、释放、运作等及手眼协调、双手协调，从中掌握手部的触觉、运动觉、本体感觉的功能，以及手部帮助身体运动，促进智能发展和辅助语言交往的智能。

（3）语言智能。是指接收、理解和表达信息的能力，是人类交往功能的工具。在测评中语言包括口语和非口语，如文字、图像、符号、手势、表情和体态等。在操作中非口语的表达也算作语言评测指标内容。在评测中主要的生理功能和心理功能，有大脑、语言控制能力、听觉能力、发音能力以及智力因素和心理动力因素。

（4）认知智能测评。从传统的定义上说认知智能是指智力的全部范畴。我们在0～3岁的评测内容上主要是评测儿童对身体的概念、物体的概念，包括颜色、形状、空间、大小、数量等的概念以及观察能力、记忆能力、想象能力及思维能力。

（5）自理能力测评。自理能力是指日常生活中自己照顾自己的能力。在0～3岁的儿童身心发展测评中主要包括进食、穿衣、如厕、洗漱、协助家务等。

（6）社会交往能力测评。社会交往能力是指个体在群体中或与他人交往与实践的能力。在评测中我们根据社会交往因素安排了交往情绪、交往互助、交往智能及人际沟通能力。

婴儿出生后月份愈小成长变化愈快。因此我们在划分年龄组成的分量表中采用0～1岁每月测评一次，1～2岁每两个月测评一次，2～3岁每三个月测评一次，全量表分为22个年龄段的分量表，要求家长和教师适时地对婴幼儿进行测评。

表 10-3-1 婴幼儿发展测评

项目		评测标准			
		发展层次	时间	发展层次	时间
大肌肉动作	头部的运动及控制	抬头，下巴离开床面	2个月	头颈、身躯成直线	3~4个月
	翻身	侧卧到仰卧	3个月	俯卧到仰卧	5个月
	爬行	匍行	8个月	手足爬	10个月
	走	牵手走	10个月	独走	1岁~1岁半
	跑	牵手跑	1岁3个月	踩线跑	1岁半~2岁
小肌肉动作	抓握	抓握反射	1个月	伸手触摸	5个月
	释放	整手抓握	5个月	抛球	9个月
	传递	倒手	7个月	递物	1岁
	手眼协调	穿珠	1岁7个月	倒物	1岁9个月
	手的运作	端托盘	1岁9个月	解扣子	1岁11个月
语言	倾听	对说话人声音高兴	2个月	注视说话人的嘴	5个月
	学语	牙牙学语	6个月	儿语开始（汪汪）	1岁
	说词	说第一个词	1岁2个月	会说5个以上词	1岁4个月
	模仿	模仿动物叫四种	1岁	会说"要或不要"	1岁4个月
	句子	双词句	1岁8个月	看图片说短句	2岁9个月
认知能力	注意	看悬吊物	3个月	会找掉落的东西	5个月
	动作行为	能模仿别人动作	10个月	随节奏摆动身体	1岁3个月
	形体识别	会辨认形体的差异	1岁2个月	会按形状配对	2岁
	绘画	信手涂鸦	1岁1个月	会画线条	1岁10个月
	数数	点数到10	1岁5个月	背数到20	2岁
自理能力	便尿	自拉衣裤坐便盆	1岁半	大便后能自理	3岁
	进食	用手抓东西吃	11个月	用汤匙吃东西	1岁6个月
	衣着	自己脱穿衣服	1岁5个月	穿衣分前后	3岁
	洗漱	玩水洗水	1岁9个月	洗脸、漱口	2岁半
	翻书	给书合页	1岁2个月	翻书找页	1岁半

续表

项目		评测标准			
		发展层次时间		发展层次时间	
社会交往能力	笑	微笑	2个月	大声笑	4个月
	人际	分辨陌生人	6个月	跟母亲撒娇	8个月
	合作游戏	能与父母合作	2岁	与同伴合作平行游戏	2岁半
	亲情	喜欢人抱	7个月	反复做夸奖的动作	10个月
	社会情感	对小动物感兴趣	1岁1个月	想交朋友	2岁11个月

2.0~3岁婴儿身心发展综合测评

教育部"科学教育"课题组研发的婴儿身心发展综合测评的设计原理：0~3岁婴儿发展综合测评量表，根据婴儿身心发展的六个能区的发展而设计的测评内容：A为大运动；B为精细动作；C为语言能力；D为认知能力；E为自理能力；F为情绪行为。

每个项目又分为三个小项目，如4个月的婴儿在大肌肉运动方面有支撑、下肢、坐势三个小项目；精细动作方面有玩手、抓握、摇动三个小项目；语言方面有模仿发音、无意识发音、自发笑三个小项目；在认知方面有注视、认人、视觉分辨三个小项目；在生活自理方面有睡眠习惯、张口舔食、握奶瓶三个小项目；在社会情感方面有玩"躲猫猫"、抚摸孩子、同步表情三个小项目。定期给予测评。

每个项目有四个评分等级：3~4分为较差；5~7分为一般；8~10分为较好；11~12分为优良，家长根据平时对孩子的观察进行打分。

由于婴儿发育十分迅速，因此将0~3岁婴幼儿分为22个月龄段：1岁以内的每月一次：1个月新生儿、2个月、3个月、4个月、5个月、6个月、7个月、8个月、9个月、10个月、12个月；1~2岁的每两个月一次：13~14个月、15~16个月、17~18个月、19~20个月、21~22个月、23~24个月；2~3岁的每三个月一次：25~27个月、28~30个月、31~33个月、34~36个月。

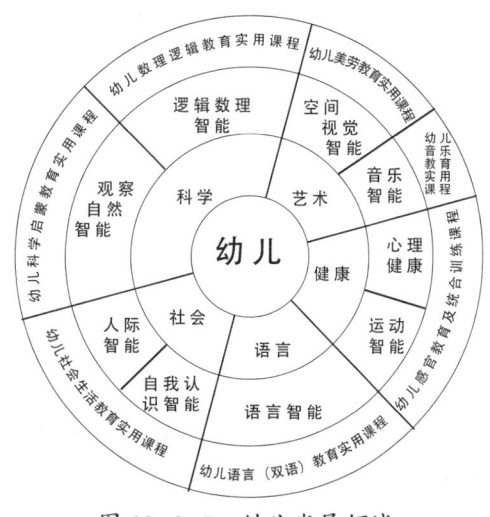

图 10-3-5 幼儿发展领域

3.3 ~ 6 岁幼儿身心发展综合测评

从 20 世纪五六十年代起幼儿发展评价开始从"测验"转向"评价"阶段。这种转变表现为评价内容更加全面，评价方法更加科学和客观，评价目的强调在促进幼儿全面发展中的重要作用。

（1）评价体系的内容构建更加全面、客观、科学

本评价体系以幼儿基本素质的发展为主线。这里所讲的基本素质主要是看是否涵盖了幼儿发展的各主要方面，体现了对幼儿体、智、德、美诸方面的发展要求。这些要求主要体现在《幼儿园工作规程》提出的幼儿德、智、体、美全面发展目标和教育部《幼儿园教育指导纲要（试行）》提出的健康、语言、社会、科学、艺术五大领域的教育内容以及当今世界普遍关注的幼儿多元智能的发展。综合上述要求，本评价体系确定的评价内容为运动、语言、数学、艺术、科学、社会六大领域（详见幼儿发展领域图）。每个领域由若干发展方面组成，每一方面又包括若干评价项目，每一项目按照发展顺序划分为三个水平层次的等级标准。

（2）运用标准的参照评价模式

根据参照对象的不同，评价可分为以常模为参照的评价和以标准为参照的评价。常模参照评价首先要建立发展常模，通过与常模的比较，考察个体儿童在某一总体中的相对位置。标准参照评价不与常模比较，只判断每个儿童是否已经达到某种既定的标准。本评价体系是以标准为参照的。我们对幼儿发展评价，旨在把握幼儿的发展特点与发展需要，为教师的工作提供参考依据。为实现这一目的，无须了解每个幼儿在总体中的位置。如果根据评价结果给幼儿排队，对于促进幼儿个体发展没有任何实质性意义。对于每一个处于生命早期的幼儿，无论在"队伍"中处于何种位置，都不能决定他未来的可能发展。

（3）运用非标准化测验方法

本评价体系不是标准化的测量工具，使用本体系所进行的也非标准化测验。标准化测验是心理和教育研究中经常使用的一种方法，它对测验时间、地点、工具和材料以及记分、分数的解释等都有严格的要求，须对各种与测验无关的变量进行严格控制，测验的结果要与标准化常模进行对照。一般情况下，标准化测验应由经过专门训练的人员进行。

与标准化测验相比，本评价体系所运用的非正式测验可以在日常生活中观察幼儿的自然行为，不要求使用标准化的测验工具和材料。

（4）供教师（家长）使用的评价工具

评价体系仅供教师使用，目的是帮助他们发现和诊断幼儿的发展状况，特别是存在的主要问题，为改善教育过程、加强对幼儿的个别指导提供依据。家长是幼儿发展的另一重要影响因素和教育的实施者，因此，本测评系统也可作为家长观察和评价幼儿发展的参考依据。

4. 对个体智力发展的测定

智商计算是衡量人的智力水平的一种方法，不是唯一的方法，而且随着我们对智力本质的认知的逐渐深入，不断地会有更全面的指标问世。目前我们所用的智商计算方法会随着人们认识的提高而有所变化。此外，还有一点非常重要，就是智商的测定和计算是依据人们关于智力的理解而设定的。关于智力的认知有不同的观点，后来有加德纳的多元智能理论。而我们这里所谈的智商并不能将人的多种智能成分都测定出来。

智能测定的一些常用量表：

（1）韦克斯勒智力量表

此量表由美国心理学家韦克斯勒编制。通常称作韦氏量表，是目前国际和国内应用最为广泛的一种智力量表。此量表共有三种类型：①韦克斯勒成人智力量表；②韦克斯勒儿童智力量表；③韦克斯勒幼儿智力量表。

（2）比奈－西蒙量表

比奈－西蒙量表的第一个版本是法国心理学家比奈和他的同事西蒙合作研究于1905年编制的。这个量表用于对小儿的智力发育状况的评定。

（3）斯坦福－比奈量表

1916年，美国斯坦福大学的特曼教授根据美国的具体情况，对比奈－西蒙量表又做了一些修订。后人称之为斯坦福－比奈量表。这个量表比原量表又多了一些项目，内容更为充实。

（4）绘人测验

这是一项简单易行且实用性很强的评估儿童一般智能的方法。比较适合5～12岁的儿童。测验只需要一支笔、一张纸、一块橡皮。测验的指导语也十分简单：请你画一个全身的人像出来，画得越全越好。

（5）瑞文测验

这是一项非言语的智能测验。由瑞文（Raven）编制，由于其不受文化及语言因素制约的特点，而在各国有广泛的应用。

5. 对个性发展的人格气质测评

（1）儿童人格问卷

儿童人格问卷可以用来评定3～16岁儿童的人格特征。这个量表由明尼苏达大学研究编制。该量表由16个分量表组成，其中包括12个临床量表、3个效度量表和1个校正量表。

（2）儿童气质问卷

通过儿童情绪行为九个维度画出剖面图，可以初步确定儿童的气质类型：容易抚育型、抚育困难型、发动迟缓型。

6. 对个体进行学能综合测评和学障测评

儿童学习能力从低级到高级有三个层面，而测评顺序是从高级往低级层层测查，找出产生问题的结症，从而开展有针对性的矫治和训练。

第一层面，从生理层面测试儿童的感知觉能力；

第二层面，从生理层面测试儿童的认知能力；

第三层面，从智力层面测评儿童的学习策略能力。

7. 对学习能力、认知能力进行评估与训练

（1）自助学能训练系统

主要通过学生自助形式提升学习状态和学习能力，运用脑电反馈技术和视音脑诱导技术，帮助学生提升学习能力，并可针对学生的训练数据进行汇总分析，给出训练报告，有效辅助老师做好训练工作。

图 10-3-6　自助学能训练系统

①通过对兴趣、爱好以及个性的评估，让学生可以更加全面地了解自我。结合中小学生心理健康状况进行自我认知评价。

②通过量表，对学习类型、风格、动机、压力等，多个方面实现自我与学习相关方面的多维度自测，让自己对自己在学习方面有清楚的了解。

③通过脑电传感技术，采用多种互动游戏进行专注力、注意广度、记忆力、视空能力训练。训练过程中，无线脑电采集器实时采集学生脑电数据，并通过后台实时进行汇总分析。

④通过视音脑视频进行心理引导，对压力、焦虑与自信不足等问题通过潜意识引导。

⑤多种趣味性的测试，帮助学生调节心情，拓展知识。

（2）认知能力训练

主要对五项认知能力进行训练：

①注意力训练中心，包含注意力广度专项训练项目、

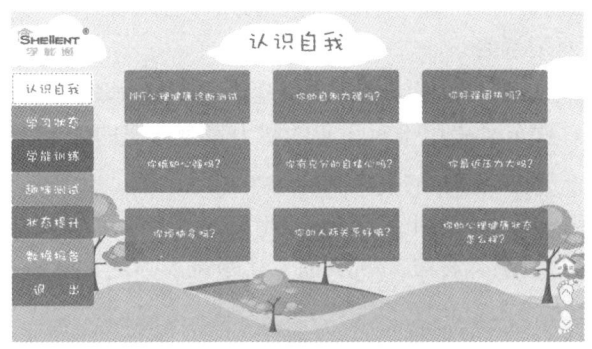

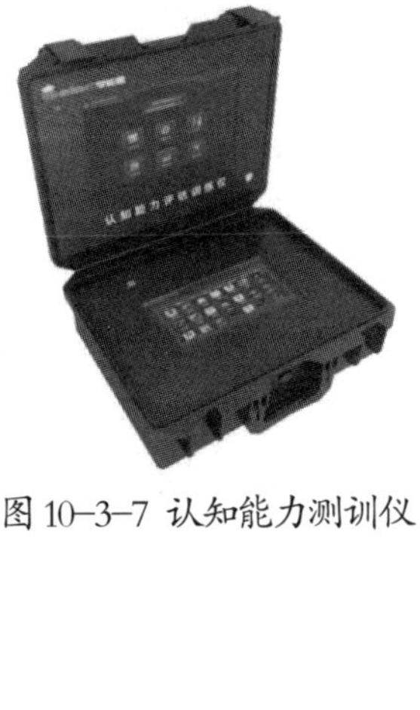

图 10-3-7　认知能力测训仪

注意转移专项训练项目、注意分配专项训练项目、注意稳定专项训练项目。

②记忆力训练中心，包含空间位置记忆广度专项训练项目、数字记忆广度专项训练项目、短时记忆专项训练项目、长时记忆专项训练项目、瞬时记忆专项训练项目。

③思维能力训练中心，包括形象抽象思维能力专项训练项目、抽象逻辑思维能力专项训练项目、具体形象思维能力专项训练项目。

④观察能力训练中心，包括空间联系专项训练项目、因果关系专项训练项目。

⑤空间知觉能力训练中心，包括图形识别能力专项训练项目、视觉感受能力专项训练项目、方位感能力专项训练项目、立体感能力专项训练项目。

项目训练完毕后，系统自动生成训练报告，报告包括训练者基本信息、训练介绍、报告注释、维度分析。通过各类图片呈现训练者的训练数据，包括能力各维度评估得分，能力各维度水平与标准范围对比，机构中能力各维度水平占比分布，能力各维度发展趋势，个体能力各维度水平与机构平均水平的对比等。报告可以导出为 pdf 格式，方便用户进行存档。如图 10-3-8 所示。

（3）学习障碍儿童测查

5~12 岁儿童学习障碍测评（PRS 筛查量表）。

PRS 是一种快速发现学习障碍儿童的筛选测试方法，由平时经常接触孩子，至少与孩子接触 3 个月以上的班主任或很熟悉这些孩子的人使用。为了客观地对儿童进行评价，PRS 不适用于家庭检查。

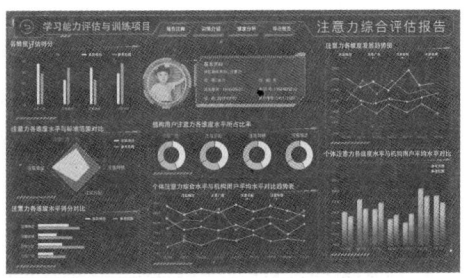

图 10-3-8 注意力评估报告

PRS 量表测试的内容有：听觉的理解和记忆；会话用语；定向定位；运动能力；社会行为。

本量表共有 5 个领域 24 个项目，每个项目分 5 个等级，用 1、2、3、4、5 表示。3 为平均，1 和 2 为平均以下，4 和 5 为平均以上，1 为最低的评定，5 为最高的评定。

（4）感觉统合能力测查

运用穿戴式采集仪、数据无线处理器、交互式设备管理平台以及体能训练器械、视频画面、音频软件，在对儿童进行 PT、OT、ST 训练时，监测儿童训练数据，评估儿童感觉统合能力，自动生成训练报告，给出指导意见和提高方案。

图 10-3-9 感觉统合能力评估与训练系统

（5）情绪状态测查

以精密生物反馈传感器为媒介，以高科技训练软件为载体，动态地显示HRV的变化情况。同时它通过合理干预和强化训练，平衡人的自主神经系统，协调并提升HRV。解读心脏、大脑、自主神经系统之间的活动密码，以"意念训练"平衡并提升HRV，令使用者达到自主神经系统平衡协调状态，消除焦虑、紧张、冲动、抑郁等负面情绪。

比如可以通过心脑协调训练系统,借助于高科技耳夹式生物反馈芯片传感器,采集人体的心率变异信号(HRV),通过USB接口将受测者的每一瞬间的心率变化、交感神经与副交感神经活动的频谱变化、压力指数等生理信号传输到电脑终端。主要可对HRV、脉搏、频谱、协调状态比例、协调分数曲线进行动态监测。

通过生物反馈型游戏辅助受测者进行心理训练,训练模块的画面变化来自受测者内心的变化,新颖独特的训练方式使受测者在轻松愉快的训练中完成心理监控、检查和调节,达到调节身心、减缓压力、提高效率的目的。训练项目如：菩提树、清晨幻想、轻松考试、魔力彩摘、果虫大战、龙舟竞技、单词泡泡、温馨相册等。

图 10-3-10　菩提树

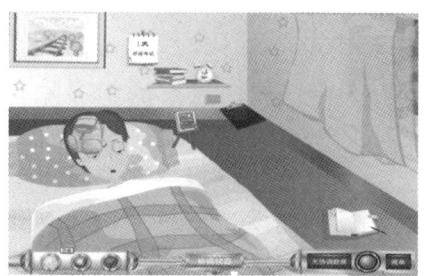

图 10-3-11　轻松考试

思考题：

1. 通过具体的测评工具来确定对学习潜能开发的评价，一般有几种类型？
2. 什么是心理测试？它有何作用？分多少类型？
3. 你掌握了几种测评工具？能否通过测评对被测评者做出学能评价？

本章参考文献

1. 傅钢善主编《现代教育技术》高等教育出版社
2. 尹文刚著《大脑潜能》世界图书出版公司
3. 蒋洪波主编《现代教育技术》四川教育出版社
4. 戴晓阳主编《常用心理评估量表手册》人民军医出版社

5.[美]Ellen Braaten 著《儿童心理测验》中国轻工业出版社
6.[美]Debby 著《0～1岁婴儿学习活动指导手册》少年儿童出版社
7.[美]Debby 著《1～2岁幼儿学习活动指导手册》少年儿童出版社
8.[美]Debby 著《2～3岁幼儿学习活动指导手册》少年儿童出版社
9. 但菲、刘彦华主编《婴幼儿心理发展与教育》人民出版社
10. 区慕洁主编《3～6岁多元智能训练与测评》第二军医大学出版社
11. 白爱宝编著《幼儿发展评价手册》教育科学出版社
12. 申继亮、陈英和主编《中国教育心理测评手册》高等教育出版社
13. 张厚粲编著《实用心理评估》中国轻工业出版社
14. 唐云等译《深度评价——用"评价中心"测评人的综合才能》中国轻工业出版社
15. 刘晓明主编《小学生心理咨询与测评》吉林大学出版社

第十一章 职业培训

为培养和提高劳动者从事各种职业所需要的知识和技能而进行的教育和训练称为职业培训，亦称职业教育。

职业培训是国民教育的一个重要组成部分。它同普通教育既有联系，又有区别。两者都是开发智力、培养人才，但职业培训是直接培养劳动者，使其掌握从事某种职业的必要的专门知识和技能。

为建立一支能胜任开发儿童少年信息化学习能力的指导师，需要开展学能开发指导师的职业培训工作。

本章基本概念要点：

●面对信息化社会快速到来的形势，必然对教书育人的教师带来新的挑战，提出新的要求。

●职业教育与普通教育同为教育系统的重要组成部分，是两种不同类型的教育。这两种教育在受教客体、授教主体、培养目标和课程体系设置等方面均有各自的侧重点。

●为了培养广大儿童少年具有信息化学习能力，需要有一支专职的学能指导师队伍。

●要建立学能指导师的培训课程体系，课程体系是实现培养目标的载体，是保障和提高教育质量的关键。

●建立学能指导师的职业技术培训体系是落实培训学能指导师的重要举措。

本章内容网络结构图

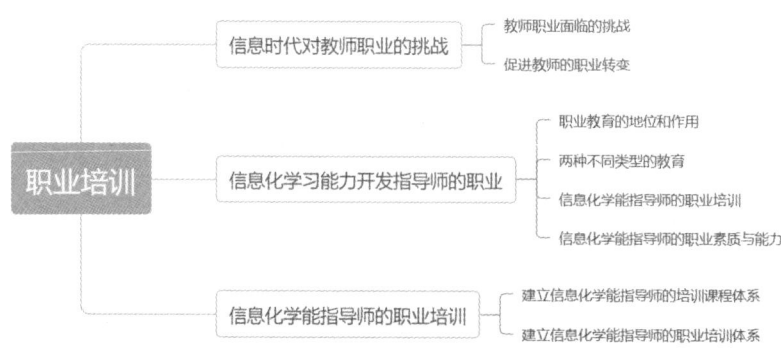

第一节 信息时代对教师职业的挑战

教师,以教书为生的职业。这个职业是人类社会最古老的职业之一。教师的主要职责是备课授课、批改作业、引导学生学习、传授科学文化基本知识,促进德、智、体、美、劳全面发展。在社会发展中,教师是人类文化科学知识的继承者和传播者。对学生来说,又是学生智力的开发者和个性的塑造者。因此人们把"人类灵魂的工程师"的崇高称号给予人民教师。在教育过程中,教师是起主导作用的,他是学生们身心发展过程的教育者、领导者、组织者。教师工作质量的好坏关系到我国年青一代身心发展的水平和民族素质提高的程度,从而影响到国家的兴衰。

一、教师职业面临的挑战

如今,人类进入信息化社会,科学技术的飞速发展深刻影响着教育观念和教育模式的改变。特别是近几年随着移动互联网、智能终端、物联网、大数据、云计算等新一代信息技术的发展和应用,泛在化的学习时空、个性化的学习方式、智能化的教学管理、体验化的学习环境、一体化的教育资源与技术服务正在颠覆传统教育。

信息化社会快速到来的形势,必然对教书育人的教师带来了新的挑战,提出了新的要求。

1. 给教师的传统教育理念带来冲击

教育信息化"颠覆"了教师传统的教育思想和教育理念,要求教师更新观念、主动适应,成为进步者和先行者。人的行为来源于思想观念,有正确的思想才会产生正确的行为,有先进的思想才会产生先进的行为。试想,如果教师一直以传统的教育思想和教育理念来育人,如何能培养出适应知识经济和信息化社会需求、与国际接轨的"现代人"?因此,教师必须摒弃陈旧落后的思想观念,把握教育发展规律和时代特征,树立符合时代要求的教育观和人才观,主动迎接挑战,积极调整心态,快速适应变化,以思想进步者、实践先行者的姿态面对教育改革的滚滚浪潮。

2. 对教师原有的角色定位带来挑战

这种转变当中,教师面临着巨大挑战,当然这些挑战也是机遇。他们不再是"舞台上的智者",而是"边上的向导"(guide on the side)。教师的优势,不再仅仅是知识的丰富,其鉴别力也是新的竞争力之一。他们要能够在泥沙俱下的教学资源中,帮学生甄别、挑选,引导他们如何去吸收消化。其角色从过去知识卡车的司机,变作学生心智发展的"营养师"。

教育信息化对教师原有的角色定位带来挑战,要求教师正确认识、重新定位,成为审视者和反思者。教育信息化改变了传统的以教师为中心的教育模式,转变为以学生为中心的个性化、合作化学习。教师要正确认识自身的角色转变,重新审视教育对象的定位,建立新型师生关系,使之既遵从教育规律,又符合教育信息化的特点;既满足人文关怀和情感需求,又对教学实效起到促进作用。教师还要对自身、对教学过程进行不断的反思:通过观察、判断自身专业能力的差距,及时完善和调整自身的知识架构;通过评价、监控教学活动的计划、实施、反馈、调节各环节,总结提高自身的职业发展能力。

3. 对教师原有知识体系带来挑战

今天当我们进入"知之为知之,不知问度娘"的时代,当学生获取知识的途径比教师更多元的时候,教育信息化对教师原有知识体系带来挑战,要求教师加强学习、深入研究,成为学习者和研究者。教育信息化使学习跨越国界,在教育层面实现了"资源共享、人人平等"。学生获取知识的来源不再和以往一样单一,教师与学生之间的知识存量关系也不再是"一桶水"与"一杯水"了。既然网络使"弟子不必不如师"成为更多的可能,那么教师就必须加强学习、更新知识、开拓思维、勤于思考,以丰富的知识面、独到的见解、解决问题的能力,做到"学高为师、身正为范"。

除此之外,教育信息化如何更好地改善教学环境、优化教学过程、提高教学质量、提升教学收益,这不应该仅仅是教育行政主管部门考虑的事,也不应该只是行业专家们思考的问题,它更应该成为战斗在教学第一线、亲自从事教育工作的广大教师认真研究、积极探索的课题。教师应该以做教育信息化研究者为己任,利用自身的有利条件开展行动研究,这不仅能提高自己的教育科研能力,而且更会在很大程度上助推教育信息化的健康发展。

4. 对教师原有教学方法和技能带来挑战

教育信息化对教师原有教学方法和技能带来挑战,要求教师掌握技能、灵活运用,成为设计者和组织者。

信息化时代,技术对学习的一个深刻影响与网络上知识的易得性相关。网络能够提供强有力的记忆辅助,人的基本技能就不再是记忆,而是知道如何在网络上获得你想要知道的知识,包括如何评价你所找到的东西,因为不同网站的可信度不同,如何筛选、提取就是一种评价的能力。这就是说,人们需要发展新的学习技能而不是掌握更多的信息。因此,教师不再只是完成知识传递的"教书匠",

而是教学的设计师和艺术家。教师应根据教学目标,选择合适的教学工具,设计科学有效的教学活动,开发符合学生认知特点的教学内容,营造有利于学习的教学情境,融入教学艺术和教育智慧,以学生喜闻乐见的教学形式,组织学生间的双向互动,引导学生主动学习,启迪学生创造性思考。

5. 对教师的教育职责和工作重心带来挑战

教育信息化对教师的教育职责和工作重心带来挑战,要求教师开阔视野、有效管理,成为引导者和保护者。教育信息化强调学生的创造性、自主性和互动性,因此,教师的主要职责应由"教"变为"导",从引出问题到引起思考、引发讨论,最后引导学生进行知识建构。教育信息化一方面带来了知识结构的重组,另一方面又带来了海量的知识信息、学习资源。教师要指引学生提高信息素养,做信息技术的"主人",在纷杂的信息海洋中学会搜索、学会分析、学会评价、学会选择,有针对性、有目的性地开展学习。当然,教师还有一个重要的责任,就是充当学生的"防火墙",削弱和抵制网络上的负面信息,为学生创建清洁、安全、高效的"信息港"。

6. 对教师的创新思维和创造能力带来挑战

教育信息化对教师的创新思维和创造能力带来挑战,要求教师创新思维、勇于实践,成为创新者和示范者。信息时代是创新的时代,教育信息化是教育的创新之举,它既是人才培养的创新过程,也是培养创新人才的过程。一个能培养并激发学生创新精神的教师,必然自身也具有创新意识和创造能力。教师对教学理念、教学方式、教学手段、教学内容的不断创新,在教学过程中展示出的创新思维、创新设计,在创新过程中显示出的积极态度和科学精神以及对知识的不倦学习、对真理的不懈追求,无一不是对学生创新性培养的最好的言传身教。而信息化和网络的便捷,也为优秀教师、教师的优秀实践提供了前所未有的展示平台,教师的教学经验和教育思想可以更大范围得到推广和共享,教师的示范作用得以最大限度放大,跨越校园、超越区域,使得教师成为更多人的楷模。

二、促进教师的职业转变

面对教育信息化带来的前所未有的机遇和挑战,教师、学校及教育主管部门一般采取以下策略来促进教师的职业转变。

1.通过自我学习来提升素质。社会的发展、信息时代的特点、职业的需要都要求教师是终身学习者。教师要善于利用信息化条件和工具,帮助自己学习新知识、培养新技能,并通过不断反思和自我评价,弥补"短板",提升素质。

2.通过各类培训来提高水平。首先,应开展信息技术培训。学校和教育行政主管部门应根据教师的岗位特点、教学水平和信息化水平,组织不同层次的信息技术培训，加强教师的信息意识，提升信息素养，使之具有较强的信息获取能力、信息分析与加工能力、信息管理与评价能力。其次，应加强教师的专业培训。处于教育改革的高频期，学科发展动向和课程内容都更为迅速，教师必须通过及时的专业培训来满足岗位的专业需要。也只有在专业知识扎实、专业能力提高的基础上，教师才能萌生创意思考，将信息技术完美地运用在专业教学过程中。

3.通过交流合作来增强能力。教师的发展离不开领导的支持、专家的引领、行家的点拨、骨干的示范、同事的帮助。因此，要有意识地利用必要的资源，创造有利的条件，营造良好的环境，打造出融洽高效的交流合作平台。同时也要利用信息化的优势，拓宽沟通范围，加强交流深度，提升合作水平。用交流合作来增强教师的能力，用教师的自我超越来促进团队的共同进步。

4.通过教研实践来促进发展。教师对信息化技术的熟练掌握和得心应手的使用离不开实践。学校可以通过开设实验性课题，鼓励一些教师大胆尝试，并树立一批优秀典范，从而带动其他教师。教师可以通过教研教改课题研究、开发教学资源、建立学习共同体、观摩示范、教学比赛等一系列教研实践活动，寻找适合自己的信息化技术工具，学习和驾驭信息技术，实现教学与信息化的最优智能整合。

教师发展好了，教育才能发展好。只有教师从心理上接受了教育信息化，在教学中利用好教育信息化，在实践中促进了教育信息化的发展，教育信息化才能最终实现对教育现代化的推动。

思考题：

1.信息时代对一般教师有哪些挑战？分析其原因。
2.信息时代对教师提出哪些革命性要求？

第二节 信息化学习能力指导师的职业

为了开发儿童少年在信息化环境下的学习能力，需要有一批掌握信息化技术的学习能力指导师（简称学能指导师），学能指导师的培训是一门新兴的职业教育。这种职业教育的重要性、与普通教育的差异、自身的特色是什么，这是本节研究的内容。

一、职业教育的地位和作用

《国务院关于印发国家职业教育改革实施方案的通知》（国发〔2019〕4号）

指出：职业教育与普通教育是两种不同教育类型，具有同等重要地位。改革开放以来，职业教育为我国经济社会发展提供了有力的人才和智力支撑，现代职业教育体系框架全面建成，服务经济社会发展能力和社会吸引力不断增强，具备了基本实现现代化的诸多有利条件和良好工作基础。随着我国进入新的发展阶段，产业升级和经济结构调整不断加快，各行各业对技术技能人才的需求越来越紧迫，职业教育的重要地位和作用越来越凸显。但是，与发达国家相比，与建设现代化经济体系、建设教育强国的要求相比，我国职业教育还存在着体系建设不够完善、职业技能实训基地建设有待加强、制度标准不够健全、企业参与办学的动力不足、有利于技术技能人才成长的配套政策尚待完善、办学和人才培养质量水平参差不齐等问题，到了必须下大力气抓好的时候。没有职业教育现代化就没有教育现代化。

为了完善国家职业教育体系，职教《方案》提出了7个方面20项政策举措：健全国家职业教育制度框架；提高中等职业教育发展水平；推进高等职业教育高质量发展；完善高层次应用型人才培养体系；完善教育教学相关标准；启动1+X证书制度试点工作；开展高质量职业培训；实现学习成果的认定、积累和转换；坚持知行合一、工学结合；推动校企全面加强深度合作；打造一批高水平实训基地；多措并举打造"双师型"教师队伍。

国务院印发《国家职业教育改革实施方案》，充分体现了党中央、国务院对发展职业教育事业的高度重视，职教《方案》集中了国家发展职业教育的新思想、新理念、新要求、新举措，是新时代中国特色社会主义教育总体部署的重要组成部分。职教《方案》的主导思想是深化改革，主要目标是高质量发展，价值导向是强化服务，构成了新时代职业教育改革发展的基本方略。贯彻落实好职教《方案》，需要深刻领会其中"新意"，进一步更新观念、提高认识，用新方略指导新实践。

我们要坚持以习近平新时代中国特色社会主义思想为指导，把职业教育摆在教育改革创新和经济社会发展更加突出的位置。牢固树立新发展理念，服务建设现代化经济体系和实现更高质量更充分就业需要，对接科技发展趋势和市场需求，完善职业教育和培训体系，优化学校、专业布局，深化办学体制改革和育人机制改革，以促进就业和适应产业发展需求为导向，鼓励和支持社会各界特别是企业积极支持职业教育，着力培养高素质劳动者和技术技能人才。经过5~10年时间，职业教育基本完成由政府举办为主向政府统筹管理、社会多元办学的格局转变，由追求规模扩张向提高质量转变，由参照普通教育办学模式向企业社会参与、专业特色鲜明的类型教育转变，大幅提升新时代职业教育现代化水平，为促进经济社会发展和提高国家竞争力提供优质人才资源支撑。

二、两种不同类型的教育

职业教育与普通教育同为教育系统的重要组成部分，是两种不同类型的教育。这两种教育在受教客体、授教主体、培养目标和课程体系设置等方面均有各自的侧重点。

1. 受教客体的差异

普通教育的教育客体具有选择性，以学龄人口为主，相对职业教育的客体，受众范围更狭窄；每个教育层次都有一定的入学要求，可以通过考试形式，也可以通过学历认证形式招录学生。职业教育的教育客体无选择性，相对来说更广泛，是面向人人的教育；对年龄、层次、知识背景的要求相对简单，人人都可以成为职业教育的客体；教育形式更灵活，可以是学校教育，也可以是培训，对时间也没具体要求；学生入学可以通过考试或学历认证的方式，也可以采取自由报名、登记入学等方式。研究表明，不同受教客体经过两种教育形式培养后，普通教育的客体更关注语言能力、数理逻辑等基础的、通用的智能开发；职业教育的客体相对来说具有较强的形象思维及动手能力，能较快地获取经验性和策略性的知识，懂得"如何做"和"如何做得更好"。

2. 授教主体的差异

普通教育的教师大多具有比较扎实的理论基础和专业知识功底，但缺乏专业实践经验和操作技能，整体上学科型师资队伍比较完善，兼职教师较少；职业教育的师资在结构和业务要求上，都与普通教育有显著的区别。在结构上，采用专职教师和兼职教师相结合，兼职教师必须占有相当比例，同时要引进一部分有专长的高级工、技师来担任技能训练的教师。在业务上，职业教育培养技能型人才的教育目标，决定了职业教育教师比普通教育教师更具实践性，在具备专业理论知识的同时，又要有较强的技能，既能坐而论道，又可起而力行。教师不仅要有较深厚的理论知识，还必须是该专业的行家里手，具备较强的动手能力，能为学生提供丰富的专业知识和专业技能，指导学生动手解决学习中的实际问题。很多还要求教师对企业有深入的了解，或有企业工作的经验。

3. 培养目标的差异

培养目标是教育活动的原则与方向，体现教育的社会功能和社会需求。普通教育是从学科出发的教育，是以学习科学知识、提高科学素质、进行知识与技术的研发与创新为主要目标，培养的人才主要是掌握通识知识与专业知识，培养基础深厚的通用型人才。职业教育是从将来从事的职业出发的教育，为提高将来职业能力发展的教育。职业教育以培养和提高劳动者未来职业活动所需的职业能力为主要目标，培养生产、建设、管理、服务第一线从事管理和直接运作的技能型人才。职业教育帮助教育客体实现从学习向工作的转换，毕业之后即能直接上岗，成为有职业道德、专业知识和一技之长的职业人，以满足现代社会职业和劳动力供求双方的需要。职业教育培养的学生同普通教育相比，他们出校门之时就有某种相当的技艺或技能。

4. 课程体系设置的差异

普通教育与职业教育的培养目标的差异，决定了二者在课程体系设计上有所差异。普通教育采用传统的"学科中心"模式，即在知识的组织编排上从维护学科逻辑结构的严密性出发，强调的是理论基础知识要扎实，知识面要广泛，并具有系统性、完整性，以便适应将来学科发展的需求以及就业后个体发展的需要，是一种基于学科知识系统化的课程结构。与普通教育的"学科中心"模式相对照，职业教育的课程是"能力中心"模式。"学科中心"模式的课程编制是通过学科知识的全面传授为形成各种具体的业务能力打下基础，而"能力中心"模式的课程编制是在分析具体工作岗位所要求的各种具体的业务能力的基础上反推或有针对性地选择所需要的学科知识内容，是一种基于工作过程系统化的动态的课程结构，即根据岗位的需要首先确定开哪几门专业课与技能课，学好这些专业课与技能课又必须开哪几门专业基础课，要学懂这些专业基础课又必须开哪些够用的基础课。通过加强主干课程、合并交叉相近内容的课程，达到"削枝保干、突出重点"的目的，坚持以职业能力的培养为主线，构建人才合理的知识结构。

5. 培养方式的差异

普通教育是阶段性、固定性的常规教育，其一般是全日制的学校教育模式。以理论教学、课堂教学为主，其实验、实习等实践环节是为了更好地学习与掌握理论知识，是为了服务理论知识的理解与传授，引导学生探索未知，培养学生创新性思维。职业教育是终身教育，其培养方式灵活，既有学历教育，也有非学历的教育培训，既有全日制，也有利用业余时间的在职教育，并且为了更好培养学生的职业技能、工艺技能，其教学过程更加注重实践教学环节，教学与实践的比重甚至要达到1∶1。由此可见，职业教育是工学结合的培养模式，它的学生不仅仅限于在学校里学习培养，而是必须与企事业单位合作，共同培养，把教室搬到工厂、企业等，工学结合、理实一体，方能实现职业教育直接服务于生产、建设一线的目标。

6. 办学模式的差异

从办学模式来看，由于普通教育是由政府主导的，所以办学模式体现了较强的国家意志性和国家的干预性，具有统一性、原则性、稳定性和规范性等特征。在我国，由政府主导的普通教育办学主体和办学形式有较强的计划性，其激励和约束机制主要依赖于政府、专家的评价和监控，其次才是社会公众的感受，学校排名层次容易定位。与普通教育相比，职业教育办学模式灵活，办学主体多元化，办学形式多种多样，更多体现市场的主导地位，具有灵活性和开放性等特征，其激励和约束机制主要依赖于市场竞争和受众的评价。职业教育更强调办学特色，强调社会参与。教学计划由学校和对口企业共同制订；教师和学生需要到对应企业实习，行业企业中有经验的工程技术人员定期会到学校授课，实现"双向交流"；毕业设计或科研课题要求是实际工作中的实用课题；在技能考核上与对口企业有实践经验的人员共同进行，实施由行业企业公认的职业资格证书制度。这种办学模式突出了行业的引领作用，紧密结合市场需求，培养目标明确，职业针对性强。我国目前已初步形成政府、学校、企业、集体、私人等社会力量联合办学的机制。

7. 教学条件的差异

从教学条件上看，普通教育主要是从学科出发的教育，教室、实验室和图书馆是其主要教学场所。职业教育的教学条件相对而言较为复杂，不同专业教学设备与条件不同。现在，职业教育已经很少在传统的教室中上课，而是教学与实训一体，边讲边学，边学边练。职业教育的教学场所具有现场性、实用性、综合性，应当是真正的企业或者仿真的实训基地；设备的选配上要具有使学生感受到实际工作环境氛围的现场特点；能够使学生应用理论知识解决实际问题的实用特点；能够培养学生处理复杂问题、锻炼学生多方位思考能力的综合特点。职业教育的主要教学环节是在校内外实践教学基地进行的，让学生亲自动手实践或亲身体验，从而调整自己的期望目标和心理状态，尽快适应工作岗位的要求，不仅能够锻炼技能，更能够提前接触社会，了解行业企业文化，了解实际工作的环境及要求。与普通教育相比，职业教育培养的学生毕业后所从事的工作同其所接受的教育专业是对口的，他们有较好的职业心理准备和技术准备，因而能迅速地适应各种各样的工作要求，为企事业单位带来更大的经济效益。

8. 评审考核方式的差异

普通教育与职业教育的教育评价方式也有较大差异。普通教育的评价，从学校层面，重点考查其学科建设情况、教育教学质量情况、科研与学术水平等；从学生层面，主要考查学生基本知识、基本理论掌握情况及运用所学知识分析问题、解决问题的能力等。职业教育的评价，从学校层面，重点考查其专业建设与社会需求的贴近程度，校企合作、产学结合情况及对经济与社会发展的贡献等；从学生层面，重点考查学生所掌握的职业知识与技能水平是否达到了行业或职业标准，是否能上岗工作等。由企事业单位对于学校实践教学体系、教学内容、实训项目、教师的指导、学生的能力提升及实践教学管理做出的评估，更加真实客观，其评价结果有着很高的实用价值。企事业单位参与评价，可以帮助学生提高实践能力，帮助教师改进教学方法，帮助学校调整实践教学计划的目标和方向，使实践教学更贴近企业实际，更符合社会需求。由教师、学生、学校、社会组成的多元化、全方位的评价主体，为实践教学提供了全方位、多角度的评价信息，有利于对职业教育进行全面、客观的评价。

三、信息化学习能力指导师的职业培训

信息化学习能力指导师的职业培训除了具有职业教育一般特点外，因具有培养儿童信息化学习能力的性质，所以学能指导师的职业培训有自己的鲜明特色。

1. 按照人的发育规律来设计和安排课程内容。

根据思启蒙的成长曲线，即大脑、身体及性（荷尔蒙分泌）发育规律，设计一套与传统教育不同的课程。例如，在婴儿期大脑发育最快，达到成人脑重的85%，这期间也是智力发育最快时期。儿童时期（7~12岁），这期间身体长高了，而且趋向成熟化，是体能发育最快的年龄段。传统教育未重视这阶段的体能发育，大量课业负担压得孩子喘不过气来，影响儿童身心健康。少年期（13~18岁），"性"的发育，荷尔蒙分泌快速增加，这期间正是情感与社会责任感完善的重要时期。

同时，根据皮亚杰的认知发展阶段理论，在儿童发展的每一个阶段安排这个阶段应该开发学习潜能的课程。例如，在婴儿期，安排了脑潜能开发系列活动课程，特别是亲子教育活动对婴幼儿的潜能发展起到促进作用。幼儿期，安排了感觉统合训练课程，促进儿童体能的发育和感知觉能力的发展，这是提高学习能力的基础课程。在儿童少年期，安排了心理教育课程，把心理测试和心理矫治结合起来，使学习能力开发得到了重要保证。

随着5G技术的推广应用，在孩子成长的各种阶段，利用新的人工智能技术与新一代信息化技术相结合，将家庭教育、学校教育、社会教育三位一体进行数据融合，通过学能云平台进行统一的支撑与数据管理将可以实现。学能云平台的建立就可以帮助老师对孩子进行个性化课程的设计与安排。个性化的教育体系设计与安排，将是未来教育的必然趋势。每一个孩子将会成为独一无二的自己，找到符合自己的发展之路。

2. 全方位开发儿童的智能

开发儿童的智能无疑是教育中一项重要任务。哈佛大学的霍华德·加德纳（Dr. Gardner）教授提出了新颖实用的智能概念，建立了一个更为宽泛的智能体系对传统教育提出重大挑战。

加德纳认为过去对智力的定义过于狭窄，未能正确反映一个人的真实能力。他认为，人的智力应该是一个量度他的解题能力的指标。根据这个定义，他在《心

智的架构》这本书里提出，人类的智能至少可以分成七个范畴(后来增加至九个):

1. 语言（Verbal/Linguistic）
2. 逻辑（Logical/Mathematical）
3. 空间（Visual/Spatial）
4. 肢体运作（Bodily/Kinesthetic）
5. 音乐（Musical/Rhythmic）
6. 人际（Inter-personal/Social）
7. 内省（Intra-personal/Introspective）
8. 自然探索（Naturalist，加德纳在1995年补充）
9. 生存智慧（Existential Intelligence，加德纳后来又补充）

传统教学强调语文和数学智能，忽视学生的运动、音乐、人际关系、自我认识等智能的培养，使得学生其他方面的智能受到一定程度的压抑，其智能优势难以充分展现。这不仅使这些学生较少获得学习上的成功体验，而且造成人力资源的浪费。

信息化学习能力开发为重视每一个学生的智能优势，挖掘每一个学生的智力潜力，满足每一个学生的学习需求，促进每一个学生的发展，开设了多元智能训练课程，甚至有自我认知课程和人际关系课程，培养有个性的学生，在教育教学的过程中彰显学生的个性，使拥有不同天资和强项的学生都能够得到最适合其自身特质的发展，从而最终实现人的全面发展。

3. 加强学生的创新能力和实践能力训练

创新是一个民族进步的灵魂，是一个国家兴旺发达的不竭动力。当今社会的竞争，与其说是人才的竞争，不如说是人的创造力的竞争。

如果这个世界没有创新能力，便不会有今日人类的文明，可能还同猩猩它们一起过着钻木取火的原始生活，如果爱因斯坦、爱迪生等人没有创新能力，他们何以取得巨大的成就与收获，如果一个人不具备创新能力，可以说是庸才；如果一个民族没有了创新人才，那么它便是一个落后的民族。

儿童少年创新能力的培养要靠教育。学能开发课程构建了合理的创新课程体系，如创造性思维训练、创造力技能训练、科学实践活动、创造性游戏活动等课程，引导学生增强创新意识，培养创新兴趣。

4. 突出了学科的综合能力和动手操作能力

创造能力来源于扎实的基础知识和良好的素质，仅仅掌握单一的专业知识是不够的。因此，加强学生基础教育的内涵更新和外延拓展及构建合理的课程体系就显得非常重要。教育中要注重文理渗透，使文理学科之间相互渗透；改变专业划分过细、学生知识面狭窄的现状，使课程之间互相渗透，打破明显的课程界限。

为了提高学生的学科综合能力，学能开发课程开设了 STEAM 课程。所谓 STEAM 教育是指整合科学、技术、工程、艺术、数学等学科的课程学习，用以应对学科割裂所造成的无法创造性解决真实、复杂的科学技术问题，设计出高品质产品，培养学习者设计未来的能力，提升国家经济保持繁荣与竞争的技术和能力。

STEAM 教育不是科学、技术、工程、艺术、数学学科内容或活动的简单叠加，它要以探索和解决真实问题为原动力，以提升学科知识创新性实践应用能力为目标，从而弥补分科教学中的不足。此外，STEAM 教育通常指导关于实际问题解决的、连接抽象知识与学生生活的教育。

STEAM 课程的目的主要是通过让学生解决实际问题，将各领域知识整合起来，从而促进未来人才适应当今知识经济全球化水平、复杂性和合作性不断增强的大趋势。因此，它强调了对学生科学素养、技术素养、工程素养和数学素养等的融合培养，各个素养之间相互渗透、相互补充，才能充分发挥培养创新应用型人才的作用。但是，这并不代表我们不注重学生文化素养、艺术素养的培养，如想象力、审美能力、人文底蕴等，恰恰相反，这些都应该包含其中，科学素养本身就是人的文化素养。

5. 运用信息技术开发儿童学习潜能

传统教育一般是教师靠一支粉笔、一块黑板、一份教学参考资料进行教学。在信息化时代，以多媒体技术和网络技术为代表的信息技术改变了人们学习方式和思维方式，同时引发了教育领域的又一次变革，使教育观念、教学模式、教学方法和手段等都发生着深刻的变化。

信息化学习能力开发，将信息技术和学习课程进行整合，信息技术在教育教学过程中的广泛应用，使得学习环境、学习资源、学习方式都向信息化方向发展，形成信息化的学习环境、信息化的学习资源和信息化的学习方式。

在信息技术环境下的教学，不同于传统的教学，具有如下鲜明的特点：第一，体现教师为主导，学生为主体；第二，能满足个体的需要，使学习具有个性化；第三，学习方式要以问题为中心，以任务来驱动；第四，学习过程要有充分的讨论交流、协商合作的机会；第五，学习是具有创造性和生产性的。

信息化教育将信息化内容有效地与学习课程进行整合，把信息化资源和信息化学习方式纳入课程学习过程中，实现对信息技术的充分应用，使学生能够用合作、富有创意和生动的方式进行学习，从而达到培养学生创新精神和实践能力的教育目标。

6. 迎接新一代信息技术——人工智能教育时代的到来

人工智能教育，是指人工智能多层次教育体系的全民智能教育，涵盖在中小学阶段设置人工智能相关课程。引入新的基于人工智能的技术将深深影响教育世界。在教育中更多地使用人工智能具有改善学习和教学的巨大潜力。

以人工智能为代表的新一代信息技术的快速发展，将会对传统的教育理念、教育体系和教学模式产生革命性影响，从而进一步释放教育在推动人类社会发展过程中的巨大潜力。人工智能+教育正在掀起教育的一场革命。它改变着教育的生态、教育的环境、教育的方式、教育管理的模式、师生关系等。目前图像识别、语音识别、人机交互等人工智能技术都已在教育领域开展应用。

我国已充分认识到人工智能与教育融合发展的重要性。2017年，国务院印发《新一代人工智能发展规划》，提出"实施全民智能教育项目，在中小学阶段设置人工智能相关课程，逐步推广编程教育"。

目前，不少地方都已经开始探索在义务教育阶段开展人工智能教育。人工智能最明显的好处之一是能够自动执行琐碎操作，加快许多管理和组织任务，如检查家庭作业、评分论文、制作缺席表等。人工智能可以在几分钟内完成几乎没有错误的任务。人工智能还可以帮助数字化教科书，为所有年龄段的学生创建可订制的"智能"内容，帮助他们记忆和学习。虚拟角色和增强现实可以由人工智能提供动力，以创建可信的社交互动，这些虚拟环境可用于帮助学生完成学习和学习过程，或替代辅导老师，讲师和助教（具体内容详见第六章：信息科学与脑科学）。

但各地基础和条件各不相同，也面临缺少智能装备支撑、缺少地方教育行政部门、教育教研部门共同参与的顶层设计等难点和问题，通过"政产学研用"的合力尝试，有望推动人工智能教育朝着更加系统化、科学化的方向发展。

总之，信息化学习能力指导师职业培训的课程与传统的基础教育课程虽有不同的特点，但它们都是我国教育事业的组成部分，具有同等重要地位，可以相互借鉴、相互补充，共同为中华崛起，培养新时代需要的优秀的创造性人才。

四、信息化学习能力指导师的职业素质与能力

1. 掌握现代教育理念及教育能力

现代教育理念强调学生是教学的主体，教师在教学中起主导作用，应着力培养学生的应用和创新能力，主张通过自主、合作、讨论、探究的方式获得知识，改变学生单纯、被动地接受知识的状况；强调创设合适的教学情境，运用新一代信息技术，改变传统落后、刻板的教学模式；强调教育的社会化、终身化，不断更新知识等。

同时还要具有教学设计能力、教学研究能力、信息技术的应用能力等。特别是信息技术应用能力，包括具有获取信息、传递信息、处理信息和应用信息的能力。培养良好的信息素养，利用信息技术作为支持教育工作和终身学习的手段，这是新世纪教师应有的工作方式和工作特点，是培养面向复合型人才的基本要求。

2. 具备创新教育思想与实践能力

学生的创造性要靠创造型教师来培养。教师的教学理念、教学方法、评价标准、师生关系等都对学生创造力的形成有举足轻重的作用。因此，教师在教育活动中要具备创新教育思想，应该自觉地运用现代教育技术，创设良好的教育环境，保护学生的想象力，为学生提供充分的创新时间和空间，创造性地运用教学原则和规律，去挖掘学生的创造潜力，指导学生从接受性学习转变为创新性的学习，培养学生的创新素质，成为培养学生创新思维与能力的现代型教师。

3. 具有良好的身心素质

培养人的道德修养，塑造良好的心理素质，是未来教育成败的关键。因此，教师首先必须具备高尚的道德、完美的人格、健康的心理，成为学生生活中的朋友和榜样，才能引导学生形成符合时代要求的优秀品格。此外，教育工作是繁重而连续性的劳动，既无上下班的明显界限，又无限定的教育区域范围，这种特定的生活环境及工作的特点，需要教师消耗大量的体力，因而教师必须具有良好的身体素质，否则就难以胜任工作。其次，教师良好的身体素质既有利于提高学生的身体素质，又为学生树立了榜样。

4. 具有终身学习的能力

教育应贯穿人的一生。未来的社会更是一个学习化的社会，为了适应信息时代对教师提出的挑战，教师必须树立终身学习的理念与意识，保持开放的心态，将学校视为自己学习的场所，通过工作与学习的结合，不断地对自身的教育教学进行研究，对自己的知识与经验进行重组，解决自身在教育教学中遇到的问题，不断地再培训自己。教师应具有应用新型学习工具的能力，如远程教学、应用网络等。除了接受业务和教育技术方面的培训外，教师还要转变教育观念，学习现代教育思想，树立正确的教育观、人生观，提高对现代教育的认识，才能紧跟时代的步伐。

5. 具备多元化的知识结构层次

在实施课程改革、提倡素质教育的今天，教育对教师提出了新的更高的要求，这就要求教师除了精通专业学科的知识外，还应博"学"多"采"，兼容并蓄，广泛涉猎其他专业与门类，了解并掌握多领域的知识，把自己打造成一专多能、一精多通、拥有多元知识结构的"复合型"教师。新时代的教师，应对生命科学、生物技术、航空航天技术、信息网络技术等尖端科技有一定了解。在教学中，对学生进行熏陶、教育，满足他们多方面的知识需求，引导学生树立崇尚科学、造福人类、实现自身价值的远大理想。

思考题：
1. 简论职业教育的地位和作用。
2. 分析职业教育与普通教育两种类型教育的差异。
3. 信息化学习能力指导师职业培训有哪些特色？
4. 信息化学习能力指导师应具备哪些素质与能力？

第三节　信息化学习能力指导师的职业培训

为了培养广大儿童少年具有信息化学习能力，需要有一支专职的学能指导师队伍。如何培训指导师？我们需要解决以下问题。

一、建立信息化学习能力指导师的培训课程体系

课程体系是指在一定的教育价值理念指导下，将课程的各个构成要素加以排列组合，使各个课程要素在动态过程中统一指向课程体系目标实现的系统。课程体系主要由特定的课程观、课程目标、课程内容、课程结构和课程活动方式所组成，课程体系是实现培养目标的载体，是保障和提高教育质量的关键。

1. 信息化学习能力开发基本理论

作为信息化学习能力开发的理论著作《信息化学习能力开发导论》是学能指导师培训的必修教材。这本理论教材着重阐述信息化学习能力的概念、理论基础以及如何开发儿童信息化学习能力的原理、策略、工作内容等问题，是学员学习信息化学习能力开发的基础课程。

2. 信息化学习能力开发技术应用

为了让学能指导师学习和掌握信息技术在学习能力开发中的应用，将《信息化学习能力开发技术应用》培训教材作为技术应用层面上的必修教材。这套教材按年龄段分为婴儿版、幼儿版、少儿版、特教版，分别供给婴儿学能指导师、幼儿学能指导师、儿童学能指导师、少年学能指导师培训时学习。

3. 信息化学习能力开发技术指导手册

根据儿童学能指导师的分工，有学能评估师、学能规划师、学能训练师、课程辅导师、心理疏导师分别学习和掌握相关的专业技能。例如幼儿学能指导师的学能评估师要学习和掌握感觉统合失调的诊断与测评手册，学能训练师要学习和掌握幼儿感觉统合能力训练手册，心理疏导师要学习和掌握精神发育心理矫治手册等。这些都是儿童学能指导师各专业人员选修的专业技能课程。

二、建立学能指导师的职业技术培训体系

职业培训是直接为适应经济和社会发展的需要,对要求就业和在职劳动者以培养和提高素质及职业能力为目的的教育和训练活动。

职业培训的内容是相关岗位或工种的技术业务知识和实际操作能力。受训者经过职业培训,获得谋求职业或保障职业安定必需的技术业务知识和实际操作能力。劳动者的职业素质取决于职业培训的程度,劳动者劳动权的实现在很大程度上与所受职业培训的程度有关。综上所述,职业培训在对象、目的和内容上,与普通教育都不相同。但是,职业培训和普通教育都是国民教育的组成部分,一个合格的劳动者既要有良好的文化水平,也应有精湛的职业技能。有鉴于此,各国劳动法一般都将职业培训列为一项重要的法律制度。《中华人民共和国劳动法》第66条到69条也对职业培训做了规定。

培养信息化学习能力指导师(以下简称学能指导师)属于职业技术教育范畴。根据职业技术教育的性质与特点,我们要建立信息化学习能力指导师的培训体系。它具有以下几个主要特点:

1. 实行企业集团办职业培训的体制

企业集团在开展信息化学习能力开发过程中需要一批指导师,企业集团针对市场需要举办职业培训,为企业培养所需要的指导师,或为在岗的指导师进行继续教育,提高服务技能。企业集团负责培训场地、培训师资、职业考试、职业鉴定等项工作。

2. 有一套自主研发的培训课程

培训教材主要是《信息化学习能力开发导论》《信息化学习能力开发技术应用》(分为婴儿版、幼儿版、少儿版、特教版)(详见各个版本具体内容)。

3. 具有较强的针对性与实用性

职业培训目标、专业设置、教学内容等均根据职业技能标准、劳动力市场需求和用人单位的实际要求确定。

4. 具有较强的灵活性

在培训形式上可采取联合办学、委托培训、定向培训等方式;在培训期限上采取长短结合的方式,可以脱产也可以半脱产;在培养对象上依据岗位的实际需要灵活确定;在教学形式上不受某种固定模式的限制,根据职业标准的要求采取多种形式的教学手段。

5. 教学与生产相结合

主要体现在一方面教学要紧紧围绕生产实际进行,通过教学与生产经营相结

合，既培养了人才，又创造了物质财富，获得社会、经济的双重效益。2017年10月18日，习近平同志在党的十九大报告中指出，优先发展教育事业，完善职业教育和培训体系，深化产教融合、校企合作。

6. 培训方法上强调理论知识教育与实际操作训练相结合，突出技能操作训练

特别是有一定实力的企业和高校实行企校联合创办实习基地或实训基地。高校负责师资、技术；企业负责资金、场地、设备。定期组织大学生来实训，提高大学生实际操作能力，也为大学生毕业后就业、创业创造条件。

7. 建立行业职业资格认证制度

职业资格认证是对从事某一职业所必备的学识、技术和能力的基本要求。职业资格反映了劳动者为适应职业劳动需要而运用特定的知识、技术和技能的能力。职业资格认证的方式有资格考试、专家评定两种。

目前，我国与职业相关的资格认证或水平认证分为两大类：一类是国家强制性的"执业资格认证"，另一类是非强制性的"职业资格（水平）认证"。

执业资格认证是国家对某行业领域的从业人员采取的强制性的认证行为，只有获得该资格认证的人才能够在这一行业领域的岗位上工作。这类认证的特点是带有国家性、强制性、权威性和必须性。例如，我国司法行政部门的"全国统一司法考试和认证"以及我国医疗卫生部门的"执业医师资格证"。

职业资格（水平）认证同样也与某行业的岗位有关，是对该行业或领域某一岗位上的从业人员是否具备相应的水平、水平达到哪一个等级的评价。职业资格水平认证与执业资格认证的区别在于前者是对某一岗位从业人员的水平或能力的一种评价和认证，往往不具有国家强制性和必须性。在过去计划经济时代，这一类认证的主体是国家的行业部委或下属的企业。随着我国政府机构改革的推进，过去的行业部纷纷改组，形成了非政府的行业协会。

根据国家改革与发展趋势，在社会主义市场经济体制下，我国政府正一步步将其权力下放，同时提高效能，主要负责对经济、社会的宏观管理和调控。原隶属于政府的行业协会将逐渐成为一种非政府的社会中间组织，成为联系企业与政府的纽带，在从业人员继续教育与培训、行业认证、提供资讯、促进行业内部协调与发展等方面发挥越来越重要的作用。

当前，新一轮科技革命和产业革命呈现历史性交汇，产业升级和生产要素转移步伐加快，对人类生产生活方式带来深远影响。无论是发展中国家实现工业化，还是发达国家提高经济增长质量，都迫切需要发展更高水平的现代职业教育，提升全民特别是青年人就业技能，创造人民美好生活。加强职业教育正成为国家的基本共识与重要国策。

信息化学习能力指导师作为一项新生事物，又是具有国家战略意义的职业技术培训工作，我们应该在培训技能标准制定、教材建设、职业能力测评、鉴定方式等方面做好研究和实验工作。

思考题：

1. 如何建立学能指导师的培训课程体系？
2. 如何建立学能指导师的职业技术培训体系？

本章参考文献

1. 哈斯高娃等编著《智慧教育》清华大学出版社
2. 钟志贤著《信息化教学模式》北京师范大学出版社
3. [美]布鲁斯·乔伊斯等著《教学模式》中国人民大学出版社
4. [美]约翰·D.布兰思福特等编著《人是如何学习的》华东师范大学出版社
5. [丹]克努兹·伊列雷斯著《我们如何学习》教育科学出版社
6. 张志新著《基于测评的职业教育教师职业能力研究》清华大学出版社
7. 钟志贤，邱婷著《终身学习的关键能力与培养》中央广播电视大学出版社
8. 萧鸣政编著《人员素质测评理论与方法》北京大学出版社
9. [德]费利克斯·劳耐尔等主编《职业能力与职业能力测评》清华大学出版社
10. 杨跃主编《中学生发展》南京师范大学出版社
11. 2016年度巴中市教育科学研究立项重点课题
12. 2019年1月24日，国务院印发《国家职业教育改革实施方案》
13. 吉林工程技术师范学院主办《职业技术教育》杂志
14. 中国知网，百度，有关高校学报、网站等下载资料

后 记

我长期从事基础教育工作，学生的学习一直是我关注和研究的问题。20世纪末，我参加教育部"科学教育——开发儿童少年潜能"课题研究，得益于脑科学家吴馥梅教授、心理学家郭亨杰教授、创造性思维学家李嘉曾教授的悉心指导，对儿童少年学习能力问题有了一定的研究。然而，随着信息技术的普及与应用，学生的学习环境、学习方式遇到了重大挑战。如何开发儿童少年信息化学习能力，成为我们在新时代要研究的一个重大课题。

近年来，我受聘于北京金鳞教育科技集团，任首席专家。该单位为国家工信部教育与考试中心确认的职业素质能力测评与培训基地。我有幸参加该单位与北京邮电大学共建的大数据实验室以及曲阜师范大学校企合作项目等有关活动，为我研究信息化学习能力这一问题提供了帮助。

那么，怎样研究信息化学习能力开发呢？我借鉴了钟志贤教授的《终身学习的关键能力与培养》一书的架构，从理论和实践两方面进行探讨。在理论上，通过建模回答了什么是信息化学习能力的概念及其内涵；在实践上，通过内化回答了如何开发信息化学习能力的问题。

《信息化学习能力开发导论》作为职业技术培训教材，在参考了国内外大量有关文献、资料、案例及研究成果时，考虑到教材的方便性，未能一一标明相关作者及材料出处，在此对相关作者表示歉意。

本书参考材料主要来源于以下方面：

1. 教育部"科学教育——开发儿童少年潜能"课题组有关专家的研究成果、专著及实验单位的案例。

2. 国内外有关学习问题的研究成果，出版的著作。在每章结尾处都列出有关参考文献目录。

3. 互联网上下载的有关学习问题的资料。网上信息量大、内容新，是本书重要的参考资料来源之一。

由于种种原因，本书也有可能漏载有关资料的出处。

这里向为本书提供有关资料的研究者、著作者、实验者表示崇高的敬意和衷心的谢意。

本书出版，得到了北京金鳞教育科技集团的大力支持。特别是孔凡德和汝斌两位老总，不但资助经费，还提供有关资源，让我参加有关研究和实践活动。同时，他们还亲自参与本书的部分编写工作。南京邮电大学博士生导师王友国教授对本书进行指导并为此作序。

由于时间仓促，加上本人水平有限，书中存在的问题，敬请读者批评指正。

作为儿童少年信息化学习能力开发培训系列教材，《信息化学习能力开发导论》是一本科普性的理论培训教材，不久将陆续出版各年龄段信息化学习能力开发的训练教材。我们希望在今后的培训工作中，不断优化教材，提高教材质量。

徐文怀

2019 年 12 月